HARDPRESS.NET
HOME OF HARD-TO-FIND BOOKS

Oeuvres Complètes
by Georges-Louis Leclerc Buffon

Address:
HardPress
8345 NW 66TH ST #2561
MIAMI FL 33166-2626
USA
Email: info@hardpress.net

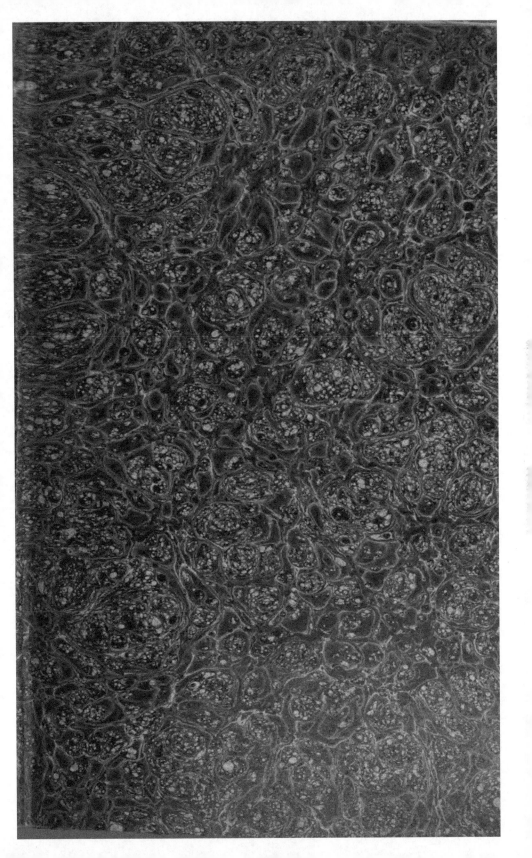

ŒUVRES

COMPLÈTES

DE BUFFON.

TOME XII.

IMPRIMERIE ET FONDERIE DE AIGNOUX ET Cᵉ, RUE DES FRANCS-BOURGEOIS-S.-MICHEL, 8.

OEUVRES

COMPLÈTES

DE BUFFON.

ÉDITION REVUE
PAR M. A. RICHARD,

PROFESSEUR A LA FACULTÉ DE MÉDECINE DE PARIS.

HISTOIRE DES ANIMAUX.

PARIS.

POURRAT FRÈRES, ÉDITEURS,
RUE DES PETITS-AUGUSTINS, 5;

RORET, LIBRAIRE,
RUE HAUTEFEUILLE, **10** *bis.*

M DCCC XXXV.

SUITE

S ANIMAUX CARNASSIERS

LE LION [1].

Felis Leo. L.

Dans l'espèce humaine, l'influence du climat ne se marque que par des variétés assez légères, parce que cette espèce est une, et qu'elle est très distinctement séparée de toutes les autres espèces : l'homme blanc en Europe, noir en Afrique, jaune en Asie et rouge en Amérique, n'est que le même homme teint de la couleur du climat; comme il est fait pour régner sur la terre, que le globe entier est son domaine, il semble que sa nature se soit prêtée à toutes les situations : sous les feux du midi, dans les glaces du nord, il vit, il multiplie; il se trouve partout si anciennement répandu, qu'il ne paroît affecter aucun climat particulier. Dans les animaux, au contraire, l'influence du climat est plus forte, et se marque par des caractères plus sensibles, parce que les espèces sont diverses, et que leur nature est infiniment moins perfectionnée, moins étendue, que celle de l'homme. Non-seulement les variétés dans chaque espèce sont plus nombreuses et plus marquées que dans l'espèce humaine; mais les différences mêmes des espèces semblent dépendre des différens climats : les unes ne peuvent se propager que dans les pays chauds, les autres ne peuvent subsister que dans des climats froids. Le lion n'a jamais habité les régions du nord; le renne ne s'est jamais trouvé dans les contrées du midi; et il n'y a peut-être aucun animal dont l'espèce soit, comme celle de l'homme, généralement répandue sur toute la surface de la terre : chacun a son pays, sa patrie naturelle, dans laquelle chacun est retenu par nécessité physique; chacun est fils de la terre qu'il habite, et c'est dans ce sens qu'on doit dire que tel animal est originaire de tel ou tel climat.

Dans les pays chauds, les animaux terrestres sont plus grands et plus forts que dans les pays froids ou tempérés; ils sont

[1] En latin, *leo*; en italien, *leone*; en espagnol, *leon*; en allemand, *lew*; en anglois, *lion*.

1.

veut, à la dixième partie de ce qu'elle étoit autrefois, il en ré
sulte que l'espèce humaine, au lieu d'avoir souffert une dimi
nution considérable depuis le temps des Romains (comme bien
des gens le prétendent), s'est au contraire augmentée, éten
due, et plus nombreusement répandue, même dans les contrées, comme la Libye, où la puissance de l'homme paroît
avoir été plus grande dans ce temps, qui étoit à peu près le
siècle de Carthage, qu'elle ne l'est dans le siècle présent de
Tunis et d'Alger.

L'industrie de l'homme augmente avec le nombre; celle des
animaux reste toujours la même : toutes les espèces nuisibles,
comme celle du lion, paroissent être reléguées et réduites à
un petit nombre, non-seulement parce que l'homme est partout devenu plus nombreux, mais aussi parce qu'il est devenu
plus habile, et qu'il a su fabriquer des armes terribles auxquelles
rien ne peut résister : heureux s'il n'eût jamais combiné le fer
et le feu que pour la destruction des lions ou des tigres!

Cette supériorité de nombre et d'industrie dans l'homme,
qui brise la force du lion, en énerve aussi le courage : cette
qualité, quoique naturelle, s'exalte ou se tempère dans l'animal, suivant l'usage heureux ou malheureux qu'il a fait de sa
force. Dans les vastes déserts du Zaara, dans ceux qui semblent
séparer deux races d'hommes très différentes, les Nègres et
les Maures, entre le Sénégal et les extrémités de la Mauritanie,
nie, dans les terres inhabitées qui sont au-dessus du pays des
Hottentots, et en général dans toutes les parties méridionales
de l'Afrique et de l'Asie, où l'homme a dédaigné d'habiter, les
lions sont encore en assez grand nombre, et sont tels que la
nature les produit. Accoutumés à mesurer leurs forces avec
tous les animaux qu'ils rencontrent, l'habitude de vaincre les
rend intrépides et terribles : ne connoissant pas la puissance
de l'homme, ils n'en ont nulle crainte; n'ayant pas éprouvé la
force de ses armes, ils semblent les braver. Les blessures les
irritent, mais sans les effrayer; ils ne sont pas même décon-
certés à l'aspect du grand nombre : un seul de ces lions du
désert attaque souvent une caravane entière : et lorsque après

un combat opiniâtre et violent il se sent affoibli, au lieu de fuir, il continue de se battre en retraite, en faisant toujours face, et sans jamais tourner le dos. Les lions, au contraire, qui habitent aux environs des villes et des bourgades de l'Inde et de la Barbarie, ayant connu l'homme et la force de ses armes, ont perdu leur courage au point d'obéir à sa voix menaçante, de n'oser l'attaquer, de ne se jeter que sur le menu bétail, et enfin de s'enfuir en se laissant poursuivre par des femmes ou par des enfants, qui leur font, à coups de bâton, quitter prise et lâcher indignement leur proie.

Ce changement, cet adoucissement dans le naturel du lion, indique assez qu'il est susceptible des impressions qu'on lui donne, et qu'il doit avoir assez de docilité pour s'apprivoiser jusqu'à un certain point, et pour recevoir une espèce d'éducation : aussi l'histoire nous parle de lions attelés à des chars de triomphe, de lions conduits à la guerre ou menés à la chasse, et qui, fidèles à leur maître, ne déployoient leur force et leur courage que contre ses ennemis. Ce qu'il y a de très sûr, c'est que le lion, pris jeune et élevé parmi les animaux domestiques, s'accoutume aisément à vivre et même à jouer innocemment avec eux; qu'il est doux pour ses maîtres, et même caressant, surtout dans le premier âge, et que si sa férocité naturelle reparoît quelquefois, il la tourne rarement contre ceux qui lui ont fait du bien. Comme ses mouvements sont très impétueux et ses appétits fort véhémens, on ne doit pas présumer que les impressions de l'éducation puissent toujours les balancer : aussi y aurait-il quelque danger à lui laisser souffrir trop long-temps la faim, ou à le contrarier en le tourmentant hors de propos ; non-seulement il s'irrite des mauvais traitements, mais il en garde le souvenir et paroît en méditer la vengeance, comme il conserve aussi la mémoire et la reconnoissance des bienfaits. Je pourrois citer ici un grand nombre de faits particuliers dans lesquels j'avoue que j'ai trouvé quelque exagération, mais qui cependant sont assez fondés pour prouver au moins, par leur réunion, que sa colère est noble, son courage magnanime, son naturel sensible. On l'a vu souvent dédaigner de petits ennemis, mépriser leurs insultes, et leur pardonner des libertés offensantes : on l'a vu réduit en captivité s'ennuyer sans s'aigrir, prendre au contraire des habitudes douces, obéir à son maître, flatter la main qui le nourrit, donner quelquefois la vie à ceux qu'on avoit dévoués à la mort en les lui jetant pour proie, et, comme s'il se fût attaché par cet acte généreux, leur continuer ensuite la même protection, vivre tranquillement avec eux, leur faire part de sa subsistance, se la laisser même quelquefois enlever tout entière, et souffrir plutôt la faim que de perdre le fruit de son premier bienfait.

On pourroit aussi dire que le lion n'est pas cruel, puisqu'il ne l'est que par nécessité, qu'il ne détruit qu'autant qu'il consomme, et que dès qu'il est repu, il est en pleine paix, tandis que le tigre, le loup, et tant d'autres animaux d'espèce inférieure, tels que le renard, la fouine, le putois, le furet, etc., donnent la mort pour le seul plaisir de la donner, et que, dans leurs massacres nombreux, ils semblent plutôt vouloir assouvir leur rage que leur faim.

L'extérieur du lion ne dément point ses grandes qualités intérieures : il a la figure imposante, le regard assuré, la démarche fière, la voix terrible; sa taille n'est point excessive comme celle de l'éléphant ou du rhinocéros; elle n'est ni lourde comme celle de l'hippopotame ou du bœuf, ni trop ramassée comme celle de l'hyène ou de l'ours, ni trop allongée ni déformée par des inégalités comme celle du chameau : mais elle est au contraire si bien prise et si bien proportionnée, que le corps du lion paroît être le modèle de la force jointe à l'agilité; aussi solide que nerveux, n'étant chargé ni de chair ni de graisse, et ne contenant rien de surabondant, il est tout nerfs et muscles. Cette grande force musculaire se marque au dehors par les sauts et les bonds prodigieux que le lion fait aisément; par le mouvement brusque de sa queue, qui est assez fort pour terrasser un homme; par la facilité avec laquelle il fait mouvoir la peau de sa face, et surtout celle de son front, ce qui ajoute beaucoup à sa physionomie ou plutôt à l'expression de la fureur; et enfin par la faculté qu'il a de remuer sa crinière, laquelle non-seulement se hérisse, mais se meut et s'agite en tout sens, lorsqu'il est en colère.

A toutes ces nobles qualités individuelles le lion joint aussi la noblesse de l'espèce : j'entends par espèces nobles dans la nature, celles qui sont constantes, invariables, et qu'on ne peut soupçonner de s'être dégradées. Ces espèces sont ordinairement isolées et seules de leur genre; elles sont distinguées par des caractères si tranchés, qu'on ne peut ni les méconnoître ni les confondre avec aucune des autres. A commencer par l'homme, qui est l'être le plus noble de la création, l'espèce en est unique, puisque les hommes de toutes les races, de tous les climats, de toutes les couleurs, peuvent se mêler et produire ensemble, et qu'en même temps l'on ne doit pas dire qu'aucun animal appartienne à l'homme, ni de près ni de loin, par une parenté naturelle. Dans le cheval l'espèce n'est pas aussi noble que l'individu, parce qu'elle a pour voisine l'espèce de l'âne, laquelle paroît même lui appartenir d'assez près, puisque ces deux animaux produisent ensemble des individus, qu'à la vérité la nature traite comme des bâtards indignes de faire race, incapables même de perpétuer l'une ou l'autre des deux espèces desquelles ils sont tirés, mais qui, provenant du mélange des deux, ne laissent pas de prouver leur grande affinité. Dans le chien, l'espèce est peut-être encore moins noble, parce qu'elle paroît tenir de près à celles du loup, du renard et du chacal, qu'on peut regarder comme des branches dégénérées de la même famille. Et en descendant par degrés aux espèces inférieures, comme à celles des lapins, des belettes, des rats, etc., on trouvera que chacune de ces espèces en particulier ayant un grand nombre de branches collatérales, l'on ne peut plus reconnoître la souche commune ni la tige directe de chacune de ces familles devenues trop nombreuses. Enfin dans les insectes, qu'on doit regarder comme les espèces infimes de la nature, chacune est accompagnée de tant d'espèces voisines, qu'il n'est plus possible de les considérer une à une, et qu'on est forcé d'en faire un bloc, c'est-à-dire un genre, lorsqu'on veut les dénommer. C'est là la véritable origine des méthodes, qu'on ne doit employer en effet que pour les dénombrements difficiles des plus petits objets de la nature, et qui deviennent totalement inutiles et même ridicules lorsqu'il s'agit des êtres du premier rang : classer l'homme avec le singe, le lion avec le chat, dire que le lion est *un chat à crinière et à queue longue*, c'est dégrader, défigurer la nature, au lieu de la décrire et de la dénommer.

L'espèce du lion est donc une des plus nobles, puisqu'elle est unique et qu'on ne peut la confondre avec celles du tigre, du léopard, de l'once, etc.; et qu'au contraire ces espèces, qui semblent être les moins éloignées de celles du lion, sont assez peu distinctes entre elles pour avoir été confondues par les voyageurs, et prises les unes pour les autres par les nomenclatuers [1].

Les lions de la plus grande taille ont environ huit ou neuf pieds de longueur depuis le muffle jusqu'à l'origine de la queue, qui est elle-même longue d'environ quatre pieds. Ces grands lions ont quatre ou cinq pieds de hauteur. Les lions de petite taille ont environ cinq pieds et demi de longueur, sur trois pieds et demi de hauteur, et la queue longue d'environ trois pieds. La lionne est, dans toutes les dimensions, d'environ un quart plus petite que le lion.

Aristote distingue deux espèces de lions : les uns grands, les autres plus petits : ceux-ci, dit-il, ont le corps plus court à proportion, le poil plus crépu, et ils sont moins courageux que les autres; il ajoute qu'en général tous les lions sont de la même couleur, c'est-à-dire de couleur fauve. Le premier de ces faits me paroît douteux; car nous ne connoissons pas ces lions à poil crépu; aucun voyageur n'en a fait mention; quelques relations, qui d'ailleurs ne me paroissent pas mériter une confiance entière, parlent seulement d'un tigre à poil frisé qui **se trouve au cap de Bonne-Espérance; mais presque tous les témoignages paroissent s'accorder sur l'unité de la couleur du lion, qui est fauve sur le dos, et blanchâtre sur les côtés et sous le ventre. Cependant Élien et Oppien ont dit qu'en Éthiopie les lions étoient noirs comme les hommes; qu'il y en avoit aux**

[1] Voyez dans l'article suivant des *tigres*, où il est parlé des animaux auxquels on a donné mal à propos ce nom.

Indes de tout blancs, et d'autres marqués ou rayés de différentes couleurs, rouges, noires et bleues : mais cela ne nous
paroît confirmé par aucun témoignage qu'on puisse regarder
comme authentique; car Marc-Paul, Vénitien, ne parle pas de
ces lions rayés comme les ayant vus, et Gesner remarque avec
raison qu'il n'en fait mention que d'après Élien. Il paroît, au
contraire, qu'il y a très peu ou point de variétés dans cette
espèce, que les lions d'Afrique et les lions d'Asie se ressemblent en tout, et que si ceux des montagnes diffèrent de ceux
des plaines, c'est moins par les couleurs de la robe que par la
grandeur de la taille.

Le lion porte une crinière, ou plutôt un long poil qui couvre
toutes les parties antérieures de son corps ', et qui devient toujours plus long à mesure qu'il avance en âge. La lionne n'a pas
ces longs poils, quelque vieille qu'elle soit. L'animal d'Amérique que les Européens ont appelé *lion*, et que les naturels
du Pérou appellent *puma*, n'a point de crinière ; il est aussi
beaucoup plus petit, plus foible et plus poltron que le vrai
lion. Il ne seroit pas impossible que la douceur du climat de
cette partie de l'Amérique méridionale eût assez influé sur la
nature du lion pour le dépouiller de sa crinière, lui ôter son
courage et réduire sa taille; mais ce qui paroît impossible, c'est
que cet animal, qui n'habite que les climats situés entre les
tropiques, et auquel la nature paroît avoir fermé tous les chemins du nord, ait passé des parties méridionales de l'Asie ou
de l'Afrique en Amérique, puisque ces continents sont séparés
vers le midi par des mers immenses : c'est ce qui nous porte à
croire que le *puma* n'est point un lion tirant son origine des
lions de l'ancien continent, et qui auroit ensuite dégénéré
dans le climat du Nouveau-Monde ; mais que c'est un animal
particulier à l'Amérique, comme le sont aussi la plupart des
animaux de ce nouveau continent. Lorsque les Européens en
firent la découverte, ils trouvèrent en effet que tout y étoit
nouveau ; les animaux quadrupèdes, les oiseaux, les poissons,

---

' Cette crinière n'est pas du crin, mais du poil assez doux et lisse, comme
celui du reste du corps.

les insectes, les plantes, tout parut inconnu, tout se trouva différent de ce qu'on avoit vu jusqu'alors. Il fallut cependant dénommer les principaux objets de cette nouvelle nature : les noms du pays étoient pour la plupart barbares, très difficiles à prononcer, et encore plus à retenir ; on emprunta donc des noms de nos langues d'Europe, et surtout de l'espagnole et de la portugaise. Dans cette disette de dénominations, un petit rapport dans la forme extérieure, une légère ressemblance de taille et de figure, suffirent pour attribuer à ces objets inconnus les noms des choses connues ; de là les incertitudes, l'équivoque, la confusion qui s'est encore augmentée, parce qu'en même temps qu'on donnoit aux productions du Nouveau-Monde les dénominations de celles de l'ancien continent, on y transportoit continuellement, et dans le même temps, les espèces d'animaux et de plantes qu'on n'y avoit pas trouvées. Pour se tirer de cette obscurité, et pour ne pas tomber à tout instant dans l'erreur, il est donc nécessaire de distinguer soigneusement ce qui appartient en propre à l'un et à l'autre continent, et tâcher de ne s'en pas laisser imposer par les dénominations actuelles, lesquelles ont presque toutes été mal appliquées. Nous avons fait sentir toute la nécessité de cette distinction dans les articles précédents, et nous avons donné en même temps une énumération raisonnée des animaux originaires de l'Amérique, et de ceux qui ont été transportés de l'ancien continent. M. de La Condamine, dont le témoignage mérite toute confiance, dit expressément qu'il ne sait pas si l'animal que les Espagnols de l'Amérique appellent *lion*, et les naturels du pays de Quito *puma*, mérite le nom de lion : il ajoute qu'il est beaucoup plus petit que le lion d'Afrique, et que le mâle n'a point de crinière. Frezier dit aussi que les animaux qu'on appelle *lions* au Pérou sont bien différents des lions d'Afrique, qu'ils fuient les hommes, qu'ils ne sont à craindre que pour les troupeaux ; et il ajoute une chose très remarquable, c'est que leur tête tient de celle du loup et de celle du tigre, et qu'ils ont la queue plus petite que l'un et l'autre. On trouve, dans des relations plus anciennes, que ces lions d'Amérique ne ressemblent point à ceux d'Afrique ; qu'ils n'en ont ni la grandeur, ni la fierté, ni la couleur ; qu'ils ne sont ni rouges ni fauves, mais gris ; qu'ils n'ont point de crinière, et qu'ils ont l'habitude de monter sur les arbres : ainsi ces animaux diffèrent du lion par la taille, par la couleur, par la forme de la tête, par la longueur de la queue, par le manque de crinière, et enfin par les habitudes naturelles ; caractères assez nombreux et assez essentiels pour faire cesser l'équivoque du nom, et pour que, dans la suite, l'on ne confonde plus le *puma* d'Amérique avec le vrai lion, le lion d'Afrique ou de l'Asie.

Quoique ce noble animal ne se trouve que dans les climats les plus chauds, il peut cependant subsister et vivre assez long-temps dans les pays tempérés ; peut-être même avec beaucoup de soin pourroit-il y multiplier. Gesner rapporte qu'il naquit des lions dans la ménagerie de Florence ; Willughby dit qu'à Naples une lionne enfermée avec un lion de la même tanière, avoit produit cinq petits d'une seule portée. Ces exemples sont rares ; mais s'ils sont vrais, ils suffisent pour prouver que les lions ne sont pas absolument étrangers au climat tempéré ; cependant il ne s'en trouve actuellement dans aucune des parties méridionales de l'Europe ; et dès le temps d'Homère il n'y en avoit point dans le Péloponèse, quoiqu'il y en eût alors, et même encore du temps d'Aristote, dans la Thrace, la Macédoine et la Thessalie. Il paroît donc que dans tous les temps ils ont constamment donné la préférence aux climats les plus chauds ; qu'ils se sont rarement habitués dans les pays tempérés, et qu'ils n'ont jamais habité dans les terres du nord. Les naturalistes que nous venons de citer, et qui ont parlé de ces lions nés à Florence et à Naples, ne nous ont rien appris sur le temps de la gestation de la lionne, sur la grandeur des lionceaux lorsqu'ils viennent de naître, sur les degrés de leur accroissement. Élien dit que la lionne porte deux mois ; Philostrate et Édouard Wuot disent au contraire qu'elle porte six mois : s'il falloit opter entre ces deux opinions, je serois de la dernière ; car le lion est un animal de grande taille, et nous savons qu'en général, dans les gros animaux, la durée de la gestation est plus longue qu'elle ne l'est dans les petits. Il en est de même de l'accroissement du corps : les anciens et les modernes conviennent que les lions nouveau-nés sont petits, de la grandeur à peu près d'une belette, c'est-à-dire de six ou sept pouces de longueur ; il leur faut donc au moins quelques années pour grandir de huit ou neuf pieds : ils disent aussi que les lionceaux ne sont en état de marcher que deux mois après leur naissance. Sans donner une entière confiance au rapport de ces faits, on peut présumer avec assez de vraisemblance que le lion, attendu la grandeur de sa taille, est au moins trois ou quatre ans à croître, et qu'il doit vivre sept fois trois ou quatre ans, c'est-à-dire à peu près vingt-cinq ans. Le sieur de Saint-Martin, maître du combat du taureau à Paris, qui a bien voulu me communiquer les remarques qu'il avoit faites sur les lions qu'il a nourris, m'a fait assurer qu'il en avoit gardé quelques-uns pendant seize ou dix-sept ans ; et il croit qu'ils ne vivent guère que vingt ou vingt-deux ans ; il en a gardé d'autres pendant douze ou quinze ans, et l'on sent bien que dans ces lions captifs le manque d'exercice, la contrainte et l'ennui ne peuvent qu'affoiblir leur santé et abréger leur vie.

Aristote assure, en deux endroits différents de son ouvrage sur la génération, que la lionne produit cinq ou six petits de la première portée, quatre ou cinq de la seconde, trois ou quatre de la troisième, deux ou trois de la quatrième, un ou deux de la cinquième, et qu'après cette dernière portée, qui est toujours la moins nombreuse de toutes, la lionne devient stérile. Je ne crois point cette assertion fondée ; car dans tous les animaux les premières et les dernières portées sont moins nombreuses que les portées intermédiaires. Ce philosophe s'est encore trompé, et tous les naturalistes tant anciens que modernes se sont trompés d'après lui, lorsqu'ils ont dit que la lionne n'avoit que deux mamelles ; il est très sûr qu'elle en a quatre, et il est aisé de s'en assurer par la seule inspection. Il dit aussi que les lions, les ours, les renards, naissent informes, *presque inarticulés ;* et l'on sait, à n'en pas douter, qu'à leur naissance tous ces animaux sont aussi formés que les autres, et que tous leurs membres sont distincts et développés. Enfin il assure que les lions s'accouplent à rebours, tandis qu'il est de même démontré par la seule inspection des parties du mâle et de leur direction, lorsqu'elles sont dans l'état propre à l'accouplement, qu'il se fait à la manière ordinaire des autres quadrupèdes. J'ai cru devoir faire mention en détail de ces petites erreurs d'Aristote, parce que l'autorité de ce grand homme a entraîné presque tous ceux qui ont écrit après lui sur l'histoire naturelle des animaux. Ce qu'il dit encore au sujet du cou du lion, qu'il prétend ne contenir qu'un seul os, rigide, inflexible et sans division de vertèbres, a été démenti par l'expérience, qui même nous a donné sur cela un fait très général : c'est que dans tous les quadrupèdes, sans en excepter aucun, et même dans l'homme, le cou est composé de sept vertèbres, ni plus ni moins, et ces mêmes vertèbres se trouvent dans le cou du lion, comme dans celui de tous les animaux quadrupèdes. Un autre fait encore, c'est qu'en général les animaux carnassiers ont le cou plus court que les animaux frugivores, et surtout que les animaux ruminants; mais cette différence de longueur dans le cou des quadrupèdes ne dépend que de la grandeur de chaque vertèbre, et non pas de leur nombre, qui est toujours le même : on peut s'en assurer en jetant les yeux sur l'immense collection de squelettes qui se trouvent maintenant au Cabinet du roi; on verra qu'à commencer par l'éléphant et à finir par la taupe, tous les animaux quadrupèdes ont sept vertèbres dans le cou, et qu'aucun n'en a ni plus ni moins. A l'égard de la solidité des os du lion, qu'Aristote dit être sans moelle et sans cavité, de leur dureté qu'il compare à celle du caillou, de leur propriété de faire feu par le frottement, c'est une erreur qui n'auroit pas dû être répétée par Kolbe, ni même parvenir jusqu'à nous, puisque, dans le siècle même d'Aristote, Épicure s'étoit moqué de cette assertion.

Les lions sont très ardents en amour : lorsque la femelle est en chaleur, elle est quelquefois suivie de huit ou dix mâles, qui ne cessent de rugir autour d'elle et de se livrer des combats furieux, jusqu'à ce que l'un d'entre eux, vainqueur de tous les autres, en demeure paisible possesseur et s'éloigne avec elle. La lionne met bas au printemps et ne produit qu'une fois tous les ans; ce qui indique encore qu'elle est occupée pendant plusieurs mois à soigner et allaiter ses petits, et que par conséquent le temps de leur premier accroissement, pendant lequel ils ont besoin des secours de la mère, est au moins de quelques mois.

Dans ces animaux, toutes les passions, même les plus douces, sont excessives, et l'amour maternel est extrême. La lionne, naturellement moins forte, moins courageuse et plus tranquille que le lion, devient terrible dès qu'elle a des petits; elle se montre alors avec plus de hardiesse que le lion, elle ne connoît point le danger; elle se jette indifféremment sur les hommes et sur les animaux qu'elle rencontre, et les met à mort, se charge ensuite de sa proie, la porte et la partage à ses lionceaux, auxquels elle apprend de bonne heure à sucer le sang et à déchirer la chair. D'ordinaire elle met bas dans des lieux très écartés et de dificile accès; et lorsqu'elle craint d'être découverte, elle cache ses traces en retournant plusieurs fois sur ses pas, ou bien elle les efface avec sa queue : quelquefois même, lorsque l'inquiétude est grande, elle transporte ailleurs ses petits; et quand on veut les lui enlever, elle devient furieuse, et les défend jusqu'à la dernière extrémité.

On croit que le lion n'a pas l'odorat aussi parfait ni les yeux aussi bons que la plupart des autres animaux de proie : on a remarqué que la grande lumière du soleil paroît l'incommoder; qu'il marche rarement dans le milieu du jour; que c'est pendant la nuit qu'il fait toutes ses courses; que quand il voit des feux allumés autour des troupeaux, il n'en approche guère, etc. On a observé qu'il n'évente pas de loin l'odeur des autres animaux, qu'il ne les chasse qu'à vue et non pas en les suivant à la piste, comme font les chiens et les loups, dont l'odorat est plus fin. On a même donné le nom de *guide* ou de *pourvoyeur du lion* à une espèce de lynx auquel on suppose la vue perçante et l'odorat exquis, et on prétend que ce lynx accompagne ou précède toujours le lion pour lui indiquer sa proie : nous connoissons cet animal, qui se trouve, comme le lion, en Arabie, en Lydie, etc., qui, comme lui, vit de proie, et le suit peut-être quelquefois pour profiter de ses restes; car, étant foible et de petite taille, il doit fuir le lion plutôt que le servir.

Le lion, lorsqu'il a faim, attaque de face tous les animaux qui se présentent : mais comme il est très redouté, et que tous cherchent à éviter sa rencontre, il est souvent obligé de se cacher et de les attendre au passage; il se tapit sur le ventre dans un endroit fourré, d'où il s'élance avec tant de force, qu'il les saisit souvent du premier bond. Dans les déserts et les forêts, sa nourriture la plus ordinaire sont les gazelles et les singes, quoiqu'il ne prenne ceux-ci que lorsqu'ils sont à terre; car il ne grimpe pas sur les arbres comme le tigre ou le puma. Il mange beaucoup à la fois et se remplit pour deux ou trois jours; il a les dents si fortes, qu'il brise aisément les os, et il les avale avec la chair. On prétend qu'il supporte long-temps la faim : comme son tempérament est excessivement chaud, il supporte moins patiemment la soif, et boit toutes les fois qu'il peut trouver de l'eau. Il prend l'eau en lapant comme un chien; mais au lieu que la langue du chien se courbe en dessus pour laper, celle du lion se courbe en dessous; ce qui fait qu'il est long-temps à boire et qu'il perd beaucoup d'eau. Il lui faut environ quinze livres de chair crue chaque jour; il préfère la chair des animaux vivants, de ceux surtout qu'il vient d'égorger; il ne se jette pas volontiers sur des cadavres infects, et il aime mieux chasser une nouvelle proie que de retourner chercher les restes de la première : mais quoique d'ordinaire il se nourrisse de chair fraîche, son haleine est très forte et son urine a une odeur insupportable.

Le rugissement du lion est si fort que, quand il se fait entendre par échos la nuit dans les déserts, il ressemble au bruit du tonnerre; car, quand il est en colère, il a un autre cri, qui est court et réitéré subitement; au lieu que le rugissement est un cri prolongé, une espèce de grondement d'un ton grave, mêlé d'un frémissement plus aigu. Il rugit cinq ou six fois par jour, et plus souvent lorsqu'il doit tomber de la pluie. Le cri qu'il fait lorsqu'il est en colère est encore plus terrible que le rugissement : alors il se bat les flancs de sa queue, il en bat la terre, il agite sa crinière, fait mouvoir la peau de sa face, remue ses gros sourcils, montre des dents menaçantes, et tire une langue armée de pointes si dures, qu'elle suffit seule pour écorcher la peau et entamer la chair sans le secours des dents ni des ongles, qui sont après les dents ses armes les plus cruelles. Il est beaucoup plus fort par la tête, les mâchoires et les jambes de devant, que par les parties postérieures du corps. Il voit la nuit comme les chats : il ne dort pas long-temps, et s'éveille aisément ; mais c'est mal à propos que l'on a prétendu qu'il dormoit les yeux ouverts.

La démarche ordinaire du lion est fière, grave et lente, quoique toujours oblique : sa course ne se fait pas par des mouvements égaux, mais par sauts et par bonds ; et ses mouvements sont si brusques, qu'il ne peut s'arrêter à l'instant et qu'il passe presque toujours son but. Lorsqu'il saute sur sa proie, il fait un bond de douze ou quinze pieds, tombe dessus, la saisit avec les pattes de devant, la déchire avec les ongles, et ensuite la dévore avec les dents. Tant qu'il est jeune et qu'il a de la légèreté, il vit du produit de sa chasse, et quitte rarement ses déserts et ses forêts, où il trouve assez d'animaux sauvages pour subsister aisément ; mais lorsqu'il devient vieux, pesant et moins propre à l'exercice de la chasse, il s'approche des lieux fréquentés, et devient plus dangereux pour l'homme et pour les animaux domestiques : seulement on a remarqué que lorsqu'il voit des hommes et des animaux ensemble, c'est toujours sur les animaux qu'il se jette, et jamais sur les hommes, à moins qu'ils ne le frappent ; car alors il reconnoît à merveille celui qui vient de l'offenser, et il quitte sa proie pour se venger. On prétend qu'il préfère la chair du chameau à celle de tous les autres animaux ; il aime aussi beaucoup celle des jeunes éléphants ; ils ne peuvent lui résister lorsque leurs défenses n'ont pas encore poussé, et il en vient aisément à bout, à moins que la mère n'arrive à leur secours. L'éléphant, le rhinocéros,

chasse, a été prise pour la panthère, et désignée comme elle par le nom de *tigre*. Le lynx ou loup-cervier, le pourvoyeur du lion, que les Turcs appellent *karackoulah,* et les Persans *siyahgush,* ont quelquefois aussi reçu le nom de *panthère* ou d'*once*. Tous ces animaux sont communs en Afrique et dans toutes les parties méridionales de l'Asie; mais le vrai tigre, le seul qui doit porter ce nom, est un animal rare, peu connu des anciens, et mal décrit par les modernes. Aristote, qui est en histoire naturelle le guide des uns et des autres, n'en fait aucune mention. Pline dit seulement que le tigre est un animal d'une vitesse terrible, *tremendæ velocitatis animal,* et il donne à entendre que de son temps il étoit bien plus rare que la panthère, puisqu'Auguste fut le premier qui présenta un tigre aux Romains pour la dédicace du théâtre de Marcellus, tandis que dès le temps de Scaurus cet édile avoit envoyé cent cinquante panthères, et qu'ensuite Pompée en avoit fait venir quatre cent dix, et Auguste quatre cent vingt pour les spectacles de Rome; mais Pline ne donne aucune description, ni même ne nous indique aucun des caractères du tigre. Oppien et Solin, qui ont écrit après Pline, paroissent être les premiers qui aient dit que le tigre étoit marqué par des bandes longues, et la panthère par des taches rondes : c'est en effet l'un des caractères qui distinguent le vrai tigre, non-seulement de la panthère, mais de plusieurs autres animaux qu'on a depuis appelés *tigres*. Strabon cite Mégasthène au sujet du vrai tigre, et il dit, d'après lui, qu'il y a des tigres aux Indes qui sont une fois plus gros que des lions. Le tigre est donc un animal féroce, d'une vitesse terrible, dont le corps est marqué de bandes longues, et dont la taille surpasse celle du lion. Voilà les seules notions que les anciens nous aient données d'un animal aussi remarquable; les modernes, comme Gesner et les autres naturalistes qui ont parlé du tigre, n'ont presque rien ajouté au peu qu'en ont dit les anciens.

Dans notre langue, on a appelé *peaux de tigres* ou *peaux tigrées* toutes les peaux à poil court qui se sont trouvées variées par des taches arrondies et séparées : les voyageurs, par-

2.

tant de cette fausse dénomination, ont à leur tour appelé *tigres* tous les animaux de proie dont la peau étoit *tigrée*, c'est-à-dire marquée de taches séparées. MM. de l'Académie des sciences ont suivi le torrent, et ont aussi appelé *tigres* les animaux à peau *tigrée* qu'ils ont disséqués, et qui cependant sont très différents du vrai tigre.

La cause la plus générale des équivoques et des incertitudes qui se sont si fort multipliées en histoire naturelle, c'est, comme je l'ai indiqué dans l'article précédent, la nécessité où l'on s'est trouvé de donner des noms aux productions inconnues du Nouveau-Monde. Les animaux, quoique pour la plupart d'espèce et de nature très différentes de ceux de l'ancien continent, ont reçu les mêmes noms dès qu'on leur a trouvé quelque rapport ou quelque ressemblance avec ceux-ci. On s'étoit d'abord trompé en Europe en appelant *tigres* tous les animaux à peau *tigrée* d'Asie et d'Afrique : cette erreur transportée en Amérique y a doublé; car ayant trouvé dans cette terre nouvelle des animaux dont la peau étoit marquée de taches arrondies et séparées, on leur a donné le nom de *tigres*, quoiqu'ils ne fussent ni de l'espèce du vrai tigre, ni même d'aucune de celles des animaux à peau *tigrée* de l'Asie ou de l'Afrique, auxquels on avoit déjà mal à propos donné ce même nom : et comme ces animaux à peau *tigrée* qui se sont trouvés en Amérique sont en assez grand nombre, et qu'on n'a pas laissé de leur donner à tous le nom commun de *tigre*, quoiqu'ils fussent très différents du tigre et différents entre eux, il se trouve qu'au lieu d'une seule espèce qui doit porter ce nom, il y en a neuf ou dix, et que par conséquent l'histoire de ces animaux est très embarrassée, très difficile à faire, parce que les noms ont confondu les choses, et qu'en faisant mention de ces animaux on a souvent dit des uns ce qui devoit être dit des autres.

Pour prévenir la confusion qui résulte de ces dénominations mal appliquées à la plupart des animaux du Nouveau-Monde, et en particulier à ceux que l'on a faussement appelés *tigres*, j'ai pensé que le moyen le plus sûr étoit de faire une énumération comparée des animaux quadrupèdes, dans laquelle je distingue, 1° ceux qui sont naturels et propres à l'ancien continent, c'est-à-dire à l'Europe, l'Afrique et l'Asie, et qui ne se sont point trouvés en Amérique lorsqu'on en fit la découverte; 2° ceux qui sont naturels et propres au nouveau continent, et qui n'étoient point connus dans l'ancien; 3° ceux qui, se trouvant également dans les deux continents sans avoir été transportés par les hommes, doivent être regardés comme communs à l'un et à l'autre. Il a fallu pour cela recueillir et rassembler ce qui se trouve épars, au sujet des animaux, dans les voyageurs et dans les premiers historiens du Nouveau-Monde : c'est le précis de ces recherches que nous avons donné avec quelque confiance, à la fin du volume précédent, parce que nous les avons cru utiles pour l'intelligence de toute l'histoire naturelle, et en particulier de l'histoire des animaux.

LE TIGRE [1].

Felis Tigris. L.

Dans la classe des animaux carnassiers, le lion est le premier, le tigre est le second; et comme le premier, même dans un mauvais genre, est toujours le plus grand et souvent le meilleur, le second est ordinairement le plus méchant de tous. A la fierté, au courage, à la force, le lion joint la noblesse, la clémence, la magnanimité, tandis que le tigre est bassement féroce, cruel sans justice, c'est-à-dire sans nécessité. Il en est de même dans tout ordre de choses où les rangs sont donnés par la force : le premier, qui peut tout, est moins tyran que l'autre, qui, ne pouvant jouir de la puissance plénière, s'en venge en abusant du pouvoir qu'il a pu s'arroger. Aussi le tigre est-il plus à craindre que le lion : celui-ci souvent oublie qu'il est le roi, c'est-à-dire le plus fort de tous les animaux;

[1] Le tigre, le vrai tigre, le tigre des Indes orientales : en latin, *tigris;* en italien, *tigra;* en allemand, *tigerthier;* en anglois, *tiger.*

marchant d'un pas tranquille, il n'attaque jamais l'homme, à moins qu'il ne soit provoqué; il ne précipite ses pas, il ne court, il ne chasse, que quand la faim le presse. Le tigre, au contraire, quoique rassasié de chair, semble toujours être altéré de sang; sa fureur n'a d'autres intervalles que ceux du temps qu'il faut pour dresser des embûches; il saisit et déchire une nouvelle proie avec la même rage qu'il vient d'exercer, et non pas d'assouvir, en dévorant la première; il désole le pays qu'il habite; il ne craint ni l'aspect ni les armes de l'homme; il égorge, il dévaste les troupeaux d'animaux domestiques, met à mort toutes les bêtes sauvages, attaque les petits éléphants, les jeunes rhinocéros, et quelquefois même ose braver le lion.

La forme du corps est ordinairement d'accord avec le naturel. Le lion a l'air noble; la hauteur de ses jambes est proportionnée à la longueur de son corps; l'épaisse et grande crinière qui couvre ses épaules et ombrage sa face, son regard assuré, sa démarche grave, tout semble annoncer sa fière et majestueuse intrépidité. Le tigre, trop long de corps, trop bas sur ses jambes, la tête nue, les yeux hagards, la langue couleur de sang, toujours hors de la gueule, n'a que les caractères de la basse méchanceté et de l'insatiable cruauté; il n'a pour tout instinct qu'une rage constante, une fureur aveugle, qui ne connoît, qui ne distingue rien, et qui lui fait souvent dévorer ses propres enfants, et déchirer leur mère lorsqu'elle veut les défendre. Que ne l'eût-il à l'excès, cette soif de son sang! ne pût-il l'éteindre qu'en détruisant dès leur naissance la race entière des monstres qu'il produit!

Heureusement pour le reste de la nature, l'espèce n'en est pas nombreuse, et paroît confinée aux climats les plus chauds de l'Inde orientale. Elle se trouve au Malabar, à Siam, au Bengale, dans les mêmes contrées qu'habitent l'éléphant et le rhinocéros; on prétend même que souvent le tigre accompagne ce dernier, et qu'il le suit pour manger sa fiente, qui lui sert de purgation ou de rafraîchissement: il fréquente avec lui les bords des fleuves et des lacs; car comme le sang ne fait que l'altérer, il a souvent besoin d'eau pour tempérer l'ardeur

qui le consume; et d'ailleurs il attend près des eaux les animaux qui y arrivent et que la chaleur du climat contraint d'y
venir plusieurs fois chaque jour : c'est là qu'il choisit sa proie,
ou plutôt qu'il multiplie ses massacres; car souvent il abandonne les animaux qu'il vient de mettre à mort pour en égorger d'autres; il semble qu'il cherche à goûter de leur sang, il
le savoure, il s'en enivre; et lorsqu'il leur fend et déchire le
corps, c'est pour y plonger la tête, et pour sucer à longs traits
le sang dont il vient d'ouvrir la source, qui tarit presque toujours avant que sa soif s'éteigne.

Cependant, quand il a mis à mort quelques gros animaux,
comme un cheval, un buffle, il ne les éventre pas sur la place,
s'il craint d'y être inquiété : pour les dépécer à son aise, il les
emporte dans les bois, en les traînant avec tant de légèreté, que la vitesse de sa course paroît à peine ralentie par la
masse énorme qu'il entraîne. Ceci seul suffiroit pour juger de
sa force; mais pour en donner une idée plus juste, arrêtons-
nous un instant sur les dimensions et les proportions du corps
de cet animal terrible. Quelques voyageurs l'ont comparé,
pour la grandeur, à un cheval, d'autres à un buffle, d'autres
ont seulement dit qu'il étoit beaucoup plus grand que le lion.
Mais nous pouvons citer des témoignages plus récents et qui
méritent une entière confiance. M. de la Lande-Magon nous a
fait assurer qu'il avoit vu aux Indes orientales un tigre de quinze
pieds, en y comprenant sans doute la longueur de la queue :
si nous la supposons de quatre ou cinq pieds, ce tigre avoit
au moins dix pieds de longueur. Il est vrai que celui dont nous
avons la dépouille au Cabinet du Roi n'a qu'environ sept pieds
de longueur depuis l'extrémité du museau jusqu'à l'origine de
la queue; mais il avoit été pris, amené tout jeune, et ensuite
toujours enfermé dans une loge étroite à la Ménagerie, où le
défaut de mouvement et le manque d'espace, l'ennui de la
prison, la contrainte du corps, la nourriture peu convenable,
ont abrégé sa vie et retardé le développement, ou même réduit l'accroissement du corps. Nous avons vu, dans l'histoire
du cerf, que ces animaux, pris jeunes et renfermés dans des

parcs trop peu spacieux, non-seulement ne prennent pas leur croissance entière, mais même se déforment et deviennent rachitiques et bassets avec des jambes torses. Nous savons d'ailleurs par les dissections que nous avons faites d'animaux de toute espèce élevés et nourris dans des ménageries, qu'ils ne parviennent jamais à leur grandeur entière; que leur corps et leurs membres, qui ne peuvent s'exercer, restent au-dessous des dimensions de la nature; que les parties dont l'usage leur est absolument interdit, comme celles de la génération, sont si petites et si peu développées dans tous ces animaux captifs et célibataires, qu'on a de la peine à les trouver, et que souvent elles nous ont paru presque entièrement oblitérées. La seule différence du climat pourroit encore produire les mêmes effets que le manque d'exercice et la captivité. Aucun animal des pays chauds ne peut produire dans les climats froids, y fût-il même très libre et très largement nourri; et comme la reproduction n'est qu'une suite naturelle de la pleine nutrition, il est évident que la première ne pouvant s'opérer, la seconde ne se fait pas complétement, et que dans ces animaux le froid seul suffit pour restreindre la puissance du moule intérieur, et diminuer les facultés actives du développement, puisqu'il détruit celles de la reproduction.

Il n'est donc pas étonnant que ce tigre dont le squelette et la peau nous sont venus de la Ménagerie du roi ne soit pas parvenu à sa juste grandeur : cependant la seule vue de cette peau bourrée donne encore l'idée d'un animal formidable; et l'examen du squelette ne permet pas d'en douter. L'on voit, sur les os des jambes, des rugosités qui marquent des attaches de muscles encore plus fortes que celles du lion : ces os sont aussi solides, mais plus courts; et comme nous l'avons dit, la hauteur des jambes dans le tigre n'est pas proportionnée à la grande longueur du corps. Ainsi cette vitesse terrible dont parle Pline, et que le nom même du tigre paroît indiquer, ne doit pas s'entendre des mouvements ordinaires de la démarche, ni même de la célérité des pas dans une course suivie; il est évident qu'ayant les jambes courtes, il ne peut marcher

ni courir aussi vite que ceux qui les ont proportionnellement
plus longues : mais cette vitesse terrible s'applique très bien
aux bonds prodigieux qu'il doit faire sans effort; car en lui
supposant, proportion gardée, autant de force et de souplesse
qu'au chat, qui lui ressemble beaucoup par la conformation,
et qui dans l'instant d'un clin d'œil fait un saut de plusieurs
pieds d'étendue, on sentira que le tigre, dont le corps est dix
fois plus long, peut dans un instant presque aussi court faire
un bond de plusieurs toises. Ce n'est donc point la célérité de
sa course, mais la vitesse du saut, que Pline a voulu désigner,
et qui rend en effet cet animal terrible, parce qu'il n'est pas
possible d'en éviter l'effet.

Le tigre est peut-être le seul de tous les animaux dont on
ne puisse fléchir le naturel; ni la force, ni la contrainte, ni la
violence, ne peuvent le dompter. Il s'irrite des bons comme
des mauvais traitements; la douce habitude, qui peut tout, ne
peut rien sur cette nature de fer; le temps, loin de l'amollir
en tempérant les humeurs féroces, ne fait qu'aigrir le fiel de
sa rage; il déchire la main qui le nourrit comme celle qui le
frappe; il rugit à la vue de tout être vivant; chaque objet lui
paroît une nouvelle proie, qu'il dévore d'avance de ses regards
avides, qu'il menace par des frémissements affreux mêlés d'un
grincement de dents, et vers lequel il s'élance souvent malgré
les chaînes et les grilles qui brisent sa fureur sans pouvoir la
calmer.

Pour achever de donner une idée de la force de ce cruel
animal, nous croyons devoir citer ici ce que le P. Tachard, témoin oculaire, rapporte d'un combat du tigre contre des éléphants. « On avoit élevé, dit cet auteur, une haute palissade
« de bambous d'environ cent pas en carré; au milieu de l'en-
« ceinte étoient entrés trois éléphants destinés pour combattre
« le tigre. Ils avoient une espèce de grand plastron, en forme de
« masque, qui leur couvroit la tête et une partie de la trompe.
« Dès que nous fûmes arrivés sur le lieu, on fit sortir de la loga
« qui étoit dans un enfoncement, un tigre d'une figure et d'une
« couleur qui parurent nouvelles aux François qui assistoient à

« ce combat ; car, outre qu'il étoit bien plus grand, bien plus
« gros, et d'une taille moins effilée que ceux que nous avions
« vus en France, sa peau n'étoit pas mouchetée de même : mais,
« au lieu de toutes ces taches semées sans ordre, il avoit de
« longues et larges bandes en forme de cercle ; ces bandes pre-
« nant sur le dos se rejoignoient par-dessous le ventre, et con-
« tinuant le long de la queue, y faisoient comme des anneaux
« blancs et noirs placés alternativement, dont elle étoit toute
« couverte. La tête n'avoit rien d'extraordinaire, non plus que
« les jambes, hors qu'elles étoient plus grandes et plus grosses
« que celles des tigres communs, quoique celui-ci ne fût qu'un
« jeune tigre qui avoit encore à croître ; car M. Constance nous
« a dit qu'il y en avoit dans le royaume de plus gros trois fois
« que celui-là, et qu'un jour, étant à la chasse avec le roi, il
« en vit un de fort près qui étoit grand comme un mulet. Il y
« en a aussi de petits dans le pays, semblables à ceux qu'on
« apporte d'Afrique en Europe, et on nous en montra un le
« même jour à Louvo.

« On ne lâcha pas d'abord le tigre qui devoit combattre, mais
« on le tint attaché par deux cordes ; de sorte que n'ayant pas
« la liberté de s'élancer, le premier éléphant qui l'approcha lui
« donna deux ou trois coups de sa trompe sur le dos : ce choc
« fut si rude, que le tigre en fut renversé, et demeura quelque
« temps étendu sur la place sans mouvement, comme s'il eût été
« mort. Cependant, dès qu'on l'eut délié, quoique cette pre-
« mière attaque eût bien rabattu de sa furie, il fit un cri hor-
« rible, et voulut se jeter sur la trompe de l'éléphant qui s'a-
« vançoit pour le frapper ; mais celui-ci la repliant adroitement
« la mit à couvert par ses défenses, qu'il présenta en même
« temps, et dont il atteignit le tigre si à propos, qu'il lui fit
« faire un grand saut en l'air ; cet animal en fut si étourdi,
« qu'il n'osa plus approcher. Il fit plusieurs tours le long de la
« palissade, s'élançant quelquefois vers les personnes qui pa-
« roissoient vers les galeries. On poussa ensuite trois éléphants
« contre lui, qui lui donnèrent tour à tour de si rudes coups,
« qu'il fit encore une fois le mort, et ne pensa plus qu'à éviter

« leur rencontre : ils l'eussent tué sans doute, si l'on n'eût fait
« finir le combat. » Il est clair, par la description même du
P. Tachard, que ce tigre qu'il a vu combattre des éléphants
est le vrai tigre; qu'il parut aux François un animal nouveau,
parce que probablement ils n'avoient vu en France dans les
ménageries que des panthères ou des léopards d'Afrique, ou
bien des jaguars d'Amérique, et les petits tigres qu'il vit à
Louvo n'étoient de même que des panthères. On sent aussi,
par ce simple récit, quelle doit être la force et la fureur de cet
animal, puisque celui-ci, quoique jeune encore et n'ayant pas
pris tout son accroissement, quoique réduit en captivité,
quoique retenu par des liens, quoique seul contre trois, étoit
encore assez redoutable aux colosses qu'il combattoit, pour
qu'on fût obligé de les couvrir d'un plastron dans toutes les
parties de leur corps que la nature n'a pas cuirassées comme
les autres d'une enveloppe impénétrable.

Le tigre dont le P. Gonie a communiqué à l'Académie des
sciences une description anatomique, faite par les PP. jésuites
à la Chine, paroît être de l'espèce du vrai tigre, aussi bien
que celui que les Portugais ont appelé *tigre royal*, duquel
M. Perrault fait mention dans ses *Mémoires sur les animaux*,
et dont il dit que la description a été faite à Siam. Dellon, dans
ses *Voyages*, dit expressément que le Malabar est le pays des
Indes où il y a le plus de tigres; qu'il y en a de plusieurs espèces; mais que le plus grand de tous, celui que les Portugais
appellent *tigre royal*, est extrêmement rare; qu'il est grand
comme un cheval, etc.

Le tigre royal ne paroît donc pas faire une espèce particulière
et différente de celle du vrai tigre : il ne se trouve qu'aux Indes
orientales, et non pas au Brésil, comme l'ont écrit quelques-
uns de nos naturalistes. Je suis même porté à croire que le vrai
tigre ne se trouve qu'en Asie et dans les parties les plus méridionales de l'Afrique dans l'intérieur des terres; car la plupart
des voyageurs qui ont fréquenté les côtes de l'Afrique parlent,
à la vérité, des tigres, et disent même qu'ils y sont très communs; néanmoins il est aisé de voir, par les notices mêmes

qu'ils donnent de ces animaux, que ce ne sont pas de vrais
tigres, mais des léopards, des panthères, ou des onces, etc.
Le docteur Shaw dit expressément qu'aux royaumes de Tunis
et d'Alger le lion et la panthère tiennent le premier rang entre
les bêtes féroces, mais que le tigre ne se trouve pas dans cette
partie de la Barbarie. Cela paroît vrai; car ce furent des am-
bassadeurs indiens, et non pas des africains, qui présentèrent
à Auguste, dans le temps qu'il étoit à Samos, le premier tigre
qui ait été vu des Romains; et ce fut aussi des Indes qu'Héliogabale fit venir ceux qu'il vouloit atteler à son char pour contrefaire le dieu Bacchus.

L'espèce du tigre a donc toujours été plus rare et beaucoup
moins répandue en Europe que celle du lion : cependant la ti-
gresse produit comme la lionne quatre ou cinq petits. Elle est
furieuse en tout temps, mais sa rage devient extrême lorsqu'on
les lui ravit : elle brave tous les périls; elle suit les ravisseurs,
qui, se trouvant pressés, sont obligés de lui relâcher un de ses
petits : elle s'arrête, le saisit, l'emporte pour le mettre à l'abri,
revient quelques instants après, et les poursuit jusqu'aux portes
des villes ou jusqu'à leurs vaisseaux; et lorsqu'elle a perdu tout
espoir de recouvrer sa perte, des cris forcenés et lugubres,
des hurlements affreux expriment sa douleur cruelle, et font
encore frémir ceux qui les entendent de loin.

Le tigre fait mouvoir la peau de sa face, grince des dents,
frémit, rugit comme fait le lion; mais son rugissement est
différent : quelques voyageurs l'ont comparé au cri de certains
grands oiseaux. *Tigrides indomitæ rancant, rugiuntque
leones* (auctor Philomelæ). Ce mot *rancant* n'a point d'équivalent en françois : ne pourrions-nous pas lui en donner un?
et dire : «Les tigres *rauquent,* et les lions rugissent;» car le
son de la voix du tigre est en effet très rauque.

La peau de ces animaux est assez estimée, surtout à la Chine;
les mandarins militaires en couvrent leurs chaises dans les
marches publiques : ils en font aussi des couvertures de cous-
sins pour l'hiver. En Europe, ces peaux, quoique rares, ne
sont pas d'un grand prix : on fait beaucoup plus de cas de

celles du léopard de Guinée et du Sénégal, que nos fourreurs appellent *tigre*. Au reste c'est la seule petite utilité qu'on puisse tirer de cet animal très nuisible, dont on a prétendu que la sueur étoit un venin, et le poil de la moustache un poison sûr pour les hommes et pour les animaux : mais c'est assez du mal très réel qu'il fait de son vivant, sans chercher encore des qualités imaginaires et des poisons dans sa dépouille, d'autant que les Indiens mangent de sa chair et ne la trouvent ni malsaine ni mauvaise, et que si le poil de sa moustache pris en pilule tue, c'est qu'étant dur et roide, une telle pilule fait dans l'estomac le même effet qu'un paquet de petites aiguilles.

LA PANTHÈRE, L'ONCE
ET LE LÉOPARD [1].

Pour me faire mieux entendre, pour éviter le faux emploi des noms, détruire les équivoques et prévenir les doutes, j'observerai d'abord qu'avec les tigres dont nous venons de donner l'histoire, il se trouve encore dans l'ancien continent, c'est-à-dire en Asie et en Afrique, trois autres espèces d'ani-

[1] A l'époque où Buffon écrivoit son histoire naturelle des animaux, les différentes espèces qui forment le plus grand genre des chats étoient encore très imparfaitement connues; aussi ce célèbre écrivain a-t-il confondu ou mal distingué plusieurs de ces espèces. C'est ainsi qu'il n'a pas nettement caractérisé la panthère et le léopard. La panthère (*Felis Pardus*, L.) est très commune en Afrique. La longueur de son corps est de trois pieds environ; sa queue descend jusqu'au bas de ses jambes; sa couleur est fauve jaunâtre, avec six ou sept rangées de taches noires en forme de roses, c'est-à-dire composées chacune de cinq ou six petites taches simples, sur chaque flanc. Le léopard (*Felis Leopardus*, L.) est semblable pour la taille et la couleur à la panthère, mais il offre sur chaque flanc dix rangées de taches plus petites : du reste, il habite à peu près les mêmes pays. Buffon paroît avoir confondu avec la panthère le jaguar de l'Amérique méridionale, qui est un animal beaucoup plus gros et fort différent des espèces de l'ancien continent. Quant à l'once, on n'a pu encore déterminer positivement à quelle espèce ce nom doit être spécialement appliqué. Quelques zoologistes pensent que c'est une simple variété de la panthère. (A. R.)

maux de ce genre, toutes trois différentes du tigre, et toutes trois différentes entre elles. Ces trois espèces sont *la panthère*, *l'once* et *le léopard*, lesquelles non-seulement ont été prises les unes pour les autres par les naturalistes, mais même ont été confondues avec les espèces du même genre qui se sont trouvées en Amérique. Je mets à part pour le moment présent ces espèces qu'on a appelées indistinctement *tigres*, *panthères*, *léopards* dans le Nouveau-Monde, pour ne parler que de l'ancien continent, et afin de ne pas confondre les choses et d'exposer plus nettement les objets qui y sont relatifs.

La première espèce de ce genre, et qui se trouve dans l'ancien continent, est la grande panthère, que nous appellerons simplement *panthère*, qui étoit connue des Grecs sous le nom de *pardalis*, des anciens Latins sous celui de *panthera*, ensuite sous le nom de *pardus*, et des Latins modernes sous celui de *leopardus*. Le corps de cet animal, lorsqu'il a pris son accroissement entier, a cinq ou six pieds de longueur en le mesurant depuis l'extrémité du museau jusqu'à l'origine de la queue, laquelle est longue de plus de deux pieds : sa peau est, pour le fond du poil, d'un fauve plus ou moins foncé sur le dos et sur les côtés du corps, et d'une couleur blanchâtre sur le ventre ; elle est marquée de taches noires en grands anneaux ou en forme de roses : ces anneaux sont bien séparés les uns des autres sur les côtés du corps, évidés dans leur milieu, et la plupart ont une ou plusieurs taches au centre, de la même couleur que le tour de l'anneau ; ces mêmes anneaux, dont les uns sont ovales et les autres circulaires, ont souvent plus de trois pouces de diamètre : il n'y a que des taches pleines sur la tête, sur la poitrine, sur le ventre et sur les jambes.

La seconde espèce est la petite panthère d'Oppien, à laquelle les anciens n'ont pas donné de nom particulier, mais que les voyageurs modernes ont appelé *once*, du nom corrompu *lynx* ou *lunx*. Nous conserverons à cet animal le nom d'*once*, qui nous paroît bien appliqué, parce qu'en effet il a quelque rapport avec le lynx ; il est beaucoup plus petit que la panthère, n'ayant le corps que d'environ trois pieds et demi de longueur, ce qui est à peu près la taille du lynx ; il a le poil plus long que la panthère, la queue beaucoup plus longue, de trois pieds de longueur et quelquefois davantage, quoique le corps de l'once soit en tout d'un tiers au moins plus petit que celui de la panthère, dont la queue n'a guère que deux pieds ou deux pieds et demi tout au plus. Le fond du poil de l'once est d'un gris blanchâtre sur le dos et sur les côtés du corps, et d'un gris encore plus blanc sous le ventre, au lieu que le dos et les côtés du corps de la panthère sont toujours d'un fauve plus ou moins foncé : les taches sont à peu près de la même grandeur dans l'une et dans l'autre.

La troisième espèce, dont les anciens ne font aucune mention, est un animal du Sénégal, de la Guinée et des autres pays méridionaux que les anciens n'avoient pas découverts : nous l'appellerons *léopard*, qui est le nom qu'on a mal à propos appliqué à la grande panthère, et que nous emploierons, comme l'ont fait plusieurs voyageurs, pour désigner l'animal du Sénégal dont il est ici question. Il est un peu plus grand que l'once, mais beaucoup moins que la panthère, n'ayant guère plus de quatre pieds de longueur : la queue a deux pieds ou deux pieds et demi. Le fond du poil, sur le dos et sur les côtés du corps, est d'une couleur fauve plus ou moins foncée ; le dessous du ventre est blanchâtre : les taches sont en anneaux ou en roses ; mais ces anneaux sont beaucoup plus petits que ceux de la panthère ou de l'once, et la plupart sont composés de quatre ou cinq petites taches pleines : il y a aussi de ces taches pleines disposées irrégulièrement.

Ces trois animaux sont, comme l'on voit, très différents les uns des autres, et sont chacun de leur espèce. Les marchands fourreurs appellent les peaux de la première espèce *peaux de panthère* ; ainsi nous n'aurons pas changé ce nom, puisqu'il est en usage : ils appellent celles de la seconde espèce *peaux de tigre d'Afrique* ; ce nom est équivoque, et nous avons adopté celui d'*once* : enfin ils appellent improprement *peaux de tigre* celles de l'animal que nous appelons ici *léopard*.

Oppien connoissoit nos deux premières espèces, c'est-à-dire la panthère et l'once : il a dit le premier qu'il y avoit deux espèces de panthères ; les unes plus grandes et plus grosses, les autres plus petites, et cependant semblables par la forme du corps, par la variété et la disposition des taches, mais qui différoient par la longueur de la queue, que les petites ont beaucoup plus longue que les grandes. Les Arabes ont indiqué la grande panthère par le nom *al nemer* (*nemer* en retranchant l'article), et la petite par le nom *al phet* ou *al fhed* (*phet* ou *fhed* en retranchant l'article): ce dernier nom, quoiqu'un peu corrompu, se reconnoît dans celui de *faadh*, qui est le nom actuel de cet animal en Barbarie. « Le *faadh*, dit le D. Shaw, « ressemble au léopard (il veut dire la panthère) en ce qu'il est « tacheté comme lui : mais il en diffère à d'autres égards ; il a « la peau plus obscure et plus grossière, et n'est pas si farou- « che. » Nous apprenons d'ailleurs, par un passage d'Albert commenté par Gesner, que le *phet* ou *fhed* des Arabes s'est appelé en italien et dans quelques autres langues de l'Europe *leunza* ou *lonza*. On ne peut donc pas douter, en rapprochant ces indications, que la petite panthère d'Oppien, le *phet* ou *fhed* des Arabes, le *faadh* de la Barbarie, l'*onze* ou l'*once* des Européens, ne soient le même animal. Il y a grande apparence aussi que c'est le *pard* ou *pardus* des anciens, et la *panthera* de Pline, puisqu'il dit que le fond de son poil est blanc, au lieu que celui de la grande panthère est, comme nous l'avons dit, d'une couleur fauve plus ou moins foncée : d'ailleurs il est très probable que la petite panthère s'est appelée simplement *pard* ou *pardus*, et qu'on est venu ensuite à nommer la grande panthère *léopard* ou *leopardus*, parce qu'on a imaginé que c'étoit une espèce métise qui s'étoit agrandie par le secours et le mélange de celle du lion ; mais comme ce préjugé n'est nullement fondé, nous avons préféré le nom ancien et primitif de *panthère*, au nom composé et plus nouveau de *léopard*, que nous avons appliqué à un animal nouveau qui n'avoit encore que des noms équivoques.

Ainsi l'once diffère de la panthère, en ce qu'il est bien plus

LA PANTHÈRE.   LE COUGUAR INCONNU.

Tꝰ 3.

petit, qu'il a la queue beaucoup plus longue, le poil plus long aussi et d'une couleur grise ou blanchâtre; et le léopard diffère de la panthère et de l'once en ce qu'il a la robe beaucoup plus belle, d'un fauve vif et brillant, quoique plus ou moins foncé, avec des taches plus petites, et la plupart disposées par groupes, comme si chacune de ces taches étoit formée de quatre taches réunies.

Pline, et plusieurs après lui, ont écrit que dans les panthères la femelle avoit la robe plus blanche que le mâle : cela pourroit être vrai de l'once; mais nous n'avons pas observé cette différence dans les panthères de la ménagerie de Versailles, qui ont été dessinées vivantes : s'il y a donc quelque différence dans la couleur du poil entre le mâle et la femelle de la panthère, il faut que cette différence ne soit pas bien constante ni bien sensible. On trouve, à la vérité, des nuances plus ou moins fortes dans plusieurs peaux de ces animaux que nous avons comparées; mais nous croyons que cela dépend plutôt de la différence de l'âge ou du climat que de celle des sexes.

Les animaux que MM. de l'Académie des sciences ont décrits et disséqués sous le nom de *tigres*, et l'animal décrit par Caïus, dans Gesner, sous le nom d'*uncia*, sont de même espèce que notre léopard; on ne peut en douter en comparant la figure et la description que nous en donnons ici, avec celles de Caïus et celles de M. Perrault. Il dit, à la vérité, que les animaux décrits et disséqués par MM. de l'Académie des sciences, sous le nom de *tigres*, ne sont pas l'once de Caïus; les seules raisons qu'il en donne sont que celui-ci est plus petit et qu'il n'a pas le dessous du corps blanc : cependant, si M. Perrault eût comparé la description entière de Caïus avec les sujets qu'il avoit sous les yeux, je suis persuadé qu'il auroit reconnu qu'ils ne différoient en rien de l'once de Caïus. Comme il pourroit rester sur cela des doutes, j'ai cru qu'il étoit nécessaire de rapporter ici les parties essentielles de cette description de Caïus, qui, quoique faite sur un animal mort, me paroît fort exacte. On y observera que Caïus, sans donner précisément la

longueur du corps de l'animal qu'il décrit, dit qu'il est plus
grand qu'un chien de berger et aussi gros qu'un dogue, quoique plus bas de jambe ; je ne vois donc pas pourquoi M. Perrault dit que l'once de Caïus étoit bien plus petit que les tigres
disséqués par MM. de l'Académie des sciences. Ces tigres n'a-
voient que quatre pieds de longueur en les mesurant depuis
l'extrémité du museau jusqu'à l'origine de la queue : le léopard
que nous décrivons ici, et qui est certainement le même animal
que les tigres de M. Perrault, n'a aussi qu'environ quatre
pieds ; et si l'on mesure un dogue, surtout un dogue de forte
race, on trouvera qu'il excède souvent ces dimensions. Ainsi
les tigres décrits par MM. de l'Académie des sciences ne différoient pas assez de l'*uncia* de Caïus par la grandeur, pour que
M. Perrault fût fondé à conclure de cette seule différence que
ce ne pouvoit être le même animal. La seconde disconvenance,
c'est celle de la couleur du poil sur le ventre ; M. Perrault dit
qu'il est blanc, et Caïus qu'il est cendré, c'est-à-dire blanchâtre :
ainsi ces deux caractères, par lesquels M. Perrault a jugé que
les tigres disséqués par MM. de l'Académie n'étoient pas l'once
de Caïus, auroient dû le porter à prononcer le contraire, surtout s'il eût fait attention que tout le reste de la description
s'accorde parfaitement. On ne peut donc pas se refuser à regarder les tigres de MM. de l'Académie, l'*uncia* de Caïus et
notre *léopard*, comme le même animal ; et je ne conçois pas
pourquoi quelques-uns de nos naturalistes ont pris ces tigres
de M. Perrault pour des animaux d'Amérique, et les ont confondus avec le jaguar.

Nous nous croyons donc certains que les tigres de M. Perrault, l'*uncia* de Caïus et notre léopard, sont le même animal : nous nous croyons également assurés que notre panthère
est le même animal que la panthère des anciens. Elle en diffère,
à la vérité, par la grandeur, mais elle lui ressemble par tous
les autres caractères ; et, comme nous l'avons déjà dit plusieurs
fois, on ne doit pas être étonné qu'un animal élevé dans une
ménagerie ne prenne pas son accroissement entier, et qu'il
reste au-dessous des dimensions de la nature. Cette différence

de grandeur nous a tenus nous-mêmes assez long-temps dans
la perplexité; mais, après l'examen le plus long, et nous pouvons dire le plus scrupuleux, après la comparaison exacte et
immédiate des grandes peaux de la panthère qui se trouve
chez les fourreurs, avec celle de notre panthère, il ne nous a
plus été permis de douter, et nous avons vu clairement que ce
n'étoient pas des animaux différents. La panthère que nous
décrivons ici, et deux autres de la même espèce qui étoient en
même temps à la ménagerie du roi, sont venues de la Barbarie : la régence d'Alger fit présent à sa majesté des deux
premières, il y a dix ou douze ans; la troisième a été achetée
pour le roi, d'un juif d'Alger.

Une autre observation que nous ne pouvons nous dispenser
de faire, c'est que des trois animaux dont nous donnons ici la
description sous les noms de *panthère*, d'*once* et de *léopard*,
aucun ne peut se rapporter à l'animal que les naturalistes ont
indiqué par le nom de *pardus* ou de *leopardus*. Le *pardus*
de M. Linnæus et le léopard de Bisson, qui paroissent être le
même animal, sont désignés par les phrases suivantes, *Pardus, felis caudâ elongatâ, corporis maculis superio-
ribus orbiculatis, inferioribus virgatis.* (Syst. nat. *edit.* X,
pag. 41.)... Le léopard : *Felis ex albo flavicans, maculis
nigris in dorso orbiculatis, in ventre longis, variegata.*
(Regn. anim. *pag.* 272.) Ce caractère des taches longues sur
le ventre, ou allongées en forme de verges sur les parties inférieures du corps, n'appartient ni à la panthère, ni à l'once,
ni au léopard, desquels il est ici question. Cependant il paroît
que c'est de la panthère des anciens; du *panthera, pardalis,
pardus, leopardus,* de Gesner; du *pardus, panthera,* de
Prosper Alpini; du *panthera varia, africana,* de Pline; de
la panthère, en un mot, qui se trouve en Afrique et aux Indes
orientales, que ces auteurs ont entendu parler, et qu'ils ont
désignée par les phrases que nous venons de citer. Or, je le
répète, aucun des trois animaux que nous décrivons ici, quoique tous trois d'espèce différente, n'a ce caractère de taches
longues et en forme de verges sur les parties inférieures; et

3.

en même temps nous pouvons assurer, par les recherches que nous avons faites, que ces trois espèces, et peut-être une quatrième dont nous parlerons dans la suite, et qui n'a pas plus que les trois premières ce caractère des taches longues sur le ventre, sont les seules de ce genre qui se trouvent en Asie et en Afrique; en sorte que nous ne pouvons nous empêcher de regarder comme douteux ce caractère, qui fait le fondement des phrases indicatives de ces nomenclateurs. C'est tout le contraire dans ces trois animaux, et peut-être dans tous ceux du même genre; car non-seulement ceux de l'Afrique et de l'Asie, mais ceux même de l'Amérique, lorsqu'ils ont des taches longues en forme de verges ou des traînées, les ont toujours sur les parties supérieures du corps, sur le garrot, sur le cou, sur le dos, et jamais sur les parties inférieures.

Nous remarquerons encore que l'animal dont on a donné la description dans la troisième partie des *Mémoires pour servir à l'histoire des animaux*, sous le nom de *panthère*, est un animal différent de la panthère, de l'once et du léopard, dont nous traitons ici.

Enfin, nous observerons qu'il ne faut pas confondre, en lisant les anciens, le *panther* avec la *panthère*. La panthère est l'animal dont il est ici question; le *panther* du scoliaste d'Homère et des autres auteurs, est une espèce de loup timide que nous croyons être le chacal, comme nous l'expliquerons lorsque nous donnerons l'histoire de cet animal. Au reste, le mot *pardalis* est l'ancien nom grec de la panthère; il se donnoit indistinctement au mâle et à la femelle. Le mot *pardus* est moins ancien, Lucain et Pline sont les premiers qui l'aient employé; celui de *leopardus* est encore plus nouveau, puisqu'il paroît que c'est Jule Capitolin qui s'en est servi le premier ou l'un des premiers; et à l'égard du nom même de *panthera*, c'est un mot que les anciens Latins ont dérivé du grec, mais que les Grecs n'ont jamais employé.

Après avoir dissipé, autant qu'il est en nous, les ténèbres dont la nomenclature ne cesse d'obscurcir la nature; après avoir exposé, pour prévenir toute équivoque, les figures exactes

des trois animaux dont nous traitons ici, passons à ce qui les
concerne chacun en particulier.

La panthère que nous avons vue vivante a l'air féroce, l'œil
inquiet, le regard cruel, les mouvements brusques, et le cri
semblable à celui d'un dogue en colère; elle a même la voix
plus forte et plus rauque que le chien irrité : elle a la langue
rude et très rouge, les dents fortes et pointues, les ongles aigus
et durs; la peau belle, d'un fauve plus ou moins foncé, semée
de taches noires arrondies en anneaux, ou réunies en forme de
roses; le poil court; la queue marquée de grandes taches noires
au-dessus, et d'anneaux noirs et blancs vers l'extrémité. La
panthère est de la taille et de la tournure d'un dogue de forte
race, mais moins haute de jambes.

Les relations des voyageurs s'accordent avec les témoignages des anciens au sujet de la grande et de la petite panthère, c'est-à-dire de notre panthère et de notre once. Il paroît qu'il existe aujourd'hui, comme du temps d'Oppien, dans
la partie de l'Afrique qui s'étend le long de la mer Méditerranée, et dans les parties de l'Asie qui étoient connues des anciens, deux espèces de panthères : la plus grande a été appelée
panthère ou *léopard*, et la plus petite *once*, par la plupart
des voyageurs. Ils conviennent tous que l'once s'apprivoise
aisément, qu'on le dresse à la chasse, et qu'on s'en sert à cet
usage en Perse et dans plusieurs autres provinces de l'Asie;
qu'il y a des onces assez petits pour qu'un cavalier puisse les
porter en croupe; qu'ils sont assez doux pour se laisser manier
et caresser avec la main. La panthère paroît être d'une nature
plus fière et moins flexible; on la dompte plutôt qu'on ne l'apprivoise; jamais elle ne perd en entier son caractère féroce; et
lorsqu'on veut s'en servir pour la chasse, il faut beaucoup de
soins pour la dresser, et encore plus de précautions pour la
conduire et l'exercer. On la mène sur une charrette, enfermée
dans une cage, dont on lui ouvre la porte lorsque le gibier
paroît; elle s'élance vers la bête, l'atteint ordinairement en
trois ou quatre sauts, la terrasse et l'étrangle : mais si elle
manque son coup, elle devient furieuse, et se jette quelquefois

sur son maître, qui d'ordinaire prévient ce danger en portant avec lui des morceaux de viande ou des animaux vivants, comme des agneaux, des chevreaux, dont il lui en jette un pour calmer sa fureur.

Au reste, l'espèce de l'once paroît être plus nombreuse et plus répandue que celle de la panthère : on la trouve très communément en Barbarie, en Arabie et dans toutes les parties méridionales de l'Asie, à l'exception peut-être de l'Égypte : elle s'est même étendue jusqu'à la Chine, où on l'appelle *hinenpao*.

Ce qui fait qu'on se sert de l'once pour la chasse dans les climats chauds de l'Asie, c'est que les chiens y sont très rares ; il n'y a, pour ainsi dire, que ceux qu'on y transporte, et encore perdent-ils en peu de temps leur voix et leur instinct : d'ailleurs ni la panthère, ni l'once, ni le léopard, ne peuvent souffrir les chiens ; ils semblent les chercher et les attaquer de préférence sur toutes les autres bêtes. En Europe, nos chiens de chasse n'ont point d'autres ennemis que le loup ; mais dans un pays rempli de tigres, de lions, de panthères, de léopards et d'onces, qui tous sont plus forts et plus cruels que le loup, il ne seroit pas possible de conserver des chiens. Au reste, l'once n'a pas l'odorat aussi fin que le chien : il ne suit pas les bêtes à la piste, il ne lui seroit pas possible non plus de les atteindre dans une course suivie ; il ne chasse qu'à vue, et ne fait, pour ainsi dire, que s'élancer et se jeter sur le gibier ; il saute si légèrement, qu'il franchit aisément un fossé ou une muraille de plusieurs pieds ; souvent il grimpe sur les arbres pour attendre les animaux au passage et se laisser tomber dessus : cette manière d'attraper la proie est commune à la panthère, au léopard et à l'once.

Le léopard a les mêmes mœurs et le même naturel que la panthère ; et je ne vois nulle part qu'on l'ait apprivoisée comme l'once, ni que les Nègres du Sénégal et de Guinée, où il est très commun, s'en soient jamais servi pour la chasse. Communément il est plus grand que l'once, et plus petit que la panthère ; il a la queue plus courte que l'once, quoiqu'elle soit longue de deux pieds, ou de deux pieds et demi.

Ce léopard du Sénégal ou de Guinée, auquel nous avons appliqué particulièrement le nom de *léopard,* est probablement l'animal que l'on appelle à Congo *engoi ;* c'est peut-être aussi l'*antamba* de Madagascar. Nous rapportons ces noms, parce qu'il seroit utile pour la connoissance des animaux qu'on eût la liste de leurs noms dans les langues des pays qu'ils habitent.

L'espèce du léopard paroît être sujette à plus de variétés que celle de la panthère et de l'once : nous avons vu un grand nombre de peaux de léopard qui ne laissent pas de différer les unes des autres, soit par la nuance du fond du poil, soit par celle des taches dont les anneaux ou roses sont plus marqués et plus terminés dans les unes que dans les autres; mais ces anneaux sont toujours de beaucoup plus petits que ceux de la panthère ou de l'once. Dans toutes les peaux de léopard, les taches sont chacune à peu près de la même grandeur, de la même figure ; et c'est plutôt par la force de la teinte qu'elles diffèrent, étant moins fortement exprimées dans les unes de ces peaux et beaucoup plus fortement dans les autres. La couleur du fond du poil ne diffère qu'en ce qu'elles sont d'un fauve plus ou moins foncé; mais comme toutes ces peaux sont à très peu près de la même grandeur, tant pour le corps que pour la queue, il est très vraisemblable qu'elles appartiennent toutes à la même espèce d'animal, et non pas à des animaux d'espèce différente.

La panthère, l'once et le léopard n'habitent que l'Afrique et les climats les plus chauds de l'Asie; ils ne se sont jamais répandus dans les pays du nord ni même dans les régions tempérées. Aristote parle de la panthère comme d'un animal de l'Afrique et de l'Asie, et il dit expressément qu'il n'y en a point en Europe. Ainsi ces animaux, qui sont, pour ainsi dire, confinés dans la zone torride de l'ancien continent, n'ont pu passer dans le nouveau par les terres du nord; et l'on verra par la description que nous allons donner des animaux de ce genre qui se trouvent en Amérique, que ce sont des espèces différentes que l'on n'auroit pas dû confondre avec celle de l'A-

comme le léopard, et non pas gris comme l'once; il a la queue plus courte que l'un et l'autre, le poil plus long que la panthère et plus court que l'once; il l'a crêpé lorsqu'il est jeune, et lisse lorsqu'il devient adulte. Nous n'avons pas vu cet animal vivant, mais on nous l'a envoyé bien entier et bien conservé dans une liqueur préparée; et c'est sur ce sujet que nous en avons fait le dessin. Il avoit été pris tout petit, et élevé dans la maison jusqu'à l'âge de deux ans, qu'on le fit tuer pour nous l'envoyer[1]; il n'avoit donc pas encore acquis toute l'étendue de ses dimensions naturelles : mais il n'en est pas moins évident, par la seule inspection de cet animal, âgé de deux ans, qu'il est à peine de la taille d'un dogue ordinaire ou de moyenne race, lorsqu'il a pris son accroissement entier. C'est cependant l'animal le plus formidable, le plus cruel; c'est, en un mot, le tigre du Nouveau-Monde, dans lequel la nature semble avoir rapetissé tous les genres d'animaux quadrupèdes. Le jaguar vit de proie comme le tigre : mais il ne faut pour le faire fuir que lui présenter un tison allumé, et même, lorsqu'il est repu, il perd tout courage et toute vivacité; un chien seul suffit pour lui donner la chasse : il se ressent en tout de l'indolence du climat; il n'est léger, agile, alerte, que quand la faim le presse. Les sauvages, naturellement poltrons, ne laissent pas de redouter sa rencontre : ils prétendent qu'il a pour eux un goût de préférence; que quand il les trouve endormis avec des Européens, il respecte ceux-ci et ne se jette que sur eux. On conte la même chose du léopard : on dit qu'il préfère les hommes

[1] Cet animal nous a été envoyé sous le nom de *chat-tigre*, par M. Pagès, médecin du roi au cap dans l'île Saint-Domingue. Il me marque, par la lettre qui étoit jointe à cet envoi, que cet animal étoit arrivé à Saint-Domingue par un vaisseau espagnol qui l'avoit amené de la grande terre, où il est très commun : il ajoute qu'il avoit deux ans quand il l'a fait tuer, qu'il n'étoit pas si gros, et qu'il s'est renflé dans l'esprit de tafia; qu'il buvoit, mangeoit, et faisoit le même cri qu'un chat qui n'est pas privé; qu'il miauloit, et qu'il mangeoit plus volontiers encore le poisson que la viande. Pison et Marcgrave disent de même que les jaguars du Brésil aiment beaucoup le poisson. Le nom de *chat-tigre* que lui donne M. Pagès ne nous a pas empêché de le reconnoître pour le jaguar, parce que ce nom du Brésil n'est pas en usage parmi les François des colonies, et qu'ils appellent indistinctement *chats-tigres* les chats-pards et les tigres.

noirs aux blancs, qu'il semble les connoître à l'odeur, et qu'il
les choisit la nuit comme le jour.

Les auteurs qui ont écrit l'histoire du Nouveau-Monde ont
presque tous fait mention de cet animal, les uns sous le nom
de *tigre* ou de *léopard*, les autres sous les noms propres qu'il
portoit au Brésil, au Mexique, etc. Les premiers qui en aient
donné une description détaillée, sont Pison et Marcgrave; ils
l'ont appelé *jaguara*, au lieu de *janouara*, qui étoit son nom
en langue brasilienne : ils ont aussi indiqué un autre animal du
même genre et peut-être de la même espèce, sous le nom de
jaguarète. Nous l'avons distingué du jaguar dans notre énumération, comme l'ont fait ces deux auteurs, parce qu'il y a
quelque apparence que ce ne peuvent être des animaux d'espèce différente; cependant comme nous n'avons vu que l'un
de ces deux animaux, nous ne pouvons pas décider si ce sont
en effet deux espèces distinctes, ou si ce n'est qu'une variété
de la même espèce. Pison et Marcgrave disent que le jaguarète diffère du jaguar en ce qu'il a le poil plus court, plus lustré, et d'une couleur toute différente, étant noir, semé de
taches encore plus noires. Mais au reste il ressemble si fort au
jaguar par la forme du corps, par le naturel et par les habitudes,
qu'il se pourroit que ce ne fût qu'une variété de la même espèce; d'autant plus qu'on a dû remarquer, par le témoignage
même de Pison, que dans les jaguars la couleur du fond du
poil et celle des taches dont il est marqué varient dans les différents individus de cette même espèce. Il dit que les uns sont
marqués de taches noires, et les autres de taches rousses ou
jaunes; et à l'égard de la différence totale de la couleur, c'est-
à-dire du blanc, du gris, ou du fauve au noir, on la trouve dans
plusieurs autres espèces d'animaux : il y a des loups noirs, des
renards noirs, des écureuils noirs, etc. Et si ces variations de
la nature sont plus rares dans les animaux sauvages que dans
les animaux domestiques, c'est que le nombre des hasards qui
peuvent les produire est moins grand dans les premiers, dont
la vie étant plus uniforme, la nourriture moins variée, la liberté plus grande que dans les derniers, leur nature doit être

plus constante, c'est-à-dire moins sujette aux changements et à ces variations qu'on doit regarder comme accidentelles, quand elles ne tombent que sur la couleur du poil.

Le jaguar se trouve au Brésil, au Paraguay, au Tucuman, à la Guiane, au pays des Amazones, au Mexique et dans toutes les contrées méridionales de l'Amérique : il est cependant plus rare à Cayenne que le couguar, qu'ils ont appelé *tigre rouge;* et le jaguar est maintenant moins commun au Brésil, qui paroît être son pays natal, qu'il ne l'étoit autrefois : on a mis sa tête à prix; on en a beaucoup détruit, et il s'est retiré loin des côtes dans la profondeur des terres. Le jaguarète a toujours été plus rare, ou du moins il s'éloigne encore plus des lieux habités ; et le petit nombre des voyageurs qui en ont fait mention paroissent n'en parler que d'après Marcgrave et Pison.

LE JAGUAR DE LA NOUVELLE-ESPAGNE.

Dans le mois de juin dernier, il a été donné à M. Lebrun, inspecteur général du domaine, un jaguar femelle, envoyé de la Nouvelle-Espagne, qui étoit fort jeune, puisqu'il n'avoit pas toutes ses dents, et qui a grossi depuis qu'il est à Chaillot, où M. de Sève l'a dessiné au commencement d'octobre. Nous estimons qu'il pouvoit avoir neuf à dix mois d'âge. Sa longueur, du museau jusqu'à l'anus, étoit d'un pied onze pouces, sur treize à quatorze pouces de hauteur au train de derrière. Le jaguar qui est gravé avoit deux pieds cinq pouces quatre lignes de longueur, sur un pied quatre pouces neuf lignes de hauteur au train de derrière, mais il avoit deux ans. Au reste, il y a une grande conformité entre ces deux animaux, quoique de pays différents. Il y a quelques différences dans la forme des taches, qui ne paroissent être que des variétés individuelles. L'iris est d'un brun tirant sur le verdâtre; le bord des yeux est noir, avec une bande blanche au-dessus comme au-dessous; la couleur du poil de la tête est d'un fauve mêlé de gris. Cette même teinte fait le fond des taches du corps, qui sont bordées ou mouchetées de bandes noires. Ces taches et ces bandes sont sur un fond d'un blanc sale roussâtre, et tirant plus ou moins sur le gris. Les oreilles sont noires, et ont une grande tache très blanche sur la partie externe; la queue est fort grande et bien fournie de poil.

LE JAGUAR DE LA GUIANE

M. Sonini de Manoncourt a fait quelques bonnes observations sur les jaguars de la Guiane, que je crois devoir publier.

« Le jaguar, dit-il, n'a point le poil crêpé lorsqu'il est jeune, « comme le dit M. de Buffon. J'ai vu de très jeunes jaguars « qui avoient le poil aussi lisse que les grands. Cette observation « m'a été confirmée par des chasseurs instruits. Quant à la taille « des jaguars, j'ose encore assurer qu'elle est bien au-dessus « de celle que leur donne M. de Buffon, lorsqu'il dit qu'il est à « peine de la taille d'un dogue ordinaire ou de moyenne race, « quand il a pris son accroissement entier. J'ai eu deux peaux de « jaguars que l'on m'a assuré appartenir à des sujets de deux ou « trois ans, dont l'une avoit près de cinq pieds de long, depuis le « bout du museau jusqu'à l'origine de la queue, laquelle a deux « pieds de longueur. Il y en a de bien plus grands. J'ai vu moi- « même, dans les forêts de la Guiane, des traces de ces ani- « maux, qui faisoient juger, ainsi que l'a dit M. de La Conda- « mine, que les tigres ou les animaux que l'on appelle ainsi en « Amérique, ne différoient pas en grandeur de ceux d'Afrique. « Je pense même qu'à l'exception du vrai tigre (le tigre royal), « celui de l'Amérique est le plus grand des animaux auxquels on « a donné cette dénomination, puisque, selon M. de Buffon, la « panthère, qui est le plus grand de ces animaux, n'a que cinq « ou six pieds de longueur lorsqu'elle a pris son accroissement « entier, et que bien certainement il existe en Amérique des « quadrupèdes de ce genre qui passent de beaucoup cette di- « mension. La couleur de la peau du jaguar varie suivant l'âge: « les jeunes l'ont d'un fauve très foncé, presque roux, et même « brun; cette couleur s'éclaircit à mesure que l'animal vieillit. « Le jaguar n'est pas aussi indolent ni aussi timide que quel-

« ques voyageurs, et d'après eux M. de Buffon, l'ont écrit ; il
« se jette sur tous les chiens qu'il rencontre, loin d'en avoir
« peur ; il fait beaucoup de dégât dans les troupeaux : ceux qui
« habitent dans les déserts de la Guiane sont même dangereux
« pour les hommes. Dans un voyage que j'ai fait dans ces
« grandes forêts, nous fûmes tourmentés pendant deux nuits
« de suite par un jaguar, malgré un très grand feu que l'on
« avoit eu soin d'allumer et d'entretenir. Il rôdoit continuelle-
« ment autour de nous : il nous fut impossible de le tirer ; car
« dès qu'il se voyoit couché en joue, il se glissoit d'une ma-
« nière si prompte, qu'il disparoissoit pour le moment : il reve-
« noit ensuite d'un autre côté et nous tenoit ainsi continuelle-
« ment en alerte. Malgré notre vigilance, nous ne pûmes jamais
« venir à bout de le tirer. Il continua son manége durant deux
« nuits entières : la troisième il revint ; mais, lassé apparem-
« ment de ne pouvoir venir à bout de son projet, et voyant
« d'ailleurs que nous avions augmenté le feu, duquel il crai-
« gnoit d'approcher de trop près, il nous laissa en hurlant d'une
« manière effroyable. Son cri, *hou, hou,* a quelque chose de
« plaintif, et il est grave et fort comme celui du bœuf.

    « Quant au goût de préférence que l'on suppose au jaguar
« pour les naturels du pays plutôt que pour les nègres et les
« blancs, je présume fort que c'est un conte. A Cayenne, j'ai
« trouvé cette opinion établie : mais j'ai voyagé avec les sau-
« vages dans des endroits où les tigres d'une grandeur démesu-
« rée étoient communs ; jamais je n'ai remarqué qu'ils aient
« une peur bien grande de ces animaux. Ils suspendoient,
« comme nous, leurs hamacs à des arbres, s'éloignoient à une
« certaine distance de nous, et ne prenoient pas la même pré-
« caution que nous d'allumer un grand feu ; ils se contentoient
« d'en faire un très petit, qui le plus souvent s'éteignoit dans
« le cours de la nuit. Ces sauvages étoient cependant habitants
« de l'intérieur des terres, et connoissoient par conséquent le
« danger qu'il y avoit pour eux. J'assure qu'ils ne prenoient
« aucune précaution, et qu'ils paroissoient fort peu émus, quoi-
« que entourés de ces animaux. »

Je ne puis m'empêcher de remarquer ici que ce dernier fait prouve, comme je l'ai dit, que ces animaux ne sont pas fort dangereux, du moins pour les hommes.

« La chair des jaguars n'est pas bonne à manger. Ils font la « guerre avec le plus grand avantage à toutes les espèces de qua-« drupèdes du nouveau continent, qui tous les fuient et les re-« doutent. Les jaguars n'ont point de plus cruel ennemi que le « fourmilier ou tamanoir, quoiqu'il n'ait point de dents pour se « défendre. Dès qu'il est attaqué par un jaguar, il se couche « sur le dos, le saisit avec ses griffes qu'il a d'une grandeur « prodigieuse, l'étouffe et le déchire. »

LE COUGUAR[1].

Felis discolor. L.

Le couguar a la taille aussi longue, mais moins étoffée que le jaguar; il est plus levretté, plus effilé et plus haut sur ses jambes : il a la tête petite, la queue longue, le poil court et de couleur presque uniforme, d'un roux vif, mêlé de quelques teintes noirâtres, surtout au-dessus du dos; il n'est marqué ni de bandes longues comme le tigre, ni de taches rondes et plei-nes comme le léopard, ni de taches en anneaux ou en roses comme l'once et la panthère; il a le menton blanchâtre, ainsi que la gorge et toutes les parties inférieures du corps. Quoique plus foible, il est aussi féroce et peut-être plus cruel que le jaguar. Il paroît être encore plus acharné sur sa proie, il la dévore sans la dépecer; dès qu'il l'a saisie, il l'entame, la suce, la mange de suite, et ne la quitte pas qu'il ne soit pleinement rassasié.

Cet animal est assez commun à la Guiane; autrefois on l'a vu

---

[1] Le *couguar*, nom que nous avons donné à cet animal, et que nous avons tiré par contraction de son nom brasilien *cuguacu-ara*, que l'on prononce *couguacou-are*. On l'appelle *tigre rouge* à la Guiane.

arriver à la nage et en nombre dans l'île de Cayenne, pour attaquer et dévaster les troupeaux : c'étoit dans les commencements un fléau pour la colonie; mais peu à peu on l'a chassé, détruit et relégué loin des habitations. On le trouve au Brésil, au Paraguay, au pays des Amazones; et il y a grande apparence que l'animal qui nous est indiqué dans quelques relations sous le nom d'*ocorome* dans le pays des Moxes au Pérou est le même que le couguar, aussi bien que celui du pays des Iroquois, qu'on a regardé comme un tigre, quoiqu'il ne soit point moucheté comme la panthère, ni marqué de bandes longues comme le tigre.

Le couguar, par la légèreté de son corps et la plus grande longueur de ses jambes, doit mieux courir que le jaguar et grimper aussi plus aisément sur les arbres : ils sont tous deux également paresseux et poltrons dès qu'ils sont rassasiés; ils n'attaquent presque jamais les hommes, à moins qu'ils ne les trouvent endormis. Lorsqu'on veut passer la nuit ou s'arrêter dans les bois, il suffit d'allumer du feu pour les empêcher d'approcher. Ils se plaisent à l'ombre dans les grandes forêts; ils se cachent dans un fort ou même sur un arbre touffu, d'où ils s'élancent sur les animaux qui passent. Quoiqu'ils ne vivent que de proie et qu'ils s'abreuvent plus souvent de sang que d'eau, on prétend que leur chair est très bonne à manger. Pison dit expressément qu'elle est aussi bonne que celle du veau; d'autres la comparent à celle du mouton : j'ai bien de la peine à croire que ce soit en effet une viande de bon goût; j'aime mieux m'en rapporter au témoignage de Desmarchais, qui dit que ce qu'il y a de mieux dans ces animaux, c'est la peau, dont on fait des housses de cheval, et qu'on est peu friand de leur chair, qui d'ordinaire est maigre et d'un fumet peu agréable.

LE COUGUAR NOIR [1].

M. de La Borde, médecin du roi à Cayenne, m'écrit qu'il y a dans ce continent trois animaux de ces espèces voraces, dont le premier est le jaguar, et que l'on appelle *tigre ;* le second , le couguar, qu'on nomme *tigre rouge,* à cause de la couleur uniforme de son poil roux ; que le jaguar est de la grandeur d'un gros dogue, et qu'il pèse environ deux cents livres ; que le couguar est plus petit, moins dangereux et en moindre nombre que le jaguar dans les terres voisines de Cayenne , et que ces deux animaux sont environ six ans à prendre leur accroissement entier.

Il ajoute qu'il y a une troisième espèce assez commune dans ce même pays, que l'on appelle *tigre noir,* et c'est celui que nous décrivons ici sous le nom de *couguar noir.*

« La tête, dit M. de La Borde , est assez semblable à celle des « couguars ; mais il a le poil noir et long , la queue fort longue « aussi, avec d'assez fortes moustaches. Il ne pèse guère que « quarante livres. Il fait ses petits dans des trous d'arbres « creux. »

Ce couguar noir pourroit bien être le même animal que Pison et Marcgrave ont indiqué sous le nom de *jaguarète* ou *jaguar à poil noir,* et dont aucun autre voyageur n'a fait mention sous ce même nom de *jaguarète :* je trouve seulement, dans une note de M. Sonini de Manoncourt, que le jaguarète s'appelle à Cayenne *tigre noir ;* qu'il est d'une espèce différente de celle du jaguar, étant d'une plus petite taille et ayant le corps fort effilé. Cet animal est très méchant et très carnassier ; mais il est assez rare dans les terres voisines de Cayenne.

« Les jaguars et les couguars, continue M. de La Borde, sont « fort communs dans toutes les terres qui avoisinent la rivière

[1] Cet animal n'est qu'une variété du jaguar ; c'est celle que l'on connoît sous le nom de *jaguarète* au Brésil. (A. R.)

« des Amazones, jusqu'à celle de Sainte-Marthe; leur peau est
« assez tendre pour que les Indiens leur envoient des flèches
« qui pénètrent avant, poussées avec de simples sarbacanes. Au
« reste, tous ces animaux ne sont pas absolument avides de
« carnage; une seule proie leur suffit. On les rencontre presque
« toujours seuls, et quelquefois deux ou trois ensemble quand
« les femelles sont en chaleur.

    « Lorsqu'ils sont fort affamés, ils attaquent les vaches et les
« bœufs en leur sautant sur le dos; ils enfoncent les griffes de
« la patte gauche sur le cou; et lorsque le bœuf est courbé, ils
« le déchirent et traînent les lambeaux de la chair dans le bois,
« après lui avoir ouvert la poitrine et le ventre pour boire tout
« le sang, dont ils se contentent pour une première fois. Ils cou-
« vrent ensuite avec des branches les restes de leur proie, et ne
« s'en écartent jamais guère; mais lorsque la chair commence à
« se corrompre, ils n'en mangent plus. Quelquefois ils se met-
« tent à l'affût sur des arbres pour s'élancer sur les animaux
« qui viennent à passer. Ils suivent aussi les troupes de cochons
« sauvages et tombent sur les traîneurs; mais s'ils se laissent
« une fois entourer par ces animaux, ils ne trouvent de salut
« que dans la fuite.

    « Au reste, les jaguars, ainsi que les couguars, ne sont pas
« absolument féroces, et n'attaquent pas les hommes, à moins
« qu'ils ne se sentent blessés; mais ils sont intrépides contre
« les attaques des chiens, et vont les prendre près des habita-
« tions : lorsque plusieurs chiens les poursuivent et les forcent
« à fuir par leur nombre, ils grimpent sur les arbres. Ces ani-
« maux rôdent souvent le long des bords de la mer, et ils man-
« gent les œufs que les tortues viennent y déposer. Ils mangent
« aussi des caïmans, des lézards et du poisson, quelquefois les
« bourgeons et les feuilles tendres des palétuviers. Ils sont bons
« nageurs, et traversent des rivières très larges pour prendre
« les caïmans; ils se couchent ventre à terre au bord de la ri-
« vière, et battent l'eau pour faire du bruit, afin d'attirer le
« caïman, qui ne manque pas de venir aussitôt, et de lever la

« tête, sur laquelle le jaguar se jette; il le tue, et le traîne plus
« loin pour le manger à loisir.

« Les Indiens prétendent que les jaguars attirent l'agouti en
« contrefaisant son cri : mais ils ajoutent qu'ils attirent aussi le
« caïman par un cri semblable à celui des jeunes chiens, ou en
« contrefaisant la voie d'un homme qui tousse, ce qui est plus
« difficile à croire.

« Ces animaux carnassiers détruisent beaucoup de chiens de
« chasse qu'ils surprennent à la poursuite du gibier. Les Indiens
« prétendent qu'on peut préserver les chiens de leur attaque en
« les frottant avec une certaine herbe dont l'odeur les éloigne.

« Quand ces animaux sont en chaleur, ils ont une espèce de
« rugissement effrayant, et qu'on entend de fort loin. Ils ne
« font ordinairement qu'un petit qu'ils déposent toujours dans
« de gros troncs d'arbres pouris. On mange à Cayenne la
« chair de ces animaux, surtout celle des jeunes, qui est blan-
« che comme celle du lapin. »

Le couguar réduit en captivité est presque aussi doux que
les autres animaux domestiques.

« J'ai vu, dit l'auteur des *Recherches sur les Américains*,
« un couguar vivant, chez Ducos, maître des bêtes étrangères :
« il avoit la tranquillité d'un chien et beaucoup plus que la
« corpulence d'un très grand dogue; il est haut monté sur ses
« jambes, ce qui le rend svelte et alerte; ses dents canines sont
« coniques et très grandes. On ne l'avoit ni désarmé ni emmu-
« selé, et on le conduisoit en lesse. Il se laissoit flatter de la
« main, et je vis de petits garçons monter sur son dos et s'y
« tenir à califourchon. Le nom de *tigre poltron* lui a été bien
« donné. »

LE COUGUAR

DE PENSYLVANIE [1].

Le jaguar ainsi que le couguar habitent dans les contrées les plus chaudes de l'Amérique méridionale ; mais il y a une autre espèce de couguar qui se trouve dans les parties tempérées de l'Amérique septentrionale, surtout dans les montagnes de la Caroline, de la Géorgie, de la Pensylvanie et des provinces adjacentes. Le dessin de ce couguar m'a été envoyé d'Angleterre par feu M. Collinson, avec la description ci-jointe. Si elle est exacte, ce couguar ne laisse pas de différer beaucoup du couguar ordinaire, auquel on peut le comparer. Voici ce que m'en a écrit alors M. Collinson :

« Le couguar de Pensylvanie diffère beaucoup, par sa taille « et par ses dimensions, du couguar de Cayenne. Il est plus « bas de jambes, beaucoup plus long de corps, la queue aussi « de trois ou quatre pouces plus longue. Au reste, ils se res- « semblent parfaitement par la couleur du poil, par la forme de « la tête, et par celle des oreilles. Le couguar de Pensylvanie, « ajoute M. Collinson, est un animal remarquable par son corps « mince et très allongé, ses jambes courtes et sa longue queue. « Voici ses dimensions : »

	pieds.	pouc.	lign.
Longueur du corps depuis le museau jusqu'à l'anus. . . .	5	4	»
Longueur de la queue.	2	6	»
Longueur des jambes de devant	1	»	»
Longueur des jambes de derrière	1	3	»
Hauteur du corps à l'avant.	1	9	»
Hauteur du corps à l'arrière.	1	10	»
Circonférence du corps à l'endroit le plus gros.	2	3	»

M. Edwards, dont l'habileté dans l'art du dessin et les connoissances en histoire naturelle méritent les éloges de tous les

[1] Cette espèce paroît être la même que celle de l'Amérique méridionale. (A. R.)

4

amateurs des sciences, m'a envoyé quelques gravures qu'il n'avoit pas encore publiées, et qui sont relatives au dessin ci-dessus, envoyé par feu M. Collinson.

LE LYNX ou LOUP-CERVIER [1].

Felis Lynx. L.

Messieurs de l'Académie des sciences nous ont donné une très bonne description du *lynx* ou *loup-cervier*, et ils ont discuté, en critiques éclairés, les faits et les noms qui ont rapport à cet animal dans les écrits des anciens : ils font voir que le lynx d'Élien est le même animal que celui qu'ils ont décrit et disséqué sous le nom de *loup-cervier;* et ils censurent, avec raison, ceux qui l'ont pris pour le *thos* d'Aristote. Cette discussion est mêlée d'observations et de réflexions qui sont intéressantes et solides. En général, la description de cet animal est une des mieux faites de tout l'ouvrage; on ne peut même les blâmer de ce qu'après avoir prouvé que cet animal est le *lynx* d'Élien et non pas le *thos* d'Aristote, ils ne lui aient pas conservé son vrai nom *lynx*, et qu'ils lui aient donné en françois le même nom que Gaza a donné en latin au *thos* d'Aristote. Gaza est en effet le premier qui, dans sa traduction de l'*Histoire des animaux* d'Aristote, ait traduit θως par *lupus cervarius;* ils auroient dû seulement avertir que par le nom *loup-cervier* ils n'entendoient pas le *lupus cervarius* de Gaza ou le *thos* d'Aristote, mais le *lupus cervarius* ou le *chaus* de Pline. Il nous a aussi paru qu'après avoir très bien indiqué, d'après Oppien, qu'il y avoit deux espèces ou deux races de loups-cerviers, les uns plus grands qui chassent et attaquent les daims et les cerfs, les autres plus petits qui ne

---

[1] Le lynx, loup-cervier. *Chaus*, *lupus cervarius* Plinii; *raphias* vel *rufus* apud Gallos, *Plinio teste:* en italien, *lupo cerveiro*, *lupo gatto:* en espagnol, *lynce;* en allemand, *luchs;* en anglois, *ounce*, selon Ray; *luzarne*, selon Caïus.

chassent guère qu'au lièvre, ils ont mis ensemble deux espèces réellement différentes; savoir, le lynx marqué de taches, qui se trouve communément dans les pays septentrionaux, et le lynx du Levant ou de la Barbarie, dont le poil est sans tache et de couleur uniforme. Nous avons vu ces deux animaux vivants; ils se ressemblent à bien des égards, ils ont tous deux un long pinceau de poil noir au bout des oreilles : ce caractère particulier, par lequel Élien a le premier indiqué le lynx n'appartient en effet qu'à ces deux animaux; et c'est probablement ce qui a déterminé MM. de l'Académie à les regarder tous deux comme ne faisant qu'un. Mais indépendamment de la différence de la couleur et des taches du poil, on verra que très vraisemblablement ce sont deux animaux d'espèces différentes.

M. Klein dit que les plus beaux lynx sont en Afrique et en Asie, principalement en Perse; qu'il en a vu un à Dresde qui venoit d'Afrique, qui étoit bien moucheté, et qui étoit haut sur ses jambes; que ceux d'Europe, et notamment ceux qui viennent de Prusse et des autres pays septentrionaux, sont moins beaux; qu'ils n'ont que peu ou point de blanc; qu'ils sont plutôt roux avec des taches brouillées ou cumulées (*maculis confluentibus*, etc.). Sans vouloir nier absolument ce que dit M. Klein, j'avoue que je n'ai trouvé nulle part ailleurs que le lynx habitât les pays chauds de l'Afrique et de l'Asie. Kolbe est le seul qui dise qu'il est commun au cap de Bonne-Espérance, et qu'il ressemble parfaitement à celui de Brandebourg en Allemagne; mais j'ai reconnu tant d'autres méprises dans les Mémoires de cet auteur, que je n'ajoute presque aucune foi à son témoignage, à moins qu'il ne s'accorde avec celui des autres. Or tous les voyageurs disent avoir vu des lynx ou des loups-cerviers à peau tachée dans le nord de l'Allemagne, en Lithuanie, en Moscovie, en Sibérie, au Canada, et dans les autres parties septentrionales de l'un et de l'autre continent; mais aucun, du moins de tous ceux que j'ai lus, ne dit avoir rencontré cet animal dans les climats chauds de l'Afrique et de l'Asie. Les lynx du Levant, de la Barbarie, de l'Arabie et des autres pays chauds, sont, comme nous l'avons dit ci-dessus, d'une couleur uniforme et sans taches : ce ne sont donc pas ceux dont parle M. Klein, qui, selon lui, sont bien mouchetés, ni ceux de Kolbe, qui ressemblent, dit-il, parfaitement à ceux du Braudebourg. Il seroit difficile de concilier ces témoignages avec ce que nous savons d'ailleurs : le lynx est certainement un animal plus commun dans les pays froids que dans les pays tempérés; et il est au moins très rare dans les pays chauds. Il étoit, à la vérité, connu des Grecs [1] et des Latins; mais cela ne suppose pas qu'il vînt d'Afrique ou des provinces méridionales de l'Asie : Pline dit au contraire que les premiers qu'on vit à Rome, du temps de Pompée, avoient été envoyés des Gaules. Maintenant il n'y en a plus en France, si ce n'est peut-être quelques-uns dans les Pyrénées et les Alpes; mais aussi, sous le nom des Gaules, les Romains comprenoient beaucoup de pays septentrionaux, et d'ailleurs tout le monde sait qu'aujourd'hui la France est bien moins froide que ne l'étoit la Gaule. Les plus belles peaux de lynx viennent de Sibérie sous le nom de *loup-cervier,* et du Canada sous celui de *chat-cervier,* parce que ces animaux étant, comme tous les autres, plus petits dans le nouveau que dans l'ancien continent, on les a comparés au loup pour la grandeur en Europe, et au chat sauvage en Amérique.

Ce qui paroît avoir déçu M. Klein, et qui pourroit encore en tromper beaucoup d'autres moins habiles que lui, c'est 1° que les anciens ont dit que l'Inde avoit fourni des lynx au dieu Bacchus; 2° que Pline a mis des lynx en Éthiopie, et a dit qu'on en préparoit le cuir et les ongles à *Carpathos,* aujourd'hui *Scarpanto* ou *Zerpanto,* île de la Méditerranée, entre Rhodes et Candie; 3° que Gesner a fait un article particulier du lynx d'Asie ou d'Afrique, lequel article contient l'extrait d'une lettre d'un baron de Balicze : « Vous n'avez pas fait

---

[1] Les Grecs, qui, dans leurs fictions, ne laissoient pas de conserver les vraisemblances, et surtout les circonstances des temps et des lieux, ont dit que c'étoit un roi de Scythie qui avoit été changé en lynx; ce qui paroît indiquer que le lynx étoit un animal de Scythie.

« mention, dit-il à Gesner, dans votre livre des animaux, du
« lynx indien ou africain : comme Pline en a parlé, l'autorité
« de ce grand homme m'a engagé à vous envoyer le dessin de
« cet animal, afin que vous en parliez... Il a été dessiné à Con-
« stantinople : il est fort différent du loup-cervier d'Allemagne;
« il est beaucoup plus grand, il a le poil beaucoup plus rude et
« plus court, etc. » Gesner, sans faire d'autres réflexions sur
cette lettre, se contente d'en rapporter la substance, et de dire,
par une parenthèse, que le dessin de l'animal ne lui est pas
parvenu.

Pour que l'on ne tombe plus dans la même méprise, nous
observerons 1º que les poëtes et les peintres ont attelé le char
de Bacchus de tigres, de panthères et de lynx, selon leur ca-
price, ou plutôt parce que toutes ces bêtes féroces, à peau
tachée, étoient également consacrées à ce dieu; 2º que c'est le
mot *lynx* qui fait ici toute l'équivoque, puisqu'il est évident,
en comparant Pline avec lui-même, que l'animal qu'il appelle
lynx, et qu'il dit être en Éthiopie, n'est nullement celui qu'il
appelle *chaus* ou *lupus cervarius*, qui venoit des pays septentrionaux; que c'est par ce même nom mal appliqué que le
baron de Balicze a été trompé, quoiqu'il regarde le lynx indien
comme un animal différent du *luchs* d'Allemagne, c'est-à-dire
de notre lynx ou loup-cervier : ce lynx indien ou africain,
qu'il dit être beaucoup plus grand et mieux taché que notre
loup-cervier, pourroit bien n'être qu'une sorte de panthère.
Quoi qu'il en soit de cette dernière conjecture, il paroît que
le lynx ou loup-cervier, dont il est ici cuestion, ne se trouve
point dans les contrées méridionales, mais seulement dans les
pays septentrionaux de l'ancien et du nouveau continent. Olaüs
dit qu'il est commun dans les forêts du nord de l'Europe;
Oléarius assure la même chose en parlant de la Moscovie;
Rosinus Lentilius dit que les lynx sont communs en Curlande,
en Lithuanie, et que ceux de la Cassubie (province de la Po-
méranie) sont plus petits et moins tachés que ceux de Pologne
et de Lithuanie; enfin Paul Jove ajoute à ces témoignages que
les plus belles peaux de loup-cervier viennent de la Sibérie,

et qu'on en fait un grand commerce à Ustiviga, ville distante de six cents milles de Moscou.

Cet animal, qui, comme l'on voit, habite les climats froids plus volontiers que les pays tempérés, est du nombre de ceux qui ont pu passer d'un continent à l'autre par les terres du nord : aussi l'a-t-on trouvé dans l'Amérique septentrionale. Les voyageurs l'ont indiqué d'une manière à ne s'y pas méprendre; et d'ailleurs on sait que la peau de cet animal fait un objet de commerce de l'Amérique en Europe. Ces loups-cerviers de Canada sont seulement, comme je l'ai déjà dit, plus petits et plus blancs que ceux d'Europe ; et c'est cette différence de grandeur qui les a fait appeler *chats-cerviers*, et qui a induit les nomenclateurs[1] à les regarder comme des animaux d'espèce différente. Sans vouloir prononcer décisivement sur cette question, il nous a paru que le chat-cervier du Canada et le loup-cervier de Moscovie sont de la même espèce : 1° parce que la différence de grandeur n'est pas fort considérable, et qu'elle est à peu près relativement la même que celle qui se trouve entre les animaux communs aux deux continents; les loups, les renards, etc., étant plus petits en Amérique qu'en Europe, il doit en être de même du lynx ou loup-cervier : 2° parce que, dans le nord de l'Europe même, ces animaux varient pour la grandeur, et que les auteurs font mention de deux espèces, l'une plus petite et l'autre plus grande; 3° enfin parce que ces animaux affectant les mêmes climats et étant du même naturel, de la même figure, et ne différant entre eux

[1] M. Linnæus, qui demeure à Upsal et qui doit connoître cet animal, puisqu'il se trouve en Suède et dans les pays circonvoisins, avoit d'abord distingué le loup-cervier du chat-cervier. Il nommoit le premier *felis caudâ truncatâ, corpore rufescente maculato* (Syst. nat., édit. IV, page 64; et édit. VI, page 4); il nommoit le second *felis caudâ truncatâ, corpore albo maculato* (Syst. nat., *idem, ibidem*); il nomme même en suédois le premier *warglo*, et le second *kattlo*. (Fauna Suec., page 2) : mais dans sa dernière édition il ne distingue plus ces animaux, et il ne fait mention que d'une seule espèce qu'il indique par la phrase suivante : *Felis caudâ abbreviatâ apice atrâ, auriculis apice barbatis*, et dont il donne une bonne et courte description. Il paroît donc que cet auteur, qui d'abord distinguoit le loup-cervier du chat-cervier, est venu à penser comme nous que tous deux n'étoient que le même animal.

que par la grandeur du corps et quelques nuances de couleur, ces caractères ne me paroissent pas suffisants pour les séparer et prononcer qu'ils soient de deux espèces différentes.

Le lynx, dont les anciens ont dit que la vue étoit assez perçante pour pénétrer les corps opaques, dont l'urine avoit la merveilleuse propriété de devenir un corps solide, une pierre précieuse appelée *lapis lyncurius*, est un animal fabuleux, aussi bien que toutes les propriétés qu'on lui attribue. Ce lynx imaginaire n'a d'autre rapport avec le vrai lynx que celui du nom. Il ne faut donc pas, comme l'ont fait la plupart des naturalistes, attribuer à celui-ci, qui est un être réel, les propriétés de cet animal imaginaire, à l'existence duquel Pline lui-même n'a pas l'air de croire, puisqu'il n'en parle que comme d'une bête extraordinaire, et qu'il le met à la tête des sphynx, des pégases, des licornes et des autres prodiges ou monstres qu'enfante l'Éthiopie.

Notre lynx ne voit point au travers des murailles; mais il est vrai qu'il a les yeux brillants, le regard doux, l'air agréable et gai. Son urine ne fait pas des pierres précieuses, mais seulement il la recouvre de terre, comme font les chats, auxquels il ressemble beaucoup, et dont il a les mœurs, et même la propreté. Il n'a rien du loup qu'une espèce de hurlement qui, se faisant entendre de loin, a dû tromper les chasseurs, et leur faire croire qu'ils entendoient un loup. Cela seul a peut-être suffi pour lui faire donner le nom de *loup*, auquel, pour le distinguer du vrai loup, les chasseurs auront ajouté l'épithète de *cervier*, parce qu'il attaque les cerfs, ou plutôt parce que sa peau est variée de taches à peu près comme celle des jeunes cerfs, lorsqu'ils ont la livrée. Le lynx est moins gros que le loup, et plus bas sur ses jambes; il est communément de la grandeur d'un renard. Il diffère de la panthère et de l'once par les caractères suivants : il a le poil plus long, les taches moins vives et mal terminées, les oreilles bien plus grandes et surmontées à leur extrémité d'un pinceau de poils noirs, la queue beaucoup plus courte et noire à l'extrémité, le tour des yeux blanc, et l'air de la face plus agréable et moins féroce.

La robe du mâle est mieux marquée que celle de la femelle : il ne court pas de suite comme le loup, il marche et saute comme le chat. Il vit de chasse, et poursuit son gibier jusqu'à la cime des arbres; les chats sauvages, les martes, les hermines, les écureuils, ne peuvent lui échapper; il saisit aussi les oiseaux; il attend les cerfs, les chevreuils, les lièvres, au passage, et s'élance dessus; il les prend à la gorge; et lorsqu'il s'est rendu maître de sa victime, il en suce le sang, et lui ouvre la tête pour manger la cervelle, après quoi souvent il l'abandonne pour en chercher une autre : rarement il retourne à sa première proie; et c'est ce qui a fait dire que de tous les animaux le lynx étoit celui qui avoit le moins de mémoire. Son poil change de couleur suivant les climats et la saison; les fourrures d'hiver sont plus belles, meilleures et plus fournies que celles de l'été. Sa chair, comme celle de tous les animaux de proie, n'est pas bonne à manger.

LE LYNX DU CANADA.

Felis Canadensis. GEOFFR.

Nous donnons ici la description d'un lynx de Canada qui est au Cabinet du Roi, et qui a été bien préparé : il n'a que deux pieds trois pouces de long, depuis le bout du nez jusqu'à l'extrémité du corps, qui n'est élevée que de douze à treize pouces; le corps est couvert de longs poils grisâtres, mêlés de poils blancs, moucheté et rayé de fauve, les taches plus ou moins noires; la tête grisâtre, mêlée de poils blancs et de fauve clair, et comme rayée de noir en quelques endroits; le bout du nez est noir ainsi que le bord de la mâchoire inférieure; les poils des moustaches sont blancs, longs d'environ trois pouces. Les oreilles ont deux pouces trois lignes de hauteur, et sont garnies de grands poils blancs en dedans, et de poils un peu fauves sur les rebords; le dessus des oreilles est couvert de poils gris-de-souris, et les bords extérieurs sont noirs ; à l'extrémité des oreilles il y a de grands poils noirs, qui se réunissent et forment un pinceau très menu de sept lignes de hauteur. La queue, qui est grosse, courte et bien fournie de poils, n'a que trois pouces neuf lignes de longueur; elle est noire depuis l'extrémité jusqu'à la moitié, et ensuite d'un blanc roussâtre. Le dessous du ventre, les jambes de derrière, l'intérieur des jambes de devant et les pattes sont d'un blanc sale; les ongles sont blancs et ont six lignes de longueur. Ce lynx a beaucoup de ressemblance par les taches et par la nature de son poil avec celui qui le précède; mais il en diffère par la longueur de la queue et par les pinceaux qu'il a sur les oreilles : on peut donc regarder cet animal du Canada comme une variété assez distincte du lynx ou loup-cervier de l'ancien continent. On pourroit même dire qu'il s'approche un peu de l'espèce du caracal par les pinceaux de poils qu'il a sur les oreilles; néanmoins il en diffère encore plus que du lynx par la longueur de la queue et par les couleurs du poil. D'ailleurs les caracals ne se trouvent que dans les climats les plus chauds, au lieu que les lynx ou loups-cerviers préfèrent les pays froids. Le pinceau de poils au bout des oreilles, qui paroît faire un caractère distinctif, parce qu'il est fort apparent, n'est cependant qu'une chose accidentelle, et qui se trouve dans les animaux de cette espèce, et même dans les chats domestiques et sauvages. Nous en avons donné un exemple dans l'addition à l'article du chat. Ainsi nous persistons à croire que le lynx ou loup-cervier d'Amérique ne doit être regardé que comme une variété du loup-cervier d'Europe.

Le lynx de Norwège, décrit par Pontoppidan, est blanc ou d'un gris clair semé de taches foncées. Ses griffes, ainsi que celles des autres lynx, sont comme celles des chats; il voûte son dos et saute comme eux avec beaucoup de vitesse sur sa proie. Lorsqu'il est attaqué par un chien, il se renverse sur le dos et se défend avec ses griffes, au point de le rebuter bien vite. Cet auteur ajoute qu'il y en a quatre espèces en Norwège; que les uns approchent de la figure du loup, les autres de celle du renard, d'autres de celle du chat, et enfin d'autres qui ont la tête formée comme celle d'un poulain. Ce dernier fait, que je crois faux, me fait douter des précédents. L'auteur ajoute des choses plus probables.

« Le loup-cervier, dit-il, ne court pas les champs ; il se cache « dans les bois et dans les cavernes ; il fait sa retraite tortueuse « et profonde, et on l'en fait sortir par le feu et la fumée. Sa « vue est perçante ; il voit de très loin sa proie. Il ne mange « souvent d'une brebis ou d'une chèvre que la cervelle, le foie « et les intestins, et il creuse la terre sous les portes pour entrer « dans les bergeries. »

L'espèce en est répandue non-seulement en Europe, mais dans toutes les provinces du nord de l'Asie. On l'appelle *chulon* ou *chelason* en Tartarie. Les peaux en sont fort estimées ; et, quoiqu'elles soient assez communes, elles se vendent également cher en Norwège, en Russie et jusqu'à la Chine, où l'on en fait un très grand usage pour des manchons et d'autres fourrures.

Un fait qui prouve encore que les pinceaux au-dessus des oreilles ne font pas un caractère fixe par lequel on doive séparer les espèces dans ces animaux, c'est qu'il existe, dans cette partie du royaume d'Alger, qu'on appelle Constantine, une espèce de caracal sans pinceaux au bout des oreilles, et qui par-là ressemble au lynx, mais qui a la queue plus longue. Son poil est d'une couleur roussâtre avec des raies longitudinales, noires depuis le cou jusqu'à la queue, et des taches séparées sur les flancs, posées dans la même direction, une demi-ceinture noire au-dessus des jambes de devant, et une bande de poil rude sur les quatres jambes, qui s'étend depuis l'extrémité du pied jusqu'au-dessus du tarse ; et ce poil est retroussé en haut, au lieu de se diriger en bas comme le poil de tout le reste du corps.

LE LYNX DU MISSISSIPI.

Ce lynx du Mississipi, dont les oreilles sont encore plus dépourvues de pinceaux que celles du lynx du Canada que nous
avons fait graver dans ce volume, et dont la queue moins grosse
et moins touffue, et le poil d'une couleur plus claire, semble le
rapprocher davantage du lynx ou loup-cervier d'Europe; mais
je suis persuadé que ces trois animaux, dont l'un est de l'Europe,
et les deux autres de l'Amérique septentrionale, ne forment
néanmoins qu'une seule et même espèce. On avoit envoyé
celui-ci à feu M. l'abbé Aubry, curé de Saint-Louis, sous le nom
de *chat-tigre de Mississipi;* mais il ne faut que le comparer
avec les lynx dont nous avons donné les figures, pour
reconnoître évidemment qu'il ne fait qu'une variété dans
l'espèce du lynx, quoiqu'il n'ait point de pinceaux et que la
queue soit fort petite.

Il a, du nez à l'origine de la queue, deux pieds cinq pouces
de longueur; la queue est fort courte, n'ayant que trois pouces
trois lignes, au lieu que celle de notre lynx d'Europe a six
pouces six lignes. Celle du lynx du Canada est beaucoup plus
grosse et plus fournie; mais elle est tout aussi courte que celle
du lynx du Mississipi, dont la robe est aussi de couleur plus
uniforme et moins variée de taches que dans le lynx de l'Europe et dans celui du Canada : mais ces légères différences
n'empêchent pas qu'on ne doive regarder ces trois animaux
comme de simples variétés d'une seule et même espèce.

LE CARACAL [1].

Felis Caracal. L.

Quoique le caracal ressemble au lynx par la grandeur et la forme du corps, par l'air de la tête, et qu'il ait comme lui le caractère singulier, et, pour ainsi dire, unique, d'un long pinceau de poils noirs à la pointe des oreilles, nous avons présumé, par les disconvenances qui se trouvent entre ces deux animaux, qu'ils étoient d'espèce différente. Le caracal n'est point moucheté comme le lynx; il a le poil plus rude et plus court, la queue beaucoup plus longue et d'une couleur uniforme, le museau plus allongé, la mine beaucoup moins douce et le naturel plus féroce. Le lynx n'habite que dans les pays froids ou tempérés; le caracal ne se trouve que dans les climats les plus chauds. C'est autant par cette différence du naturel et du climat que nous les avons jugés de deux espèces différentes, que par l'inspection et par la comparaison des deux animaux que nous avons vus vivants, et qui, comme tous ceux que nous avons donnés jusqu'ici, ont été dessinés et décrits d'après nature.

Cet animal est commun en Barbarie, en Arabie, et dans tous les pays qu'habitent le lion, la panthère et l'once. Comme eux, il vit de proie : mais étant plus petit et bien plus foible, il a plus de peine à se procurer sa subsistance; il n'a, pour ainsi dire, que ce que les autres lui laissent, et souvent il est forcé à se contenter de leurs restes. Il s'éloigne de la panthère, parce qu'elle exerce ses cruautés lors même qu'elle est pleinement rassasiée; mais il suit le lion, qui, dès qu'il est repu, ne fait de mal à personne : le caracal profite des débris de sa table; quelquefois même il l'accompagne d'assez près, parce que, grimpant légèrement sur les arbres, il ne craint pas la

[1] Le *caracal*, nom que nous avons donné à cet animal, et que nous avons tiré de son nom en langue turque, *karrah-kulak*, ou *kara-coulac.*

1 le Chacal 2 le Caracal du Bengale 3 le Caracal.

colère du lion, qui ne pourroit l'y suivre comme fait la panthère. C'est par toutes ces raisons que l'on a dit du caracal, qu'il étoit le guide ou le pourvoyeur du lion; que celui-ci, dont l'odorat n'est pas fin, s'en servoit pour éventer de loin les autres animaux, dont il partageoit ensuite avec lui la dépouille.

Le caracal est de la grandeur d'un renard, mais il est beaucoup plus féroce et plus fort : on l'a vu assaillir, déchirer et mettre à mort en peu d'instants un chien d'assez grande taille, qui, combattant pour sa vie, se défendoit de toutes ses forces. Il ne s'apprivoise que très difficilement : cependant, lorsqu'il est pris jeune, et ensuite élevé avec soin, on peut le dresser à la chasse, qu'il aime naturellement et à laquelle il réussit très bien, pourvu qu'on ait l'attention de ne le jamais lâcher que contre des animaux qui lui soient inférieurs et qui ne puissent résister; autrement il se rebute et refuse le service dès qu'il y a du danger. On s'en sert aux Indes pour prendre les lièvres, les lapins, et même les grands oiseaux, qu'il surprend et saisit avec une adresse singulière.

* J'ai dit, à l'article du caracal, que le mot *karrah-kulak* signifioit *chat aux oreilles noires*; M. le chevalier Bruce m'a assuré qu'il signifioit *chat du désert*. Il a vu dans la partie de la Nubie qu'on appeloit autrefois l'île de Méroé, un caracal qui a quelque différence avec celui de Barbarie, dont nous avons donné la figure. Le caracal de Nubie a la face plus ronde, les oreilles noires en dehors, mais semées de quelques poils argentés. Il n'a pas la croix de mulet sur le garrot, comme l'ont la plupart des caracals de Barbarie. Sur la poitrine, le ventre et l'intérieur des cuisses, il y a de petites taches fauve-clair, et non pas brun noirâtre, comme dans le caracal de Barbarie. Ces petites différences ne sont que de légères variétés, dont on peut encore augmenter le nombre; car il se trouve même en Barbarie, ou plutôt dans la Libye, aux environs de l'ancienne Capsa, un caracal à oreilles blanches, tandis que les autres les ont noires. Ces caracals à oreilles blanches ont aussi des pinceaux, mais courts, minces et noirs. Ils ont la queue blanche à l'extrémité et ceinte de quatre anneaux noirs, et quatre guêtres noires

derrière les quatre jambes, comme celui de Nubie; ils sont aussi beaucoup plus petits que les autres caracals, n'étant guère que de la grosseur d'un grand chat domestique; les oreilles, qui sont fort blanches en dedans et garnies d'un poil fort touffu, sont d'un roux vif en dehors. Si cette différence dans la grandeur étoit constante, on pourroit dire qu'il y a deux espèces de caracals qui se trouvent également en Barbarie; l'une grande, à oreilles noires et longs pinceaux, et l'autre beaucoup plus petite, à oreilles blanches et à très petits pinceaux. Il paroît aussi que ces animaux, qui varient si fort par les oreilles, varient également par la forme et la longueur de la queue, et par la hauteur des jambes; car M. Edwards nous a envoyé la figure d'un caracal de Bengale, que nous donnons ici (voyez *planche* 26), dont la queue et les jambes sont bien plus longues que dans le caracal ordinaire.

LE SERVAL [1].

Felis Serval. L.

Cet animal, qui a vécu pendant quelques années à la Ménagerie du Roi, sous le nom de *chat-tigre*, nous paroît être le même que celui qui a été décrit par MM. de l'Académie, sous le nom de *chat-pard;* et nous ignorerions peut-être encore son vrai nom, si M. le marquis de Montmirail ne l'eût trouvé dans un voyage italien, dont il a fait la traduction et l'extrait. « Le maraputé, que les Portugais de l'Inde appellent «*serval*, dit le P. Vincent-Marie, est un animal sauvage et «féroce, plus gros que le chat sauvage, et un peu plus petit «que la civette, de laquelle il diffère en ce que sa tête est plus « ronde et plus grosse relativement au volume de son corps, et « que son front paroît creusé dans le milieu. Il ressemble à la

[1] Nom que les Portugais habitués dans l'Inde ont donné à cet animal, que les habitants du Malabar appellent *maraputé.*

« panthère par les couleurs du poil, qui est fauve sur la tête, le
« dos, les flancs, et blanc sous le ventre, et aussi par les taches
« qui sont distinctes, également distribuées, et un peu plus
« petites que celles de la panthère ; ses yeux sont très brillants,
« ses moustaches fournies de soies longues et roides ; il a la
« queue courte, les pieds grands et armés d'ongles longs et
« crochus. On le trouve dans les montagnes de l'Inde : on le
« voit rarement à terre ; il se tient presque toujours sur les
« arbres, où il fait son nid et prend les oiseaux, desquels il se
« nourrit : il saute aussi légèrement qu'un singe d'un arbre à
« l'autre, et avec tant d'adresse et d'agilité, qu'en un instant il
« parcourt un grand espace, et qu'il ne fait, pour ainsi dire,
« que paroître et disparoître. Il est d'un naturel féroce : cepen-
« dant il fuit à l'aspect de l'homme, à moins qu'on ne l'irrite,
« surtout en dérangeant sa bauge ; car alors il devient
« furieux, il s'élance, mord et déchire, à peu près comme la
« panthère. »

La captivité, les bons ou les mauvais traitements, ne peuvent
ni dompter ni adoucir la férocité de cet animal ; celui que nous
avons vu à la Ménagerie étoit toujours sur le point de s'élancer
contre ceux qui l'approchoient : on n'a pu le dessiner ni le décrire qu'à travers la grille de sa loge. On le nourrissoit de chair
comme les panthères et les léopards.

Ce serval ou maraputé du Malabar et des Indes nous paroît
être le même animal que le chat-tigre du Sénégal et du cap
de Bonne-Espérance, qui, selon le témoignage des voyageurs,
ressemble au chat par la figure, et au tigre (c'est-à-dire à la
panthère ou au léopard) par les taches noires et blanches de
son poil. « Cet animal, disent-ils, est quatre fois plus gros
« qu'un chat ; il est vorace et mange les singes, les rats et les
« autres animaux. »

Par la comparaison que nous avons faite du serval avec le
chat-pard décrit par MM. de l'Académie, nous n'y avons trouvé
d'autres différences que les longues taches du dos et les anneaux de la queue du chat-pard, qui ne sont pas dans le serval ; il a seulement ces taches du dos placées plus près que

celles des autres parties du corps : mais cette petite disconvenance fait une différence trop légère pour qu'on puisse douter de l'identité d'espèce de ces deux animaux.

L'OCELOT [1].

Felis Pardalis. L.

L'ocelot est un animal d'Amérique, féroce et carnassier, que l'on doit placer à côté du jaguar, du couguar, ou immédiatement après; car il en approche pour la grandeur, et leur ressemble par le naturel et par la figure. Le mâle et la femelle ont été apportés vivants à Paris par M. Lescot, et on les a vus à la foire Saint-Ovide, au mois de septembre de l'année 1764. Ils venoient des terres voisines de Carthagène, et ils avoient été enlevés tout petits à leur mère au mois d'octobre 1763 : à trois mois d'âge, ils étoient déjà devenus assez forts et assez cruels pour tuer et dévorer une chienne qu'on leur avoit donnée pour nourrice ; à un an d'âge, lorsque nous les avons vus, ils avoient environ deux pieds de longueur, et il est certain qu'il leur restoit encore à croître, et que probablement ils n'avoient pris alors que la moitié ou les deux tiers de leur entier accroissement. On les montroit sous le nom de *chats-tigres* ; mais nous avons rejeté cette dénomination précaire et composée, avec d'autant plus de raison, qu'on nous a envoyé sous ce même nom le jaguar, le serval et le marguay, qui cependant sont tous trois différents les uns des autres, et différents aussi de celui dont il est ici question.

Le premier auteur qui ait fait mention expresse de cet animal, et d'une manière à le faire reconnoître, est Fabri : il a fait graver les dessins qu'en avait faits Recchi, et en a composé la description d'après ces mêmes dessins, qui étoient coloriés ; il

---

[1] *Ocelot*, mot que nous avons tiré par abréviation de *tlalocelotl*, nom de cet animal dans son pays natal au Mexique.

1.

2.

J. G. Prêtre del.

1. Le Margay. — 2. L'Ocelot.

en donne aussi une espèce d'histoire, d'après ce que Grégoire de Bolivar en avoit écrit et lui avoit raconté. Je fais ces remarques dans la vue d'éclaircir un fait qui a jeté les naturalistes dans une espèce d'erreur, et sur lequel j'avoue que je m'étois trompé comme eux : ce fait est de savoir si les deux animaux dessinés par Recchi, le premier avec le nom de *tlalauhquiocelotl*, et le second avec celui de *tlacoozlotl*, *tlalocelotl*, et ensuite décrits par Fabri comme étant d'espèces différentes, ne sont pas le même animal. On étoit fondé à les regarder, et on les regardoit en effet comme différentes, quoique les figures soient assez semblables, parce qu'il ne laisse pas d'y avoir des différences dans les noms, et même dans les descriptions. J'avois donc cru que le premier pouvoit être le même que le jaguar, en sorte que, dans la nomenclature de cet animal, j'y ai rapporté le nom mexicain *tlatlauhquiocelotl*. Or ce nom mexicain ne lui appartient pas ; et depuis que nous avons vu les animaux mâle et femelle dont nous parlons ici, je me suis persuadé que les deux qui ont été décrits par Fabri ne sont que ce même animal, dont le premier est le mâle, et le second la femelle. Il falloit un hasard comme celui que nous avons eu, et voir ensemble le mâle et la femelle, pour reconnoître cette petite erreur. De tous les animaux à peau *tigrée*, l'ocelot mâle a certainement la robe la plus belle et la plus élégamment variée ; celle du léopard même n'en approche pas pour la vivacité des couleurs et la régularité du dessin, et celle du jaguar, de la panthère, ou de l'once, en approche encore moins : mais, dans l'ocelot femelle, les couleurs sont bien plus foibles, et le dessin moins régulier, et c'est cette différence très apparente qui a pu tromper Recchi, Fabri et les autres. On verra, en comparant les figures et les descriptions de l'un et de l'autre, que les différences ne laissent pas d'être considérables, et qu'il manque à la robe de la femelle beaucoup de fleurs et d'ornements qui se trouvent sur celle du mâle.

Lorsque l'ocelot a pris son entier accroissement, il a, selon Grégoire de Bolivar, deux pieds et demi de hauteur sur environ quatre pieds de longueur ; la queue, quoique assez longue, ne

5.

touche cependant pas la terre lorsqu'elle est pendante, et par
conséquent elle n'a guère que deux pieds de longueur. Cet animal est très vorace ; il est en même temps timide : il attaque
rarement les hommes, il craint les chiens ; et dès qu'il en est
poursuivi, il gagne les bois et grimpe sur un arbre : il y demeure, et même y séjourne pour dormir et pour épier le gibier ou le bétail, sur lequel il s'élance dès qu'il le voit à portée.
Il préfère le sang à la chair ; et c'est par cette raison qu'il
détruit un grand nombre d'animaux, parce qu'au lieu de se
rassasier en les dévorant, il ne fait que se désaltérer en leur
suçant le sang.

Dans l'état de captivité, il conserve ses mœurs ; rien ne peut
adoucir son naturel féroce, rien ne peut calmer ses mouvements inquiets ; on est obligé de le tenir toujours en cage. «A
«trois mois, dit M. Lescot, lorsque ces deux petits eurent dé-
«voré leur nourrice, je les tins en cage, et je les y ai nourris
«avec de la viande fraîche, dont ils mangent sept à huit livres
«par jour : ils fraient ensemble mâle et femelle, comme nos
«chats domestiques. Il règne entre eux une supériorité singu-
«lière de la part du mâle : quelque appétit qu'aient ces deux
«animaux, jamais la femelle ne s'avise de rien prendre que le
«mâle n'ait sa saturation, et qu'il ne lui envoie les morceaux
«dont il ne veut plus. Je leur ai donné plusieurs fois des chats
«vivants ; ils leur sucent le sang jusqu'à ce que mort s'ensuive,
«mais jamais ils ne les mangent. J'avois embarqué pour leur
«subsistance deux chevreaux ; ils ne mangent d'aucune viande
«cuite ni salée [1]. »

Il paroît, par le témoignage de Grégoire de Bolivar, que
ces animaux ne produisent ordinairement que deux petits, et
celui de M. Lescot semble confirmer ce fait ; car il dit aussi
qu'on avoit tué la mère avant de prendre les deux petits dont/

[1] Lettre de M. Lescot, qui a amené ces animaux du continent de Carthagène,
à M. de Beost, correspondant de l'Académie des sciences, en date du 17
septembre 1764.

M. de Beost, qui a bien voulu me communiquer cette lettre, a beaucoup
de connoissances en histoire naturelle, et ce ne sera pas la seule occasion que
nous aurons de parler des choses dont il nous a fait part.

nous venons de parler. Il en est de l'ocelot comme du jaguar, de la panthère, du léopard, du tigre et du lion : tous ces animaux remarquables par leur grandeur ne produisent qu'en petit nombre, au lieu que les chats, qu'on pourroit associer à cette même tribu, produisent en assez grand nombre; ce qui prouve que le plus ou le moins dans la production tient beaucoup plus à la grandeur qu'à la forme.

LE MARGAY [1].

Felis tigrina. L.

Le marguay est beaucoup plus petit que l'ocelot; il ressemble au chat sauvage par la grandeur et la figure du corps; il a seulement la tête plus carrée, le museau moins court, les oreilles plus arrondies, et la queue plus longue : son poil est aussi plus court que celui du chat sauvage, et il est marqué de bandes, de raies et de taches noires sur un fond de couleur fauve. On nous l'a envoyé de Cayenne sous le nom de *chat-tigre*, et il tient en effet de la nature du chat et de celle du jaguar ou de l'ocelot, qui sont les deux animaux auxquels on a donné le nom de *tigres* dans le nouveau continent. Selon Fernandès, cet animal, lorsqu'il a pris son accroissement en entier, n'est pas tout-à-fait si grand que la civette; et selon Marcgrave, dont la comparaison nous paroît plus juste, il est de la grandeur du chat sauvage, auquel il ressemble aussi par les habitudes naturelles, ne vivant que de petit gibier, de volaille, etc. : mais il est très difficile à apprivoiser, et ne perd même jamais son naturel féroce. Il varie beaucoup pour les couleurs, quoique ordinairement il soit tel que nous le présentons ici. C'est un animal très commun à la Guiane, au Brésil et dans toutes les autres provinces de l'Amérique méridionale. Il y a apparence que c'est le même qu'à la Louisiane on appelle

[1] Mot tiré de *maragua* ou *maragaia*, nom de cet animal au Brésil.

pichou ; mais l'espèce en est moins commune dans les pays tempérés que dans les pays chauds.

Si nous faisons la révision de ces animaux cruels, dont la robe est si belle et la nature si perfide, nous trouverons dans l'ancien continent le tigre, la panthère, le léopard, l'once, le serval ; et dans le nouveau, le jaguar, l'ocelot et le margay, qui tous trois ne paroissent être que des diminutifs des premiers, et qui, n'en ayant ni la taille ni la force, sont aussi timides, aussi lâches que les autres sont intrépides et fiers.

Il y a encore un animal de ce genre qui semble différer de tous ceux que nous venons de nommer ; les fourreurs l'appellent *guépard.* Nous en avons vu plusieurs peaux, elles ressemblent à celle du lynx par la longueur du poil ; mais les oreilles n'étant pas terminées par un pinceau, le guépard n'est point un lynx : il n'est aussi ni panthère ni léopard, il n'a pas le poil court comme ces animaux, et il diffère de tous par une espèce de crinière ou de poil long de quatre ou cinq pouces qu'il porte sur le cou et entre les épaules ; il a aussi le poil du ventre long de trois à quatre pouces, et la queue à proportion plus courte que la panthère, le léopard ou l'once ; il est à peu près de la taille de ce dernier animal, n'ayant qu'environ trois pieds et demi de longueur de corps. Au reste, sa robe, qui est d'un fauve très pâle, est parsemée, comme celle du léopard, de taches noires, mais plus voisines les unes des autres et plus petites, n'ayant que trois ou quatre lignes de diamètre.

J'ai pensé que cet animal devoit être le même que celui qu'indique Kolbe sous le nom de *loup-tigre ;* je cite ici sa description [1], pour qu'on puisse la comparer avec la nôtre. C'est un animal commun dans les terres voisines du cap de Bonne-Espérance. Tout le jour il se tient dans des fentes de rochers,

---

[1] « Il est de la taille d'un chien ordinaire, et quelquefois plus gros : sa tête « est large comme celle des dogues que l'on fait battre en Angleterre contre « les taureaux ; il a les mâchoires grosses, aussi bien que le museau et les « yeux ; ses dents sont fort tranchantes ; son poil est frisé comme celui d'un « chien barbet, et tacheté comme celui du tigre ; il a les pattes larges et « armées de grosses griffes, qu'il retire quand il veut, comme les chats ; sa « queue est courte... Il a pour mortels ennemis le lion, le tigre et le léopard,

ou dans des trous qu'il se creuse en terre ; pendant la nuit il
va chercher sa proie : mais comme il hurle en chassant son
gibier, il avertit les hommes et les animaux, en sorte qu'il est
assez aisé de l'éviter ou de le tuer. Au reste, il paroît que le
mot *guépard* est dérivé de *lépard ;* c'est ainsi que les Allemands et les Hollandois appellent le léopard. Nous avons aussi
reconnu qu'il y a des variétés dans cette espèce pour le fond
du poil et pour la couleur des taches ; mais tous les guépards
ont le caractère commun des longs poils sous le ventre, et de
la crinière sur le cou '.

Nous devons rapporter à l'article du margay le chat-tigre
de Cayenne, dont M. de La Borde parle dans les termes suivants :

« La peau du chat-tigre est, comme celle de l'once, fort
« tachetée. Il est un peu moins gros que le renard ; mais il en
« a toutes les inclinations. On le trouve communément à Cayenne
« dans les bois. Il détruit beaucoup de gibier, tel que les agoutis,
« accouchis, perdrix, faisans et autres oiseaux, qu'il prend dans
« leurs nids quand ils sont jeunes. Il est fort leste pour grimper
« sur les arbres, où il se tient caché. Il ne court pas vite, et tou-
« jours en sautant. Son air, sa marche, sa manière de se cou-
« cher, ressemblent parfaitement à celles du chat. J'en ai vu
« plusieurs dans les maisons de Cayenne qu'on tenoit enchaînés ;
« ils se laissoient un peu toucher sur le dos ; mais il leur reste
« toujours dans la figure un air féroce. On ne leur donnoit pour
« nourriture que du poisson et de la viande cuite ou crue ; tout
« autre aliment leur répugne. Ils produisent en toutes saisons,
« soit l'été, soit l'hiver, et font deux petits à la fois dans des
« creux d'arbres pouris. »

« qui lui donnent très souvent la chasse ; ils le poursuivent jusque dans sa
« tanière, se jettent sur lui et le mettent en pièces. » (*Description du cap de
Bonne-Espérance*, par Kolbe, tome III, pages 69 et 70.)
L'animal auquel cet auteur donne le nom de *tigre* est celui que nous avons
appelé *léopardo,* et celui qu'il nomme *léopard* est la panthère.
' Le GUÉPARD (*felis jubata,* L.) est réellement une espèce distincte ; on
le nomme aussi *tigre chasseur,* parce que dans l'Inde on le dresse à la
chasse. (A. R.)

Il y a un autre chat-tigre ou plutôt une espèce de chat sauvage à la Caroline, duquel feu M. Collinson m'a envoyé la notice suivante :

«Le mâle étoit de la grandeur d'un chat commun; il avoit «dix-neuf pouces anglois, du nez à la queue, qui étoit de quatre «pouces de long, et avoit huit anneaux blancs comme le «*mococo*. La couleur étoit d'un brun clair, mêlé de poils «gris; mais ce qu'il avoit de plus remarquable sont les raies «noires, assez larges, placées en forme de rayons tout le long «de son corps, sur les côtés, depuis la tête jusqu'à la queue. Le «ventre est d'une couleur claire avec des taches noires; les «jambes sont minces, tachetées de noir. Ses oreilles avoient «une large ouverture; elles étoient couvertes de poils fins. Il «avoit deux larges taches noires très remarquables sous les «yeux, de chaque côté du nez; et de la partie la plus basse de «cette tache joignant à la lèvre, il part un bouquet de poils «roides et noirs. La femelle est de taille plus mince : elle étoit «toute gris-roussâtre, sans aucune tache sur le dos; seulement «une tache noire sur le ventre, qui étoit blanc sale. »

LE BIZAAM [1].

M. Vosmaër a donné la description d'un animal sous le nom de *chat bizaam*, dans une feuille imprimée à Amsterdam en 1771, dont voici l'extrait :

«Sa grandeur est à peu près celle d'un chat domestique. La «couleur dominante par tout le corps est le gris cendré clair, «rehaussé de taches brunes. Au milieu du dos règne une raie «noire jusqu'à la queue, qui est à bandes noires et blanches; «mais la pointe en est noire ou d'un brun très foncé. Les pattes «de devant et de derrière sont brunes en dedans, et grises «tachetées de brun en dehors; le ventre et la poitrine sont d'un

[1] Selon M. Cuvier, cet animal n'est qu'une variété de la genette.

« gris cendré. Aux deux côtés de la tête et sur le nez, se voient
« des raies brunes ; au bout du nez et sous les yeux, il y a des
« taches blanches. Les oreilles rondes et droites sont couvertes
« de poils courts et gris ; le nez noir, et de chaque côté sont
« plusieurs longs poils bruns et blancs. Les pattes sont armées
« de petites griffes blanches et crochues qui se retirent en
« dedans.

« Ce joli animal étoit d'un naturel un peu triste, sans cepen-
« dant être méchant ; on le tenoit à la chaîne. Il mangeoit volon-
« tiers de la viande, mais surtout des oiseaux vivants. On ne l'a
« pas entendu miauler ; mais quand on le tourmentoit, il grom-
« meloit et souffloit comme un chat. »

M. Vosmaër dit aussi qu'il a nourri ce chat bizaam pendant
trois ans, et qu'il n'a jamais senti qu'il eût la plus légère odeur
de musc ; ainsi ceux qui l'ont appelé *chat musqué* l'ont apparemment confondu avec la civette ou la genette du Cap ;
néanmoins ces deux animaux ne se ressemblent point du tout ;
car M. Vosmaër compare le bizaam au margay. « De tous les
« animaux, dit-il, que M. de Buffon nous a fait connoître, le
« margay de Cayenne est celui qui a le plus de ressemblance
« avec le chat bizaam, quoiqu'en les comparant exactement, le
« margay ait le museau bien plus menu et plus pointu ; il dif-
« fère aussi beaucoup par la queue et la figure des taches. »

J'observerai à ce sujet que ces premières différences ont été
bien saisies par M. Vosmaër ; mais ces animaux diffèrent encore par la grandeur, le margay étant de la taille du chat
sauvage, et le bizaam de celle du chat domestique, c'est-à-dire
une fois plus petit. D'ailleurs le margay n'a point de raie noire
sur le dos ; sa queue est beaucoup moins longue et moins pointue ; et ce qui achève de décider la différence réelle de l'espèce
du margay et de celle du bizaam, c'est que l'un est de l'ancien continent, et l'autre du nouveau.

LE CHACAL[1] ET L'ADIVE.

Canis aureus. L.

Nous ne sommes pas assurés que ces deux noms désignent deux animaux d'espèces différentes; nous savons seulement que le chacal est plus grand, plus féroce, plus difficile à apprivoiser que l'adive[2], mais qu'au reste ils paroissent se ressembler à tous égards. Il se pourroit donc que l'adive ne fût que le chacal privé, dont on auroit fait une race domestique plus petite, plus foible et plus douce que la race sauvage; car l'adive est au chacal à peu près ce que le bichon ou petit chien barbet est au chien de berger : cependant, comme ce fait n'est indiqué que par quelques exemples particuliers, que l'espèce du chacal en général n'est point domestique comme celle du chien; que d'ailleurs il se trouve rarement d'aussi grandes différences dans une espèce libre, nous sommes très portés à croire que le chacal et l'adive sont réellement deux espèces distinctes. Le loup, le renard, le chacal et le chien forment quatre espèces, qui, quoique très voisines les unes des autres, sont néanmoins différentes entre elles. Les variétés dans l'espèce du chien sont en très grand nombre; la plupart viennent de l'état de domesticité auquel il paroît avoir été réduit de tous les temps. L'homme a créé des races dans cette espèce, en choisissant et mettant ensemble les plus grands ou les plus petits, les plus jolis ou les plus laids, les plus velus ou les plus nus, etc.; mais, indépendamment de ces races produites par la main de l'homme, il y a dans l'espèce du chien plusieurs variétés qui semblent ne dépendre que du climat. Le dogue, le danois, l'épagneul, le chien turc, celui de Sibérie, etc., tirent

[1] *Chacal, jackal,* nom de cet animal dans le Levant, et que nous avons adopté.
[2] J'ai lu dans quelques-unes de nos chroniques de France, que, du temps de Charles IX, beaucoup de femmes à la cour avoient des adives au lieu de petits chiens.

leur nom du climat d'où ils sont originaires, et ils paroissent être plus différents entre eux que le chacal ne l'est de l'adive : il se pourroit donc que les chacals, sous différents climats, eussent subi des variétés diverses, et cela s'accorde assez avec les faits que nous avons recueillis. Il paroît, par les écrits des voyageurs, qu'il y en a partout de grands et de petits ; qu'en Arménie, en Cilicie, en Perse, et dans toute la partie de l'Asie que nous appelons *le Levant*, où cette espèce est très nombreuse, très incommode et très nuisible, ils sont communément grands comme nos renards ; qu'ils ont seulement les jambes plus courtes, et qu'ils sont remarquables par la couleur de leur poil, qui est d'un jaune vif et brillant : c'est pour cela que plusieurs auteurs ont appelé le chacal *loup doré*. En barbarie, aux Indes Orientales, au cap de Bonne-Espérance et dans les autres provinces de l'Afrique et de l'Asie, cette espèce paroît avoir subi plusieurs variétés ; ils sont plus grands dans ces pays plus chauds, et leur poil est plutôt d'un brun roux que d'un beau jaune, et il y en a de couleurs différentes. L'espèce du chacal est donc répandue dans toute l'Asie, depuis l'Arménie jusqu'au Malabar, et se trouve aussi en Arabie, en Barbarie, en Mauritanie, en Guinée et dans les terres du Cap : il semble qu'elle ait été destinée à remplacer celle du loup, qui manque, ou du moins qui est très rare dans tous les pays chauds.

Cependant, comme l'on trouve des chacals et des adives dans les mêmes terres, comme l'espèce n'a pu être dénaturée par une longue domesticité, et qu'il y a constamment une différence considérable entre ces animaux pour la grandeur et même pour le naturel, nous les regarderons comme deux espèces distinctes, sauf à les réunir lorsqu'il sera prouvé par le fait qu'ils se mêlent et produisent ensemble. Notre présomption sur la différence de ces deux espèces est d'autant mieux fondée, qu'elle paroît s'accorder avec l'opinion des anciens. Aristote, après avoir parlé clairement du loup, du renard et de l'hyène, indique assez obscurément deux autres animaux du même genre, l'un sous le nom de *panther*, et l'autre sous celui de *thos*. Les traducteurs d'Aristote ont interprété *pan-*

thér par *lupus canarius*, et *thos* par *lupus cervarius* ; loup canier, loup cervier. Cette interprétation indique assez qu'ils regardoient le panther et le thos comme des espèces de loups : mais j'ai fait voir, à l'article du lynx, que le *lupus cervarius* des Latins n'est point le *thos* des Grecs, ce *lupus cervarius* est le même que le *chaus* de Pline, le même que notre lynx ou loup-cervier, dont aucun caractère ne convient au thos. Homère, en peignant la vaillance d'Ajax, qui seul se précipite sur une foule de Troyens au milieu desquels Ulysse blessé se trouvoit engagé, fait la comparaison d'un lion qui, fondant tout à coup sur des thos attroupés autour d'un cerf aux abois, les disperse et les chasse comme de vils animaux. Le scoliaste d'Homère interprète le mot *thos* par celui de *panther,* qu'il dit être une espèce de loup foible et timide : ainsi le thos et le panther ont été pris pour le même animal par quelques anciens Grecs ; mais Aristote paroît le distinguer, sans leur donner néanmoins des caractères ou des attributs différents. « Les « thos, dit-il, ont toutes les parties internes semblables à celles « du loup..... Ils s'accouplent comme les chiens, et produisent « deux, trois ou quatre petits, qui naissent les yeux fermés. Le « thos a le corps et la queue plus longs que le chien, avec « moins de hauteur, et quoiqu'il ait les jambes plus courtes, « il ne laisse pas d'avoir autant de vitesse, parce que, étant « souple et agile, il peut sauter plus loin.... Le lion et le thos « sont ennemis, parce que, vivant tous deux de chair, ils sont « forcés de prendre leur nourriture sur le même fonds, et par « conséquent de se la disputer..... Les thos aiment l'homme, ne « l'attaquent point, et ne le craignent pas beaucoup : ils se bat- « tent contre les chiens et avec le lion ; ce qui fait que dans le « même lieu on ne trouve guère des lions et des thos. Les meil- « leurs thos sont ceux qui sont les plus petits : il y en a de deux « espèces, quelques-uns même en font trois. » Voilà tout ce qu'Aristote a dit au sujet des thos, et il en dit infiniment moins sur le panther : on ne trouve qu'un seul passage dans le même chapitre xxxv du sixième livre de son *Histoire des animaux.* « Le panther, dit-il, produit quatre petits ; ils ont les yeux «fermés comme les petits loups lors de leur naissance.» En comparant ces passages avec celui d'Homère et avec ceux des autres auteurs grecs, il me paroît presque certain que le thos d'Aristote est le grand chacal, et que le panther est le petit chacal ou l'adive. On voit qu'il admet deux espèces de thos, qu'il ne parle du panther qu'une seule fois, et, pour ainsi dire, à l'occasion du thos : il est donc très probable que ce panther est le thos de la petite espèce; et cette probabilité semble devenir une certitude par le témoignage d'Oppien, qui met le panther au nombre des petits animaux, tels que les loirs et les chats.

Le thos est donc le chacal, et le panther est l'adive; et soit qu'ils forment deux espèces différentes ou qu'ils n'en fassent qu'une, il est certain que tout ce que les anciens ont dit du thos et du panther convient au chacal et à l'adive, et ne peut s'appliquer à d'autres animaux; et si jusqu'à ce jour la vraie signification de ces noms a été ignorée, s'ils ont toujours été mal interprétés, c'est parce que les traducteurs ne connoissoient pas les animaux, et que les naturalistes modernes, qui les connoissoient peu, n'ont pu les réformer.

Quoique l'espèce du loup soit fort voisine de celle du chien, celle du chacal ne laisse pas de trouver place entre les deux. Le chacal ou adive, comme dit Belon, est bête entre loup et chien. Avec la férocité du loup, il a en effet un peu de la familiarité du chien; sa voix est un hurlement mêlé d'aboiement et de gémissement; il est plus criard que le chien, plus vorace que le loup. Il ne va jamais seul, mais toujours par troupe de vingt, trente, ou quarante; ils se rassemblent chaque jour pour faire la guerre et la chasse; ils vivent de petits animaux, et se font redouter des plus puissants par le nombre; ils attaquent toute espèce de bétail ou de volaille presque à la vue des hommes : ils entrent isolément et sans marquer de crainte dans les bergeries, les étables, les écuries; et lorsqu'ils n'y trouvent pas autre chose, ils dévorent le cuir des harnois, des bottes, des souliers, et emportent les lanières qu'ils n'ont pas le temps d'avaler. Faute de proie vivante, ils déterrent les ca-

davres des animaux et des hommes : on est obligé de battre la
terre sur les sépultures, et d'y mêler de grosses épines pour les
empêcher de la gratter et fouir ; car une épaisseur de quelques
pieds de terre ne suffit pas pour les rebuter ; ils travaillent
plusieurs ensemble, ils accompagnent de cris lugubres cette
exhumation, et lorsqu'ils sont une fois accoutumés aux cadavres
humains, ils ne cessent de courir les cimetières, de suivre les
armées, de s'attacher aux caravanes : ce sont les corbeaux des
quadrupèdes, la chair la plus infecte ne les dégoûte pas ; leur
appétit est si constant, si véhément, que le cuir le plus sec est
encore savoureux, et que toute peau, toute graisse, toute ordure animale, leur est également bonne. L'hyène a ce même
goût pour la chair pourrie ; elle déterre aussi les cadavres, et
c'est sur le rapport de cette habitude que l'on a souvent confondu
ces deux animaux, quoique très différents l'un de l'autre.
L'hyène est une bête solitaire, silencieuse, très sauvage, et qui,
quoique plus forte et plus puissante que le chacal, n'est pas
aussi incommode, et se contente de dévorer les morts sans
troubler les vivants ; au lieu que tous les voyageurs se plai-
gnent des cris, des vols et des excès du chacal, qui réunit
l'impudence du chien à la bassesse du loup, et qui, participant de la nature des deux, semble n'être qu'un odieux composé de toutes les mauvaises qualités de l'un et de l'autre.

LE CHACAL ADIVE [1].

**La peau de cet animal, donnée au Cabinet du Roi par
M. Sonnerat, sous le nom de *renard des Indes*, est celle d'un
chacal adive, comme on peut le voir par celui qui est gravé
dans ce volume. Quoique ce dernier ait été fait d'après un
dessin envoyé d'Angleterre sans description, on reconnoît toujours dans les caractères l'espèce que l'on retrouve ici dans**

[1] Cet animal n'est pas différent du précédent. (A. R.)

cette peau, où il y a peu de différences marquées avec l'adive décrit précédemment.

Ce chacal adive, qui a de longueur vingt-un pouces du nez à l'origine de la queue, et vingt-trois pouces dix lignes suivant la courbure du corps, est un peu plus petit que le renard, et plus léger dans les formes ; sa tête, qui a cinq pouces trois lignes du bout du nez à l'occiput, est longue et menue ; le museau est effilé, ce qui lui rend la physionomie fine ; les yeux sont grands, et les paupières inclinées, comme dans tous les renards.

Les couleurs de cet adive sont le fauve, le gris et le blanc. C'est le mélange de ces trois couleurs, où le blanc domine, qui fait la couleur générale de cet animal. La tête est fauve, mêlée de blanc sur l'occiput, autour de l'oreille, aux joues, et plus brunâtre sur le nez et les mâchoires ; le bord des yeux est brunâtre. De l'angle antérieur de l'œil part une bande qui s'élargit au coin de l'œil, et s'étend jusque sur la mâchoire supérieure ; celle qui part de l'angle postérieur est étroite, et se perd en s'affoiblissant dans les joues, sous l'oreille. Le bout du nez et les naseaux, le contour de l'ouverture de la gueule, et le bord des paupières, sont noirs ainsi que les grands poils au-dessus des yeux, et les moustaches, dont les plus grands poils ont trois pouces deux lignes de longueur ; tout le dessous du cou, la partie supérieure du dos, les épaules et les cuisses, sont de couleur grisâtre, mais un peu plus fauve sur le dos et aux épaules ; la partie extérieure des jambes de devant et de derrière est d'un fauve foncé, mais pâle sur le dessus du pied ; la face interne est blanche et fauve, pâle en partie.

Le pied de devant a cinq doigts, dont le premier, qui fait pouce, a l'ongle placé au poignet. Le plus grand ongle a huit lignes. Le pied de derrière n'a que quatre doigts, et a les ongles plus petits, puisque le plus grand n'a que cinq lignes ; les ongles sont un peu courbes et en gouttières. La queue est longue de dix pouces six lignes ; elle est étroite à son origine, large et touffue dans sa longueur ; sa couleur est d'un fauve pâle, teint de blanc jaunâtre et de brun foncé jusqu'à plus d'un tiers de son extrémité, avec quelques taches de même couleur sur la face postérieure. La longueur des poils est de vingt-deux lignes.

L'HYÈNE.

Canis Hyæna. L.

Aristote nous a laissé deux notices au sujet de l'hyène, qui seules suffiroient pour faire reconnoître cet animal et pour le distinguer de tous les autres ; néanmoins les voyageurs et les naturalistes l'ont confondu avec quatre autres animaux dont les espèces sont toutes quatre différentes entre elles et différentes de celle de l'hyène. Ces animaux sont le chacal, le glouton, la civette et le babouin, qui tous quatre sont carnassiers et féroces comme l'hyène, et qui ont chacun quelques petites convenances et quelques rapports particuliers avec elle, lesquels ont donné lieu à la méprise et à l'erreur. Le chacal se trouve à peu près dans le même pays : il approche, comme l'hyène, de la forme du loup ; comme elle, il vit de cadavres et fouille les sépultures pour en tirer les corps : c'en est assez pour qu'on les ait pris l'un pour l'autre. Le glouton a la même voracité, la même faim pour la chair corrompue, le même instinct pour déterrer les morts ; et quoiqu'il soit d'un climat fort différent de celui de l'hyène et d'une figure aussi très différente, cette seule convenance de nature a suffi pour que les auteurs les aient confondus. La civette se trouve aussi dans le même pays que l'hyène : elle a, comme elle, de longs poils le long du dos et une ouverture ou fente particulière ; caractères singuliers qui n'appartiennent qu'à quelques animaux, et qui ont fait croire à Belon que la civette étoit l'hyène des anciens. Et à l'égard du babouin, qui ressemble encore moins à l'hyène que les trois autres, puisqu'il a des mains et des pieds comme l'homme ou le singe, il n'a été pris pour elle qu'à cause de la

LA HYÈNE RAYÉE.   LA HYÈNE TACHETÉ

Publie par Pourrat F. à Paris.

XII. P. 40

ressemblance du nom; l'hyène s'appelle *dubbah* en Barbarie, selon le docteur Shaw, et le babouin se nomme *dabuh*, selon Marmol et Léon l'Africain : et comme le babouin est du même climat, qu'il gratte aussi la terre, et qu'il est à peu près de la forme de l'hyène, ces convenances ont trompé les voyageurs et ensuite les naturalistes qui ont copié les voyageurs; ceux même qui ont distingué nettement ces deux animaux n'ont pas laissé de conserver à l'hyène le nom *dabuh*, qui est celu du babouin. L'hyène n'est donc pas le *dabuh* des Arabes, ni le *jesef* ou *sesef* des Africains, comme le disent nos naturalistes; et il ne faut pas non plus la confondre avec le *deeb* de Barbarie. Mais afin de prévenir pour jamais cette confusion de noms, nous allons donner en peu de mots le précis des recherches que nous avons faites au sujet de ces animaux.

Aristote donne deux noms à l'hyène; communément il l'appelle *hyæna* et quelquefois *glanus* : pour être assuré que ces deux noms ne désignent que le même animal, il suffit de comparer les passages où il en est question. Les anciens Latins ont conservé le nom d'*hyæna*, et n'ont point adopté celui de *glanus* : on trouve seulement dans les Latins modernes le nom de *ganus* ou *gannus*, et celui de *belbus*, pour indiquer l'hyène. Selon Rhasis, les Arabes ont appelé l'hyène *kabo* ou *zabo*, noms qui paroissent dérivés du mot *zeeb*, qui dans leur langue est le nom du *loup*. En Barbarie l'hyène porte le nom de *dubbah*, comme on peut le voir par la courte description que le D. Shaw nous a donnée de cet animal. En Turquie, l'hyène se nomme *zirtlam*, selon Nieremberg; en Perse *kaftaar*, suivant Kæmpfer, et *castar*, selon Pietro della Valle : ce sont là les seuls noms qu'on doive appliquer à l'hyène, puisque ce sont les seuls sous lesquels on puisse la reconnoître clairement; il nous paroît cependant très vraisemblable, quoique moins évident, que le *lycaon* et la *crocute* des Indes et de l'Éthiopie dont parlent les anciens ne sont pas autres que l'hyène. Porphyre dit expressément que la *crocute* des Indes est l'hyène des Grecs; et en effet tout ce que ceux-ci ont écrit, et même tout ce qu'ils ont dit de fabuleux au sujet du *lycaon* et de la *crocute*; convient à l'hyène, sur laquelle ils ont aussi débité plus de fables que de faits. Mais nous bornerons ici nos conjectures sur ce sujet, afin de ne nous pas trop éloigner de notre objet présent, et parce que nous traiterons, dans un discours à part, de ce qui regarde les animaux fabuleux et des rapports qu'ils peuvent avoir avec les animaux réels.

Le *panther* des Grecs, le *lupus canarius* de Gaza, le *lupus Armenius* des Latins modernes et des Arabes, nous paroissent être le même animal; et cet animal est le chacal, que les Turcs appellent *cical* selon Pollux, *thacal* suivant Spon et Wheler; les Grecs modernes, *zachalia*; les Persans, *siechal* ou *schachal*; les Maures de Barbarie, *deeb* ou *jackal*. Nous lui conserverons le nom de *chacal*, qui a été adopté par plusieurs voyageurs; et nous nous contenterons de remarquer ici qu'il diffère de l'hyène non-seulement par la grandeur, par la figure, par la couleur du poil, mais aussi par les habitudes naturelles, allant ordinairement en troupe, au lieu que l'hyène est un animal solitaire : les nouveaux nomenclateurs ont appelé le *chacal*, d'après Kæmpfer, *lupus aureus*, parce qu'il a le poil fauve jaune, vif et brillant.

Le chacal est, comme l'on voit, un animal très différent de l'hyène. Il en est de même du glouton, qui est une bête du nord, reléguée dans les pays les plus froids, tels que la Laponie, la Russie, la Sibérie, inconnue même dans les régions tempérées, et qui par conséquent n'a jamais habité en Arabie, non plus que dans les autres climats chauds où se trouve l'hyène : aussi en diffère-t-il à tous égards. Le glouton est à peu près de la forme d'un très gros blaireau; il a les jambes courtes, le ventre presque à terre, cinq doigts aux pieds de devant comme à ceux de derrière, point de crinière sur le cou, le poil noir sur tout le corps, quelquefois d'un fauve brun sur les flancs. Il n'a de commun avec l'hyène que d'être très vorace. Il n'étoit pas connu des anciens, qui n'avoient pas pénétré fort avant dans les terres du nord. Le premier auteur qui ait fait mention de cet animal est Olaüs; il l'a appelé *gulo* à cause de sa grande voracité : on l'a ensuite nommé *rosomak* en langue sclavonne, *jerff* et *wildffras* en allemand; nos voyageurs françois l'ont appelé *glouton*. Il y a des variétés dans cette espèce aussi bien que dans celle du chacal, dont nous parlerons dans l'histoire particulière de ces animaux; mais nous pouvons assurer d'avance que ces variétés, loin de les rapprocher, les éloignent encore de l'espèce de l'hyène.

La civette n'a de commun avec l'hyène que l'ouverture ou sac sous la queue, et la crinière le long du cou et de l'épine du dos; elle en diffère par la figure, par la grandeur du corps, étant de moitié plus petite : elle a les oreilles velues et courtes, au lieu que l'hyène les a longues et nues; elle a de plus les jambes bien plus courtes, cinq doigts à chaque pied, tandis que l'hyène a les jambes longues et n'a que quatre doigts à tous les pieds; la civette ne fouille pas la terre pour en tirer les cadavres; il est donc très facile de les distinguer l'une de l'autre. A l'égard du babouin, qui est le *papio* des Latins, il n'a été pris pour l'hyène que par une équivoque des noms, à laquelle un passage de Léon l'Africain, copié par Marmol, semble avoir donné lieu. Le *dabuh*, disent ces deux auteurs, *est de la grandeur et de la forme du loup; ils tirent les corps morts des sépultures.* La ressemblance de ce nom *dabuh* avec *dubbah*, qui est celui de l'hyène, et cette avidité pour les cadavres commune au *dabuh* et au *dubbah*, les ont fait prendre pour le même animal, quoiqu'il soit ditexpressément dans les mêmes passages que nous venons de citer, que le *dabuh* a des mains et des pieds comme l'homme, ce qui convient au babouin et ne peut convenir à l'hyène.

On pourroit encore, en jetant les yeux sur la figure du *lupus marinus* de Belon, copiée par Gesner, prendre cet animal pour l'hyène; car cette figure, donnée par Belon, ressemble beaucoup à celle de notre hyène : mais sa description ne s'accorde point avec la nôtre, en ce qu'il dit que c'est un animal amphibie qui se nourrit de poisson, qui a été vu quelquefois sur les côtes de l'Océan Britannique, et que d'ailleurs Belon ne fait aucune mention des caractères singuliers qui distinguent l'hyène des autres animaux. Il se peut que Belon, pré-

6.

venu que la civette étoit l'hyène des anciens, ait donné la figure de la vraie hyène sous le nom d'un autre animal qu'il a appelé *lupus marinus*, et qui certainement n'est pas l'hyène; car, je le répète, les caractères de l'hyène sont si marqués et même si singuliers, qu'il est fort aisé de ne s'y pas méprendre : elle est peut-être le seul de tous les animaux quadrupèdes qui n'ait, comme je viens de le dire, que quatre doigts tant aux pieds de devant qu'à ceux de derrière; elle a, comme le blaireau, une ouverture sous la queue qui ne pénètre pas dans l'intérieur du corps : elle a les oreilles longues, droites et nues; la tête plus carrée et plus courte que celle du loup; les jambes, surtout celles de derrière, plus longues; les yeux placés comme ceux du chien; le poil du corps et la crinière d'une couleur gris obscur, mêlé d'un peu de fauve et de noir, avec des ondes transversales et noirâtres : elle est de la grandeur du loup, et paroît seulement avoir le corps plus court et plus ramassé.

Cet animal sauvage et solitaire demeure dans les cavernes des montagnes, dans les fentes des rochers ou dans des tanières qu'il se creuse lui-même sous terre : il est d'un naturel féroce; et quoique pris tout petit, il ne s'apprivoise pas. Il vit de proie comme le loup, mais il est plus fort et paroît plus hardi : il attaque quelquefois les hommes; il se jette sur le bétail, suit de près les troupeaux, et souvent rompt dans la nuit les portes des étables et les clôtures des bergeries : ses yeux brillent dans l'obscurité; et l'on prétend qu'il voit mieux la nuit que le jour. Si l'on en croit tous les naturalistes, son cri ressemble aux sanglots d'un homme qui vomiroit avec effort, ou plutôt au mugissement du veau, comme le dit Kæmpfer, témoin auriculaire.

L'hyène se défend du lion, ne craint pas la panthère, attaque l'once, laquelle ne peut lui résister : lorsque la proie lui manque, elle creuse la terre avec les pieds et en tire par lambeaux les cadavres des animaux et des hommes que, dans les pays qu'elle habite, on enterre également dans les champs. On la trouve dans presque tous les climats chauds de l'Afrique et de l'Asie; et il paroît que l'animal appelé *farasse* à Madagascar, qui ressemble au loup par la figure, mais qui est plus grand, plus fort et plus cruel, pourroit bien être l'hyène.

Il y a peu d'animaux sur lesquels on ait fait autant d'histoires absurdes que sur celui-ci. Les anciens ont écrit gravement que l'hyène étoit mâle et femelle alternativement; que quand elle portoit, allaitoit et élevoit ses petits, elle demeuroit femelle pendant toute l'année; mais que, l'année suivante, elle prenoit les fonctions du mâle, et faisoit subir à son compagnon le sort de la femelle. On voit bien que ce conte n'a d'autre fondement que l'ouverture en forme de fente que le mâle a, comme la femelle, indépendamment des parties propres de la génération, qui, pour les deux sexes, sont dans l'hyène semblables à celles de tous les autres animaux. On a dit qu'elle savoit imiter la voix humaine, retenir le nom des bergers, les appeler, les charmer, les arrêter, les rendre immobiles; faire en même temps courir les bergères, leur faire oublier leur troupeau, les rendre folles d'amour, etc... Tout cela peut arriver sans l'hyène; et je finis pour qu'on ne me fasse pas le reproche que je vais faire à Pline, qui paroît avoir pris plaisir à compiler et raconter ces fables.

* Nous donnons ici la figure d'une hyène mâle, qui étoit vivante à la foire Saint-Germain, en 1773, parce que celle que nous avions donnée n'étoit pas correcte, par la difficulté qu'eut le dessinateur à la faire mettre en situation de la bien voir. Cette première hyène étoit très féroce, au lieu que celle dont nous donnons ici la figure, ayant été apprivoisée de jeunesse, étoit fort douce : car, quoique son maître l'irritât souvent avec un bâton pour lui faire hérisser sa crinière lors du spectacle, l'instant d'après elle ne paroissoit pas s'en souvenir; elle jouoit avec son maître, qui lui mettoit la main dans la gueule sans en rien craindre. Au reste, cette hyène étant absolument de la même espèce, et toute semblable à celle dont nous avons donné la description, nous n'avons rien à y ajouter, sinon que cette dernière avoit la queue toute blanche sans aucun mélange d'autre couleur. Elle étoit un peu plus grande que la première; car elle avoit trois pieds deux pouces, mesurée avec un cor-

deau, du bout du museau à l'origine de la queue. Elle portoit la tête encore plus baissée qu'elle ne paroît l'être dans le dessin. Sa hauteur étoit de deux pieds trois pouces. Son poil étoit blanc, mêlé et rayé de taches noires plus ou moins grandes, tant sur le corps que sur les jambes.

Il existe, dans la partie du sud de l'île Méroé, une hyène beaucoup plus grande et plus grosse que celle de Barbarie, et qui a aussi le corps plus long à proportion, et le museau plus allongé et plus ressemblant à celui du chien, en sorte qu'elle ouvre la gueule beaucoup plus large. Cet animal est si fort, qu'il enlève aisément un homme, et l'emporte à une ou deux lieues sans le poser à terre. Il a le poil très rude, plus brun que celui de l'autre hyène; les bandes transversales sont plus noires; la crinière ne rebrousse pas du côté de la tête, mais du côté de la queue. M. le chevalier Bruce a observé le premier que cette hyène, ainsi que celle de Syrie et de Barbarie, et probablement de toutes les autres espèces, ont un singulier défaut; c'est qu'au moment qu'on les force à se mettre en mouvement, elles sont boiteuses de la jambe gauche; cela dure pendant environ une centaine de pas, et d'une manière si marquée, qu'il semble que l'animal aille culbuter du côté gauche comme un chien auquel on auroit blessé la jambe gauche de derrière.

LA CIVETTE ET LE ZIBET.

Viverra Civetta. L. — *Viverra Zibetha.* L.

La plupart des naturalistes ont cru qu'il n'y avoit qu'une espèce d'animal qui fournît le parfum qu'on appelle *la civette :* nous avons vu deux de ces animaux qui se ressemblent, à la vérité, par les rapports essentiels de la conformation, tant à l'intérieur qu'à l'extérieur, mais qui cependant diffèrent l'un de l'autre par un assez grand nombre d'autres caractères pour qu'on puisse les regarder comme faisant deux espèces réelle-

Prêtre del.   Thorel sc

1. La Civette 2. Le Rasse 3. La Genette
4. Le Pécari

ment différentes. Nous avons conservé au premier de ces animaux le nom de *civette*, et nous avons donné au second celui de *zibet*, pour les distinguer. La civette dont nous donnons ici la figure, nous a paru être la même que la civette décrite par MM. de l'Académie royale des sciences dans les *Mémoires pour servir à l'histoire des animaux* : nous croyons aussi qu'elle est la même que celle de Caïus dans Gesner, p. 837, et la même encore que celle dont Fabius Columna a donné les figures (tant du mâle que de la femelle) dans l'ouvrage de Jean Faber, qui est à la suite de celui de Hernandès.

La seconde espèce, que nous appelons *le zibet*, nous a paru être le même animal que celui qui a été décrit par M. de La Peyronie, sous le nom *d'animal du musc*, dans les *Mémoires de l'Académie des sciences*, année 1731 : tous deux diffèrent de la civette par les mêmes caractères, tous deux manquent de crinière ou plutôt de longs poils sur l'épine du dos, tous deux ont des anneaux bien marqués sur la queue, au lieu que la civette n'a ni crinière ni anneaux apparents. Il faut avouer cependant que notre zibet et l'animal du musc de M. de La Peyronie ne se ressemblent pas assez parfaitement pour ne laisser aucun doute sur leur identité d'espèce : les anneaux de la queue du zibet sont plus larges que ceux de l'*animal du musc*; il n'a pas un double collier; il a la queue plus courte à proportion du corps : mais ces différences nous paroissent légères, et pourroient bien n'être que des variétés accidentelles, auxquelles les civettes doivent être plus sujettes que les autres animaux sauvages, puisqu'on les élève et qu'on les nourrit comme des animaux domestiques dans plusieurs endroits du Levant et des Indes. Ce qu'il y a de certain, c'est que notre zibet ressemble beaucoup plus à l'animal du musc de M. de La Peyronie qu'à la civette, et que par conséquent on peut les regarder comme des animaux de même espèce, puisqu'il n'est même pas absolument démontré que la civette et le zibet ne soient pas des variétés d'une espèce unique, car nous ne savons pas si ces animaux ne pourroient pas se mêler et produire ensemble; et lorsque nous disons qu'ils nous paroissent être d'espèces différentes, ce n'est point un jugement absolu, mais seulement une présomption très forte, puisqu'elle est fondée sur la différence constante de leurs caractères, et que c'est cette constance des différences qui distingue ordinairement les espèces réelles des simples variétés.

L'animal que nous appelons ici *civette* se nomme *falanoue* à Madagascar, *nzime* ou *nzfusi* à Congo, *kankan* en Éthiopie, *kastor* dans la Guinée. C'est la civette de Guinée; car nous sommes sûrs que celle que nous avons eue avoit été envoyée vivante de Guinée à Saint-Domingue à un de nos correspondants, qui, l'ayant nourrie quelque temps à Saint-Domingue, la fit tuer pour nous l'envoyer plus facilement.

Le zibet est vraisemblablement la civette de l'Asie, des Indes orientales et de l'Arabie, où on la nomme *zebet* ou *zibet*, nom arabe qui signifie aussi le parfum de cet animal, et que nous avons adopté pour désigner l'animal même; il diffère de la civette en ce qu'il a le corps plus allongé et moins épais, le museau plus délié, plus plat, et un peu concave à la partie supérieure; au lieu que le museau de la civette est plus gros, moins long, et un peu convexe. Il a aussi les oreilles plus élevées et plus larges, la queue plus longue et mieux marquée de taches et d'anneaux, le poil beaucoup plus court et plus mollet; point de crinière, c'est-à-dire de poils plus longs que les autres sur le cou ni le long de l'épine du dos; point de noir au-dessous des yeux ni sur les joues; caractères particuliers et très remarquables dans la civette. Quelques voyageurs avoient déja soupçonné qu'il y avoit deux espèces de civettes; mais personne ne les avoit reconnues assez clairement pour les décrire. Nous les avons vues toutes deux; et, après les avoir soigneusement comparées, nous les avons jugées d'espèce et peut-être de climats différents.

On a appelé ces animaux *chats musqués* ou *chats civettes*; cependant ils n'ont rien de commun avec le chat que l'agilité du corps: ils ressemblent plutôt au renard, surtout par la tête. Ils ont la robe marquée de bandes et de taches; ce qui les a fait prendre aussi pour de petites panthères par ceux qui ne les

ont vus que de loin : mais ils diffèrent des panthères à tous
autres égards. Il y a un animal qu'on appelle *la genette*,
qui est taché de même, qui a la tête à peu près de la même
forme, et qui porte, comme la civette, un sac dans lequel se
filtre une humeur odorante : mais la genette est plus petite
que nos civettes; elle a les jambes beaucoup plus courtes et le
corps bien plus mince; son parfum est très foible et de peu de
durée : au contraire, le parfum des civettes est très fort; celui
du zibet est d'une violence extrême, et plus vif encore que celui
de la civette. Ces liqueurs odorantes se trouvent dans l'ouverture que ces deux animaux ont auprès des parties de la génération : c'est une humeur épaisse, d'une consistance semblable
à celle des pommades, et dont le parfum, quoique très fort,
est agréable au sortir même du corps de l'animal. Il ne faut
pas confondre cette matière des civettes avec le musc, qui est
une humeur sanguinolente qu'on tire d'un animal tout différent
de la civette ou du zibet : cet animal qui produit le musc est
une espèce de chevreuil sans bois, ou de chèvre sans cornes,
qui n'a rien de commun avec les civettes, que de fournir comme
elles un parfum violent.

Ces deux espèces de civettes n'avoient donc jamais été nettement distinguées l'une de l'autre; toutes deux ont été quelquefois confondues avec les belettes odorantes [1], la genette et le
chevreuil du musc; on les a prises aussi pour l'hyène. Belon,
qui a donné une figure et une description de la civette, a prétendu que c'étoit l'hyène des anciens : son erreur est d'autant
plus excusable qu'elle n'est pas sans fondement; il est sûr que
la plupart des fables que les anciens ont débitées sur l'hyène
ont été prises de la civette : les philtres qu'on tiroit de certaines
parties de l'hyène, la force de ces philtres pour exciter à l'amour,
indiquent assez la vertu stimulante que l'on connoît à la
pommade de civette dont on se sert encore à cet effet en

---

[1] Aldrovande a dit que la belette odorante, qu'on appelle à la Virginie
cæsam, étoit la civette. (Aldr., *de quadrup. digit.*, p. 342.) Cette erreur a
été adoptée par Hans Sloane, qui, dans son *Histoire de la Jamaïque*, dit
qu'il y a des civettes à la Virginie.

Orient. Ce qu'ils ont dit de l'incertitude du sexe dans l'hyène convient encore mieux à la civette ; car le mâle n'a rien d'apparent au dehors que trois ouvertures tout-à-fait parcilles à celles de la femelle, à laquelle il ressemble si fort par ces parties extérieures, qu'il n'est guère possible de s'assurer du sexe autrement que par la dissection : l'ouverture au dedans de laquelle se trouve la liqueur, ou plutôt l'humeur épaisse du parfum, est entre les deux autres, et sur une même ligne droite qui s'étend de l'os sacrum au pubis.

Une autre erreur qui a fait beaucoup plus de progrès que celle de Belon, c'est celle de Grégoire de Bolivar au sujet des climats où se trouve l'animal civette : après avoir dit qu'elle est commune aux Indes orientales et en Afrique, il assure positivement qu'elle se trouve aussi, et même en très grand nombre, dans toutes les parties de l'Amérique méridionale. Cette assertion, qui nous a été transmise par Faber, a été copiée par Aldrovande, et ensuite adoptée par tous ceux qui ont écrit sur la civette ; cependant il est certain que les civettes sont des animaux des climats les plus chauds de l'ancien continent, qui n'ont pu passer par le nord pour aller dans le nouveau, et que réellement et dans le fait il n'y a jamais eu en Amérique d'autres civettes que celles qui y ont été transportées des îles Philippines et des côtes de l'Afrique. Comme cette assertion de Bolivar est positive, et que la mienne n'est que négative, je dois donner les raisons particulières par lesquelles on peut prou er la fausseté du fait. Je cite ici les passages de Faber en entier [1] pour qu'on soit en état d'en juger, ainsi que des re-

[1] « Hoc animal (zibethicum scilicet) nascitur in multis Indiæ orientalis « atque occidentalis partibus, cujusmodi in orientali sunt provinciæ Bengala, « Geylan, Sumatra, Java major et minor, Malipur, ac plures aliæ... In nova « Hispania vero sunt provinciæ de Quatemala, Campege, Nicaragua, de Vera-« Cruce, Florida, et magna illa insula Sancti Dominici aut Hispaniola, Cuba, « Mantalino, Guadalupa et aliæ..... In regno Peruano animal hoc magna copia « reperitur, in Paraguay, Tucuman, Chiraguanas, Sancta-Cruce de la Sierra, « Yungas, Andes, Chiachiapoias, Quizos, Timana, Novo Regno, et in omni-« bus provinciis magno flumine Maragnone confinibus, quæ circa hoc ferè « sine numero ad duo leucarum millia sunt extensæ. Multo adhuc plura ejus-« modi animalia nascuntur in Brasilia, ubi mercatura vel cambium zibethi

marques que je vais faire à ce sujet. 1° La figure donnée par Faber (page 538) lui avoit été laissée par Recchi sans description [1] : cette figure a pour inscription, *Animal zibethicum Americanum* ; elle ne ressemble point du tout à la civette ni au zibet, et représente plutôt un blaireau. 2° Faber donne la description et les figures de deux civettes, l'une femelle et l'autre mâle, lesquelles ressemblent à notre zibet; mais ces civettes ne sont pas le même animal [2] que celui de la première figure; et les deux secondes ne représentent point des animaux d'Amérique, mais des civettes de l'ancien continent, que Fabius Columna, confrère de Faber à l'Académie des *Lyncei*, avoit fait dessiner à Naples, et desquelles il lui avoit envoyé la description et les figures. 3° Après avoir cité Grégoire de Bolivar au sujet des climats où se trouve la civette, Faber finit par admirer la grande mémoire de Bolivar [3] et par dire qu'il a entendu de sa bouche ce récit avec toutes ses circonstances. Ces trois remarques suffiroient seules pour rendre très suspect le prétendu *animal zibethicum Americanum*, aussi bien que les assertions de Faber, empruntées de Bolivar : mais ce qui achève de démontrer l'erreur, c'est que l'on trouve, dans un petit ouvrage de Fernandès sur les animaux d'Amérique, à la fin du volume qui contient l'*Histoire naturelle du Mexique* de Fernandès, de Recchi et de Faber; que l'on trouve, dis-je

« sive algaliæ exercitatur. » (*Novæ Hisp. anim. Nardi Antonii Recchi imagines et nomina, Joannis Fabri Lyncei expositione*, p. 539.)

[1] Voici ce que dit Faber dans sa préface, au sujet de ses commentaires sur les animaux dont il va traiter : « Non itaque sis nescius, hos in animalia « quos modo commentarios edimus, mera nostra conscriptos esse industria « ad conjectura, ad quasnam animantium nostrorum species illa reduci possint, « quum in autographo, præter nudum nomen et exactam picturam, de « historia nihil quidem reperiatur. » (P. 465.)

[2] Faber est obligé de dire lui-même que ces figures ne se ressemblent pas. « Quantum hæc icon ab illa Mexicana differat, ipsa pagina ostendit. Ego « climatis et regionis differentiam plurimum posse non nego. » (P. 581.)

[3] « Miror profecto Gregorii nostri summam in animalium perquisitione « industriam et tenacissimam eorum quæ vidit unquam memoriam. Juro tibi, « mi lector, hæc omnia quæ hactenus ipsius ab ore et scriptis hausi, et posthac « dicturus sum plura rarioraque illius ipsum ope libri memoriter descripsisse, « et per compendium quodam modo (quum inter colloquia protractiora et « jam plura afferat) tantum contraxisse. » (P. 540.)

(chapitre **xxxiv**, page 11), un passage qui contredit formellement Bolivar, et où Fernandès assure que la civette n'est point un animal naturel à l'Amérique, mais que de son temps l'on avoit commencé à en amener quelques-unes des îles Philippines à la Nouvelle-Espagne. Enfin, en réunissant ce témoignage positif de Fernandès avec celui de tous les voyageurs qui disent que les civettes sont en effet très communes aux îles Philippines, aux Indes orientales, en Afrique, et dont aucun ne dit en avoir vu en Amérique, on ne peut plus douter de ce que nous avons avancé dans notre énumération des animaux des deux continents, et il restera pour certain, quoique tous les naturalistes aient écrit le contraire, que la civette n'est point un animal naturel de l'Amérique, mais un animal particulier et propre aux climats chauds de l'ancien continent, et qui ne s'est jamais trouvé dans le nouveau qu'après y avoir été transporté. Si je n'eusse pas moi-même été en garde contre ces espèces de méprises qui ne sont que trop fréquentes, nous aurions donné notre civette pour un animal américain, parce qu'elle nous étoit venue de Saint-Domingue; mais, ayant recherché le mémoire et la lettre de M. Pagès, qui nous l'avoit envoyée, j'y ai trouvé qu'elle étoit venue de Guinée. J'insiste sur tous ces faits particuliers comme sur autant de preuves du fait général de la différence réelle qui se trouve entre tous les animaux des parties méridionales de chaque continent.

La civette et le zibet sont donc tous deux des animaux de l'ancien continent : elles n'ont entre elles que les différences extérieures que nous avons indiquées ci-devant; celles qui se trouvent dans leurs parties intérieures et dans la structure des réservoirs qui contiennent le parfum ont été si bien indiquées, et les réservoirs eux-mêmes décrits avec tant de soin par MM. Morand et de La Peyronie, que je ne pourrois que répéter ce qu'ils en disent. Et à l'égard de ce qu'il nous reste à exposer au sujet de ces deux animaux, comme ce sont ou des choses qui leur sont communes, ou des faits qu'il seroit bien difficile d'appliquer à l'un plutôt qu'à l'autre, nous avons cru devoir réunir le tout dans un seul et même article.

Les civettes (c'est-à-dire la civette et le zibet, car je me servirai maintenant de ce mot au pluriel pour les indiquer toutes deux); les civettes, dis-je, quoique originaires et natives des climats les plus chauds de l'Afrique et de l'Asie, peuvent cependant vivre dans les pays tempérés, et même froids, pourvu qu'on les défende avec soin des injures de l'air, et qu'on leur donne des aliments succulents et choisis; on en nourrit en assez grand nombre en Hollande, où l'on fait commerce de leur parfum. La *civette* faite à Amsterdam est préférée par nos commerçants à celle qui vient du Levant ou des Indes, qui est ordinairement moins pure : celle qu'on tire de Guinée seroit la meilleure de toutes, si les Nègres, ainsi que les Indiens et les Levantins, ne la falsifioient en y mêlant des sucs végétaux, comme du ladanum, du storax et d'autres drogues balsamiques et odoriférantes. Pour recueillir ce parfum, ils mettent l'animal dans une cage étroite où il ne peut se tourner; ils ouvrent la cage par le bout, tirent l'animal par la queue, le contraignent à demeurer dans cette situation en mettant un bâton à travers les barreaux de la cage, au moyen duquel ils lui gênent les jambes de derrière; ensuite ils font entrer une petite cuiller dans le sac qui contient le parfum; ils raclent avec soin toutes les parois intérieures de ce sac, et mettent la matière qu'ils en tirent dans un vase qu'ils couvrent avec soin. Cette opération se répète deux ou trois fois par semaine. La quantité de l'humeur odorante dépend beaucoup de la qualité de la nourriture et de l'appétit de l'animal; il en rend d'autant plus qu'il est mieux et plus délicatement nourri : de la chair crue et hachée, des œufs, du riz, de petits animaux, des oiseaux, de la jeune volaille, et surtout du poisson, sont les mets qu'il faut lui offrir, et varier de manière à entretenir sa santé et exciter son goût : il lui faut très peu d'eau; et quoiqu'il boive rarement, il urine fréquemment, et l'on ne distingue pas le mâle de la femelle à leur manière de pisser.

Le parfum de ces animaux est si fort, qu'il se communique à toutes les parties de leur corps; le poil en est imbu, et la peau pénétrée au point que l'odeur s'en conserve long-temps après leur mort, et que de leur vivant l'on ne peut en soutenir la violence, surtout si l'on est renfermé dans le même lieu. Lorsqu'on les échauffe en les irritant, l'odeur s'exalte encore davantage ; et si on les tourmente jusqu'à les faire suer, on recueille la sueur, qui est aussi très parfumée, et qui sert à falsifier le vrai parfum, ou du moins à en augmenter le volume.

Les civettes sont naturellement farouches, et même un peu féroces ; cependant on les apprivoise aisément, au moins assez pour les approcher et les manier sans grand danger. Elles ont les dents fortes et tranchantes ; mais leurs ongles sont foibles et émoussés. Elles sont agiles et même légères, quoique leur corps soit assez épais ; elles sautent comme les chats, et peuvent aussi courir comme les chiens. Elles vivent de chasse, surprennent et poursuivent les petits animaux, les oiseaux ; elles cherchent, comme les renards, à entrer dans les basses-cours pour emporter les volailles. Leurs yeux brillent la nuit, et il est à croire qu'elles voient dans l'obscurité. Lorsque les animaux leur manquent, elles mangent des racines et des fruits : elles boivent peu, et n'habitent pas dans les terres humides ; elles se tiennent volontiers dans les sables brûlants et dans les montagnes arides. Elles produisent en assez grand nombre dans leur climat ; mais quoiqu'elles puissent vivre dans les régions tempérées, et qu'elles y rendent, comme dans leur pays natal, leur liqueur parfumée, elles ne peuvent y multiplier. Elles ont la voix plus forte et la langue moins rude que le chat ; leur cri ressemble assez à celui d'un chien en colère.

On appelle en françois *civette* l'humeur onctueuse et parfumée que l'on tire de ces animaux ; on l'appelle *zibet* ou *algalia* en Arabie, aux Indes et dans le Levant, où l'on en fait un plus grand usage qu'en Europe. On ne s'en sert presque plus dans notre médecine ; les parfumeurs et les confiseurs en emploient encore dans le mélange de leurs parfums. L'odeur de la civette, quoique violente, est plus suave que celle du musc : toutes deux ont passé de mode lorsqu'on a connu l'ambre, ou plutôt dès qu'on a su le préparer ; et l'ambre même, qui étoit, il n'y a pas long-temps, l'odeur par excellence, le parfum le plus exquis et le plus noble, a perdu de sa vogue, et n'est plus du goût de nos gens délicats.

* M. de Ladebat a envoyé, en 1772, à M. Bertin, ministre et secrétaire d'état, une civette vivante. Cet animal avoit été donné par le gouverneur hollandois du fort de la Mine, sur la côte d'Afrique, au capitaine d'un des navires de M. de Ladebat père, en 1770. Elle fut débarquée à Bordeaux au mois de novembre 1772 : elle arriva très foible; mais, après quelques jours de repos, elle prit des forces, et au bout de cinq à six mois elle a grandi d'environ quatre pouces. On l'a nourrie avec de la chair crue et cuite, du poisson, de la soupe, du lait. On a eu soin de la tenir chaudement pendant l'hiver; car elle paroît beaucoup souffrir du froid, et elle devient moins méchante lorsqu'elle y est exposée.

LA GENETTE [1].

Viverra Genetta. L.

La genette est un plus petit animal que les civettes; elle a le corps allongé, les jambes courtes, le museau pointu, la tête effilée, le poil doux et molet, d'un gris cendré, brillant et marqué de taches noires, rondes et séparées sur les côtés d corps, mais qui se réunissent de si près sur la partie du dos, qu'elles paroissent former des bandes noires continues qui s'étendent tout le long du corps : elle a aussi sur le cou et le long de l'épine du dos une espèce de crinière ou de poil plus long, qui forme une bande noire et continue depuis la tête jusqu'à la queue, laquelle est aussi longue que le corps, et marquée de sept ou huit anneaux alternativement noirs et blancs sur toute sa longueur; les taches noires du cou sont en forme de bandes, et l'on voit au-dessous de chaque œil une marque blanche très apparente. La genette a sous la queue, et dans le même en-

[1] La genette, en espagnol, *genetta*.

droit que les civettes, une ouverture ou sac dans lequel se filtre une espèce de parfum, mais foible, et dont l'odeur ne se conserve pas. Elle est un peu plus grande que la fouine, qui lui ressemble beaucoup par la forme du corps, aussi bien que par le naturel et par les habitudes, seulement il paroît qu'on apprivoise la genette plus aisément : Belon dit en avoir vu dans les maisons à Constantinople, qui étoient aussi privées que des chats, et qu'on laissoit courir et aller partout, sans qu'elles fissent ni mal ni dégât. On les a appelées *chats de Constantinople, chats d'Espagne, chats genettes ;* elles n'ont cependant rien de commun avec les chats que l'art d'épier et de prendre les souris : c'est peut-être parce qu'on ne les trouve guère que dans le Levant et en Espagne qu'on leur a donné le surnom de leur pays; car le nom même de *genette* ne vient point des langues anciennes, et n'est probablement qu'un nom nouveau pris de quelque lieu planté de genèt, qui, comme l'on sait, est fort commun en Espagne, où l'on appelle aussi *genets* des chevaux d'une certaine race. Les naturalistes prétendent que la genette n'habite que dans les endroits humides et le long des ruisseaux, et qu'on ne la trouve ni sur les montagnes ni dans les terres arides. L'espèce n'en est pas nombreuse, du moins elle n'est pas fort répandue ; il n'y en a point en France ni dans aucune autre province d'Europe, à l'exception de l'Espagne et de la Turquie. Il lui faut donc un climat chaud pour subsister et se multiplier : néanmoins il ne paroît pas qu'elle se trouve dans les pays les plus chauds de l'Afrique et des Indes : car la fossane qu'on appelle *genette de Madagascar,* est une espèce différente, de laquelle nous parlerons dans l'article suivant.

La peau de cet animal fait une fourrure légère et très jolie : les manchons de genette étoient à la mode il y a quelques années, et se vendoient fort cher; mais comme l'on s'est avisé de les contrefaire en peignant de taches noires des peaux de lapins gris, le prix en a baissé des trois quarts, et la mode en est passée.

* J'ai dit, à l'article de la genette, que l'espèce n'en est pas fort répandue ; qu'il n'y en a point en France ni dans aucune province de l'Europe, à l'exception de l'Espagne et de fa Turquie. Je n'étois pas alors informé qu'il se trouve des genettes dans nos provinces méridionales, et qu'elles sont assez communes en Poitou, où elles sont connues sous le nom de *genettes,* même par les paysans, qui assurent qu'elles n'habitent que les endroits humides et le bord des ruisseaux.

M. l'abbé Roubaud, auteur de la *Gazette d'agriculture* et de plusieurs autres ouvrages utiles, est le premier qui ait annoncé au public que cet animal existoit en France dans son état de liberté ; il m'en a même envoyé une, cette année 1775, au mois d'avril, qui avoit été tuée à Civray en Poitou, et c'est bien le même animal que la genette d'Espagne, à quelques variétés près dans les couleurs du poil. Il se trouve aussi des genettes dans les provinces voisines.

«Depuis trente ans que j'habite la province de Rouergue, m'écrit M. Delpèche, j'ai toujours vu les paysans apporter des genettes mortes, surtout en hiver, chez un marchand qui m'a dit qu'il y en avoit peu, mais qu'elles habitoient aux environs de la ville de Villefranche, et qu'elles demeuroient pendant l'hiver dans des terriers, à peu près comme les lapins. Je pourrois en envoyer de mortes s'il étoit nécessaire. »

Nous donnons ici la description d'une genette qui nous a paru différer assez de la genette d'Espagne pour mériter d'être décrite. On la montroit à la foire Saint-Germain en 1772 ; elle étoit farouche et cherchoit à mordre. Son maître la tenoit dans une cage ronde et étroite, en sorte qu'il étoit assez difficile de la dessiner. On ne la nourrissoit que de viande. Elle avoit la physionomie et tous les principaux caractères de la genette, la tête longue et fine, le museau allongé et avancé sur la mâchoire inférieure, l'œil grand, la pupille étroite, les oreilles rondes, le poil de la tête et du corps moucheté, la queue longue et velue. Elle étoit un peu plus grosse que celle d'Espagne, quoiqu'elle fût encore jeune ; car elle avoit grandi assez considérablement en trois ou quatre mois. Nous n'avons pu savoir de quel pays elle venoit ; son maître l'avoit achetée à

Londres sept ou huit mois auparavant. C'est un animal vif et
sans cesse en mouvement, et qui ne se repose qu'en dormant.

Cette genette avoit vingt pouces de longueur sur sept pouces
et demi de hauteur; elle avoit le dessus du cou plus fourni de
poil que l'autre genette; celui de tout le corps est aussi plus
long; les anneaux circulaires de la queue sont moins distincts,
et même il n'y a point d'anneaux du tout au-delà du tiers de
la queue; les moustaches sont beaucoup plus grandes, noires,
longues de deux pouces sept lignes, couchées sur les joues,
et non droites et saillantes comme dans les chats ou les tigres;
le nez noir, et les narines très arquées; au-dessus du nez s'é-
tend une raie noire qui se prolonge entre les yeux, laquelle
est accompagnée de deux bandes blanchâtres; il y a une tache
blanche au-dessus de l'œil, et une bande blanche au-dessous;
les oreilles sont noires, mais plus allongées et moins larges à
la base que les oreilles de la première genette; le poil du
corps est d'un blanc-gris, mêlé de grands poils noirs dont le
reflet paroît former des ondes noires; le dessus du dos est rayé et
moucheté de noir; le reste du corps moucheté de même, mais
d'un noir plus foible; le dessous du ventre blanc; les jambes et
les cuisses noires; les pattes courtes; cinq doigts à chaque
pied; les ongles blancs et crochus; la queue longue de seize
pouces, grosse de deux pouces à l'origine : dans le premier
tiers de sa longueur, elle est de la couleur du corps, rayée de
petits anneaux noirs assez mal terminés; les deux autres tiers
de la queue sont tout noirs jusqu'à l'extrémité.

	pieds.	pouc.	lign.
Longueur du bout du museau à l'angle extérieur de l'œil.	»	1	8
Ouverture de l'angle à l'autre.	»	»	9
Distance entre les angles extérieurs des yeux	»	»	11
Distance entre l'angle postérieur de l'œil à l'oreille	»	»	11
Longueur de l'oreille.	»	1	5
Largeur à la base.	»	1	»

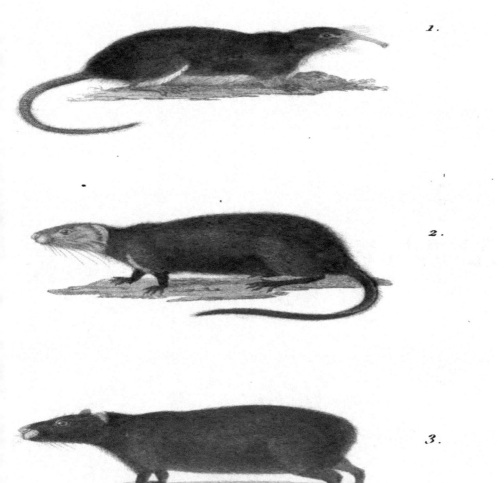

1.

2.

3.

1. Le Desman ———— 2. L'Ondatra ———— 3. Le Cabiai

LA GENETTE
DU CAP DE BONNE-ESPÉRANCE [1].

M. Sonnerat, correspondant du Cabinet, nous a envoyé le dessin d'un animal sous la dénomination de *chat musqué du cap de Bonne-Espérance*, mais qui nous paroît être du genre des genettes. Par la comparaison que nous en avons faite avec la genette de France, déjà donnée dans ce volume, et avec la genette d'Espagne, elle nous paroît avoir plus de rapport avec celle-ci; cependant cette genette du Cap en diffère par la couleur du poil, qu'elle a beaucoup plus blanc : elle n'a pas comme l'autre une tache blanche au-dessous des yeux, parce que sa tête est entièrement blanche, tandis que la genette d'Espagne a les joues noires, ainsi que le dessus du museau. Les taches noires du corps, dans cette genette du Cap, sont aussi différemment distribuées; et comme les terres du cap de Bonne-Espérance sont fort éloignées de l'Espagne et de la France, où se trouvent ces deux premiers animaux, il nous paroît que ce troisième animal, que l'on a rencontré à l'extrémité de l'Afrique, doit être regardé comme une espèce différente, plutôt que comme une variété de nos genettes d'Europe.

LONDATRA ET LE DESMAN.

Fiber zibelicus. DESM. — *Mygale moscovitica.* GEOFFR.

L'ondatra et le desman sont deux animaux qu'il ne faut pas confondre, quoiqu'on les ait appelés tous deux *rats musqués*, et qu'ils aient quelques caractères communs; il faut aussi les

[1] C'est la même que la genette d'Europe.

7.

distinguer du pilori, ou rat musqué des Antilles : ces trois animaux sont d'espèces et de climats différents; l'ondatra se trouve en Canada, le desman en Laponie, en Moscovie, et le pilori à la Martinique et dans les autres îles Antilles.

L'ondatra, ou rat musqué de Canada, diffère du desman en ce qu'il a les doigts des pieds tous séparés les uns des autres, les yeux très apparents et le museau fort court; au lieu que le desman, ou rat musqué de Moscovie, a les pieds de derrière réunis par une membrane, les yeux extrêmement petits, le museau prolongé comme la musaraigne. Tous deux ont la queue plate, et ils diffèrent du pilori, ou rat musqué des Antilles, par cette conformation et par plusieurs autres caractères. Le pilori a la queue assez courte, cylindrique comme celle des autres rats, au lieu que l'ondatra et le desman l'ont tous deux fort longue. L'ondatra ressemble par la tête au rat d'eau, et le desman à la musaraigne.

On trouve dans les *Mémoires de l'Académie*, année 1725, une description très ample et très bien faite de l'ondatra sous le nom de *rat musqué*. M. Sarrasin, médecin du roi à Québec et correspondant de l'Académie, s'est occupé à disséquer un grand nombre de ces animaux, dans lesquels il a observé des choses singulières. Nous ne pouvons pas douter, en comparant sa description avec la nôtre, que ce rat musqué de Canada dont il a donné la description, ne soit notre ondatra, c'est-à-dire l'animal dont nous donnons ici la figure.

L'ondatra est de la grosseur d'un petit lapin et de la forme d'un rat. Il a la tête courte et semblable à celle du rat d'eau, le poil luisant et doux avec un duvet fort épais au-dessous du premier poil, à peu près comme le castor. Il a la queue longue et couverte de petites écailles comme celle des autres rats, mais elle est d'une forme différente : la queue des rats communs est à peu près cylindrique, et diminue de grosseur depuis l'origine jusqu'à l'extrémité; celle du rat musqué est fort aplatie vers la partie du milieu jusqu'à l'extrémité; et un peu plus arrondie au commencement, c'est-à-dire à l'origine : les faces aplaties ne sont pas horizontales, mais verticales; en sorte qu'il semble que la queue ait été serrée et comprimée des deux côtés dans toute sa longueur. Les doigts des pieds ne sont pas réunis par des membranes; mais ils sont garnis de longs poils assez serrés, qui suppléent en partie l'effet de la membrane, et donnent à l'animal plus de facilité pour nager. Il a les oreilles très courtes, et non pas nues comme le rat domestique, mais bien couvertes de poils en dehors et en dedans; les yeux grands et de trois lignes d'ouverture; deux dents incisives d'environ un pouce de long dans la mâchoire inférieure, et deux autres plus courtes dans la mâchoire supérieure : ces quatre dents sont très fortes et lui servent à ronger et à couper le bois.

Les choses singulières que M. Sarrasin a observées dans cet animal, sont : 1° la force et la grande expansion du muscle *peaucier*, qui fait que l'animal, en contractant sa peau, peut resserrer son corps et le réduire à un plus petit volume; 2° la souplesse des fausses côtes, qui permet cette contraction du corps, laquelle est si considérable, que le rat musqué passe dans des trous où des animaux beaucoup plus petits ne peuvent entrer; 3° la manière dont s'écoulent les urines dans les femelles; car l'urètre n'aboutit point, comme dans les autres quadrupèdes, au-dessous du clitoris, mais à une éminence velue située sur l'os pubis; et cette éminence a un orifice particulier qui sert à l'éjection des urines; organisation singulière, qui ne se trouve que dans quelques espèces d'animaux, comme les rats et les singes, dont les femelles ont trois ouvertures. On a observé que le castor est le seul des quadrupèdes dans lequel les urines et les excréments aboutissent également à un réceptacle commun qu'on pourroit comparer au cloaque des oiseaux. Les femelles des rats et des singes sont peut-être les seules qui aient le conduit des urines et l'orifice par où elles s'écoulent, absolument séparés des parties de la génération : cette singularité n'est que dans les femelles; car dans les mâles de ces mêmes espèces l'urètre aboutit à l'extrémité de la verge, comme dans toutes les autres espèces de quadrupèdes. M. Sarrasin observe, 4° que les testicules, qui, comme dans les autres rats, sont situés des deux côtés de l'anus, deviennent très gros dans le temps du rut pour un animal aussi petit; *gros,* dit-il, *comme des noix muscades :* mais qu'après ce temps ils diminuent prodigieusement et se réduisent au point de n'avoir pas plus d'une ligne de diamètre; que non-seulement ils changent de volume, de consistance et de couleur, mais même de situation d'une manière marquée. Il en est de même des vésicules séminales, des vaisseaux déférents, etc.; toutes ces parties de la génération s'oblitèrent presque entièrement après la saison des amours. Les testicules, qui dans ce temps étoient au dehors et fort proéminents, rentrent dans l'intérieur du corps; ils sont attachés à la membrane adipeuse, ou plutôt ils y sont enclavés, ainsi que les autres parties dont nous venons de parler. Cette membrane s'étend et s'augmente par la surabondance de la nourriture jusqu'au temps du rut; les parties de la génération, qui semblent être des appendices de cette membrane, se développent, s'étendent, se gonflent, et acquièrent alors toutes leurs dimensions : mais lorsque cette surabondance de nourriture est épuisée par des coïts réitérés, la membrane adipeuse, qui maigrit, se resserre, se contracte et se retire peu à peu du côté des reins; en se retirant elle entraîne avec elle les vaisseaux déférents, les vésicules séminales, les épididymes et les testicules, qui deviennent légers, vides et ridés au point de n'être plus reconnoissables. Il en est de même des vésicules séminales, qui, dans le temps de leur gonflement, ont un pouce et demi de longueur, et ensuite sont réduites, ainsi que les testicules, à une ou deux lignes de diamètre. 5° Les follicules qui contiennent le musc ou le parfum de cet animal sous la forme d'une humeur laiteuse, et qui sont voisins des parties de la génération, éprouvent aussi les mêmes changements : ils sont très gros, très gonflés; leur parfum très fort, très exalté, et même très sensible à une assez grande distance dans le temps des amours : ensuite ils se rident, ils se flétrissent, et enfin s'oblitèrent en entier. Ce changement dans les follicules qui contiennent le parfum se fait plus promptement et plus complétement que celui des parties de la génération : ces follicules, qui sont communs aux deux sexes, contiennent un lait fort abondant au temps du rut ; ils ont des vaisseaux excréteurs qui aboutissent dans le mâle à l'extrémité de la verge et vers le clitoris dans la femelle, et cette sécrétion se fait et s'évacue à peu près au même endroit que l'urine dans les autres quadrupèdes.

Toutes ces singularités, qui nous ont été indiquées par M. Sarrasin, étoient dignes de l'attention d'un habile anatomiste, et l'on ne peut assez le louer des soins réitérés qu'il s'est donnés pour constater ces espèces d'accidents de la nature et pour voir ces changements dans toutes leurs périodes. Nous avons déja parlé de changements et d'altérations à peu près semblables à celles-ci dans les parties de la génération du rat d'eau, du campagnol et de la taupe. Voilà donc des animaux quadrupèdes qui, par tout le reste de la conformation, ressemblent aux autres quadrupèdes, desquels cependant les parties de la génération se renouvellent et s'oblitèrent chaque année à peu près comme les laitances des poissons et comme les vaisseaux séminaux du calmar, dont nous avons décrit les changements, l'anéantissement et la reproduction ; ce sont là de ces nuances par lesquelles la nature rapproche secrètement les êtres qui nous paroissent les plus éloignés ; de ces exemples rares, de ces *instances* solitaires qu'il ne faut jamais perdre de vue, parce qu'elles tiennent au système général de l'organisation des êtres, et qu'elles en réunissent les points les plus éloignés. Mais ce n'est point ici le lieu de nous étendre sur les conséquences générales qu'on peut tirer de ces faits singuliers, non plus que sur les rapports immédiats qu'ils ont avec notre théorie de la génération : un esprit attentif les sentira d'avance ; et nous aurons bientôt occasion de les présenter avec plus d'avantage en les réunissant à la masse totale des autres faits qui y sont relatifs.

Comme l'ondatra est du même pays que le castor, que comme lui il habite sur les eaux, qu'il est en petit à peu près de la même figure, de la même couleur et du même poil, on les a souvent comparés l'un à l'autre ; on assure même qu'au premier coup d'œil on prendroit un vieux ondatra pour un castor

qui n'auroit qu'un mois d'âge : ils diffèrent cependant assez
par la forme de la queue pour qu'on ne puisse s'y méprendre ;
elle est ovale et plate horizontalement dans le castor, elle est
très allongée et plate verticalement dans l'ondatra. Au reste,
ces animaux se ressemblent assez par le naturel et l'instinct.
Les ondatras, comme les castors, vivent en société pendant
l'hiver : ils font de petites cabanes d'environ deux pieds et
demi de diamètre, et quelquefois plus grandes, où ils se réunissent plusieurs familles ensemble ; ce n'est point comme les
marmottes, pour y dormir pendant cinq ou six mois, c'est
seulement pour se mettre à l'abri de la rigueur de l'air : ces
cabanes sont rondes et couvertes d'un dôme d'un pied d'épaisseur ; des herbes, des joncs entrelacés, mêlés avec de la terre
grasse qu'ils pétrissent avec les pieds, sont leurs matériaux.
Leur construction est impénétrable à l'eau du ciel, et ils pra-
tiquent des gradins en dedans pour n'être pas gagnés par
l'inondation de celle de la terre. Cette cabane, qui leur sert de
retraite, est couverte pendant l'hiver de plusieurs pieds de
glace et de neige sans qu'ils en soient incommodés. Ils ne font
pas de provisions pour vivre, comme les castors ; mais ils
creusent des puits et des espèces de boyaux au-dessous et alen-
tour de leur demeure pour chercher de l'eau et des racines.
Ils passent ainsi l'hiver fort tristement, quoiqu'en société, car
ce n'est pas la saison de leurs amours ; ils sont privés pendant
tout ce temps de la lumière du ciel ; aussi, lorsque l'haleine du
printemps commence à dissoudre les neiges et à découvrir les
sommets de leurs habitations, les chasseurs en ouvrent le dôme,
les offusquent brusquement de la lumière du jour, et assom-
ment ou prennent tous ceux qui n'ont pas eu le temps de ga-
gner les galeries souterraines qu'ils se sont pratiquées, et qui
leur servent de derniers retranchements où on les suit encore ;
car leur peau est précieuse, et leur chair n'est pas mauvaise à
manger. Ceux qui échappent à la main du chasseur quittent
leur habitation à peu près dans ce temps : ils sont errants pendant l'été, mais toujours deux à deux ; car c'est le temps des
amours. Ils vivent d'herbes, et se nourrissent largement des

productions nouvelles que leur offre la surface de la terre : la membrane adipeuse s'étend, s'augmente, se remplit par la surabondance de cette bonne nourriture; les follicules se renouvellent, se remplissent aussi; les parties de la génération se dérident, se gonflent; et c'est alors que ces animaux prennent une odeur de musc si forte, qu'elle n'est pas supportable : cette odeur se fait sentir de loin; et quoique suave pour les Européens, elle déplaît si fort aux sauvages, qu'ils ont appelé *puante* une rivière sur les bords de laquelle habitent en grand nombre ces rats musqués, qu'ils appellent aussi *rats puants*.

Ils produisent une fois par an, et cinq ou six petits à la fois : la durée de la gestation n'est pas longue, puisqu'ils n'entrent en amour qu'au commencement de l'été, et que les petits sont déja grands au mois d'octobre lorsqu'il faut suivre leurs père et mère dans la cabane qu'ils construisent de nouveau tous les ans; car on a remarqué qu'ils ne reviennent point à leurs anciennes habitations. Leur voix est une espèce de gémissement, que les chasseurs imitent pour les piper et pour les faire approcher : leurs dents de devant sont si fortes et si propres à ronger, que, quand on enferme un de ces animaux dans une caisse de bois dur, il y fait en très peu de temps un trou assez grand pour en sortir; et c'est encore une de ces facultés naturelles qu'il a communes avec le castor, que nous n'avons pu garder enfermé qu'en doublant de fer-blanc la porte de sa loge. L'ondatra ne nage ni aussi vite ni aussi long-temps que le castor : il va plus souvent à terre; il ne court pas bien, et marche encore plus mal en se berçant à peu près comme une oie. Sa peau conserve une odeur de musc, qui fait qu'on ne s'en sert pas volontiers pour fourrure; mais on emploie le second poil ou duvet dans la fabrique des chapeaux.

Ces animaux sont peu farouches, et, en les prenant petits, on peut les apprivoiser aisément : ils sont même très jolis lorsqu'ils sont jeunes. Leur queue longue et presque nue, qui rend leur figure désagréable, e t fort courte dans le premier âge : ils jouent innocemment et aussi lestement que de petits chats; ils ne mordent point [1], et on les nourriroit aisément si leur odeur n'étoit point incommode. L'ondatra et le desman sont, au reste, les seuls animaux des pays septentrionaux qui donnent du parfum, car l'odeur du *castoreum* est très désagréable; et ce n'est que dans les climats chauds qu'on trouve les animaux qui fournissent le vrai musc, la civette et les autres parfums.

Le desman, ou rat musqué de Moscovie, nous offriroit peut-être des singularités remarquables et analogues à celles de l'ondatra : mais il ne paroît pas qu'aucun naturaliste ait été à portée de l'examiner vivant ni de le disséquer; nous ne pouvons parler nous-mêmes que de sa forme extérieure, celui qui est au Cabinet du Roi ayant été envoyé de Laponie dans un état de desséchement qui n'a pas permis d'en faire la dissection : je n'ajouterai donc à ce que j'en ai dit que le seul regret de n'en pas savoir davantage.

[1] Les rats musqués de Canada, que les Hurons appellent *ondathra*, paissent l'herbe sur terre et le blanc des joncs autour des lacs et des rivières; il y a plaisir à les voir manger et faire leurs petits tours quand ils sont jeunes. J'en avois un très joli; je le nourrissois du blanc des joncs et d'une certaine herbe semblable au chiendent : je faisois de ce petit animal tout ce que je voulois, sans qu'il me mordît aucunement; aussi n'y sont-ils pas sujets. (*Voyage de Sagard Théodot;* Paris, 1632; pages 322 et 323.) La plante dont M. Sarrasin dit que le rat musqué se nourrit le plus volontiers est le *calamus aromaticus.*

DE LA NATURE.

AVERTISSEMENT.

Comme les détails de l'histoire naturelle ne sont intéressants que pour ceux qui s'appliquent uniquement à cette science, et que dans une exposition aussi longue que celle de l'histoire particulière de tous les animaux, il règne nécessairement trop d'uniformité, nous avons cru que la plupart de nos lecteurs nous sauroient gré de couper de temps en temps le fil d'une méthode qui nous contraint, par des discours dans lesquels nous donnerons nos réflexions sur la nature en général, et traiterons de ses effets en grand. Nous retournerons ensuite à nos détails avec plus de courage ; car j'avoue qu'il en faut pour s'occuper continuellement de petits objets dont l'examen exige la plus froide patience, et ne permet rien au génie.

PREMIÈRE VUE.

La nature est le système des lois établies par le Créateur pour l'existence des choses et pour la succession des êtres. La nature n'est point une chose, car cette chose seroit tout ; la nature n'est point un être, car cet être seroit Dieu : mais on peut la considérer comme une puissance vive, immense, qui embrasse tout, qui anime tout, et qui, subordonnée à celle du premier être, n'a commencé d'agir que par son ordre, et n'agit encore que par son concours ou son consentement. Cette puissance est de la puissance divine la partie qui se manifeste ; c'est en même temps la cause et l'effet, le mode et la substance, le dessin et l'ouvrage : bien différente de l'art humain, dont les productions ne sont que des ouvrages morts, la nature est elle-même un ouvrage perpétuellement vivant, un ouvrier sans cesse actif, qui sait tout employer, qui travaillant d'après soi-même toujours sur le même fonds, bien loin de l'épuiser le rend inépuisable : le temps, l'espace et la matière, sont ses moyens, l'univers son objet, le mouvement et la vie son but.

Les effets de cette puissance sont les phénomènes du monde : les ressorts qu'elle emploie sont des forces vives que l'espace et le temps ne peuvent que mesurer et limiter sans jamais les détruire ; des forces qui se balancent, qui se confondent, qui s'opposent sans pouvoir s'anéantir : les unes pénètrent et transportent les corps; les autres les échauffent et les animent. L'attraction et l'impulsion sont les principaux instruments de l'action de cette puissance sur les corps bruts ; la chaleur et les molécules organiques vivantes sont les principes actifs qu'elle met en œuvre pour la formation et le développement des êtres organisés.

Avec de tels moyens que ne peut la nature? Elle pourroit tout si elle pouvoit anéantir et créer; mais Dieu s'est réservé ces deux extrêmes de pouvoir : anéantir et créer sont les attributs de la toute-puissance; altérer, changer, détruire, développer, renouveler, produire, sont les seuls droits qu'il a voulu céder. Ministre de ses ordres irrévocables, dépositaire de ses immuables décrets, la nature ne s'écarte jamais des lois qui lui ont été prescrites; elle n'altère rien aux plans qui lui ont été tracés ; et dans tous ses ouvrages elle présente le sceau de l'Éternel : cette empreinte divine, prototype inaltérable des existences, est le modèle sur lequel elle opère; modèle dont tous les traits sont exprimés en caractères ineffaçables, et prononcés pour jamais; modèle toujours neuf, que le nombre des moules ou des copies, quelque infini qu'il soit, ne fait que renouveler.

Tout a donc été créé, et rien encore ne s'est anéanti ; la nature balance entre ces deux limites, sans jamais approcher ni de l'une ni de l'autre : tâchons de la saisir dans quelques points de cet espace immense qu'elle remplit et parcourt depuis l'origine des siècles.

Quels objets ! un volume immense de matière qui n'eût

formé qu'une inutile, une épouvantable masse, s'il n'eût été
divisé en parties séparées par des espaces mille fois plus immenses : mais des milliers de globes lumineux, placés à des
distances inconcevables, sont les bases qui servent de fondement à l'édifice du monde; des millions de globes opaques,
circulant autour des premiers, en composent l'ordre et l'architecture mouvante. Deux forces primitives agitent ces grandes
masses, les roulent, les transportent et les animent; chacune
agit à tout instant, et toutes deux, combinant leurs efforts,
tracent les zones des sphères célestes, établissent dans le milieu
du vide des lieux fixes et des routes déterminées; et c'est du
sein même du mouvement que naît l'équilibre des mondes et le
repos de l'univers.

La première de ces forces est également répartie; la seconde
a été distribuée en mesures inégales. Chaque atome de matière
a une même quantité de force d'attraction, chaque globe a
une quantité différente de force d'impulsion : aussi est-il des
astres fixes et des astres errants; des globes qui ne semblent
être faits que pour attirer, et d'autres pour pousser ou pour
être poussés; des sphères qui ont reçu une impulsion commune dans le même sens, et d'autres une impulsion particulière;
des astres solitaires, et d'autres accompagnés des satellites;
des corps de lumière et des masses de ténèbres; des planètes
dont les différentes parties ne jouissent que successivement
d'une lumière empruntée; des comètes qui se perdent dans
l'obscurité des profondeurs de l'espace, et reviennent après des
siècles se parer de nouveaux feux; des soleils qui paroissent,
disparoissent et semblent alternativement se rallumer et s'é-
teindre; d'autres qui se montrent une fois et s'évanouissent
ensuite pour jamais. Le ciel est le pays des grands événements:
mais à peine l'œil humain peut-il les saisir; un soleil qui périt
et qui cause la catastrophe d'un monde ou d'un système de
monde ne fait d'autre effet à nos yeux que celui d'un feu follet
qui brille et qui s'éteint : l'homme borné à l'atome terrestre
sur lequel il végète voit cet atome comme un monde, et ne
voit les mondes que comme des atomes.

Car cette terre qu'il habite, à peine reconnoissable parmi les autres globes, et tout-à-fait invisible pour les sphères éloignées, est un million de fois plus petite que le soleil qui l'éclaire, et mille fois plus petite que d'autres planètes qui comme elle sont subordonnées à la puissance de cet astre, et forcées à circuler autour de lui. Saturne, Jupiter, Mars, la terre, Vénus, Mercure et le soleil, occupent la petite partie des cieux que nous appelons *notre univers*. Toutes ces planètes avec leurs satellites, entraînées par un mouvement rapide dans le même sens et presque dans le même plan, composent une roue d'un vaste diamètre dont l'essieu porte toute la charge, et qui, tournant lui-même avec rapidité, a dû s'échauffer, s'embraser et répandre la chaleur et la lumière jusqu'aux extrémités de la circonférence : tant que ces mouvements dureront (et ils seront éternels, à moins que la main du premier moteur ne s'oppose et n'emploie autant de force pour les détruire qu'il en a fallu pour les créer), le soleil brillera et remplira de sa splendeur toutes les sphères du monde ; et comme dans un système où tout s'attire, rien ne peut ni se perdre ni s'éloigner sans retour, la quantité de matière restant toujours la même, cette source féconde de lumière et de vie ne s'épuisera, ne tarira jamais ; car les autres soleils qui lancent aussi continuellement leurs feux, rendent à notre soleil tout autant de lumière qu'ils en reçoivent de lui.

Les comètes, en beaucoup plus grand nombre que les planètes, et dépendantes comme elles de la puissance du soleil, pressent aussi sur ce foyer commun, en augmentent la charge, et contribuent de tout leur poids à son embrasement; elles font partie de notre univers, puisqu'elles sont sujettes, comme les planètes, à l'attraction du soleil : mais elles n'ont rien de commun entre elles, ni avec les planètes dans leur mouvement d'impulsion; elles circulent chacune dans un plan différent, et décrivent des orbes plus ou moins allongés dans des périodes différentes de temps, dont les unes sont de plusieurs années, et les autres de quelques siècles. Le soleil tournant sur lui-même, mais au reste immobile au milieu du tout, sert en même temps de flambeau, de foyer, de pivot, à toutes ces parties de la machine du monde.

C'est par sa grandeur même qu'il demeure immobile, et qu'il régit les autres globes : comme la force a été donnée proportionnellement à la masse, qu'il est incomparablement plus grand qu'aucune des comètes, et qu'il contient mille fois plus de matière que la plus grosse planète, elles ne peuvent ni le déranger, ni se soustraire à sa puissance, qui, s'étendant à des distances immenses, les contient toutes, et lui ramène, au bout d'un temps, celles qui s'éloignent le plus; quelques-unes même à leur retour s'en approchent de si près, qu'après avoir été refroidies pendant des siècles, elles éprouvent une chaleur inconcevable; elles sont sujettes à des vicissitudes étranges par ces alternatives de chaleur et de froid extrêmes, aussi bien que par les inégalités de leur mouvement, qui tantôt est prodigieusement accéléré, et ensuite infiniment retardé : ce sont, pour ainsi dire, des mondes en désordre, en comparaison des planètes, dont les orbites étant plus régulières, les mouvements plus égaux, la température toujours la même, semblent être des lieux de repos, où tout étant constant, la nature peut établir un plan, agir uniformément, et se développer successivement dans toute son étendue. Parmi ces globes choisis entre les astres errants, celui que nous habitons paroît encore être privilégié : moins froid, moins éloigné que Saturne, Jupiter, Mars, il est aussi moins brûlant que Vénus et Mercure, qui paroissent trop voisins de l'astre de lumière.

Aussi avec quelle magnificence la nature ne brille-t-elle pas sur la terre! Une lumière pure, s'étendant de l'orient au couchant, dore successivement les hémisphères de ce globe; un élément transparent et léger l'environne; une chaleur douce et féconde anime, fait éclore tous les germes de vie : des eaux vives et salutaires servent à leur entretien, à leur acccroissement; des éminences distribuées dans le milieu des terres arrêtent les vapeurs de l'air, rendent ces sources intarissables et toujours nouvelles; des cavités immenses faites pour les recevoir partagent les continents. L'étendue de la mer est aussi grande que celle de la terre : ce n'est point un élément froid et stérile; c'est un nouvel empire aussi riche, aussi peuplé que le premier. Le doigt de Dieu a marqué leurs confins : si la mer anticipe sur les plages de l'occident, elle laisse à découvert celles de l'orient. Cette masse immense d'eau, inactive par elle-même, suit les impressions des mouvements célestes; elle balance par des oscillations régulières de flux et reflux; elle s'élève et s'abaisse avec l'astre de la nuit; elle s'élève encore plus lorsqu'il concourt avec l'astre du jour, et que tous deux, réunissant leurs forces dans le temps des équinoxes, causent les grandes marées : notre correspondance avec le ciel n'est nulle part mieux marquée. De ces mouvements constants et généraux, résultent des mouvements variables et particuliers, des transports de terre, des dépôts qui forment au fond des eaux des éminences semblables à celles que nous voyons sur la surface de la terre; des courants qui, suivant la direction de ces chaînes de montagnes, leur donnent une figure dont tous les angles se correspondent, et coulant au milieu des ondes, comme les eaux coulent sur la terre, sont en effet les fleuves de la mer.

L'air, encore plus léger, plus fluide que l'eau, obéit aussi à un plus grand nombre de puissances; l'action éloignée du soleil et de la lune, l'action immédiate de la mer, celle de la chaleur qui le raréfie, celle du froid qui le condense, y causent des agitations continuelles : les vents sont ses courants; ils poussent, ils assemblent les nuages; ils produisent les météores, et transportent au-dessus de la surface aride des continents terrestres les vapeurs humides des plages maritimes; ils déterminent les orages, répandent et distribuent les pluies fécondes et les rosées bienfaisantes; ils troublent les mouvements de la mer; ils agitent la surface mobile des eaux, arrêtent ou précipitent les courants, les font rebrousser, soulèvent les flots, excitent les tempêtes : la mer irritée s'élève vers le ciel, et vient en mugissant se briser contre des digues inébranlables, qu'avec tous ses efforts elle ne peut ni détruire ni surmonter.

La terre, élevée au-dessus du niveau de la mer, est à l'abri de ses irruptions; sa surface émaillée de fleurs, parée d'une verdure toujours renouvelée, peuplée de mille et mille espèces d'animaux différents, est un lieu de repos, un séjour de délices, où l'homme, placé pour seconder la nature, préside à tous les êtres; seul entre tous capable de connoître et digne d'admirer, Dieu l'a fait spectateur de l'univers et témoin de ses merveilles; l'étincelle divine dont il est animé le rend participant aux mystères divins : c'est par cette lumière qu'il pense et réfléchit; c'est par elle qu'il voit et lit dans le livre du monde, comme dans un exemplaire de la Divinité.

La nature est le trône extérieur de la magnificence divine : l'homme qui la contemple, qui l'étudie, s'élève par degrés au trône intérieur de la toute-puissance; fait pour adorer le Créateur, il commande à toutes les créatures; vassal du ciel, roi de la terre, il l'anoblit, la peuple et l'enrichit; il établit entre les êtres vivants l'ordre, la subordination, l'harmonie; il embellit la nature même, il la cultive, l'étend et la polit, en élague le chardon et la ronce, y multiplie le raisin et la rose. Voyez ces plages désertes, ces tristes contrées où l'homme n'a jamais résidé, couvertes ou plutôt hérissées de bois épais et noirs dans toutes les parties : des arbres sans écorce et sans cime, courbés, rompus, tombant de vétusté; d'autres, en plus grand nombre, gisant auprès des premiers, pour pourir sur des monceaux déja pouris, étouffent, ensevelissent les germes prêts à éclore. La nature, qui partout ailleurs brille par sa jeunesse, paroît ici dans la décrépitude; la terre, surchargée par le poids, surmontée par les débris de ses productions, n'offre, au lieu d'une verdure florissante, qu'un espace encombré, traversé de vieux arbres chargés de plantes parasites, de lichens, d'agarics, fruits impurs de la corruption : dans toutes les parties basses, des eaux mortes et croupissantes, faute d'être conduites et dirigées; des terrains fangeux, qui, n'étant ni solides ni liquides, sont inabordables, et demeurent également inutiles aux habitants de la terre et des eaux; des marécages qui, couverts de plantes aquatiques et fétides, ne nourrissent que des insectes vénéneux et servent de repaire aux animaux immondes. Entre ces marais infects qui occupent les lieux bas, et les forêts décrépites qui couvrent les terres élevées, s'étendent des espèces de landes, des savanes qui n'ont rien de commun avec nos prairies; les mauvaises herbes y surmontent, y étouffent les bonnes : ce n'est point ce gazon fin qui semble faire le duvet de la terre, ce n'est point cette pelouse émaillée qui annonce sa brillante fécondité; ce sont des végétaux agrestes, des herbes dures, épineuses, entrelacées les unes dans les autres, qui semblent moins tenir à la terre qu'elles ne tiennent entre elles, et qui, se desséchant et repoussant successivement les unes sur les autres, forment une bourre grossière, épaisse de plusieurs pieds. Nulle route, nulle communication, nul vestige d'intelligence dans ces lieux sauvages : l'homme, obligé de suivre les sentiers de la bête farouche, s'il veut les parcourir, est contraint de veiller sans cesse pour éviter d'en devenir la proie; effrayé de leurs rugissements, saisi du silence même de ces profondes solitudes, il rebrousse chemin et dit : La nature brute est hideuse et mourante; c'est moi, moi seul qui peux la rendre agréable et vivante : desséchons ces marais, animons ces eaux mortes en les faisant couler; formons-en des ruisseaux, des canaux, employons cet élément actif et dévorant qu'on nous avoit caché, et que nous ne devons qu'à nous-mêmes; mettons le feu à cette bourre superflue, à ces vieilles forêts déja à demi consommées; achevons de détruire avec le fer ce que le feu n'aura pu consumer : bientôt, au lieu du jonc, du nénuphar, dont le crapaud composoit son venin, nous verrons paroître la renoncule, le trèfle, les herbes douces et salutaires; des troupeaux d'animaux bondissants fouleront cette terre jadis impraticable; ils y trouveront une subsistance abondante, une pâture toujours renaissante; ils se multiplieront pour se multiplier encore : servons-nous de ces nouveaux aides pour achever notre ouvrage; que le bœuf, soumis au joug, emploie ses forces et le poids de sa masse à sillonner la terre; qu'elle rajeunisse par la culture : une nature nouvelle va sortir de nos mains.

Qu'elle est belle cette nature cultivée! que par les soins de l'homme elle est brillante et pompeusement parée! Il en fait lui-même le principal ornement; il en est la production la plus noble : en se multipliant, il en multiplie le germe le plus précieux; elle-même aussi semble se multiplier avec lui; il met au jour par son art tout ce qu'elle recéloit dans son sein : que de trésors ignorés! que de richesses nouvelles! Les fleurs, les fruits, les grains perfectionnés, multipliés à l'infini; les espèces utiles d'animaux transportées, propagées, augmentées sans nombre; les espèces nuisibles réduites, confinées, reléguées; l'or, et le fer, plus nécessaire que l'or, tirés des entrailles de la terre; les torrents contenus; les fleuves dirigés, resserrés; la mer soumise, reconnue, traversée d'un hémisphère à l'autre; la terre accessible partout, partout rendue aussi vivante que féconde; dans les vallées de riantes prairies, dans les plaines de riches pâturages ou des moissons encore plus riches; les collines chargées de vignes et de fruits, leurs sommets couronnés d'arbres utiles et de jeunes forêts; les déserts devenus des cités habitées par un peuple immense, qui, circulant sans cesse, se répand de ces centres jusqu'aux extrémités; des routes ouvertes et fréquentées, des communications établies partout comme autant de témoins de la force et de l'union de la société; mille autres monuments de puissance et de gloire démontrent assez que l'homme, maître du domaine de la terre, en a changé, renouvelé la surface entière, et que de tout temps il partage l'empire avec la nature.

Cependant il ne règne que par droit de conquête : il jouit plutôt qu'il ne possède; il ne conserve que par des soins toujours renouvelés : s'ils cessent, tout languit, tout s'altère, tout change, tout rentre sous la main de la nature; elle reprend ses droits, efface les ouvrages de l'homme, couvre de poussière et de mousse ses plus fastueux monuments, les détruit avec le temps, et ne lui laisse que le regret d'avoir perdu par sa faute ce que ses ancêtres avoient conquis par leurs travaux. Ce temps où l'homme perd son domaine, ces siècles de barbarie pendant lesquels tout périt, sont toujours préparés

8.

par la guerre, et arrivent avec la disette et la dépopulation. L'homme, qui ne peut que par le nombre, qui n'est fort que par sa réunion, qui n'est heureux que par la paix, a la fureur de s'armer pour son malheur, et de combattre pour sa ruine; excité par l'insatiable avidité, aveuglé par l'ambition encore plus insatiable, il renonce aux sentiments d'humanité, tourne toutes ses forces contre lui-même, cherche à s'entre-détruire, se détruit en effet; et, après ces jours de sang et de carnage, lorsque la fumée de la gloire s'est dissipée, il voit d'un œil triste la terre dévastée, les arts ensevelis, les nations dispersées, les peuples affoiblis, son propre bonheur ruiné, et sa puissance réelle anéantie.

«Grand Dieu! dont la seule présence soutient la nature et maintient l'harmonie des lois de l'univers; vous qui du trône immobile de l'empyrée voyez rouler sous vos pieds toutes les sphères célestes sans choc et sans confusion; qui, du sein du repos, reproduisez à chaque instant leurs mouvements immenses, et seul régissez dans une paix profonde ce nombre infini de cieux et de mondes; rendez, rendez enfin le calme à la terre agitée! Qu'elle soit dans le silence! Qu'à votre voix la discorde et la guerre cessent de faire retentir leurs clameurs orgueilleuses! Dieu de bonté, auteur de tous les êtres, vos regards paternels embrassent tous les objets de la création : mais l'homme est votre être de choix; vous avez éclairé son ame d'un rayon de votre lumière immortelle : comblez vos bienfaits en pénétrant son cœur d'un trait de votre amour; ce sentiment divin se répandant partout réunira les natures ennemies; l'homme ne craindra plus l'aspect de l'homme, le fer homicide n'armera plus sa main; le feu dévorant de la guerre ne fera plus tarir la source des générations; l'espèce humaine, maintenant affoiblie, mutilée, moissonnée dans sa fleur, germera de nouveau et se multipliera sans nombre; la nature, accablée sous le poids des fléaux, stérile, abandonnée, reprendra bientôt avec une nouvelle vie son ancienne fécondité; et nous, Dieu bienfaiteur, nous la seconderons, nous la cultiverons, nous l'observerons sans cesse pour vous offrir à chaque instant un nouveau tribut de reconnoissance et d'admiration. »

SECONDE VUE.

Un individu, de quelque espèce qu'il soit, n'est rien dans l'univers; cent individus, mille, ne sont encore rien : les espèces sont les seuls êtres de la nature; êtres perpétuels, aussi anciens, aussi permanents qu'elle, que, pour mieux juger, nous ne considérons plus comme une collection ou une suite d'individus semblables, mais comme un tout indépendant du nombre, indépendant du temps : un tout toujours vivant, toujours le même; un tout qui a été compté pour un dans les ouvrages de la création, et qui par conséquent ne fait qu'une unité dans la nature. De toutes ces unités, l'espèce humaine est la première; les autres, de l'éléphant jusqu'à la mite, du cèdre jusqu'à l'hysope, sont en seconde et en troisième ligne; et quoique différente par la forme, par la substance, et même par la vie, chacune tient sa place, subsiste par elle-même, se défend des autres, et toutes ensemble composent et représentent la nature vivante, qui se maintient et se maintiendra comme elle s'est maintenue : un jour, un siècle, un âge, toutes les proportions du temps ne font pas partie de sa durée; le temps lui-même n'est relatif qu'aux individus, aux êtres dont l'existence est fugitive : mais celle des espèces étant constante, leur permanence fait la durée, et leur différence le nombre. Comptons donc les espèces comme nous l'avons fait, donnons-leur à chacune un droit égal à la mense de la nature; elles lui sont toutes également chères, puisqu'à chacune elle a donné les moyens d'être et de durer tout aussi long-temps qu'elle.

Faisons plus, mettons aujourd'hui l'espèce à la place de l'individu : nous avons vu quel étoit pour l'homme le spectacle de la nature; imaginons quelle en seroit la vue pour un être qui représenteroit l'espèce humaine entière. Lorsque dans un beau jour de printemps nous voyons la verdure renaître, les fleurs s'épanouir, tous les germes éclore, les abeilles revivre,

l'hirondelle arriver, le rossignol chanter l'amour, le belier en
bondir, le taureau en mugir, tous les êtres vivants se chercher
et se joindre pour en produire d'autres, nous n'avons d'autre
idée que celle d'une reproduction et d'une nouvelle vie. Lorsque, dans la saison noire du froid et des frimas, l'on voit les
natures devenir indifférentes, se fuir au lieu de se chercher;
les habitants de l'air déserter nos climats; ceux de l'eau perdre
leur liberté sous des voûtes de glace; tous les insectes disparoître ou périr; la plupart des animaux s'engourdir, se creuser
des retraites; la terre se durcir, les plantes se sécher, les
arbres dépouillés se courber, s'affaisser sous le poids de la
neige et du givre; tout présente l'idée de la langueur et de
l'anéantissement. Mais ces idées de renouvellement et de destruction, ou plutôt ces images de la mort et de la vie, quelque
grandes, quelque générales qu'elles nous paroissent, ne sont
qu'individuelles et particulières; l'homme, comme individu,
juge ainsi la nature : l'être que nous avons mis à la place de
l'espèce la juge plus grandement, plus généralement; il ne
voit dans cette destruction, dans ce renouvellement, dans
toutes ces successions, que permanence et durée; la saison
d'une année est pour lui la même que celle de l'année précédente, la même que celle de tous les siècles; le millième animal dans l'ordre des générations est pour lui le même que le
premier animal. Et en effet, si nous vivions, si nous subsis-
tions à jamais, si tous les êtres qui nous environnent subsistoient aussi tels qu'ils sont pour toujours, et que tout fût perpétuellement comme tout est aujourd'hui, l'idée du temps
s'évanouiroit, et l'individu deviendroit l'espèce.

Eh ! pourquoi nous refuserions-nous de considérer la nature pendant quelques instants sous ce nouvel aspect ? A la
vérité, l'homme en venant au monde arrive des ténèbres, l'ame
aussi nue que le corps; il naît sans connoissance comme sans
défense, il n'apporte que des qualités passives; il ne peut que
recevoir les impressions des objets et laisser affecter ses organes; la lumière brille long-temps à ses yeux avant que de
l'éclairer; d'abord il reçoit tout de la nature et ne lui rend rien :

mais dès que ses sens sont affermis, dès qu'il peut comparer ses
sensations, il se réfléchit vers l'univers, il forme des idées, il les
conserve, les étend, les combine : l'homme, et surtout l'homme
instruit, n'est plus un seul individu, il représente en grande
partie l'espèce humaine entière : il a commencé par recevoir de
ses pères les connoissances qui leur avoient été transmises par
ses aïeux; ceux-ci, ayant trouvé l'art divin de tracer la pensée
et de la faire passer à la postérité, se sont, pour ainsi dire,
identifiés avec leurs neveux; les nôtres s'identifieront avec nous.
Cette réunion dans un seul homme, de l'expérience de plusieurs
siècles, recule à l'infini les limites de son être : ce n'est plus
un individu simple, borné, comme les autres, aux sensations
de l'instant présent, aux expériences du jour actuel; c'est à peu
près l'être que nous avons mis à la place de l'espèce entière : il
lit dans le passé, voit le présent, juge de l'avenir; et dans le
torrent des temps, qui amène, entraîne, absorbe tous les individus de l'univers, il trouve les espèces constantes, la nature
invariable. La relation des choses étant toujours la même,
l'ordre des temps lui paroît nul; les lois du renouvellement ne
font que compenser à ses yeux celles de sa permanence : une
succession continuelle d'êtres, tous semblables entre eux,
n'équivaut, en effet, qu'à l'existence perpétuelle d'un seul de
ces êtres.

A quoi se rapporte donc ce grand appareil des générations,
cette immense profusion de germes, dont il en avorte mille et
mille pour un qui réussit? qu'est-ce que cette propagation,
cette multiplication des êtres, qui, se détruisant et se renou-
velant sans cesse, n'offrent toujours que la même scène, et ne
remplissent ni plus ni moins la nature? d'où viennent ces alternatives de mort et de vie, ces lois d'accroissement et de dé-
périssement, toutes ces vicissitudes individuelles, toutes ces
représentations renouvelées d'une seule et même chose? Elles
tiennent à l'essence même de la nature, et dépendent du premier établissement de la machine du monde; fixe dans son
tout et mobile dans chacune de ses parties, les mouvements

généraux des corps célestes ont produit les mouvements particuliers du globe de la terre; les forces pénétrantes dont ces
grands corps sont animés, par lesquelles ils agissent au loin
et réciproquement les uns sur les autres, animent aussi chaque
atome de matière; et cette propension mutuelle de toutes ces
parties les unes vers les autres est le premier lien des êtres, le
principe de la consistance des choses, et le soutien de l'harmonie de l'univers. Les grandes combinaisons ont produit tous
les petits rapports : le mouvement de la terre sur son axe ayant
partagé en jours et en nuits les espaces de la durée, tous les
êtres vivants qui habitent la terre ont leur temps de lumière et
leur temps de ténèbres, la veille et le sommeil ; une grande
portion de l'économie animale, celle de l'action des sens et
du mouvement des membres, est relative à cette première
combinaison. Y auroit-il des sens ouverts à la lumière dans un
monde où la nuit seroit perpétuelle ?

L'inclinaison de l'axe de la terre produisant dans son mouvement annuel autour du soleil des alternatives durables de
chaleur et de froid, que nous avons appelées des *saisons*,
tous les êtres végétants ont aussi, en tout ou en partie, leur
saison de vie et leur saison de mort. La chute des feuilles et
des fruits, le desséchement des herbes, la mort des insectes,
dépendent en entier de cette seconde combinaison ; dans les
climats où elle n'a pas lieu, la vie des végétaux n'est jamais
suspendue ; chaque insecte vit son âge, et ne voyons-nous pas
sous la ligne, où les quatre saisons n'en font qu'une, la terre
toujours fleurie, les arbres continuellement verts, et la nature
toujours au printemps ?

La constitution particulière des animaux et des plantes est
relative à la température générale du globe de la terre, et
cette température dépend de sa situation, c'est-à-dire de la
distance à laquelle il se trouve de celui du soleil : à une distance plus grande, nos animaux, nos plantes, ne pourroient
ni vivre ni végéter; l'eau, la sève, le sang, toutes les autres
liqueurs, perdroient leur fluidité; à une distance moindre,

elles s'évanouiroient et se dissiperoient en vapeurs : la glace
et le feu sont les éléments de la mort; la chaleur tempérée est
le premier germe de la vie.

Les molécules vivantes répandues dans tous les corps organisés sont relatives, et pour l'action et pour le nombre, aux
molécules de la lumière qui frappent toute matière et la péné-
trent de leur chaleur. Partout où les rayons du soleil peuvent
échauffer la terre, sa surface se vivifie, se couvre de verdure,
et se peuple d'animaux : la glace même, dès qu'elle se résout
en eau, semble se féconder; cet élément est plus fertile que
celui de la terre, il reçoit avec celui de la chaleur le mouvement et la vie. La mer produit à chaque saison plus d'animaux
que la terre n'en nourrit, elle produit moins de plantes; et
tous ces animaux qui nagent à la surface des eaux, ou qui en
habitent les profondeurs, n'ayant pas, comme ceux de la terre,
un fonds de subsistance assuré sur les substances végétales,
sont forcés de vivre les uns sur les autres ; et c'est à cette combinaison que tient leur immense multiplication, ou plutôt leur
pullulation sans nombre.

Chaque espèce et des uns et des autres ayant été créée, les
premiers individus ont servi de modèles à tous leurs descen-
dants. Le corps de chaque animal ou de chaque végétal est un
moule auquel s'assimilent indifféremment les molécules organiques de tous les animaux ou végétaux détruits par la mort et
consumés par le temps, les parties brutes qui étoient entrées
dans leur composition retournent à la masse commune de la
matière brute : les parties organiques, toujours subsistantes,
sont reprises par les corps organisés; d'abord repompées par
les végétaux, ensuite absorbées par les animaux qui se nourrissent de végétaux, elles servent au développement, à l'entretien, à l'accroissement et des uns et des autres ; elles constituent
leur vie, et, circulant continuellement de corps en corps, elles
animent tous les êtres organisés. Le fonds des substances vivantes
est donc toujours le même; elles ne varient que par la forme,
c'est-à-dire par la différence des représentations : dans les siècles d'abondance, dans les temps de la plus grande population,

le nombre des hommes, des animaux domestiques et des plantes utiles, semble occuper et couvrir en entier la surface de la terre ; celui des animaux féroces, des insectes nuisibles, des plantes parasites, des herbes inutiles, reparoît et domine à son tour dans les temps de disette et de dépopulation. Ces variations, si sensibles pour l'homme, sont indifférentes à la nature; le ver à soie, si précieux pour lui, n'est pour elle que la chenille du mûrier. Que cette chenille du luxe disparoisse ; que d'autres chenilles dévorent les herbes destinées à engraisser nos bœufs; que d'autres enfin minent, avant la récolte, la substance de nos épis ; qu'en général l'homme et les espèces majeures dans les animaux soient affamés par les espèces infimes, la nature n'en est ni moins remplie ni moins vivante : elle ne protége pas les unes aux dépens des autres, elle les soutient toutes; mais elle méconnoît le nombre dans les individus, et ne les voit que comme des images successives d'une seule et même empreinte, des ombres fugitives dont l'espèce est le corps.

Il existe donc sur la terre, et dans l'air, et dans l'eau, une quantité déterminée de matière organique que rien ne peut détruire : il existe en même temps un nombre déterminé de moules capables de se l'assimiler, qui se détruisent et se renouvellent à chaque instant ; et ce nombre de moules ou d'individus, quoique variable dans chaque espèce, est au total toujours le même, toujours proportionné à cette quantité de matière vivante. Si elle étoit surabondante, si elle n'étoit pas dans tous les temps également employée et entièrement absorbée par les moules existants, il s'en formeroit d'autres, et l'on verroit paroître des espèces nouvelles, parce que cette matière vivante ne peut demeurer oisive, parce qu'elle est toujours agissante, et qu'il suffit qu'elle s'unisse avec des parties brutes pour former des corps organisés. C'est à cette grande combinaison, ou plutôt à cette invariable proportion, que tient la forme même de la nature.

Et comme son ordonnance est fixe pour le nombre, le maintien et l'équilibre des espèces, elle se présenteroit toujours

sous la même face, et seroit dans tous les temps et sous tous
les climats absolument et relativement la même, si son habitude ne varioit pas, autant qu'il est possible, dans toutes les
formes individuelles. L'empreinte de chaque espèce est un type
dont les principaux traits sont gravés en caractères ineffaçables et permanents à jamais : mais toutes les couches accessoires varient; aucun individu ne ressemble parfaitement à un
autre; aucune espèce n'existe sans un grand nombre de variétés. Dans l'espèce humaine, sur laquelle le sceau divin a le
plus appuyé, l'empreinte ne laisse pas de varier du blanc au
noir, du petit au grand, etc. ; le Lapon, le Patagon, l'Hot-
tentot, l'Européen, l'Américain, le Nègre, quoique tous issus
du même père, sont bien éloignés de se ressembler comme
frères.

Toutes les espèces sont donc sujettes aux différences purement individuelles : mais les variétés constantes, qui se perpétuent par les générations, n'appartiennent pas également à
toutes ; plus l'espèce est élevée, plus le type en est ferme, et
moins elle admet de ces variétés. L'ordre dans la multiplication des animaux étant en raison inverse de l'ordre de grandeur, et la possibilité des différences en raison directe du
nombre dans le produit de leur génération, il étoit nécessaire
qu'il y eût plus de variétés dans les petits animaux que dans les
grands : il y a aussi, et par la même raison, plus d'espèces voisines. L'unité de l'espèce étant plus resserrée dans les grands
animaux, la distance qui la sépare des autres est aussi plus
étendue. Que de variétés et d'espèces voisines accompagnent,
suivent ou précèdent l'écureuil, le rat et les autres petits animaux, tandis que l'éléphant marche seul et sans pair à la tête
de tous!

La matière brute qui compose la masse de la terre n'est pas
un limon vierge, une substance intacte et qui n'ait pas subi des
altérations : tout a été remué par la force des grands et des petits agents ; tout a été manié plus d'une fois par la main de la
nature. Le globe de la terre a été pénétré par le feu, et ensuite
recouvert et travaillé par les eaux ; le sable qui en remplit le

dedans est une matière vitrée; les lits épais de glaise qui le couvrent au dehors ne sont que ce même sable décomposé par le séjour des eaux; le roc vif, le granit, le grès, tous les cailloux, tous les métaux, ne sont encore que cette même matière vitrée, dont les parties se sont réunies, pressées ou séparées selon les lois de leur affinité. Toutes ces substances sont parfaitement brutes; elles existent et existeroient indépendamment des animaux et des végétaux : mais d'autres substances, en très grand nombre et qui paroissent également brutes, tirent leur origine du détriment des corps organisés; les marbres, les pierres à chaux, les graviers, les craies, les marnes, ne sont composés que de débris de coquillages et de dépouilles de ces petits animaux qui, transformant l'eau de la mer en pierre, produisent le corail et tous les madrépores, dont la variété est innombrable et la quantité presque immense. Les charbons de terre, les tourbes et les autres matières qui se trouvent aussi dans les couches extérieures de la terre, ne sont que le résidu des végétaux plus ou moins détériorés, pouris et consumés. Enfin d'autres matières en moindre nombre, telles que les pierres ponces, les soufres, les mâchefers, les amiantes, les laves, ont été jetées par les volcans, et produites par une seconde action du feu sur les matières premières. L'on peut réduire à ces trois grandes combinaisons tous les rapports des corps bruts et toutes les substances du règne minéral.

Les lois d'affinité par lesquelles les parties constituantes de ces différentes substances se séparent des autres pour se réunir entre elles et former des matières homogènes, sont les mêmes que la loi générale par laquelle tous les corps célestes agissent les uns sur les autres; elles s'exercent également et dans les mêmes rapports des masses et des distances : un globule d'eau, de sable ou de métal, agit sur un autre globule, comme le globe de la terre agit sur celui de la lune; et si jusqu'à ce jour l'on a regardé ces lois d'affinité comme différentes de celles de la pesanteur, c'est faute de les avoir bien conçues, bien saisies; c'est faute d'avoir embrassé cet objet dans toute son étendue. La figure, qui, dans les corps célestes, ne fait

rien, ou presque rien à la loi de l'action des uns sur les autres, parce que la distance est très grande, fait au contraire
presque tout lorsque la distance est très petite ou nulle. Si la
lune et la terre, au lieu d'une figure sphérique, avoient toutes
deux celle d'un cylindre court, et d'un diamètre égal à celui de
leurs sphères, la loi de leur action réciproque ne seroit pas
sensiblement altérée par cette différence de figure, parce que
la distance de toutes les parties de la lune à celles de la terre
n'auroit aussi que très peu varié; mais si ces mêmes globes
devenoient des cylindres très étendus et voisins l'un de l'autre,
la loi de l'action réciproque de ces deux corps paroîtroit fort
différente, parce que la distance de chacune de leurs parties
entre elles, et relativement aux parties de l'autre, auroit prodigieusement changé : ainsi, dès que la figure entre comme
élément dans la distance, la loi paroît varier, quoiqu'au fond
elle soit toujours la même.

D'après ce principe, l'esprit humain peut encore faire un pas,
et pénétrer plus avant dans le sein de la nature. Nous ignorons
quelle est la figure des parties constituantes des corps; l'air,
la terre, les métaux, toutes les matières homogènes, sont certainement composées de parties élémentaires semblables entre
elles, mais dont la forme est inconnue. Nos neveux pourront,
à l'aide du calcul, s'ouvrir ce nouveau champ de connoissances, et savoir à peu près de quelle figure sont les éléments
des corps; ils partiront du principe que nous venons d'établir,
ils le prendront pour base : *Toute matière s'attire en raison
inverse du carré de la distance; et cette loi générale ne
paroît varier, dans les attractions particulières, que par
l'effet de la figure des parties constituantes de chaque
substance, parce que cette figure entre comme élément
dans la distance.* Lorsqu'ils auront donc acquis, par des
expériences réitérées, la connoissance de la loi d'attraction
d'une substance particulière, ils pourront trouver par le calcul
la figure de ses parties constituantes. Pour le faire mieux sentir, supposons, par exemple, qu'en mettant du vif-argent sur
un plan parfaitement poli, on reconnoisse, par des expériences,

que ce métal fluide s'attire toujours en raison inverse du cube de la distance; il faudra chercher, par des règles de fausse position, quelle est la figure qui donne cette expression, et cette figure sera celle des parties constituantes du vif-argent. Si l'on trouvoit par ces expériences que ce métal s'attire en raison inverse du carré de la distance, il seroit démontré que ses parties constituantes sont sphériques, puisque la sphère est la seule figure qui donne cette loi; et qu'à quelque distance que l'on place des globes, la loi de leur attraction est toujours la même.

Newton a bien soupçonné que les affinités chimiques, qui ne sont autre chose que les attractions particulières dont nous venons de parler, se faisoient par des lois assez semblables à celle de la gravitation; mais il ne paroît pas avoir vu que toutes ces lois particulières n'étoient que de simples modifications de la loi générale, et qu'elles n'en paroissoient différentes que parce qu'à une très petite distance la figure des atomes qui s'attirent, fait autant et plus que la masse pour l'expression de la loi, cette figure entrant alors pour beaucoup dans l'élément de la distance.

C'est cependant à cette théorie que tient la connoissance intime de la composition des corps bruts : le fonds de toute matière est le même; la masse et le volume, c'est-à-dire la forme seroit aussi la même, si la figure des parties constituantes étoit semblable. Une substance homogène ne peut différer d'une autre qu'autant que la figure de ses parties primitives est différente : celle dont toutes les molécules sont sphériques doit être spécifiquement une fois plus légère qu'une autre dont les molécules seroient cubiques, parce que les premières ne pouvant se toucher que par des points, laissent des intervalles égaux à l'espace qu'elles remplissent, tandis que les parties supposées cubiques peuvent se réunir toutes sans laisser le moindre intervalle, et former par conséquent une matière une fois plus pesante que la première. Et quoique les figures puissent varier à l'infini, il paroît qu'il n'en existe pas autant dans la nature que l'esprit pourroit en concevoir; car elle a fixé les limites de

la pesanteur et de la légèreté : l'or et l'air sont les deux
extrêmes de toute densité ; toutes les figures admises, exécu-
tées par la nature, sont donc comprises entre ces deux termes,
et toutes celles qui auroient pu produire des substances plus
pesantes ou plus légères ont été rejetées.

Au reste, lorsque je parle des figures employées par la nature, je n'entends pas qu'elles soient nécessairement ni même
exactement semblables aux figures géométriques qui existent
dans notre entendement ; c'est par supposition que nous les faisons régulières, et par abstraction que nous les rendons simples.
Il n'y a peut-être ni cubes exacts, ni sphères parfaites, dans l'univers ; mais comme rien n'existe sans forme, et que, selon la
diversité des substances, les figures de leurs éléments sont différentes, il y en a nécessairement qui approchent de la sphère
ou du cube, et de toutes les autres figures régulières que nous
avons imaginées : le précis, l'absolu, l'abstrait, qui se présentent si souvent à notre esprit, ne peuvent se trouver dans le réel,
parce que tout y est relatif, tout s'y fait par nuances, tout s'y
combine par approximation. De même, lorsque j'ai parlé d'une
substance qui seroit entièrement pleine, parce qu'elle seroit
composée de parties cubiques, et d'une autre substance qui ne
seroit qu'à moitié pleine, parce que toutes ses parties constituantes seroient sphériques, je ne l'ai dit que par comparaison,
et je n'ai pas prétendu que ces substances existassent dans la
réalité : car l'on voit par l'expérience des corps transparents,
tels que le verre, qui ne laisse pas d'être dense et pesant, que
la quantité de matière y est très petite en comparaison de l'étendue des intervalles ; et l'on peut démontrer que l'or, qui est la
matière la plus dense, contient beaucoup plus de vide que de
plein.

La considération des forces de la nature est l'objet de la
mécanique rationnelle ; celui de la mécanique sensible n'est
que la combinaison de nos forces particulières, et se réduit à
l'art de faire des machines : cet art a été cultivé de tout temps
par la nécessité et pour la commodité ; les anciens y ont excellé
comme nous : mais la mécanique rationnelle est une science

née, pour ainsi dire, de nos jours. Tous les philosophes, depuis Aristote jusqu'à Descartes, ont raisonné comme le peuple sur la nature du mouvement ; ils ont unanimement pris l'effet pour la cause : ils ne connoissoient d'autres forces que celle de l'impulsion, encore la connoissoient-ils mal ; ils lui attribuoient les effets des autres forces, ils vouloient y ramener tous les phénomènes du monde. Pour que le projet eût été plausible et la chose possible, il auroit au moins fallu que cette impulsion, qu'ils regardoient comme cause unique, fût un effet général et constant qui appartînt à toute matière, qui s'exerçàt continuellement dans tous les temps : le contraire leur étoit démontre, ne voyoient-ils pas que dans les corps en repos cette force n'existe pas, que dans les corps lancés son effet ne subsiste qu'un petit temps, qu'il est bientôt détruit par les résistances, que pour le renouveler il faut une nouvelle impulsion, que par conséquent, bien loin qu'elle soit une cause générale, elle n'est au contraire qu'un effet particulier et dépendant d'effets plus généraux ?

Or un effet général est ce qu'on doit appeler une cause ; car la cause réelle de cet effet général ne nous sera jamais connue, parce que nous ne connoissons rien que par comparaison, et que l'effet étant supposé général et appartenant également à tout, nous ne pouvons le comparer à rien, ni par conséquent le connoître autrement que par le fait : ainsi l'attraction, ou, si l'on veut, la pesanteur, étant un effet général et commun à toute matière, et démontré par le fait, doit être regardée comme une cause, et c'est à elle qu'il faut rapporter les autres causes particulières et même l'impulsion, puisqu'elle est moins générale et moins constante. La difficulté ne consiste qu'à voir en quoi l'impulsion peut dépendre en effet de l'attraction : si l'on réfléchit à la communication du mouvement par le choc, on sentira bien qu'il ne peut se transmettre d'un corps à un autre que par le moyen du ressort, et l'on reconnoîtra que toutes les hypothèses que l'on a faites sur la transmission du mouvement dans les corps durs ne sont que des jeux de notre esprit qui ne pourroient s'exécuter dans la nature : un corps

parfaitement dur n'est en effet qu'un être de raison, comme
un corps parfaitement élastique n'est encore qu'un autre être
de raison; ni l'un ni l'autre n'existent dans la réalité, parce
qu'il n'y existe rien d'absolu, rien d'extrême, et que le mot
et l'idée de parfait n'est jamais que l'absolu ou l'extrême de la
chose.

S'il n'y avoit point de ressort dans la matière, il n'y auroit
donc nulle force d'impulsion : lorsqu'on jette une pierre, le
mouvement qu'elle conserve ne lui a-t-il pas été communiqué par le ressort du bras qui l'a lancé? Lorsqu'un corps en
mouvement en rencontre un autre en repos, comment peut-on
concevoir qu'il lui communique son mouvement, si ce n'est en
comprimant le ressort des parties élastiques qu'il renferme,
lequel, se rétablissant immédiatement après la compression,
donne à la masse totale la même force qu'il vient de recevoir?
On ne comprend point comment un corps parfaitement dur
pourroit admettre cette force, ni recevoir du mouvement; et
d'ailleurs il est très inutile de chercher à les comprendre,
puisqu'il n'en existe point de tel. Tous les corps au contraire
sont doués de ressort; les expériences sur l'électricité prouvent
que sa force élastique appartient généralement à toute matière : quand il n'y auroit donc dans l'intérieur des corps
d'autre ressort que celui de cette matière électrique, il suffiroit pour la communication du mouvement, et par conséquent
c'est à ce grand ressort, comme effet général, qu'il faut attribuer la cause particulière de l'impulsion.

Maintenant, si nous réfléchissons sur la mécanique du ressort nous trouverons que sa force dépend elle-même de celle
de l'attraction : pour le voir clairement, figurons-nous le ressort le plus simple, un angle solide de fer ou de toute autre
matière dure; qu'arrive-t-il lorsque nous le comprimons? nous
forçons les parties voisines du sommet de l'angle de fléchir,
c'est-à-dire de s'écarter un peu les unes des autres; et dans le
moment que la compression cesse, elles se rapprochent et se ré-
tablissent comme elles étoient auparavant. Leur adhérence, de
laquelle résulte la cohésion du corps, est, comme l'on sait, un

effet de leur attraction mutuelle; lorsque l'on presse le ressort, on ne détruit pas cette adhérence, parce que quoiqu'on écarte les parties, on ne les éloigne pas assez les unes des autres pour les mettre hors de leur sphère d'attraction mutuelle; et par conséquent, dès qu'on cesse de presser, cette force, qu'on remet, pour ainsi dire, en liberté, s'exerce, les parties séparées se rapprochent, et le ressort se rétablit. Si au contraire, par une pression trop forte, on les écarte au point de les faire sortir de leur sphère d'attraction, le ressort se rompt, parce que la force de la compression a été plus grande que celle de la cohérence, c'est-à-dire plus grande que celle de l'attraction mutuelle qui réunit les parties. Le ressort ne peut donc s'exercer qu'autant que les parties de la matière ont de la cohérence, c'est-à-dire autant qu'elles sont unies par la force de leur attraction mutuelle; et par conséquent le ressort en général qui seul peut produire l'impulsion, et l'impulsion elle-même, se rapportent à la force d'attraction, et en dépendent comme des effets particuliers d'un effet général.

Quelque nettes que me paroissent ces idées, quelque fondées que soient ces vues, je ne m'attends pas à les voir adopter; le peuple ne raisonne jamais que d'après ses sensations, et le vulgaire des physiciens d'après des préjugés : or il faut mettre à part les unes et renoncer aux autres pour juger de ce que nous proposons. Peu de gens en jugeront donc, et c'est le lot de la vérité : mais aussi très peu de gens lui suffisent, elle se perd dans la foule; et quoique toujours auguste et majestueuse, elle est souvent obscurcie par de vieux fantômes, ou totalement effacée par des chimères brillantes. Quoi qu'il en soit, c'est ainsi que je vois, que j'entends la nature (peut-être est-elle encore plus simple que ma vue); une seule force est la cause de tous les phénomènes de la matière brute; et cette force réunie avec celle de la chaleur, produit les molécules vivantes desquelles dépendent tous les effets des substances organisées.

LE PÉCARI

OU LE TAJACU [1].

Dicotyles torquatus. Cuv. — *Dicotyles labiatus*. Cuv.

L'espèce du pecari est une des plus nombreuses et des plus remarquables parmi les animaux du Nouveau-Monde. Le pécari ressemble, au premier coup d'œil, à notre sanglier, ou plutôt au cochon de Siam, qui, comme nous l'avons dit, n'est, ainsi que notre cochon domestique, qu'une variété du sanglier ou cochon sauvage; aussi le pécari a-t-il été appelé *sanglier* ou *cochon d'Amérique* : cependant il est d'une espèce particulière, et qui ne peut se mêler avec celle de nos sangliers ou cochons, comme nous nous en sommes assurés par des essais réitérés, ayant nourri et gardé pendant plus de deux ans un pécari avec des truies sans qu'il ait rien produit. Il diffère encore du cochon par plusieurs caractères essentiels, tant à l'extérieur qu'à l'intérieur : il est de moindre corpulence et plus bas sur ses jambes; il a l'estomac et les intestins différemment conformés; il n'a point de queue; ses soies sont beaucoup plus rudes que celles du sanglier; et enfin il a sur le dos, près de la croupe, une fente de deux ou trois lignes de largeur, qui pénètre à plus d'un pouce de profondeur, par laquelle suinte une humeur ichoreuse fort abondante et d'une odeur très désagréable : c'est de tous les animaux le seul qui ait une ouverture dans cette région du corps; les civettes, le blaireau, la genette, ont le réservoir de leur parfum au-dessous des parties de la génération; l'ondatra, ou rat musqué de Canada, le musc, ou chevreuil de musc, l'ont sous le ventre. La liqueur qui sort de cette ouverture que le pécari a sur le dos est fournie par de grosses glandes que M. Daubenton a décrites avec soin, aussi bien que toutes les autres singularités de confor-

---

[1] Ces deux espèces sont différentes l'une de l'autre. (A. R.)

mation qui se trouvent dans cet animal. On en voit aussi une bonne description faite par Tyson dans les *Transactions philosophiques*, n° 153. Je ne m'arrêterai pas à exposer en détail les observations de ces deux habiles anatomistes, et je remarquerai seulement que le docteur Tyson s'étoit trompé en assurant que cet animal avoit trois estomacs, ou, comme le dit Ray, un gésier et deux estomacs. M. Daubenton démontre clairement qu'il n'a qu'un seul estomac, mais partagé par deux étranglements qui en font paroître trois; qu'il n'y a qu'une seule de ces trois poches qui ait une issue de sortie ou pylore, et que par conséquent on ne doit regarder les deux autres poches que comme des appendices, ou plutôt des portions du même estomac, et non pas comme des estomacs différents.

Le pécari pourroit devenir animal domestique comme le cochon; il est à peu près du même naturel; il se nourrit des mêmes aliments : sa chair, quoique plus sèche et moins chargée de lard que celle du cochon, n'est pas mauvaise à manger; elle deviendroit meilleure par la castration. Lorsqu'on veut manger de cette viande, il faut avoir grand soin d'enlever au mâle non-seulement les parties de la génération, comme l'on fait au sanglier, mais encore toutes les glandes qui aboutissent à l'ouverture du dos dans le mâle et dans la femelle : il faut même faire ces opérations au moment qu'on met à mort l'animal; car si l'on attend seulement une demi-heure, sa chair prend une odeur si forte, qu'elle n'est plus mangeable.

Les pécaris sont très nombreux dans tous les climats chauds de l'Amérique méridionale ; ils vont ordinairement par troupes, et sont quelquefois deux ou trois cents ensemble : ils ont le même instinct que les cochons pour se défendre, et même pour attaquer ceux surtout qui veulent ravir leurs petits; ils se secourent mutuellement, ils enveloppent leurs ennemis, et blessent souvent les chiens et les chasseurs. Dans leur pays natal, ils occupent plutôt les montagnes que les lieux bas : ils ne cherchent pas les marais et la fange, comme nos sangliers; ils se tiennent dans les bois, où ils vivent de fruits sauvages, de racines, de graines : ils mangent aussi les serpents, les cra-

pauds, les lézards, qu'ils écorchent auparavant avec leurs
pieds. Ils produisent en grand nombre et peut-être plus d'une
fois par an; les petits suivent bientôt leur mère, et ne s'en séparent que quand ils sont adultes. On les apprivoise, ou plutôt
on les prive aisément en les prenant jeunes : ils perdent leur
férocité naturelle, mais sans se dépouiller de leur grossièreté ;
car ils ne connoissent personne, ne s'attachent point à ceux
qui les soignent : seulement ils ne font point de mal, et l'on
peut, sans inconvénient, les laisser aller et venir en liberté ;
ils ne s'éloignent pas beaucoup, reviennent d'eux-mêmes au
gîte, et n'ont de querelle qu'auprès de l'auge ou de la ga-
melle, lorsqu'on la leur présente en commun. Ils ont un
grognement de colère plus fort et plus dur que celui du
cochon, mais on les entend très rarement crier ; ils souf-
flent aussi comme le sanglier lorsqu'on les surprend et
qu'on les épouvante brusquement : leur haleine est très
forte ; leur poil se hérisse lorsqu'ils sont irrités ; il est si rude,
qu'il ressemble plutôt aux piquants du hérisson qu'aux soies
du sanglier.

L'espèce du pécari s'est conservée sans altération et ne s'est
point mêlée avec celle du cochon marron ; c'est ainsi qu'on appelle le cochon d'Europe transporté et devenu sauvage en
Amérique : ces animaux se rencontrent dans les bois et vont
même de compagnie sans qu'il en résulte rien ; il en est de
même du cochon de Guinée, qui s'est aussi multiplié en Amérique, après y avoir été transporté d'Afrique. Le cochon d'Europe, le cochon de Guinée et le pécari sont trois espèces qui
paroissent être fort voisines, et qui cependant sont distinctes
et séparées les unes des autres, puisqu'elles subsistent toutes
trois dans le même climat sans mélange et sans altération.
Notre sanglier est le plus fort, le plus robuste et le plus redoutable des trois : le pécari, quoique assez féroce, est plus foible,
plus pesant et plus mal armé ; ces grandes dents tranchantes
qu'on appelle *défenses* sont beaucoup plus courtes que dans le
sanglier. Il craint le froid et ne pourroit subsister sans abri
dans notre climat tempéré, comme notre sanglier ne peut lui-

même subsister dans les climats trop froids : ils n'ont pu ni l'un ni l'autre passer d'un continent à l'autre par les terres du nord ; ainsi l'on ne doit pas regarder le pécari comme un cochon d'Europe dégénéré ou dénaturé sous le climat d'Amérique, mais comme un animal propre et particulier aux terres méridionales de ce nouveau continent.

Ray et plusieurs autres auteurs ont prétendu que la liqueur du pécari, qui suinte par l'ouverture du dos, est une espèce de musc, un parfum agréable, même au sortir du corps de l'animal ; que cette odeur agréable se fait sentir même d'assez loin, et parfume les endroits où il passe et les lieux qu'il habite. J'avoue que nous avons éprouvé mille fois tout le contraire : l'odeur de cette liqueur, au sortir du corps de l'animal, est si désagréable, que nous ne pouvions la sentir ni la faire recueillir sans un extrême dégoût ; il semble seulement qu'elle devienne moins fétide en se desséchant à l'air : mais jamais elle ne prend l'odeur suave du musc ni le parfum de la civette, et les naturalistes auroient parlé plus juste s'ils l'eussent comparée à celle du *castoreum*.

M. de La Borde dit, dans ses observations, qu'il y a deux espèces de pécari à Cayenne, bien distinctes et qui ne se mêlent ni ne s'accouplent ensemble. La plus grosse espèce, dit-il, a le poil de la mâchoire blanc, et des deux côtés de la mâchoire il y a une tache ronde de poils blancs, de la grandeur d'un petit écu ; le reste du corps est noir ; l'animal pèse environ cent livres. La plus petite espèce a le poil roux, et ne pèse ordinairement que soixante livres.

C'est la grande espèce dont nous avons donné la description et la figure ; et à l'égard de la petite espèce, nous ne croyons pas que cette différence dans la couleur du poil et la grandeur du corps, dont parle M. de La Borde, puisse être autre chose qu'une variété produite par l'âge ou par quelque autre circonstance accidentelle.

M. de La Borde dit néanmoins que ceux de la plus grande espèce ne courent pas, comme ceux de la petite, après les chiens et les hommes ; il ajoute que les deux espèces habitent

les grands bois, qu'ils vont par troupes de deux ou trois cents.
Dans le temps des pluies, ils habitent les montagnes; et lorsque le temps des pluies est passé, on les trouve constamment
dans les endroits bas et marécageux. Ils se nourrissent de
fruits, de graines, de racines, et fouillent aussi les endroits
boueux pour en tirer des vers et des insectes. On les chasse
sans chiens et en les suivant à la piste. On peut les tirer aisément et en tuer plusieurs; car ces animaux, au lieu de fuir, se
rassemblent, et donnent quelquefois le temps de recharger
et de tirer plusieurs coups de suite. Cependant ils poursuivent les chiens et quelquefois les hommes. Il raconte qu'étant
un jour à la chasse de ces animaux avec plusieurs autres
personnes, et un seul chien qui s'étoit, à leur aspect, réfu-
gié entre les jambes de son maître, sur un rocher où tous
les chasseurs étoient montés pour se mettre en sûreté, ils n'en
furent pas moins investis par la troupe de ces cochons, et qu'ils
ne cessèrent de faire feu sans pouvoir les forcer à se retirer,
qu'après en avoir tué un grand nombre. Cependant, dit-il,
ces animaux s'enfuient lorsqu'ils ont été chassés plusieurs fois.
Les petits que l'on prend à la chasse s'apprivoisent aisément;
mais ils ne veulent pas suivre les autres cochons domestiques,
et ne se mêlent jamais avec eux. Dans leur état de liberté, ils
se tiennent souvent dans les marécages et traversent quelquefois les grandes rivières; ils font beaucoup de ravages dans les
plantations. Leur chair, dit-il, est de meilleur goût, mais moins
tendre que celle des cochons domestiques; elle ressemble à
celle du lièvre et n'a ni lard ni graisse. Ils ne font que deux
petits, mais ils produisent dans toutes les saisons. Il faut avoir
soin, lorsqu'on les tue, d'ôter la glande qu'ils ont sur le dos :
cette glande répand une odeur fétide, qui donneroit un mauvais goût à la viande.

M. de La Borde parle d'une autre espèce de cochon qui se
nomme *patira*, et qui se trouve également dans le continent
de la Guiane. Je vais rapporter ce qu'il en dit, quoique j'avoue
qu'il soit difficile d'en tirer aucune conséquence. Je le cite
dans la vue que M. de La Borde lui-même, ou quelque autre

observateur, pourra nous donner des renseignements plus précis et des descriptions un peu plus détaillées.

«Le patira est de la grosseur du pécari de la petite espèce; «il en diffère par une ligne de poils blancs qu'il a tout le long « de l'épine du dos, depuis le cou jusqu'à la queue.

«Il vit dans les grands bois dont il ne sort point. Ces ani- «maux ne vont jamais en nombreuses troupes, mais seulement «par familles. Ils sont cependant très communs, ne quittent «pas le pays natal. On les chasse avec des chiens, ou même «sans chiens si l'on ne veut pas s'en servir. Quand les «chiens les poursuivent, ils tiennent ferme et se défendent «courageusement. Ils se renferment dans des trous d'arbres ou « dans des creux en terre que les tatous-kabassous ont creusés, «mais ils y entrent à reculons et autant qu'ils peuvent y tenir; « et si peu qu'on les agace, ils sortent tout de suite. Et pour « les prendre à leur sortie, on commence par faire une en- «ceinte avec du branchage; ensuite un des chasseurs se porte « sur le trou, une fourche à la main, pour les saisir par le cou « à mesure qu'un autre chasseur les fait sortir, et les tue avec « un sabre.

«S'il n'y en a qu'un dans un trou, et que le chasseur n'ait pas « le temps de le prendre, il en bouche la sortie, et est sûr de « retrouver le lendemain son gibier. Sa chair est bien supé- « rieure à celle des autres cochons. On les apprivoise aisément « lorsqu'on les prend petits; mais ils ne peuvent souffrir les «chiens, qu'ils attaquent à tout moment. Ils ne font jamais « plus de deux petits à la fois, et toutes les saisons de l'année «sont propres à leur génération. Ils se tiennent toujours dans « des marécages, à moins qu'ils ne soient tout-à-fait inondés.

«Le poil du patira n'est pas si dur que celui du sanglier «ou même du cochon domestique : ce poil est, comme celui du «pécari, doux et pliant. Les patiras suivent leur maître lors- «qu'ils sont apprivoisés; ils se laissent manier par ceux qu'ils «connaissent, et menacent de la tête et des dents ceux qu'ils « ne connaissent pas. »

Je suis maintenant assuré par plusieurs témoignages qu'il

existe en effet deux espèces distinctes dans le genre des pécaris ou tajacus. La plus grande espèce est celle dont nous avons donné la figure : mais nous n'avons pas encore pu nous procurer un seul individu de la seconde espèce. On nomme cet animal *patira*, et il est en général beaucoup plus petit que le pécari. Les patiras ont dans leur jeunesse une bande noire tout le long de l'épine du dos ; mais ils deviennent bruns et presque noirs sur tout le corps, à mesure qu'ils vieillissent. Les patiras vont, ainsi que les pécaris, par grandes troupes, et on les chasse de même. La seule différence, indépendamment de la grandeur, qui soit bien remarquable entre ces deux espèces si voisines l'une de l'autre, c'est que le patira a les jambes sensiblement plus menues que le pécari ; mais comme ils ne se mêlent point ensemble, quoique habitant les mêmes terres, on doit les regarder comme deux espèces ou du moins comme deux races très distinctes, et ces deux espèces ou races sont les seules qui soient bien constatées. Il nous est arrivé pour le Cabinet du Roi une peau bourrée d'un jeune pécari âgé de trois semaines, qui est beaucoup plus petit qu'un cochon de lait de même âge, et dont les couleurs sont bien plus foibles que celles du pécari adulte, auquel il ressemble par tous les autres caractères.

LE POLATOUCHE [1].

Sciurus volans. L.

Nous avons mieux aimé conserver à cet animal le nom qu'il porte dans son pays natal, que d'adopter les noms vagues et précaires que lui ont donnés les naturalistes ; ils l'ont appelé *rat volant, écureuil volant, loir volant, rat de Pont, rat de Scythie*, etc. Nous exclurons tant que nous pourrons de l'histoire naturelle ces dénominations composées, parce que

[1] *Polatucha*, nom de cet animal en Russie que nous avons adopté.

la liste de la nature, pour être vraie, doit être tout aussi simple
qu'elle. Le polatouche est d'une espèce particulière, qui se
rapproche seulement par quelques caractères de celles de l'é-
cureuil, du loir et du rat; il ne ressemble à l'écureuil que par
la grosseur des yeux et par la forme de la queue, qui cependant n'est ni aussi longue, ni fournie d'aussi longs poils : il
approche plus du loir par la figure du corps, par celle des
oreilles, qui sont courtes et nues, par les poils de la queue,
qui sont de la même forme et de la même grandeur que ceux
du loir; mais il n'est pas, comme lui, sujet à l'engourdisse-
ment par l'action du froid. Le polatouche n'est donc ni écureuil, ni rat, ni loir, quoiqu'il participe un peu de la nature
de tous trois.

M. Klein est le premier qui ait donné une description
exacte de cet animal dans les *Transactions philosophiques,*
année 1733 : il était cependant connu long-temps auparavant.
On le trouve également dans les parties septentrionales de l'ancien et du nouveau continent; il est seulement plus commun
en Amérique qu'en Europe, où il ne se trouve que rarement,
et dans quelques provinces du nord, telles que la Lithuanie et
la Russie. Ce petit animal habite sur les arbres comme l'écureuil : il va de branche en branche; et lorsqu'il saute pour
passer d'un arbre à un autre ou pour traverser un espace considérable, sa peau, qui est lâche et plissée sur les côtés du
corps, se tire au dehors, se bande, et s'élargit par la direction
contraire des pattes de devant qui s'étendent en avant, et de
celles de derrière qui s'étendent en arrière dans le mouvement
du saut. La peau ainsi tendue et tirée en dehors de plus d'un
pouce augmente d'autant la surface du corps sans en accroître la masse, et retarde par conséquent l'accélération de
la chute, en sorte que d'un seul saut l'animal arrive à une
assez grande distance : ainsi ce mouvement n'est point un
vol comme celui des oiseaux, ni un voltigement comme celui
des chauves-souris, qui se font tous deux en frappant l'air par
des vibrations réitérées; c'est un simple saut, dans lequel
tout dépend de la première impulsion, dont le mouvement est

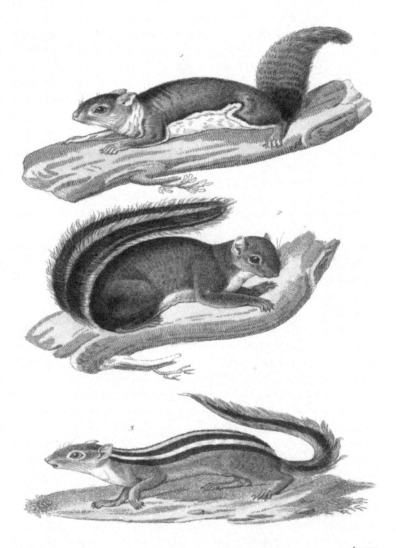

1. Palatouche. 2. Le Petit gris. 3. Le Palmin

seulement prolongé et subsiste plus long-temps, parce que le corps de l'animal, présentant une plus grande surface à l'air, éprouve une plus grande résistance et tombe plus lentement. On peut voir le détail de la mécanique et du jeu de cette extension singulière de la peau, qui n'appartient qu'au polatouche, et qui ne se trouve dans aucun autre animal : ce seul caractère suffiroit donc pour le distinguer de tous les autres écureuils, rats ou loirs; mais les choses même les plus singulières de la nature sont-elles jamais uniques? devroit-on s'attendre à trouver dans le même genre un autre animal avec une pareille peau, et dont les prolongements s'étendent nonseulement d'une jambe à l'autre, mais de la tête à la queue? Cet animal, dont la figure et la description nous ont été données par Seba, sous le nom d'*écureuil volant de Virginie*, paroît assez différent du polatouche pour constituer une autre espèce; cependant nous ne nous presserons pas de prononcer sur sa nature; il est probable que c'est un animal dont l'espèce est réellement existante et différente de celle du polatouche : mais ce pourroit être aussi une simple variété dans cette espèce; et peut-être enfin n'est-ce qu'une production accidentelle ou une monstruosité; car aucun voyageur, aucun naturaliste, n'a fait mention de cet animal : Seba est le seul qui l'ait vu dans le cabinet de *Vincent*, et je me défie toujours de ces descriptions faites dans les cabinets d'après des animaux que souvent on ajuste pour les rendre plus extraordinaires.

Nous avons vu et gardé long-temps le polatouche vivant; il a été bien indiqué par les voyageurs. Sagard Théodat, Jean De Laët, Fernandès, La Hontan, Denys, en ont tous fait mention, ainsi que MM. Catesby, Dumont, Le Page du Pratz, etc.; et MM. Klein, Seba et Edwards en ont donné de bonnes descriptions avec la figure. Ce que nous avons vu nous-mêmes de cet animal s'accorde très bien avec ce qu'ils en disent; communément il est plus petit que l'écureuil; celui que nous avons eu ne pesoit guère que deux onces, c'est-à-dire autant qu'une chauve-souris de la moyenne espèce; et l'écureuil pèse huit ou neuf onces. Cependant il y en a de plus grands : nous avons une peau de polatouche qui ne peut provenir que d'un animal plus grand que le polatouche ordinaire.

Le polatouche approche, en quelque sorte, de la chauve-souris par cette extension de la peau qui dans le saut réunit les jambes de devant à celles de derrière, et qui lui sert à se soutenir en l'air : il paroît aussi lui ressembler un peu par le naturel; car il est tranquille, et, pour ainsi dire, endormi pendant le jour; il ne prend de l'activité que le soir. Il est très facile à apprivoiser; mais il est en même temps sujet à s'enfuir, et il faut le garder dans une cage, ou l'attacher avec une petite chaîne. On le nourrit de pain, de fruits, de graines; il aime surtout les boutons et les jeunes pousses du pin et du bouleau; il ne cherche point les noix et les amandes comme les écureuils. Il se fait un lit de feuilles dans lequel il s'ensevelit, et où il demeure tout le jour; il n'en sort que la nuit et quand la faim le presse. Comme il a peu de vivacité, il devient aisément la proie des martes et des autres animaux qui grimpent sur les arbres : aussi l'espèce subsistante est-elle en très petit nombre, quoiqu'il produise ordinairement trois ou quatre petits.

LE PETIT-GRIS [1].

Sciurus cinereus. L.

On trouve dans les parties septentrionales de l'un et de l'autre continent l'animal que nous donnons ici sous le nom de *petit-gris;* il ressemble beaucoup à l'écureuil, et n'en diffère à l'extérieur que par les caractères suivants : il est plus grand que l'écureuil; il n'a pas le poil roux, mais d'un gris plus ou moins foncé; les oreilles sont dénuées de ces longs poils qui sur-

[1] Nom que nous avons donné à cet animal, qu'on appelle *écureuil gris*, *grand écureuil gris*, *écureuil de Canada*, *écureuil de Virginie*.

montent l'extrémité de celles de l'écureuil. Ces différences, qui sont constantes, paroissent suffisantes pour constituer une espèce particulière, à laquelle nous avons donné le nom de *petit-gris*, parce que l'on connoît sous ce même nom la fourrure de cet animal. Plusieurs auteurs prétendent que les petits-gris d'Europe sont différents de ceux d'Amérique ; que ces petits-gris d'Europe sont des écureuils de l'espèce commune, dont la saison change seulement la couleur dans le climat de notre nord. Sans vouloir nier absolument ce dernier fait, qui cependant ne nous paroît pas assez constaté, nous regardons le petit-gris d'Europe et celui d'Amérique comme le même animal, et comme une espèce distincte et séparée de celle de l'écureuil commun ; car on trouve dans l'Amérique septentrionale et dans le nord de l'Europe nos écureuils : ils y sont de la même grosseur et de la même couleur, c'est-à-dire d'un rouge ou roux plus ou moins vif, selon la température du pays ; et en même temps on y voit d'autres écureuils qui sont plus grands, et dont le poil est gris ou noirâtre dans toutes les saisons. D'ailleurs la fourrure de ces petits-gris est beaucoup plus fine et plus douce que celle de nos écureuils : ainsi nous croyons pouvoir assurer que ce sont des animaux dont les différences étant constantes, les espèces, quoique voisines, ne se sont pas mêlées, et doivent par conséquent avoir chacune leur nom. M. Regnard dit affirmativement que les petits-gris de Laponie sont les mêmes animaux que nos écureuils de France : ce témoignage est si positif, qu'il seroit suffisant, s'il n'étoit pas contredit par d'autres témoignages ; mais M. Regnard, qui nous a donné d'excellentes pièces de théâtre, ne s'étoit pas fort occupé d'histoire naturelle, et il n'a pas demeuré assez long-temps en Laponie pour avoir vu de ses yeux les écureuils changer de couleur. Il est vrai que des naturalistes, entre autres M. Linnæus, ont écrit que dans le nord le poil de l'écureuil change de couleur en hiver. Cela peut être vrai : car les lièvres, les loups, les belettes, changent aussi de couleur dans ce climat ; mais c'est du fauve ou du roux au blanc que se fait ce changement, et non pas du fauve ou du roux au gris cendré. Et pour ne parler que de l'écureuil, M. Linnæus, dans le *Fauna Suecica,* dit, *æstate ruber, hieme incanus :* il change donc du rouge au blanc, ou plutôt du roux au blanchâtre; et nous ne croyons pas que cet auteur ait eu de fortes raisons pour substituer, comme il l'a fait, à ce mot *incanus* celui de *cinereus,* qui se trouve dans sa dernière édition du *Systema naturæ.* M. Klein assure, au contraire, que les écureuils, autour de Dantzick, sont rouges en hiver comme en été, et qu'il y en a communément en Pologne de gris et de noirâtres, qui ne changent pas plus de couleur que les roux. Ces écureuils gris et noirâtres se trouvent en Canada et dans toutes les parties septentrionales de l'Amérique. Ainsi nous nous croyons fondés à regarder le petit-gris, ou, si l'on veut, l'écureuil gris, comme un animal commun aux deux continents, et d'une espèce différente de celle de l'écureuil ordinaire.

D'ailleurs nous ne voyons pas que les écureuils, qui sont en assez grand nombre dans nos forêts, se réunissent en troupes; nous ne voyons pas qu'ils voyagent de compagnie, qu'ils s'approchent des eaux, ni qu'ils se hasardent à traverser les rivières sur des écorces d'arbres : ils diffèrent donc des petits-gris, non-seulement par la grandeur et la couleur, mais aussi par les habitudes naturelles; car quoique ces navigations de petits-gris paroissent peu croyables, elles sont attestées par un si grand nombre de témoins, que nous ne pouvons les nier.

Au reste, de tous les animaux quadrupèdes non domestiques, l'écureuil est peut-être celui qui est le plus sujet aux variétés, ou du moins celui dont l'espèce a le plus d'espèces voisines. L'écureuil blanc de Sibérie ne paroît être qu'une variété de notre écureuil commun. L'écureuil noir et l'écureuil gris foncé, tous deux de l'Amérique, pourroient bien n'être aussi que des variétés de l'espèce du petit-gris. L'écureuil de Barbarie, le palmiste et l'écureuil suisse, dont nous parlerons dans l'article suivant, sont trois espèces fort voisines l'une de l'autre.

On a peu d'autres faits sur l'histoire des petits-gris. Fernandès dit que l'écureuil gris ou noirâtre d'Amérique se tient ordinairement sur les arbres, et particulièrement sur les pins;

qu'il se nourrit de fruits et de graines ; qu'il en fait provision pour l'hiver; qu'il les dépose dans le creux d'un arbre, où il se retire lui-même pour passer la mauvaise saison ; qu'il y fait aussi ses petits, etc. Ces habitudes du petit-gris sont encore différentes de celles de l'écureuil, lequel se construit un nid au-dessus des arbres, comme font les oiseaux. Cependant nous ne prétendons pas assurer positivement que cet écureuil noirâtre de Fernandès soit le même que l'écureuil gris de Virginie, et que tous deux soient aussi les mêmes que le petit-gris du nord de l'Europe : nous le disons seulement comme une chose qui nous paroît être très vraisemblable, parce que ces trois animaux sont à peu près de la même grandeur, de la même couleur et du même climat froid ; qu'ils sont précisément de la même forme, et qu'on emploie également leurs peaux dans les fourrures qu'on appelle *petit-gris.*

LE PETIT-GRIS

DE SIBÉRIE[1].

Nous donnons ici la description d'un petit-gris de Sibérie, que M. l'abbé Aubry, curé de Saint-Louis, conservoit dans son cabinet, et qui diffère assez du petit-gris des autres contrées septentrionales, pour que nous puissions présumer qu'ils forment deux espèces distinctes. Celui-ci a de longs poils aux oreilles, la robe d'un gris clair, et la queue blanche et assez courte ; au lieu que l'autre petit-gris qui le précède a les oreilles nues, le dessus du corps et les flancs d'un gris cendré, et la queue de cette même couleur; il est aussi un peu plus grand et plus épais de corps, et il a la queue considérablement plus longue que le petit-gris de Sibérie, dont voici les dimensions et la description.

Le poil de ce joli petit animal a neuf lignes de longueur : il

[1] C'est une simple variété de couleur de l'écureuil vulgaire. (A. R.)

est d'un gris argenté à la superficie, et d'un gris foncé à la racine; ce qui donne à cette fourrure un coup d'œil gris-de-perle jaspé : cette couleur s'étend sur le dessus du corps, la tête, les flancs, les jambes et le commencement de la queue. Tout le dessus du corps, à commencer de la mâchoire inférieure, est d'un beau blanc; le dessus du museau est gris : mais le front, le sommet de la tête et les côtés des joues jusqu'aux oreilles, sont mêlés d'une légère teinte de roux, qui devient plus sensible au-dessus des yeux et de la mâchoire inférieure. Le dedans des oreilles est garni d'un poil plus gris que celui du corps; le tour et le dessus des oreilles portent de grands poils roux qui forment une espèce de bouquet d'un pouce quatre ou cinq lignes de longueur. La face externe de la moitié des jambes de devant est d'un fauve mêlé de gris cendré; la face interne est d'un blanc mêlé d'un peu de fauve; les jambes de derrière, depuis le jarret et les quatre pieds, sont d'un brun mélangé de roux; les pieds de devant ont quatre doigts, et ceux de derrière en ont cinq. Les poils de la queue ont vingt et une lignes de longueur; ceux qui la terminent à l'extrémité, ont jusqu'à deux pouces : cette queue blanche, avec de si longs poils, paroît très différente de celle de l'autre petit-gris.

	pieds.	pouc.	lign.
Longueur du corps entier, mesuré en ligne droite.	»	9	9
Longueur de la tête depuis le bout du museau jusqu'à l'occiput.	»	2	2
Longueur des oreilles	»	»	7
Longueur du tronçon de la queue.	»	5	11
Longueur des plus grands ongles des pieds de devant. . .	»	»	4
Longueur des plus grands ongles des pieds de derrière . .	»	»	3

LE PALMISTE [1],

Sciurus Palmarum. L.

LE BARBARESQUE [2] ET LE SUISSE [3].

Sciurus Getulus. L. — *Sciurus striatus.* L.

Le palmiste est de la grosseur d'un rat ou d'un petit écureuil : il passe sa vie sur les palmiers, et c'est de là qu'il a tiré son nom : les uns l'appellent *rat palmiste,* et les autres *l'écureuil des palmiers;* et comme il n'est ni écureuil ni rat, nous l'appellerons simplement *palmiste.* Il a la tête à peu près de la même forme que celle du campagnol, et couverte de même de poils hérissés. Sa longue queue n'est pas traînante comme celle des rats; il la porte droite et relevée verticalement, sans cependant la renverser sur son corps comme fait l'écureuil : elle est couverte d'un poil plus long que celui du corps, mais bien plus court que le poil de la queue de l'écureuil. Il a sur le milieu du dos, tout le long de l'épine, depuis le cou jusqu'à la queue, une bande blanchâtre, accompagnée de chaque côté d'une bande brune, et ensuite d'une autre bande blanchâtre. Ce caractère si marqué, par lequel il paroît qu'on pourroit distinguer le palmiste de tous les autres animaux, se trouve à peu près le même dans l'écureuil de Barbarie et dans l'écureuil suisse, qu'on a aussi appelé *écureuil de terre.* Ces trois animaux se ressemblent à tant d'égards, que M. Ray a pensé qu'ils ne faisoient tous trois qu'une seule et même espèce : mais si l'on fait attention que les deux premiers, c'est-à-dire le palmiste et l'écureuil de Barbarie, que nous appelons *barbaresque,* ne se trouvent que dans les climats chauds de

---

[1] Rat palmiste, écureuil des palmiers.
[2] Ou l'écureuil de Barbarie.
[3] L'écureuil suisse, l'écureuil de terre, *ohiohin* chez les Hurons.

l'ancien continent; qu'au contraire le suisse ou l'écureuil suisse, décrit par Lister, Catesby et Edwards, ne se trouve que dans les régions froides et tempérées du Nouveau-Monde, on jugera que ce sont des espèces différentes : et en effet, en les examinant de plus près, on voit que les bandes brunes et blanches du suisse sont disposées dans un autre ordre que celles du palmiste; la bande blanche, qui s'étend dans le palmiste le long de l'épine du dos, est noire ou brune dans le suisse; les bandes blanches sont à côté de la noire, comme les noires sont à côté de la blanche dans le palmiste; et d'ailleurs il n'y a que trois bandes blanches sur le palmiste au lieu qu'il y en a quatre sur le suisse. Celui-ci renverse sa queue sur son corps, le palmiste ne la renverse pas; il n'habite que sur les arbres, le suisse se tient à terre, et c'est cette différence qui l'a fait appeler *écureuil de terre*; enfin il est plus petit que le palmiste; ainsi l'on ne peut douter que ce ne soient deux animaux différents.

A l'égard du barbaresque, comme il est du même continent, du même climat, de la même grosseur, et à peu près de la même figure que le palmiste, on pourroit croire qu'ils seroient tous deux de la même espèce, et qu'ils feroient seulement variété dans cette espèce. Cependant, en comparant la description et la figure du barbaresque ou *écureuil de Barbarie* données par Caïus et copiées par Aldrovande et Jonston, avec la description et la figure que nous donnons ici du palmiste, et en comparant ensuite la figure et la description de ce même écureuil de Barbarie données par Edwards, on y trouvera des différences très remarquables, et qui indiquent assez que ce sont des animaux différents : nous les avons tous deux au Cabinet du roi, aussi bien que le suisse. Le barbaresque a la tête et le chanfrein plus arqués, les oreilles plus grandes, la queue garnie de poils plus touffus et plus longs que le palmiste; il est plus écureuil que rat, et le palmiste est plus rat qu'écureuil par la forme du corps et de la tête. Le barbaresque a quatre bandes blanches, au lieu que le palmiste n'en a que trois; la bande blanche du milieu se trouve dans le palmiste sur l'épine du dos, tandis que dans le barbaresque il se trouve sur la même partie une bande noire mêlée de roux, etc. Au reste, ces animaux ont à peu près les mêmes habitudes et le même naturel que l'écureuil commun ; comme lui, le palmiste et le barbaresque vivent de fruits, et se servent de leurs pieds de devant pour les saisir et les porter à leur gueule ; ils ont la même voix, le même cri, le même instinct, la même agilité ; ils sont très vifs et très doux ; ils s'apprivoisent fort aisément et au point de s'attacher à leur demeure, de n'en sortir que pour se promener, d'y revenir ensuite d'eux-mêmes sans être appelés ni contraints : ils sont tous deux d'une très jolie figure ; leur robe, rayée de blanc, est plus belle que celle de l'écureuil ; leur taille est plus petite, leur corps est plus léger, et leurs mouvements sont aussi prestes. Le palmiste et le barbaresque se tiennent, comme l'écureuil, au-dessus des arbres ; mais le suisse se tient à terre, et s'y pratique, comme le mulot, une retraite impénétrable à l'eau : il est aussi moins docile et moins doux que les deux autres ; il mord sans ménagement, à moins qu'il ne soit entièrement apprivoisé. Il ressemble donc plus aux rats ou aux mulots qu'aux écureuils, par le naturel et par les mœurs.

* Nous avons dit que le *palmiste* passoit sa vie sur les palmiers, et qu'il se trouvoit principalement en Barbarie ; on nous a aussi assuré qu'on le trouve très communément au Sénégal dans le pays des nègres Jolofes, et dans les terres voisines du cap Vert. Il fréquente les lieux découverts et voisins des habitations, et il se tient encore plus souvent dans les buissons à terre, que sur les palmiers. Ce sont de petits animaux très vifs ; on les voit pendant le jour traverser les chemins pour aller d'un buisson à l'autre, et ils demeurent à terre aussi souvent au moins que sur les arbres.

10.

LE TAMANOIR [1],

Myrmecophaga jubata. **PALL.**

LE TAMANDUA [2] ET LE FOURMILIER [3].

Myrmecophaga Tamandua. **Cuv.** — *Myrmecophaga didactyla.* **L.**

Il existe dans l'Amérique méridionale trois espèces d'animaux à long museau, à gueule étroite et sans aucune dent, à langue ronde et longue, qu'ils insinuent dans les fourmilières et qu'ils retirent pour avaler les fourmis, dont ils font leur principale nourriture. Le premier de ces mangeurs de fourmis est celui que les Brasiliens appellent *tamandua-guacu*, c'est-à-dire *grand tamandua*, et auquel les François habitués en Amérique ont donné le nom de *tamanoir* : c'est un animal qui a environ quatre pieds de longueur depuis l'extrémité du museau jusqu'à l'origine de la queue, la tête longue de quatorze à quinze pouces, le museau très allongé ; la queue longue de deux pieds et demi, couverte de poils rudes et longs de plus d'un pied ; le cou court, la tête étroite, les yeux petits et noirs, les oreilles arrondies, la langue menue, longue de plus de deux pieds, qu'il replie dans sa gueule lorsqu'il la retire tout entière. Ses jambes n'ont qu'un pied de hauteur ; celles de devant sont un peu plus hautes et plus menues que celles de derrière : il a les pieds ronds ; ceux de devant sont armés de quatre ongles, dont les deux du milieu sont les plus grands ; ceux de derrière ont cinq ongles. Les poils de la queue, comme ceux du corps,

---

[1] Le tamanoir, le fourmilier-tamanoir, le mange-fourmis, le gros mangeur de fourmis. Les Brasiliens appellent cet animal *tamandua-guacu;* les naturels de la Guiane l'appellent *ouariri.* Le nom *tamanoir,* que lui ont donné les François habitués en Amérique, paroît dériver de *tamandua.*

[2] Nom de cet animal au Brésil, et que nous avons adopté.

[3] Le plus petit fourmilier, le petit mangeur de fourmis, animal américain, que les naturels de la Guiane appellent *ouatiriouaou.*

sont mêlés de noir et de blanchâtre ; sur la queue ils sont disposés en forme de panache : l'animal la retourne sur le dos, s'en couvre tout le corps lorsqu'il veut dormir ou se mettre à l'abri de la pluie et de l'ardeur du soleil ; les longs poils de la queue et du corps ne sont pas ronds dans toute leur étendue, ils sont plats à l'extrémité et secs au toucher comme de l'herbe desséchée. L'animal agite fréquemment et brusquement sa queue lorsqu'il est irrité ; mais il la laisse traîner en marchant quand il est tranquille, et il balaie le chemin par où il passe. Les poils des parties antérieures de son corps sont moins longs que ceux des parties postérieures ; ceux-ci sont tournés en arrière, et les autres en avant ; il y a plus de blanc sur les parties antérieures, et plus de noir sur les parties postérieures : il y a aussi une bande noire sur le poitrail, qui se prolonge sur les côtés du corps et se termine sur le dos près des lombes : les jambes de derrière sont presque noires ; celles de devant presque blanches, avec une grande tache noire vers le milieu. Le tamanoir marche lentement ; un homme peut aisément l'atteindre à la course : ses pieds paroissent moins faits pour marcher que pour grimper et pour saisir des corps arrondis ; aussi serre-t-il avec une si grande force une branche ou un bâton, qu'il n'est pas possible de les lui arracher.

Le second de ces animaux est celui que les Américains appellent simplement *tamandua*, et auquel nous conserverons ce nom : il est beaucoup plus petit que le tamanoir ; il n'a qu'environ dix-huit pouces depuis l'extrémité du museau jusqu'à l'origine de la queue : sa tête est longue de cinq pouces, son museau est allongé et courbé en dessous ; il a la queue longue de dix pouces, et dénuée de poils à l'extrémité ; les oreilles droites, longues d'un pouce ; la langue ronde, longue de huit pouces, placée dans une espèce de gouttière ou de canal creux, au dedans de la mâchoire inférieure ; ses jambes n'ont guère que quatre pouces de hauteur ; ses pieds sont de la même forme et ont le même nombre d'ongles que ceux du tamanoir, c'est-à-dire quatre ongles à ceux de devant et cinq à ceux de derrière. Il grimpe et serre aussi bien que le tamanoir, et ne marche pas mieux; il ne se couvre pas de sa queue, qui ne pourroit lui servir d'abri, étant en partie dénuée de poil, lequel d'ailleurs est beaucoup plus court que celui de la queue du tamanoir : lorsqu'il dort, il cache sa tête sous son cou et sous ses jambes de devant.

Le troisième de ces animaux est celui que les naturels de la Guiane-appellent *ouatiriouaou*. Nous lui donnons le nom de *fourmilier* pour le distinguer du tamanoir et du tamandua. Il est encore beaucoup plus petit que le tamandua, puisqu'il n'a que six ou sept pouces de longueur depuis l'extrémité du museau jusqu'à l'origine de la queue; il a la tête longue de deux pouces; le museau proportionnellement beaucoup moins allongé que celui du tamanoir ou du tamandua; sa queue, longue de sept pouces, est recourbée en dessous par l'extrémité, qui est dégarnie de poils; sa langue est étroite, un peu aplatie, et assez longue; le cou est presque nul, la tête est assez grosse à proportion du corps; les yeux sont placés bas et peu éloignés des coins de la gueule; les oreilles sont petites et cachées dans le poil; les jambes n'ont que trois pouces de hauteur; les pieds de devant n'ont que deux ongles, dont l'externe est bien plus gros et bien plus long que l'interne; les pieds de derrière en ont quatre. Le poil du corps est long d'environ neuf lignes; il est doux au toucher, et d'une couleur brillante, d'un roux mêlé de jaune vif. Les pieds ne sont pas faits pour marcher, mais pour grimper et pour saisir; il monte sur les arbres et se suspend aux branches par l'extrémité de sa queue.

Nous ne connoissons dans ce genre d'animaux que les trois espèces desquelles nous venons de donner des indications. M. Brisson fait mention, d'après Seba, d'une quatrième espèce, sous le nom de *fourmilier aux longues oreilles*; mais nous regardons cette espèce comme douteuse, parce que dans l'énumération que fait Seba des animaux de ce genre, il nous a paru qu'il y avoit plus d'une erreur; il dit expressément : «Nous conservons dans notre cabinet six espèces de ces ani-«maux mangeurs de fourmis:» cependant il ne donne la des-

cription que de cinq ; et parmi ces cinq animaux, il place
l'*ysquiepatl* ou *mouffette*, qui est un animal non-seulement
d'une espèce, mais d'un genre très éloigné de celui des mangeurs de fourmis, puisqu'il a des dents, et la langue plate et
courte comme celle des autres quadrupèdes, et qu'il approche
beaucoup du genre des belettes ou des martes. De ces six
espèces prétendues et conservées dans le cabinet de Seba, il
n'en reste donc déjà que quatre, puisque l'*ysquiepatl*, qui
faisoit la cinquième, n'est point du tout un mangeur de fourmis, et qu'il n'est question nulle part de la sixième, à moins
que l'auteur n'ait sous-entendu comprendre parmi ces animaux
le *pangolin* [*] ; ce qu'il ne dit pas dans la description qu'il
donne ailleurs de cet animal. Le pangolin se nourrit de fourmis ; il a le museau allongé, la gueule étroite et sans aucune
dent apparente, la langue longue et ronde ; caractères qui lui
sont communs avec les mangeurs de fourmis : mais il en diffère, ainsi que de tous les autres quadrupèdes, par un caractère unique, qui est d'avoir le corps couvert de grosses écailles
au lieu de poil. D'ailleurs c'est un animal des climats les plus
chauds de l'ancien continent, au lieu que les mangeurs de
fourmis, dont le corps est couvert de poil, ne se trouvent
que dans les parties méridionales du Nouveau-Monde. Il ne
reste donc plus que quatre espèces au lieu de six annoncées
par Seba, et de ces quatre espèces il n'y en a qu'une de reconnoissable par ses descriptions : c'est la troisième de celles que
nous décrivons ici, c'est-à-dire celle du fourmilier, auquel, à
la vérité, Seba ne donne qu'un doigt à chaque pied de devant,
quoiqu'il en ait deux, mais qui, malgré ce caractère manchot,
ne peut être que notre fourmilier. Les trois autres sont si mal
décrits, qu'il n'est pas possible de les rapporter à leur véritable
espèce. J'ai cru devoir citer ici ces descriptions en entier, non-
seulement pour prouver ce que je viens d'avancer, mais pour
donner une idée de ce gros ouvrage de Seba, et pour qu'on
juge de la confiance qu'on peut accorder à cet écrivain. L'animal qu'il désigne par le nom de *tamandua myrmécophage*

[*] C'est le nom que nous donnerons au lézard écailleux.

d'Amérique, tome 1, page 60, et dont il donne la figure, planche XXXVII, n° 2, ne peut se rapporter à aucun des trois dont il est ici question ; il ne faut, pour en être convaincu, que lire la description de l'auteur. Le second, qu'il indique sous le nom de *tamandua-guacu du Brésil*, ou *l'ours qui mange des fourmis*, pages 65 et 66, planche XL, figure n° 1, est indiqué d'une manière vague et équivoque : cependant je penserois, avec MM. Klein et Linnæus, que ce pourroit être le vrai *tamandua-guacu* ou *tamanoir*, mais si mal décrit et si mal représenté, que M. Linnæus a réuni sous une seule espèce le premier et le second de ces animaux de Seba, c'est-à-dire celui de la planche XXXVII, figure n° 2, et celui de la planche XL, figure n° 1. M. Brisson a regardé ce dernier comme une espèce particulière ; mais je ne crois pas que l'établissement de cette espèce soit fondé, non plus que le reproche qu'il fait à M. Klein de l'avoir confondu avec celle du tamanoir : il paroît que le seul reproche qu'on puisse faire à M. Klein est d'avoir joint à la bonne description qu'il nous donne de cet animal, dont la peau bourrée est conservée dans le cabinet de Dresde, les indications fautives de Seba. Enfin le troisième de ces animaux, dont on trouve la figure dans cet ouvrage (vol. II, page 48, planche XLVII, n° 2), est si mal décrit, que je ne puis me persuader, malgré la confiance que j'ai à MM. Linnæus et Brisson, qu'on puisse, sur la description et la figure de l'auteur, rapporter, comme ils l'ont fait, cet animal au *tamandua-i*, que j'appelle simplement *tamandua :* je demande seulement qu'on lise encore cette description, et qu'on juge. Quelque désagréables, quelque ennuyeuses que soient des discussions de cette espèce, on ne peut les éviter dans les détails de l'histoire naturelle : il faut, avant d'écrire sur un sujet, souvent très peu connu, en écarter, autant qu'il est possible, toute obscurité, marquer en passant les erreurs, qui ne manquent jamais de se trouver en nombre sur le chemin de la vérité, à laquelle il est souvent très difficile d'arriver, moins par la faute de la nature que par celle des naturalistes.

Ce qui résulte de plus certain de cette critique, c'est qu'il

existe réellement trois espèces d'animaux auxquels on a donné
le nom commun de *mangeurs de fourmis;* que ces trois
espèces sont le tamanoir, le tamandua et le fourmilier; que la
quatrième espèce, donnée sous le nom de *fourmilier aux
longues oreilles* par M. Brisson, est douteuse aussi bien que
les autres espèces indiquées par Seba. Nous avons vu le tamanoir et le fourmilier; nous en avons les dépouilles au Cabinet
du Roi : ces espèces sont certainement très différentes l'une de
l'autre, et telles que nous les avons décrites; mais nous n'avons
pas vu le tamandua, et nous n'en parlons que d'après Pison et
Marcgrave, qui sont les seuls auteurs qu'on puisse consulter
sur cet animal, puisque tous les autres n'ont fait que les
copier.

Le tamandua fait, pour ainsi dire, la moyenne proportionnelle entre le tamanoir et le fourmilier pour la grandeur du
corps : il a, comme le tamanoir, le museau fort allongé et
quatre doigts aux pieds de devant; mais il a, comme le fourmilier, la queue dégarnie de poil à l'extrémité, par laquelle il
se suspend aux branches des arbres. Le fourmilier a aussi la
même habitude. Dans cette situation, ils balancent leur corps,
approchent leur museau des trous et des creux d'arbres; ils y
insinuent leur longue langue, et la retirent ensuite brusquement pour avaler les insectes qu'elle a ramassés.

Au reste ces trois animaux, qui diffèrent si fort par la grandeur et par les proportions du corps, ont néanmoins beaucoup
de choses communes, tant pour la conformation que pour les
habitudes naturelles : tous trois se nourrissent de fourmis, et
plongent aussi leur langue dans le miel et dans les autres substances liquides ou visqueuses : ils ramassent assez promptement les miettes de pain et les petits morceaux de viande hachée; on les apprivoise et on les élève aisément; ils soutiennent
long-temps la privation de toute nourriture; ils n'avalent pas
toute la liqueur qu'ils prennent en buvant, il en retombe une
partie qui passe par les narines; ils dorment ordinairement
pendant le jour, et changent de lieu pendant la nuit; ils marchent si mal, qu'un homme peut les atteindre facilement à la

course dans un lieu découvert. Les sauvages mangent leur chair, qui cependant est d'un très mauvais goût.

On prendroit de loin le tamanoir pour un grand renard, et c'est par cette raison que quelques voyageurs l'ont appelé *renard américain;* il est assez fort pour se défendre d'un gros chien, et même d'un jaguar. Lorsqu'il en est attaqué, il se bat d'abord debout, et, comme l'ours, il se défend avec les mains, dont les ongles sont meurtriers; ensuite il se couche sur le dos pour se servir des pieds comme des mains, et, dans cette situation, il est presque invincible, et combat opiniâtrément jusqu'à la dernière extrémité; et même lorsqu'il a mis à mort son ennemi, il ne le lâche que très long-temps après : il résiste plus qu'un autre au combat, parce qu'il est couvert d'un grand poil touffu, d'un cuir fort épais, et qu'il a la chair peu sensible et la vie très dure.

Le tamanoir, le tamandua et le fourmilier sont des animaux naturels aux climats les plus chauds de l'Amérique, c'est-à-dire au Brésil, à la Guiane, au pays des Amazones, etc. On ne les trouve point en Canada, ni dans les autres contrées froides du Nouveau-Monde; on ne doit donc pas les retrouver dans l'ancien continent : cependant Kolbe et Desmarchais ont écrit qu'il y avoit de ces animaux en Afrique; mais il me paroît qu'ils ont confondu le pangolin ou lézard écailleux avec nos fourmiliers. C'est peut-être d'après un passage de Marcgrave, où il est dit : *Tamandua-guacu Brasiliensibus, Congensibus (ubi et frequens est)* umbulu *dictus,* que Kolbe et Desmarchais sont tombés dans cette erreur; et en effet, si Marcgrave entend par *Congensibus* les naturels de Congo, il aura dit le premier que le tamanoir se trouvoit en Afrique; ce qui cependant n'a été confirmé par aucun autre témoin digne de foi. Marcgrave lui-même n'avait certainement pas vu cet animal en Afrique, puisqu'il avoue qu'en Amérique même il n'en a vu que les dépouilles. Desmarchais en parle assez vaguement; il dit simplement qu'on trouve cet animal en Afrique comme en Amérique, mais il n'ajoute aucune circonstance qui puisse prouver le fait : et à l'égard de Kolbe, nous comp-

tons pour rien son témoignage; car un homme qui a vu au
cap de Bonne-Espérance des élans et des loups-cerviers tout
semblables à ceux de Prusse, peut bien aussi y avoir vu des
tamanduas. Aucun des auteurs qui ont écrit sur les productions de l'Afrique et de l'Asie n'a parlé des tamanduas; et, au
contraire, tous les voyageurs et presque tous les historiens de
l'Amérique en font mention précise; de Lery, de Laët, le
P. d'Abbeville, Maffée, Faber, Nieremberg, et M. de La Condamine, s'accordent à dire avec Pison, Barrère, etc., que ce
sont des animaux naturels aux pays chauds de l'Amérique.
Ainsi nous ne doutons pas que Desmarchais et Kolbe ne se
soient trompés; et nous croyons pouvoir assurer de nouveau
que ces trois espèces d'animaux n'existent pas dans l'ancien
continent.

Sur le Tamanoir.

* Nous avons donné la figure du tamanoir ou grand fourmilier; mais comme le dessin n'a été fait que d'après une peau
qui avoit été assez mal préparée, il n'est pas aussi exact que
celui qu'on trouvera ici (voy. *planche* 30), qui a été fait sur
un animal envoyé de la Guiane, bien empaillé, à M. Mauduit,
docteur en médecine, dont le cabinet ne contient que des
choses précieuses, par les soins que cet habile naturaliste
prend de recueillir tout ce qu'il y a de plus rare, et de maintenir les animaux et les oiseaux dans le meilleur état possible.
Quoique le tamanoir que nous donnons ici soit précisément de
la même espèce que celui dont nous venons de parler, on verra
néanmoins qu'il a le museau plus court, la distance de l'œil à
l'oreille plus petite, les pieds plus courts; ceux du devant
n'ont que quatre ongles, les deux du milieu très grands, les
deux de côté forts petits, cinq ongles aux pieds de derrière,
et tous ces ongles noirs. Le museau jusqu'aux oreilles est couvert d'un poil brun fort court; près des oreilles le poil commence à devenir plus grand; il a deux pouces et demi de
longueur sur les côtés du corps; il est rude au toucher, comme

celui du sanglier; il est mêlé de poils d'un brun foncé, et d'autres d'un blanc sale. La bande noire du corps n'a point de petites taches blanches décidées et qui la bordent, comme dans l'autre tamanoir. Celui-ci a trois pieds onze pouces de longueur, c'est-à-dire trois pouces de plus que le premier. Voici ses autres dimensions.

	pieds.	pouc.	lign.
Hauteur du train de devant.	1	8	»
Hauteur du train de derrière	1	7	6
Longueur du bout du museau à l'angle de l'œil	»	7	9
Ouverture de l'œil.	»	»	6
Ouverture de la bouche.	»	1	1
Ouverture des narines.	»	»	4
Distance de l'œil à l'oreille.	»	2	1
Grandeur de l'oreille.	»	1	2
Longueur du cou.	»	8	»
Longueur du tronçon de la queue.	2	1	9
Longueur du pied de devant.	»	3	6
Longueur de l'ergot interne.	»	»	6
Longueur de ce même ergot à son origine.	»	»	4
Longueur de l'ergot suivant.	»	1	8
Sa largeur à son origine	»	»	4
Longueur du troisième ergot.	»	2	3
Sa largeur à son origine.	»	»	6
Longueur de l'ergot extérieur.	»	»	5
Sa largeur à son origine.	»	»	3
Longueur du pied de derrière.	»	3	9
Longueur de l'ergot interne.	»	»	7
Longueur des trois autres ergots.	»	1	10
Largeur à l'origine.	»	»	3
Longueur de l'ergot externe.	»	»	6
Largeur à son origine.	»	»	3

M. de La Borde, médecin du roi à Cayenne, m'a envoyé les observations suivantes au sujet de cet animal.

«Le tamanoir habite les bois de la Guiane. On y en connoît de deux espèces; les individus de la plus grande pèsent jusqu'à cent livres. Ils courent lentement et plus lourdement qu'un cochon; ils traversent les grandes rivières à la nage, et alors il n'est pas difficile de les assommer à coups de bâton. Dans les bois, on les tue à coups de fusil. Ils n'y sont pas fort communs, quoique les chiens refusent de les chasser.

«Le tamanoir se sert de ses grandes griffes pour déchirer

les ruches de poux de bois qui se trouvent partout sur les arbres, sur lesquels il grimpe facilement. Il faut prendre garde d'approcher cet animal de trop près; car ses griffes font des blessures profondes : il se défend même avec avantage contre les animaux les plus féroces de ce continent, tels que les jaguars, couguars, etc.; il les déchire avec ses griffes, dont les muscles et les tendons sont d'une grande force. Il tue beaucoup de chiens, et c'est par cette raison qu'ils refusent de le chasser.

« On voit souvent des tamanoirs dans les grandes savanes incultes. On dit qu'ils se nourrissent de fourmis. Leur estomac a plus de capacité que celui d'un homme. J'en ai ouvert un qui avoit l'estomac plein de poux de bois qu'il avoit nouvellement mangés. La structure et les dimensions de sa langue semblent prouver qu'il peut aussi se nourrir de fourmis. Il ne fait qu'un petit dans des trous d'arbre près de terre. Lorsque la femelle nourrit, elle est très dangereuse, même pour les hommes. Les gens du commun à Cayenne mangent la chair de cet animal ; elle est noire, sans graisse et sans fumet. Sa peau est dure et épaisse : sa langue est d'une forme presque conique, comme son museau. »

M. de La Borde en donne une description anatomique que je n'ai pas cru devoir publier ici, pour lui laisser les prémices de ce travail qu'il me paroît avoir fait avec soin.

« Le tamanoir, continue M. de La Borde, n'acquiert son accroissement entier qu'en quatre ans. Il ne respire que par les narines. A la première vertèbre qui joint le cou avec la tête, la trachée-artère est fort ample; mais elle se rétrécit tout-à-coup, et forme un conduit qui se continue jusqu'aux narines, dans cette espèce de cornet qui lui sert de mâchoire supérieure. Ce cornet a un pied de longueur, et il est au moins aussi long que le reste de la tête. Il n'a aucun conduit de la trachée-artère à la gueule, et néanmoins l'ouverture des narines est si petite, qu'on avoit de la peine à y introduire un tuyau de plume à écrire. Les yeux sont aussi très petits, et il ne voit que de côté. La graisse de cet animal est de la plus grande blancheur. Lorsqu'il traverse les eaux, il porte sa grande et longue queue repliée sur le dos et jusque sur la tête. »

MM. Aublet et Olivier m'ont assuré que le tamanoir ne se nourrit que par le moyen de sa langue, laquelle est enduite d'une humeur visqueuse et gluante, avec laquelle il prend des insectes. Ils disent aussi que sa chair n'est point mauvaise à manger.

Sur le Tamandua.

* Nous croyons devoir rapporter à l'espèce du tamandua l'animal dont nous donnons ici la figure (voy. *planche* 30), et duquel la dépouille bien préparée était au cabinet de M. le duc de Caylus, et se voit actuellement dans le Cabinet du Roi. Il est différent du tamanoir, non-seulement par la grandeur, mais aussi par la forme. Sa tête est à proportion bien plus grosse : l'œil est si petit, qu'il n'a qu'une ligne de grandeur; encore est-il environné d'un rebord de poils relevés. L'oreille est ronde et bordée de grands poils noirs par-dessus. Le corps entier n'a que treize pouces, depuis le bout du nez jusqu'à l'origine de la queue, et dix pouces foibles de hauteur. Le poil de dessus le dos est long de quinze lignes; celui du ventre, qui est d'un blanc sale, est de la même longueur. La queue n'a que sept pouces et demi de longueur, couverte partout de longs poils fauves, avec des bandes ou des anneaux d'une teinte légèrement noirâtre.

Il n'y a, dans toute cette description, que deux caractères qui ne s'accordent pas avec celle que Marcgrave nous a donnée du tamandua. Le premier est la queue, qui est partout garnie de poils, au lieu que celui de Marcgrave a la queue nue à son extrémité; le second, c'est qu'il y a cinq doigts aux pieds de devant dans notre tamandua, et que celui de Marcgrave n'en avoit que quatre : mais du reste tout convient assez pour qu'on puisse croire que l'animal dont nous donnons ici la figure est au moins une variété de l'espèce du tamandua, s'il n'est pas précisément de la même espèce.

M. de La Borde semble l'indiquer, dans ses observations, sous le nom de *petit tamanoir*.

« Il a, dit-il, le poil blanchâtre, long d'environ deux pouces. Il peut peser un peu plus de soixante livres. Il n'a point de dents, mais il a aussi des griffes fort longues. Il ne mange que le jour, comme l'autre, et ne fait qu'un petit, il vit aussi de même, et se tient dans les grands bois. Sa chair est bonne à manger ; mais on le trouve plus rarement que le grand tamanoir. »

J'aurois bien désiré qu'il m'eût envoyé des indications plus précises et plus détaillées, qui auroient fixé nos incertitudes au sujet de cette espèce d'animal.

Sur le Fourmilier.

Voici ce que m'écrit en même temps M. de La Borde sur le petit fourmilier, dont nous avons donné la figure.

« Il a le poil roux, luisant, un peu doré, se nourrit de fourmis, tire sa langue, qui est fort longue et faite comme un ver, et les fourmis s'y attachent. Cet animal n'est guère plus grand qu'un écureuil. Il n'est pas difficile à prendre ; il marche assez lentement, s'attache, comme les paresseux, sur un bâton qu'on lui présente, dont il ne cherche pas à se détourner, et on le porte ainsi attaché où l'on veut. Il n'a aucun cri. On en trouve souvent d'accrochés à des branches par leurs griffes. Ils ne font qu'un petit dans des creux d'arbre, sur des feuilles qu'ils charrient sur le dos. Ils ne mangent que la nuit. Leurs griffes sont dangereuses, et ils les serrent si fort, qu'on ne peut pas leur faire lâcher prise. Ils ne sont pas rares, mais difficiles à apercevoir sur les arbres. »

M. Vosmaër a fait une critique assez mal fondée de ce que j'ai dit au sujet des fourmiliers.

« Je dois remarquer, dit-il, contre le sentiment de M. de Buffon, que l'année passée M. Tulbagh a envoyé un animal sous le nom de *pou de terre*, qui est le *myrmécophage* de Linnæus ; en sorte que Desmarchais et Kolbe ont raison de dire que cet animal se trouve en Afrique aussi bien qu'en Amérique. A juger de celui-ci qui a été envoyé dans l'esprit-de-vin, paraissant être tout nouvellement né, et ayant déja la grandeur d'un bon cochon de lait, l'animal parfait doit être d'une taille fort considérable. Voici les principales différences autant qu'on peut les reconnoître à cet animal si jeune.

«Le groin est à son extrémité un peu gros, rond et aussi comme écrasé en dessus. Leurs oreilles sont fort grandes, longues, minces, pointues et pendantes. Les pieds de devant ont quatre doigts; le premier et le troisième d'une longueur égale, le second un peu plus long, et le quatrième ou l'extérieur un peu plus court que le troisième. Leurs quatre onglets sont fort longs, peu crochus, pointus, et à peu près d'une égale grandeur. Les pieds de derrière ont cinq doigts, dont les trois intermédiaires sont presque également longs, et les deux extérieurs beaucoup plus courts; les onglets en sont moins grands, et les deux extérieurs les plus petits. Sa queue, sans être fort longue, est grosse et se termine en pointe. Les deux *myrmécophages* de Seba sont certainement les mêmes, et ne diffèrent entre eux que par la couleur. La figure en est fort bonne. C'est une espèce particulière, tout-à-fait différente du tamandua-guacu de Marcgrave, ou tamanoir de M. de Buffon.»

On croiroit, après la lecture de ce passage, que je me suis trompé au sujet de cet animal donné par Seba. Cependant j'ai dit précisément ce que dit ici M. Vosmaër. Voici comme je me suis exprimé : *L'animal que Seba désigne par le nom de* tamandua myrmécophage d'Amérique, *tome I, page 60, et dont il donne la figure, planche 37, nº 2, ne peut se rapporter à aucun des trois dont il est ici question.* Or les trois animaux d'Amérique dont j'ai parlé sont le tamanoir, le tamandua et le petit fourmilier; donc tout ce que dit M. Vosmaër ne fait rien contre ce que j'ai avancé, puisque ce que j'ai avancé se réduit à ce que le tamanoir, le tamandua et le fourmilier ne se trouvent qu'en Amérique, et non dans l'ancien continent. Cela est si positif, que M. Vosmaër ne peut rien y opposer. Si le myrmécophage de Seba (*planche 37, fig 2*) se trouve en Afrique, cela prouve seulement que Seba s'est trompé en l'appelant *myrmécophage d'Amérique* ; mais cela ne prouve rien contre ce que j'ai avancé, et je persiste avec toute ma raison à soutenir que le tamanoir, le tamandua et le fourmilier ne se trouvent qu'en Amérique et point en Afrique.

LE COCHON DE TERRE.

Myrmecophaga Capensis. PALL.

Nous avons dit et répété souvent qu'aucune espèce des animaux de l'Afrique ne s'est trouvée dans l'Amérique méridionale, et que réciproquement aucun des animaux de cette partie de l'Amérique ne s'est trouvé dans l'ancien continent. L'animal dont il est ici question, a pu induire en erreur des observateurs peu attentifs, tels que M. Vosmaër : mais on va voir par sa description et par la comparaison de sa figure avec celle des fourmiliers d'Amérique, qu'il est d'une espèce très différente, qu'il n'a guère d'autres rapports avec eux que d'être de même privé de dents, et d'avoir une langue assez longue pour l'introduire dans les fourmilières. Nous avons donc adopté le nom de *cochon de terre,* que Kolbe donne à ce mangeur de fourmis, de préférence à celui de *fourmilier,* qui doit être réservé aux mangeurs de fourmis d'Amérique, puisqu'en effet cet animal d'Afrique en diffère essentiellement par l'espèce, et même par le genre. Le nom de *cochon de terre* est relatif à ses habitudes naturelles et même à sa forme, et c'est celui sous lequel il est communément connu dans les terres du Cap. Voici la description que M. Allamand a faite de cet animal, dans le nouveau supplément à mon ouvrage.

« M. de Buffon semble avoir épuisé tout ce qu'on peut dire sur les animaux mangeurs de fourmis : l'article qu'il en a dressé doit lui avoir coûté beaucoup de peine, tant à cause des recherches qu'il a dû faire de tout ce qui a été dit de ces animaux, que de la nécessité où il a été de relever les fautes de ceux qui en ont parlé avant lui, et particulièrement de Seba. Celui-ci ne les a pas seulement mal décrits, mais il a encore rangé parmi eux un animal d'un genre très différent.

« M. de Buffon, après avoir dissipé la confusion qui régnoit dans l'histoire de ces animaux, n'admet que trois espèces de mangeurs de fourmis, le tamanoir, le tamandua, et celui auquel il a conservé le nom de *fourmilier* : mais ensuite il a donné la description d'un animal qui semble être une nouvelle espèce de tamandua, plutôt qu'une simple variété; enfin il conclut de tout ce qu'il a dit, que les mangeurs de fourmis ne se trouvent que dans les pays chauds de l'Amérique, et qu'ils n'existent pas dans l'ancien continent. Il est vrai que Desmarchais et Kolbe disent qu'il y en a en Afrique : mais le premier affirme simplement la chose sans en rien dire de plus, ni sans en apporter aucune preuve. Quant à Kolbe, son témoignage est si suspect, que M. de Buffon a été très autorisé à n'y pas ajouter foi. J'ai pensé comme lui au sujet de Kolbe, et je n'ai point cru qu'il y eût des mangeurs de fourmis en Afrique : mais M. le capitaine Gordon m'a tiré de l'erreur où j'étois; il m'a envoyé la dépouille d'un de ces animaux tué au cap de Bonne-Espérance, où ils sont connus sous le nom de *cochons de terre;* c'est précisément celui que Kolbe leur donne : ainsi je lui fais réparation d'avoir révoqué ici en doute sa véracité, et je suis persuadé que M. de Buffon lui rendra la même justice. Il est vrai que M. Pallas a confirmé le témoignage de Kolbe par ses propres observations; il a donné la description d'un fœtus de mangeur de fourmis, envoyé du cap de Bonne-Espérance au cabinet de S. A. S. Msr. le prince d'Orange; mais un fœtus, dénué de son poil, étoit peu propre à donner une juste idée de l'animal dont il tiroit son origine, et il pouvoit avoir été envoyé d'ailleurs au Cap; cependant le nom de *cochon*, par lequel on l'avoit désigné, a commencé à me faire revenir de mon préjugé contre Kolbe.

« J'ai fait remplir la peau que M. Gordon m'a envoyée, ce

qui m'a très bien réussi; et c'est d'après cette peau bourrée que j'ai fait graver la figure. Si l'on doit appeler *mangeur de fourmis* un animal qui n'a point de dents, et qui a une langue fort longue qu'il enfonce dans les fourmilières pour avaler ensuite les fourmis qui s'y attachent, on ne peut pas douter que celui qui est présenté ici n'en mérite le nom; cependant il diffère très fort des trois espèces décrites par M. de Buffon, et que je crois, avec lui, être particulières à l'Amérique.

« Il est à peu près aussi gros et aussi grand que le tamanoir, comme on le verra par les dimensions que j'en donnerai. Les poils qui couvrent sa tête, le dessus de son corps et sa queue, sont très courts, et tellement couchés et appliqués sur sa peau, qu'ils semblent y être collés; leur couleur est d'un gris sale, un peu approchant de celui du lapin, mais plus obscur : sur les flancs et sous le ventre, ils sont plus longs et d'une couleur roussâtre; ceux qui couvrent les jambes sont aussi beaucoup plus longs, ils sont tout-à-fait noirs et droits.

« La tête est presque un cône tronqué, un peu comprimé vers son extrémité; elle est terminée par un plan ou plutôt par un boutoir, tel que celui d'un cochon, dans lequel sont les trous des narines, et qui avance de près d'un pouce au-delà de la mâchoire inférieure; celle-ci est très petite. Sa langue est longue, fort mince et plate, mais plus large que dans les autres mangeurs de fourmis, qui l'ont presque cylindrique; il n'a absolument aucune dent. Ses yeux sont beaucoup plus près des oreilles que du museau; ils sont assez grands, et d'un angle à l'autre ils ont un pouce de longueur. Ses oreilles, assez semblables à celles des cochons, s'élèvent à la hauteur de six pouces, et se terminent en pointe; elles sont formées par une membrane presque aussi mince que du parchemin, et couvertes de poils à peine remarquables, tant ils sont courts. J'ignore si dans l'animal vivant elles sont pendantes comme dans les tamanduas : M. Pallas dit qu'elles le sont; mais il en juge d'après celles du fœtus, où leur longueur doit leur faire prendre cette position, sans qu'on en doive conclure qu'elles l'aient dans l'animal lorsqu'il est hors du ventre de sa mère. Sa queue sur-

11.

passe le tiers de la longueur de tout le corps ; elle est fort
grosse à son origine, et va en diminuant jusqu'à son extrémité. Ses pieds de devant ont quatre doigts, ceux de derrière
en ont cinq, tous armés de forts ongles, dont les plus longs
sont aux pieds postérieurs, car ils égalent en longueur les
doigts mêmes ; ils ne sont pas pointus, mais arrondis à leur
extrémité, un peu recourbés et propres à creuser la terre. Il
ne paroît pas qu'il puisse s'en servir pour saisir fortement,
où pour se défendre, comme les autres mangeurs de fourmis ; cependant il doit avoir beaucoup de force dans ses
jambes, qui sont très grosses proportionnellement à son
corps.

« On voit, par cette description, que cet animal est très différent du tamanoir par son poil, sa couleur, sa tête et sa queue :
il surpasse aussi fort en grandeur le tamandua, dont il diffère
de même par son pelage, par sa couleur et par ses ongles ; je
ne dis rien de sa différence avec le fourmilier, avec lequel personne ne le confondra. Il appartient donc à une quatrième
espèce inconnue jusqu'à présent ; et tout ce que j'en sais de
certain, c'est que cet animal fourre sa langue dans les fourmilières, qu'il avale les fourmis qui s'y attachent, et qu'il se cache
en terre dans des trous. Quoiqu'il ait une queue qui ressemble
un peu à celle du tamandua, je doute qu'il s'en serve, comme
lui, pour se suspendre à des branches d'arbre ; elle ne me paroît pas, pour cela, assez flexible, et les ongles ne sont pas faits
pour grimper.

« Comme je l'ai déja dit, on lui donne au Cap le nom de
cochon de terre ; mais il ressemble au cochon, et cela encore
très imparfaitement, uniquement par sa tête allongée, par le
boutoir qui la termine et par la longueur de ses oreilles : d'ailleurs il en diffère essentiellement par les dents qu'il n'a pas,
par sa queue, et principalement par ses pieds, aussi bien que
par la conformation de tout son corps.

« Au défaut de bonnes autorités sur ce qui regarde ce mangeur de fourmis (car c'est le nom que je crois devoir lui donner, pour le distinguer des trois espèces décrites par M. de

Buffon), je mettrai ici en note ce que Kolbe en a dit '; il a été
plus exact dans la description qu'il en a faite, qu'il ne l'est
ordinairement. Voici ses dimensions. »

	pieds.	pouc.	lign.
Longueur du corps depuis le bout du museau jusqu'à l'origine de la queue.	3	5	»
Circonférence du milieu du corps	2	8	»
Longueur de la tête.	»	11	»
Sa circonférence entre les yeux et les oreilles	1	1	»
Sa circonférence près du bout du museau	»	7	»
Longueur des oreilles	»	6	»
Distance entre leurs bases	»	2	»
Longueur des yeux mesurée d'un angle à l'autre	»	1	»
Distance des yeux aux oreilles.	»	2	»
Distance des yeux au bout du museau	»	7	»
Distance entre les deux yeux en ligne droite.	»	4	»
Longueur de la queue	1	9	»
Sa circonférence près de l'anus	1	8	»
Sa circonférence près de l'extrémité	»	2	»
Longueur des jambes de devant.	1	»	»
Sa circonférence près du corps.	»	11	»
Sa circonférence près du poignet	»	6	6
Longueur des jambes de derrière.	1	1	»
Leur circonférence près du corps.	1	»	»
Leur circonférence près du talon	»	7	6

' La quatrième espèce des cochons se nomme *le cochon de terre*. Il ressemble très fort aux *cochons rouges* (pourquoi aux *cochons rouges* ? il
ne leur ressemble pas plus par la couleur qu'aux autres); il a seulement la
tête plus longue et le groin plus pointu; il n'a absolument point de dents,
et ses soies ne sont pas si fortes. Sa langue est longue et affilée; sa queue est
longue; il a aussi les jambes longues et fortes. La terre lui sert de demeure;
il s'y creuse une grotte, ouvrage qu'il fait avec beaucoup de vivacité et de
promptitude, et s'il a seulement la tête et les pieds de devant dans la terre,
il s'y cramponne si bien, que l'homme le plus robuste ne sauroit l'en
arracher.

Lorsqu'il a faim, il va chercher une fourmilière; dès qu'il a fait cette
bonne trouvaille, il regarde tout autour de lui, pour voir si tout est tranquille et s'il n'y a point de danger; il ne mange jamais sans avoir pris cette
précaution : alors il se couche, et, plaçant son groin tout près de la fourmi-
ière, il tire la langue tant qu'il peut : les fourmi montent dessus en foule,
et, dès qu'elle est bien couverte, il la retire et les gobe toutes. Ce jeu se
recommence plusieurs fois, et jusqu'à ce qu'il soit rassasié. Afin de lui procurer plus aisément cette nourriture, la nature, toute sage, a fait en sorte
que la partie supérieure de cette langue, qui doit recevoir les fourmis, est
toujours couverte et comme enduite d'une matière visqueuse et gluante qui
empêche ces foibles animaux de s'en retourner, lorsqu'une fois leurs jambes

LE PANGOLIN [1].

Myrmecophaga pentadactyla. L.

ET LE PHATAGIN [2].

Myrmecophaga tetradactyla. L.

Ces animaux sont vulgairement connus sous le nom de *lézards écailleux :* nous avons cru devoir rejeter cette dénomination, 1° parce qu'elle est composée ; 2° parce qu'elle est ambiguë, et qu'on l'applique à ces deux espèces ; 3° parce qu'elle a été mal imaginée, ces animaux étant non-seulement d'un autre genre, mais même d'une autre classe que les lézards, qui sont des reptiles ovipares, au lieu que le pangolin et le phatagin sont des quadrupèdes vivipares : ces noms sont d'ailleurs ceux qu'ils portent dans leur pays natal ; nous ne les avons pas créés, nous les avons seulement adoptés.

Tous les lézards sont recouverts en entier, et jusque sous le ventre, d'une peau lisse et bigarrée de taches qui représentent des écailles ; mais le pangolin et le phatagin n'ont point d'écailles sous la gorge, sous la poitrine, ni sous le ventre : le phatagin, comme tous les autres quadrupèdes, a du poil sur toutes ces parties inférieures du corps ; le pangolin n'a qu'une peau lisse et sans poil. Les écailles qui revêtent et couvrent

---

y sont empêtrées ; c'est là leur manière de manger. Ils ont la chair de fort bon goût et très saine. Les Européens et les Hottentots vont souvent à la chasse de ces animaux : rien n'est plus facile que de les tuer ; il ne faut que leur donner un petit coup de bâton sur la tête. (*Description du cap de Bonne-Espérance*, par Kolbe, volume III, page 43.)

[1] *Pangolin* ou *panggoeling*, nom que les Indiens de l'Asie méridionale donnent à cet animal, et que nous avons adopté. Les François habitués aux Indes orientales l'ont appelé *lézard écailleux* et *diable de Java. Panggoeling*, selon Seba, signifie, dans la langue de Java, *un animal qui se met en boule.*

[2] Le *phatagin* ou *phatagen*, nom de cet animal aux Indes orientales, et que nous avons adopté.

toutes les autres parties du corps de ces deux animaux ne sont
pas collées en entier sur la peau ; elles y sont seulement in-
fixées et fortement adhérentes par leur partie inférieure : elles
sont mobiles comme les piquants du porc-épic, et elles se relèvent ou se rabaissent à la volonté de l'animal ; elles se hérissent lorsqu'il est irrité ; elles se hérissent encore plus lorsqu'il se met en boule comme le hérisson. Ces écailles sont si
grosses, si dures et si poignantes, qu'elles rebutent tous les
animaux de proie ; c'est une cuirasse offensive qui blesse autant
qu'elle résiste : les plus cruels et les plus affamés, tels que le
tigre, la panthère, etc., ne font que de vains efforts pour dévorer ces animaux armés; ils les foulent, ils les roulent, mais
en même temps ils se font des blessures douloureuses dès qu'ils
veulent les saisir : ils ne peuvent ni les violenter, ni les écra-
ser, ni les étouffer en les surchargeant de leur poids. Le renard, qui craint de prendre avec la gueule le hérisson en boule,
dont les piquants lui déchirent le palais et la langue, le force
cependant à s'étendre en le foulant aux pieds et le pressant de
tout son poids ; dès que la tête paroît, il la saisit par le bout
du museau, et met ainsi le hérisson à mort : mais le pangolin
et le phatagin sont de tous les animaux, sans en excepter
même le porc-épic, ceux dont l'armure est la plus forte et la
plus offensive ; en sorte qu'en contractant leur corps et présentant leurs armes, ils bravent la fureur de tous leurs ennemis.

Au reste, lorsque le pangolin et le phatagin se resserrent,
ils ne prennent pas, comme le hérisson, une figure globuleuse
et uniforme : leur corps, en se contractant, se met en peloton ;
mais leur grosse et longue queue reste au dehors, et sert de
cercle ou de lien au corps. Cette partie extérieure par laquelle
il paroît que ces animaux pourroient être saisis, se défend d'elle-
même : elle est garnie dessus et dessous d'écailles aussi dures et
aussi tranchantes que celles dont le corps est revêtu ; et comme
elle est convexe en dessus et plate en dessous, et qu'elle a la
forme à peu près d'une demi-pyramide, les côtés anguleux sont
revêtus d'écailles en équerre pliées à angle droit, lesquelles sont
aussi grosses et aussi tranchantes que les autres ; en sorte que

la queue paroît être encore plus soigneusement armée que le corps, dont les parties inférieures sont dépourvues d'écailles.

Le pangolin est plus gros que le phatagin, et cependant il a la queue beaucoup moins longue; ses pieds de devant sont garnis d'écailles jusqu'à l'extrémité; au lieu que le phatagin a les pieds et même une partie des jambes de devant, dégarnis d'écailles et couverts de poil. Le pangolin a aussi les écailles plus grandes, plus épaisses, plus convexes et moins cannelées que celles du phatagin, qui sont armées de trois pointes très piquantes, au lieu que celles du pangolin sont sans pointes et uniformément tranchantes. Le phatagin a du poil aux parties inférieures : le pangolin n'en a point du tout sous le corps; mais entre les écailles qui lui couvrent le dos il sort quelques poils gros et longs comme des soies de cochon, et ces longs poils ne se trouvent pas sur le dos du phatagin. Ce sont là toutes les différences essentielles que nous ayons remarquées en observant les dépouilles de ces deux animaux, qui sont si différents de tous les autres quadrupèdes, qu'on les a regardés comme des espèces de monstres. Les différences que nous venons d'indiquer étant générales et constantes, nous croyons pouvoir assurer que le pangolin et le phatagin sont deux animaux d'espèces distinctes et séparées : nous avons reconnu ces rapports et ces différences non-seulement par l'inspection des trois sujets que nous avons vus, mais aussi par la comparaison de tous ceux qui ont été observés par les voyageurs et indiqués par les naturalistes.

Le pangolin a jusqu'à six, sept et huit pieds de grandeur, y compris la longueur de la queue, lorsqu'il a pris son accroissement entier : la queue, qui est à peu près de la longueur du corps, paroît être moins longue quand il est jeune : les écailles sont aussi moins grandes, plus minces et d'une couleur plus pâle; elles prennent une teinte plus foncée lorsque l'animal est adulte, et elles acquièrent une dureté si grande, qu'elles résistent à la balle du mousquet. Le phatagin est, comme nous l'avons dit, bien plus petit que le pangolin : tous deux ont quelques rapports avec le tamanoir et le tamandua; comme eux, le pangolin et le phatagin ne vivent que de fourmis; ils ont aussi la langue très longue, la gueule étroite et sans dents *apparentes,* le corps très allongé, la queue aussi fort longue, et les ongles des pieds à peu près de la même grandeur et de la même forme, mais non pas en même nombre : le pangolin et le phatagin ont cinq ongles à chaque pied, au lieu que le tamanoir et le tamandua n'en ont que quatre aux pieds de devant; ceux-ci sont couverts de poil, les autres sont armés d'écailles : et d'ailleurs ils ne sont pas originaires du même continent; le tamanoir et le tamandua se trouvent en Amérique; le pangolin et le phatagin aux Indes orientales et en Afrique, où les Nègres les appellent *quogelo ;* ils en mangent la chair, qu'ils trouvent délicate et saine; ils se servent des écailles à plusieurs petits usages. Au reste, le pangolin et le phatagin n'ont rien de rebutant que la figure; ils sont doux, innocents, et ne font aucun mal : ils ne se nourrissent que d'insectes. Ils courent lentement, et ne peuvent échapper à l'homme qu'en se cachant dans des trous de rochers ou dans des terriers qu'ils se creusent, et où ils font leurs petits. Ce sont deux espèces extraordinaires, peu nombreuses, assez inutiles, et dont la forme bizarre ne paroît exister que pour faire la première nuance de la figure des quadrupèdes à celle des reptiles.

LES TATOUS[1].

Lorsque l'on parle d'un quadrupède, il semble que le nom seul emporte l'idée d'un animal couvert de poil; et de même lorsqu'il est question d'un oiseau ou d'un poisson, les plumes et les écailles s'offrent à l'imagination, et paroissent être des

[1] *Tatu* ou *tatou,* nom générique de ces animaux au Brésil. *Tatusia,* selon Maffée, *Histoire des Indes ;* Paris , 1665, page 69. Les Espagnols ont appelé ces animaux *armadillo.* Nous avons rejeté cette dernière dénomination , parce qu'on l'a également appliquée au pangolin et au phatagin , qui sont des animaux très différents des tatous pour l'espèce et pour le climat.

attributs inséparables de ces êtres. Cependant la nature, comme si elle vouloit se soustraire à toute méthode et échapper à nos vues les plus générales, dément nos idées, contredit nos dénominations, méconnoît nos caractères, et nous étonne encore plus par ses exceptions que par ses lois. Les animaux quadrupèdes, qu'on doit regarder comme faisant la première classe de la nature vivante, et qui sont, après l'homme, les êtres les plus remarquables de ce monde, ne sont néanmoins ni supérieurs en tout, ni séparés par des attributs constants ou des caractères uniques de tous les autres êtres. Le premier de ces caractères, qui constitue leur nom et qui consiste à avoir quatre pieds, se retrouve dans les lézards, les grenouilles, etc., lesquels néanmoins diffèrent des quadrupèdes à tant d'autres égards, qu'on en a fait, avec raison, une classe séparée; la seconde propriété générale, qui est de produire des petits vivants, n'appartient pas uniquement aux quadrupèdes, puisqu'elle leur est commune avec les cétacés; et enfin le troisième attribut, qui paroissoit le moins équivoque, parce qu'il est le plus apparent, et qui consiste à être couvert de poil, se trouve, pour ainsi dire, en contradiction avec les deux autres dans plusieurs espèces qu'on ne peut cependant retrancher de l'ordre des quadrupèdes, puisqu'à l'exception de ce seul caractère, elles leur ressemblent par tous les autres; et comme ces exceptions apparentes de la nature ne sont dans le réel que les nuances qu'elle emploie pour rapprocher les êtres même les plus éloignés, il ne faut pas perdre de vue ces rapports singuliers, et tâcher de les saisir à mesure qu'ils se présentent. Les tatous, au lieu de poil, sont couverts, comme les tortues, les écrevisses et les autres crustacés, d'une croûte ou d'un têt solide; les pangolins sont armés d'écailles assez semblables à celles des poissons; les porc-épics portent des espèces de plumes piquantes et sans barbe, mais dont le tuyau est pareil à celui des plumes des oiseaux : ainsi, dans la classe seule des quadrupèdes, et par le caractère même le plus constant et le plus apparent des animaux de cette classe, qui est d'être couverts de poil, la nature varie en se rapprochant de trois autres classes très différentes , et nous rappelle les oiseaux, les poissons à écailles et les crustacés. Aussi faut-il bien se garder de juger la nature des êtres par un seul caractère, il se trouveroit toujours incomplet et fautif : souvent même deux et trois caractères, quelque généraux qu'ils puissent être, ne suffisent pas encore ; et ce n'est, comme nous l'avons dit et redit, que par la réunion de tous les attributs et par l'énumération de tous les caractères qu'on peut juger de la forme essentielle de chacune des productions de la nature. Une bonne description et jamais de définitions , une exposition plus scrupuleuse sur les différences que sur les ressemblances, une attention particulière aux exceptions et aux nuances même les plus légères , sont les vraies règles, et j'ose dire les seuls moyens que nous ayons de connoître la nature de chaque chose : et si l'on eût employé à bien décrire tout le temps qu'on a perdu à définir et à faire des méthodes , nous n'eussions pas trouvé l'histoire naturelle au berceau ; nous aurions moins de peine à lui ôter ses hochets, à la débarrasser de ses langes ; nous aurions peut-être avancé son âge, car nous eussions plus écrit pour la science et moins contre l'erreur.

Mais revenons à notre objet. Il existe donc parmi les animaux quadrupèdes et vivipares plusieurs espèces d'animaux qui ne sont pas couverts de poil. Les tatous font eux seuls un genre entier dans lequel on peut compter plusieurs espèces qui nous paroissent être réellement distinctes et séparées les unes des autres : dans toutes, l'animal est revêtu d'un têt semblable pour la substance à celle des os; ce têt couvre la tête, le cou, le dos, les flancs, la croupe et la queue jusqu'à l'extrémité; il est lui-même recouvert au dehors par un cuir mince, lisse et transparent : les seules parties sur lesquelles ce têt ne s'étend pas , sont la gorge, la poitrine et le ventre, qui présentent une peau blanche et grenue, semblable à celle d'une poule plumée : et en regardant ces parties avec attention, l'on y voit de place en place des rudiments d'écailles qui sont de la même substance que le têt du dos. La peau de ces animaux , même dans les endroits où elle est la plus souple, tend donc à devenir osseuse;

mais l'ossification ne se réalise en entier qu'où elle est la plus épaisse, c'est-à-dire sur les parties supérieures et extérieures du corps et des membres. Le têt qui recouvre toutes ces parties supérieures n'est pas d'une seule pièce comme celui de la tortue; il est partagé en plusieurs bandes sur le corps, lesquelles sont attachées les unes aux autres par autant de membranes qui permettent un peu de mouvement et de jeu dans cette armure. Le nombre de ces dandes ne dépend pas, comme on pourroit l'imaginer, de l'âge de l'animal; les tatous qui viennent de naître et les tatous adultes ont, dans la même espèce, le même nombre de bandes : nous nous en sommes convaincus en comparant les petits aux grands; et quoique nous ne puissions pas assurer que tous ces animaux ne se mêlent ni ne peuvent produire ensemble, il est au moins très probable, puisque cette différence du nombre des bandes mobiles est constante, que ce sont ou des espèces réellement distinctes, ou moins des variétés durables et produites par l'influence des divers climats. Dans cette incertitude, que le temps seul pourra fixer, nous avons pris le parti de présenter tous les tatous ensemble et de faire néanmoins l'énumération de chacun d'eux, comme si c'étoient en effet autant d'espèces particulières.

Le P. d'Abbeville nous paroît être le premier qui ait distingué les tatous par des noms ou des épithètes qui ont été pour la plupart adoptés par les auteurs qui ont écrit après lui. Il en indique assez clairement six espèces : 1° le *tatou-ouassou*, qui probablement est celui que nous appelons *kabassou*; 2° le *tatouète*, que Marcgrave a aussi appelé *tatuète*, et auquel nous conserverons ce nom; 3° le *tatou-peb*, qui est le *tatupeba* ou l'*encuberto* de Marcgrave, auquel nous conserverons ce dernier nom; 4° le *tatou-apar*, qui est le *tatu-apara* de Marcgrave, auquel nous conserverons encore son nom; 5° le *tatou-ouinchum*, qui nous paroît être le *cirquinchum*, et que nous appellerons *cirquinçon*; 6° le *tatou-miri*, le plus petit de tous, qui pourroit bien être celui que nous appellerons *cachicame*. Les autres voyageurs ont confondu les espèces, ou ne

Blanchard del.   Fitter sc

1. Le Pangolin. 2 L'Encoubert 3 le Tatou à
grande queue 4 le Cabassou

les ont indiquées que par des noms génériques. Marcgrave a distingué et décrit l'*apar*, l'*encoubert* et le *tatuète*; Wormius et Grow ont décrit le *cachicame*, et Grew seul a parlé du *cirquinçon* : mais nous n'avons eu besoin d'emprunter que les descriptions de l'apar et du cirquinçon, car nous avons vu les quatre autres espèces.

Dans toutes, à l'exception de celle du cirquinçon, l'animal a deux boucliers osseux, l'un sur les épaules et l'autre sur la croupe; ces deux boucliers sont chacun d'une seule pièce, tandis que la cuirasse, qui est osseuse aussi et qui couvre le corps, est divisée transversalement et partagée en plus ou moins de bandes mobiles et séparées les unes des autres par une peau flexible. Mais le cirquinçon n'a qu'un bouclier, et c'est celui des épaules : la croupe, au lieu d'être couverte d'un bouclier, est revêtue jusqu'à la queue par des bandes mobiles pareilles à celles de la cuirasse du corps. Nous allons donner des indications claires et de courtes descriptions de chacune de ces espèces. Dans la première, la cuirasse qui est entre les deux boucliers est composée de trois bandes; dans la seconde, elle l'est de six; dans la troisième, de huit; dans la quatrième, de neuf; dans la cinquième, de douze; et enfin dans la sixième, il n'y a, comme nous venons de le dire, que le bouclier des épaules qui soit d'une seule pièce; l'armure de la croupe, ainsi que celle du corps, sont partagées en bandes mobiles qui s'étendent depuis le bouclier des épaules jusqu'à la queue, et qui sont au nombre de dix-huit.

L'APAR [1],

OU LE TATOU A TROIS BANDES.

Dasypus tricinctus. L.

Le premier auteur qui ait indiqué cet animal par une description, est Charles de l'Écluse (*Clusius*); il ne l'a décrit que d'après une figure : mais on reconnoît aisément aux caractères

[1] *Tatu-apara*, nom de cet animal au Brésil, et que nous avons adopté.

qu'elle représente, et qui sont trois bandes mobiles sur le dos,
et la queue très courte, que c'est le même animal que celui
dont Marcgrave nous a donné une bonne description sous le
nom de *tatu-apara*. Il a la tête oblongue et presque pyrami-
dale, le museau pointu, les yeux petits, les oreilles courtes et
arrondies, le dessus de la tête couvert d'un casque d'une seule
pièce. Il a cinq doigts à tous les pieds : dans ceux du devant
les deux ongles du milieu sont très grands, les deux latéraux
sont plus petits, et le cinquième, qui est l'extérieur et qui est
fait en forme d'ergot, est encore plus petit que tous les autres;
dans les pieds de derrière les cinq ongles sont plus courts et
plus égaux. La queue est très courte; elle n'a que deux pouces
de longueur, et elle est revêtue d'un têt tout autour. Le corps
a un pied de longueur sur huit pouces dans sa plus grande
largeur : la cuirasse qui le couvre est partagée par quatre
commissures ou divisions, et composée de trois bandes mobiles
et transversales qui permettent à l'animal de se courber et de
se contracter en rond; la peau qui forme les commissures est
très souple. Les boucliers qui couvrent les épaules et la croupe
sont composés de pièces à cinq angles très élégamment rangées : les trois bandes mobiles entre ces deux boucliers sont
composées de pièces carrées ou barlongues, et chaque pièce
est chargée de petites écailles lenticulaires d'un blanc jaunâtre.
Marcgrave ajoute que quand l'apar se couche pour dormir, ou
que quelqu'un le touche et veut le prendre avec la main, il
rapproche et réunit, pour ainsi dire, en un point ses quatre
pieds, ramène sa tête sous son ventre, et se courbe si parfaitement en rond, qu'alors on le prendroit plutôt pour une
coquille de mer que pour un animal terrestre. Cette contraction si serrée se fait au moyen de deux grands muscles qu'il a
sur les côtés du corps, et l'homme le plus fort a bien de la
peine à le desserrer et à le faire étendre avec les mains. Pison
et Ray n'ont rien ajouté à la description de Marcgrave, qu'ils
ont entièrement adoptée : mais il est singulier que Seba, qui
nous a donné une figure et une description qui se rapportent
évidemment à celle de Marcgrave, non-seulement paroisse

l'ignorer, puisqu'il ne le cite pas, mais nous dise avec ostentation, « qu'aucun naturaliste n'a connu cet animal, qu'il est « extrêmement rare, qu'il ne se trouve que dans les contrées « les plus reculées des Indes orientales, etc. ; » tandis que c'est en effet l'apar du Brésil très bien décrit par Marcgrave, et dont l'espèce est aussi connue qu'aucune autre, non pas aux Indes orientales, mais en Amérique où on le trouve assez communément. La seule différence réelle qui soit entre la description de Seba et celle de Marcgrave, est que celui-ci donne à l'apar cinq doigts à tous les pieds, au lieu que Seba ne lui en donne que quatre. L'un des deux s'est trompé, car c'est évidemment le même animal dont tous deux ont entendu parler.

Fabius Columna a donné la description des figures d'un têt de tatou desséché et contracté en boule, qui paroît avoir quatre bandes mobiles. Mais comme cet auteur ne connoissoit en aucune manière l'animal dont il décrit la dépouille ; qu'il ignoroit jusqu'au nom de *tatou,* duquel cependant Belon avoit parlé plus de cinquante ans auparavant ; que dans cette ignorance Columna lui compose un nom tiré du grec (*cheloniscus*) ; que d'ailleurs il avoue que la dépouille qu'il décrit a été recollée, et qu'il y manquoit des pièces ; nous ne croyons pas qu'on doive, comme l'ont fait nos nomenclateurs modernes, prononcer qu'il existe réellement dans la nature une espèce de tatou à quatre bandes mobiles, d'autant plus que depuis ces indications imparfaites données en 1606 par Fabius Columna, on ne trouve aucune notice dans les ouvrages des naturalistes de ce tatou à quatre bandes, qui, s'il existoit en effet, se seroit certainement retrouvé dans quelques cabinets, ou bien auroit été remarqué par les voyageurs.

L'ENCOUBERT [1],

OU LE TATOU A SIX BANDES.

Dasypus sexcinctus. L.

L'encoubert est plus grand que l'apar; il a le dessus de la tête, du cou et du corps entier, les jambes et la queue, tout autour, revêtus d'un têt osseux très dur, et composé de plusieurs pièces assez grandes et très élégamment disposées. Il a deux boucliers, l'un sur les épaules et l'autre sur la croupe, tous deux d'une seule pièce; il y a seulement au-delà du bouclier des épaules et près de la tête une bande mobile entre deux jointures, qui permet à l'animal de courber le cou. Le bouclier des épaules est formé par cinq rangs parallèles, qui sont composés de pièces dont les figures sont à cinq ou six angles, avec une espèce d'ovale dans chacune. La cuirasse du dos, c'est-à-dire la partie du têt qui est entre les deux boucliers, est partagée en six bandes qui anticipent peu les unes sur les autres, et qui tiennent entre elles et aux boucliers par sept jointures d'une peau souple et épaisse; ces bandes sont composées d'assez grandes pièces carrées et barlongues : de cette peau des jointures il sort quelques poils blanchâtres et semblables à ceux qui se voient aussi en très petit nombre sous la gorge, la poitrine et le ventre; toutes ces parties inférieures ne sont revêtues que d'une peau grenue, et non pas d'un têt osseux comme les parties supérieures du corps. Le bouclier de la croupe a un bord dont la mosaïque est semblable à celle des bandes mobiles, et pour le reste il est composé de pièces à peu près pareilles à celles du bouclier des épaules. Le têt de la tête est long, large et d'une seule pièce jusqu'à la bande mobile du cou. L'encoubert a le museau aigu, les yeux petits et enfoncés, la langue étroite et pointue; les oreilles sans poil et sans têt, nues, courtes et brunes comme la peau des jointures du dos;

---

[1] *Encuberto* ou *encubertado*, nom que les Portugais ont donné à cet animal, et que nous avons adopté.

dix-huit dents de grandeur médiocre à chaque mâchoire; cinq doigts à tous les pieds, avec des ongles assez longs, arrondis, et plutôt étroits que larges; la tête et le groin à peu près semblables à ceux du cochon de lait; la queue grosse à son origine, et diminuant toujours jusqu'à l'extrémité, où elle est fort menue et arrondie par le bout. La couleur du corps est d'un jaune roussâtre; l'animal est ordinairement épais et gras, et le mâle a le membre génital fort apparent. Il fouille la terre avec une extrême facilité, tant à l'aide de son groin que de ses ongles; il se fait un terrier où il se tient pendant le jour, et n'en sort que le soir pour chercher sa subsistance : il boit souvent; il vit de fruits, de racines, d'insectes et d'oiseaux lorsqu'il peut en saisir.

LE TATUÈTE[1],

OU TATOU A HUIT BANDES.

Dasypus octocinctus. GMEL.

Le tatuète n'est pas si grand à beaucoup près que l'encoubert; il a la tête petite, le museau pointu, les oreilles droites, un peu allongées, la queue encore plus longue, et les jambes moins basses à proportion que l'encoubert; il a des yeux petits et noirs, quatre doigts aux pieds de devant, et cinq à ceux de derrière; la tête est couverte d'un casque, les épaules d'un bouclier, la croupe d'un autre bouclier, et le corps d'une cuirasse composée de huit bandes mobiles qui tiennent entre elles et aux boucliers par neuf jointures de peau flexible; la queue est revêtue de même d'un têt composé de huit anneaux mobiles et séparés par neuf jointures de peau flexible. La couleur de la cuirasse sur le dos est d'un gris de fer; sur les flancs et sur la queue elle est d'un gris-blanc, avec des taches de gris de fer. Le ventre est couvert d'une peau blanchâtre, grenue et semée de quelques poils. L'individu de cette espèce qui a été décrit par Marcgrave avoit la tête de trois pouces de longueur, les

[1] *Tatuète, tatu-été,* nom de cet animal au Brésil, et que nous avons adopté.

oreilles de près de deux, les jambes d'environ trois pouces de hauteur, les deux doigts du milieu des pieds de devant d'un pouce, les ongles d'un demi-pouce; le corps, depuis le cou jusqu'à l'origine de la queue, avoit sept pouces, et la queue neuf pouces de longueur. Le têt des boucliers paroît semé de petites taches blanches, proéminentes et larges comme des lentilles; les bandes mobiles qui forment la cuirasse du corps sont marquées par des figures triangulaires : ce têt n'est pas dur; le plus petit plomb suffit pour le percer et pour tuer l'animal, dont la chair est fort blanche et très bonne à manger.

LE CACHICAME[*],

OU TATOU A NEUF BANDES.

Dasypus novemcinctus. L.

Nieremberg n'a, pour ainsi dire, qu'indiqué cet animal dans la description imparfaite qu'il en donne; Wormius et Grew l'ont beaucoup mieux décrit : l'individu qui a servi de sujet à Wormius étoit adulte et des plus grands de cette espèce; celui de Grew étoit plus jeune et plus petit : nous ne donnerons pas ici leurs descriptions en entier, d'autant qu'elles s'accordent avec la nôtre, et que d'ailleurs il est à présumer que ce tatou à neuf bandes ne fait pas une espèce réellement distincte du tatuète, qui n'en a que huit, et auquel, à l'exception de cette différence, il nous a paru ressembler à tous autres égards. Nous avons deux tatous à huit bandes qui sont desséchés, et qui paroissent être deux mâles; nous avons sept ou huit tatous à neuf bandes, un bien entier qui est femelle, et les autres desséchés, dans lesquels nous n'avons pu reconnoître le sexe : il se pourroit donc, puisque ces animaux se ressemblent parfaitement, que le tatuète ou tatou à huit bandes fût le mâle, et le ca-

---

[*] *Cachicame, cachicamo.* Les Espagnols appellent *armadillo* l'animal connu des Indiens sous le nom de *cachicamo*, d'*aruco*, de *che de chuca*, etc. (*Histoire naturelle de l'Orénoque*, par Gumilla; Avignon, 1758; tome III, page 225.) Nous avons adopté pour cette espèce le nom de *cachicame*, afin de la distinguer des autres.

chicame ou tatou à neuf bandes la femelle. Ce n'est qu'une conjecture que je hasarde ici, parce que l'on verra dans l'article suivant la description de deux autres tatous, dont l'un a plus de rangs que l'autre sur le bouclier de la croupe, et qui cependant se ressemblent à tant d'autres égards, qu'on pourroit penser que cette différence ne dépend que de celle du sexe ; car il ne seroit pas hors de toute vraisemblance que ce plus grand nombre de rangs sur la croupe, ou bien celui des bandes mobiles de la cuirasse, appartinssent aux femelles de ces espèces, comme nécessaires pour faciliter la gestation et l'accouchement dans des animaux dont le corps est si étroitement cuirassé. Dans l'individu dont Wormius a décrit la dépouille, la tête avoit cinq pouces depuis le bout du museau jusqu'aux oreilles, et dix-huit pouces depuis les oreilles jusqu'à l'origine de la queue, qui étoit longue d'un pied, et composée de douze anneaux. Dans l'individu de la même espèce décrit par Grew, la tête avoit trois pouces, le corps sept pouces et demi, la queue onze pouces. Les proportions de la tête et du corps s'accordent ; mais la différence de la queue est trop considérable, et il y a grande apparence que dans l'individu décrit par Wormius, la queue avoit été cassée, car elle auroit eu plus d'un pied de longueur : comme dans cette espèce la queue diminue de grosseur au point de n'être à l'extrémité pas plus grosse qu'une petite alêne, et qu'elle est en même temps très fragile, il est rare d'avoir une dépouille où la queue soit entière comme dans celle qu'à décrite Grew. L'individu décrit par M. Daubenton s'est trouvé avoir à très peu près les mêmes dimensions et proportions que celui de Grew.

LE KABASSOU[1],

OU TATOU A DOUZE BANDES.

Dasypus unicinctus. L.

Le kabassou nous paroît être le plus grand de tous les tatous : il a la tête plus grosse, plus large, et le museau moins

[1] Nom qu'on donne, à Cayenne, à la grande espèce de tatous, et que nous avons adopté.

12.

effilé que les autres; les jambes plus épaisses, les pieds plus gros, la queue sans tèt, particularité qui seule suffiroit pour faire distinguer cette espèce de toutes les autres; cinq doigts à tous les pieds, et douze bandes mobiles qui n'anticipent que peu les unes sur les autres. Le bouclier des épaules n'est formé que de quatre ou cinq rangs, composés chacun de pièces quadrangulaires assez grandes : les bandes mobiles sont aussi formées de grandes pièces, mais presque exactement carrées; celles qui composent les rangs du bouclier de la croupe sont à peu près semblables à celles du bouclier des épaules : le casque de la tête est aussi composé de pièces assez grandes, mais irrégulières. Entre les jointures des bandes mobiles et des autres parties de l'armure, s'échappent quelques poils pareils à des soies de cochon; il y a aussi sur la poitrine, sur le ventre, sur les jambes et sur la queue, des rudiments d'écailles qui sont ronds, durs et polis comme le reste du tèt : et autour de ces petites écailles, on voit de petites houppes de poil. Les pièces qui composent le casque de la tête, celles des deux boucliers et de la cuirasse, étant proportionnellement plus grandes et en plus petit nombre dans le kabassou que dans les autres tatous, l'on doit en inférer qu'il est plus grand que les autres : dans celui qu'on a représenté, la tête avoit sept pouces, le corps vingt-un; mais nous ne sommes pas assurés que celui de la planche 31, fig. 4, soit de la même espèce que celui-ci : ils ont beaucoup de choses semblables, et entre autres les douze bandes mobiles; mais ils diffèrent aussi à tant d'égards, que c'est déja beaucoup hasarder que de ne mettre entre eux d'autre différence que celle du sexe.

LE CIRQUINÇON[1],

OU TATOU A DIX-HUIT BANDES.

Dasypus octodecimcinctus. L.

M. Grew est le premier qui ait décrit cet animal, dont la
dépouille étoit conservée dans le cabinet de la société royale
de Londres. Tous les autres tatous ont, comme nous venons
de le voir, deux boucliers chacun d'une seule pièce; le premier sur les épaules, et le second sur la croupe : le cirquinçon
n'en a qu'un, et c'est sur les épaules. On lui a donné le nom
de *tatou-belette*, parce qu'il a la tête à peu près de la même
forme que celle de la belette. Dans la description de cet animal
donnée par Grew[2], on trouve qu'il avoit le corps d'environ dix
pouces de long, la tête de trois pouces; la queue de cinq; les
jambes de deux ou trois pouces de hauteur : le devant de la
tête large et plat, les yeux petits, les oreilles longues d'un
pouce, cinq doigts aux quatre pieds, de grands ongles longs
d'un pouce aux trois doigts du milieu, des ongles plus courts
aux deux autres doigts; l'armure de la tête et celle des jambes
composées d'écailles arrondies, d'environ un quart de pouce
de diamètre, l'armure du cou d'une seule pièce, formée de
petites écailles carrées; le bouclier des épaules aussi d'une
seule pièce, et composé de plusieurs rangs de pareilles petites
écailles carrées. Ces rangs du bouclier, dans toutes les autres,
sont continus, et ne sont pas séparés les uns des autres par
une peau flexible; ils sont adhérents par symphyse. Tout le
reste du corps, depuis le bouclier des épaules jusqu'à la queue,
est couvert de bandes mobiles et séparées les unes des autres
par une membrane souple; ces bandes sont au nombre de dix-
huit : les premières du côté des épaules sont les plus larges;
elles sont composées de petites pièces carrées et barlongues :

[1] *Cirquinçon* ou *cirquinchum*, nom que l'on donne communément aux
tatous à la Nouvelle-Espagne, et que nous avons adopté pour distinguer cette
espèce des autres.
[2] Je réduis ici la mesure angloise à celle de France.

les bandes postérieures sont faites de pièces rondes et carrées, et l'extrémité de l'armure près de la queue est de figure
parabolique. La moitié antérieure de la queue est environnée
de six anneaux dont les pièces sont composées de petits carrés;
la seconde moitié de la queue jusqu'à l'extrémité est couverte
d'écailles irrégulières. La poitrine, le ventre et les oreilles sont
nus comme dans les autres espèces. Il semble que, de tous les
tatous, celui-ci ait le plus de facilité pour se contracter et se
serrer en boule, à cause du grand nombre de ses bandes mobiles qui s'étendent jusqu'à la queue.

Ray a décrit, comme nous, le cirquinçon d'après Grew :
M. Brisson paroît s'être conformé à la description de Ray,
aussi a-t-il très bien désigné cet animal, qu'il appelle simplement *armadille*. Mais il est singulier que M. Linnæus, qui
devoit avoir des descriptions de Grey et de Ray sous les
yeux, puisqu'il les cite tous deux, ait indiqué ce même animal comme n'ayant qu'une bande, tandis qu'il en a dix-huit.
Cela ne peut être fondé que sur une méprise assez évidente,
qui consiste à avoir pris le *tatu seu armadillo Africanus* de
Seba pour le *tatu mustelinus* de Grew, lesquels, néanmoins,
par les descriptions mêmes de ces deux auteurs, sont très différents l'un de l'autre. Autant il paroît certain que l'animal
décrit par Grew est une espèce réellement existante, autant il
est douteux que celui de Seba existe, de la manière au moins
dont il le décrit. Selon lui, cet armadille africain a l'armure
du corps entier partagée en trois parties. Si cela est, l'armure
du dos, au lieu d'être composée de plusieurs bandes, est d'une
seule pièce, et cette pièce unique est seulement séparée du
bouclier des épaules et de celui de la croupe, qui sont aussi chacun d'une seule pièce : c'est là le fondement de l'erreur de
M. Linnæus; il a, d'après ce passage de Seba, nommé cet armadille *unicinctus tegmine tripartito*. Cependant il était aisé
de voir que cette indication de Seba est équivoque et erronée,
puisqu'elle n'est nullement d'accord avec les figures, et qu'elle
indique en effet le *kabassou* ou tatou à douze bandes, comme
nous l'avons prouvé dans l'article précédent.

Tous les tatous sont originaires de l'Amérique; ils étoient inconnus avant la découverte du Nouveau-Monde : les anciens n'en ont jamais fait mention, et les voyageurs modernes ou nouveaux en parlent tous comme d'animaux naturels et particuliers au Mexique, au Brésil, à la Guiane, etc.; aucun ne dit en avoir trouvé l'espèce existante en Asie ni en Afrique : quelques-uns ont seulement confondu les pangolins et les phatagins, ou lézards écailleux des Indes orientales, avec les armadilles de l'Amérique; quelques autres ont pensé qu'il s'en trouvoit sur les côtes occidentales de l'Afrique, parce qu'on en a quelquefois transporté du Brésil en Guinée. Belon, qui a écrit il y a plus de deux cents ans, et qui est l'un des premiers qui nous en aient donné une courte description, avec la figure d'un tatou dont il avoit vu la dépouille en Turquie, indique assez qu'il venoit du nouveau continent. Oviedo, de Lery, Gomara, Thevet, Antoine Herrera, le P. d'Abbeville, François Ximenès, Stadenius, Monard, Joseph Acosta, de Laët, tous les auteurs plus récents, tous les historiens du Nouveau-Monde, font mention de ces animaux comme originaires des contrées méridionales de ce continent. Pison, qui a écrit postérieurement à tous ceux que je viens de citer, est le seul qui ait mis en avant, sans s'appuyer d'aucune autorité, que les armadilles se trouvent aux Indes orientales, aussi bien qu'en Amérique : il est probable qu'il a confondu les pangolins ou lézards écailleux avec les tatous. Les Espagnols ayant appelé *armadillo* ces lézards écailleux, aussi bien que les tatous, cette erreur s'est multipliée sous la plume de nos descripteurs de cabinets et de nos nomenclateurs, qui ont non-seulement admis des tatous aux Indes orientales, mais en ont créé en Afrique, quoiqu'il n'y en ait jamais eu d'autres dans ces deux parties du monde que ceux qui y ont été transportés d'Amérique.

Le climat de toutes les espèces de ces animaux n'est donc pas équivoque; mais il est plus difficile de déterminer leur grandeur relative dans chaque espèce. Nous avons comparé, **dans cette vue, non-seulement les dépouilles de tatous que**

nous avons en grand nombre au Cabinet du Roi, mais encore
celles que l'on conserve dans d'autres cabinets; nous avons
aussi comparé les indications de tous les auteurs avec nos propres descriptions, sans pouvoir en tirer des résultats précis :
il paroît seulement que les deux plus grandes espèces sont
le kabassou et l'encoubert, que les petites espèces sont l'apar,
le tatuète, le cachicame et le cirquinçon. Dans les grandes
espèces, le têt est beaucoup plus solide et plus dur que dans
les petites; les pièces qui le composent sont plus grandes et
en plus petit nombre; les bandes mobiles anticipent moins les
unes sur les autres, et la chair, aussi bien que la peau, est
plus dure et moins bonne. Pison dit que celle de l'encoubert
n'est pas mangeable; Nieremberg assure qu'elle est nuisible et
très malsaine; Barrère dit que le kabassou a une odeur forte
de musc; et en même temps tous les autres auteurs s'accordent
à dire que la chair de l'apar, et surtout celle du tatuète, sont
aussi blanches et aussi bonnes que celle du cochon de lait; ils
disent aussi que les tatous de petite espèce se tiennent dans
les terrains humides et habitent les plaines, et que ceux de
grande espèce ne se trouvent que dans les lieux plus élevés et
plus secs.

Ces animaux ont tous plus ou moins de facilité à se resserrer et à contracter leur corps en rond; le défaut de la cuirasse, lorsqu'ils sont contractés, est bien plus apparent dans
ceux dont l'armure n'est composée que d'un petit nombre de
bandes; l'apar, qui n'en a que trois, offre alors deux grands
vides entre les boucliers et l'armure du dos : aucun ne peut
se réduire aussi parfaitement en boule que le hérisson; ils ont
plutôt la figure d'une sphère fort aplatie par les pôles.

Ce têt si singulier dont ils sont revêtus, est un véritable os
composé de petites pièces contiguës, et qui, sans être mobiles
ni articulées, excepté aux commissures des bandes, sont réunies par symphyse, et peuvent toutes se séparer les unes des
autres, et se séparent en effet, si on les met au feu. Lorsque
l'animal est vivant, ces petites pièces, tant celles des boucliers
que celles des bandes mobiles, prêtent et obéissent en quelque

façon à ses mouvements, surtout à celui de contraction; si cela n'étoit pas, il seroit difficile de concevoir qu'avec tous ses efforts il lui fût possible de s'arrondir. Ces petites pièces offrent, suivant les différentes espèces, des figures différentes toujours arrangées régulièrement, comme de la mosaïque très élégamment disposée : la pellicule ou le cuir mince dont le têt est revêtu à l'extérieur, est une peau transparente qui fait l'effet d'un vernis sur tout le corps de l'animal ; cette peau relève de beaucoup et change même les reliefs des mosaïques, qui paroissent différents lorsqu'elle est enlevée. Au reste, ce têt osseux n'est qu'une enveloppe indépendante de la charpente et des autres parties intérieures du corps de l'animal, dont les os et les autres parties constituantes du corps sont composées et organisées comme celles de tous les autres quadrupèdes.

Les tatous en général sont des animaux innocents et qui ne font aucun mal, à moins qu'on ne les laisse entrer dans les jardins, où ils mangent les melons, les patates et les autres légumes ou racines. Quoique originaires des climats chauds de l'Amérique, ils peuvent vivre dans les climats tempérés ; j'en ai vu un en Languedoc, il y a plusieurs années, qu'on nourrissoit à la maison, et qui alloit partout sans faire aucun dégât. Ils marchent avec vivacité ; mais ils ne peuvent, pour ainsi dire, ni sauter ni courir, ni grimper sur les arbres, en sorte qu'ils ne peuvent guère échapper par la fuite à ceux qui les poursuivent : leurs seules ressources sont de se cacher dans leur terrier, ou, s'ils en sont trop éloignés, de tâcher de s'en faire un avant que d'être atteints ; il ne leur faut que quelques moments, car les taupes ne creusent par la terre plus vite que les tatous. On les prend quelquefois par la queue avant qu'ils soient totalement enfoncés ; et ils font alors une telle résistance, qu'on leur casse la queue sans amener le corps ; pour ne pas les mutiler, il faut ouvrir le terrier par devant, et alors on les prend sans qu'ils puissent faire aucune résistance ; dès qu'on les tient, ils se resserrent en boule ; et, pour les faire étendre, on les met près du feu. Leur têt, quoique dur et rigide, est cependant si sensible, que quand on le touche un peu ferme avec le doigt, l'animal en ressent une impression assez vive pour se contracter en entier. Lorsqu'ils sont dans des terriers profonds, on les en fait sortir en y faisant entrer de la fumée ou couler de l'eau. On prétend qu'ils demeurent dans leurs terriers sans en sortir pendant plus d'un tiers de l'année; ce qui est plus vrai, c'est qu'ils s'y retirent pendant le jour, et qu'ils n'en sortent que la nuit pour chercher leur subsistance. On chasse le tatou avec de petits chiens qui l'atteignent bientôt; il n'attend pas même qu'ils soient tout près de lui pour s'arrêter et pour se contracter en rond; dans cet état où le prend et on l'emporte. S'il se trouve au bord d'un précipice, il échappe aux chiens et aux chasseurs; il se resserre, se laisse tomber et roule comme une boule sans briser son écaille et sans ressentir aucun mal.

Ces animaux sont gras, replets et très féconds : le mâle marque, par les parties extérieures, de grandes facultés pour la génération : la femelle produit, dit-on, chaque mois quatre petits; aussi l'espèce en est-elle très nombreuse. Et, comme ils sont bons à manger, on les chasse de toutes les manières : on les prend aisément avec des piéges que l'on tend au bord des eaux et dans les autres lieux humides et chauds qu'ils habitent de préférence; ils ne s'éloignent jamais beaucoup de leurs terriers, qui sont très profonds et qu'ils tâchent de regagner dès qu'ils sont surpris. On prétend qu'ils ne craignent pas la morsure des serpents à sonnette, quoiqu'elle soit aussi dangereuse que celle de la vipère; on dit qu'ils vivent en paix avec ces reptiles, et que l'on en trouve souvent dans leurs trous. Les sauvages se servent du têt des tatous à plusieurs usages : ils le peignent de différentes couleurs; ils en font des corbeilles, des boîtes et d'autres petits vaisseaux solides et légers. Monard, Ximenès et plusieurs autres après eux, ont attribué d'admirables propriétés médicinales à différentes parties de ces animaux : ils ont assuré que le têt réduit en poudre et pris intérieurement, même à petite dose, est un puissant sudorifique; que l'os de la hanche, aussi pulvérisé, guérit du mal vénérien; que le premier os de la queue, appliqué sur l'oreille, fait entendre les sourds, etc.

Nous n'ajoutons aucune foi à ces propriétés extraordinaires ; le têt et les os des tatous sont de la même nature que les os des autres animaux. Des effets aussi merveilleux ne sont jamais produits que par des vertus imaginaires.

SUR LES TATOUS.

* Nous avons donné la gravure d'une dépouille d'encoubert, ou tatou à six bandes mobiles ; nous n'avons pu alors nous procurer l'animal entier (Voyez *planche* 31) : il nous est arrivé depuis, nous en donnons ici la figure dessinée d'après nature vivante par M. de Sève, qui m'a remis en même temps la description suivante :

« L'encoubert mâle a quatorze pouces de longueur sans la queue. Il est assez conforme à la description qui se trouve dans l'*Histoire naturelle ;* mais il est bon d'observer qu'il est dit dans cette description que le bouclier des épaules est formé par cinq bandes ou rangs parallèles de petites pièces à cinq angles avec un ovale dans chacune. Je pense que cela varie ; car celui que j'ai dessiné a le bouclier des épaules composé de six rangs parallèles, dont les petites pièces sont des hexagones irréguliers. Le bouclier de la croupe a dix rangs parallèles, composés de petites pièces droites, qui forment comme des carrés ; les rangs qui approchent de l'extrémité vers la queue, perdent la forme carrée et deviennent plus arrondis. La queue, qui a été coupée par le bout, a actuellement quatre pouces six lignes ; je l'ai faite dans le dessin de six pouces, parce qu'elle a quinze lignes de diamètre à son origine, et six lignes de diamètre au bout coupé. En marchant, il porte la queue haute et un peu courbée. Le tronçon est revêtu d'un têt osseux comme sur le corps : six bandes inégales par gradation commencent ce tronçon ; elles sont composées de petites pièces hexagones irrégulières. La tête a trois pouces dix lignes de long, et les oreilles un pouce trois lignes. L'œil, au lieu d'être enfoncé, comme il est dit dans l'*Histoire naturelle*, est, à la vérité, très petit, mais le globule est élevé et très masqué par les paupières qui le couvrent. Son corps est fort gras, et la peau forme des rides sous le ventre ; il y a sur cette peau du ventre nombre de petits tubercules, d'où partent des poils blancs assez longs, et elle ressemble à celle d'un dindon plumé. Le têt, sur la plus grande largeur du corps, a six pouces sept lignes. La jambe de devant a deux pouces deux lignes ; celle de derrière, trois pouces quatre lignes. Les ongles de la patte de devant sont très longs : le plus grand a quinze lignes, celui de côté quatorze lignes, le plus petit dix lignes, les ongles de la patte de derrière ont au plus six lignes. Les jambes sont couvertes d'un cuir écailleux jaunâtre jusqu'aux ongles. Lorsque cet animal marche, il se porte sur le bout des ongles de ses pattes de devant. Sa verge est fort longue : en la tirant, elle a six pouces sept lignes de long sur près de quatre lignes de grosseur en repos ; ce qui doit beaucoup augmenter dans l'érection. Quand cette verge s'allonge d'elle-même, elle se pose sur le ventre en forme de limaçon, laissant environ une ligne ou deux d'espace dans les circonvolutions. On m'a dit que, quand ces animaux veulent s'accoupler, la femelle se couche sur le dos pour recevoir le mâle. Celui dont il est question n'étoit âgé que de dix-huit mois. »

M. de La Borde rapporte dans ses observations qu'il se trouve à la Guiane deux espèces de tatous : le tatou noir, qui peut peser dix-huit à vingt livres, et qui est le plus grand ; l'autre, dont la couleur est brune, ou plutôt gris-de-fer, a trois griffes plus longues les unes que les autres ; sa queue est mollasse, sans cuirasse, couverte d'une simple peau sans écaille : il est bien plus petit que l'autre, et ne pèse qu'environ trois livres.

« Le gros tatou, dit M. de La Borde, fait huit petits et même jusqu'à dix, dans des trous qu'il creuse fort profonds. Quand on veut le découvrir, il travaille de son côté à rendre son trou plus profond, en descendant presque perpendiculairement. Il ne court que la nuit, mange des vers de terre, des poux de bois et des fourmis : sa chair est assez bonne à manger, et a un peu du goût du cochon de lait. Le petit tatou gris-cendré ne fait

que quatre ou cinq petits; mais il fouille la terre encore plus
bas que l'autre, et il est aussi plus difficile à prendre: il sort
de son trou pendant le jour quand la pluie l'inonde, autrement
il ne sort que la nuit. On trouve toujours ces tatous seuls, et
l'on connoît qu'ils sont dans leurs trous lorsqu'on en voit sortir un grand nombre de certaines mouches qui suivent ces
animaux à l'odeur. Quand on creuse pour les prendre, ils creusent aussi de leur côté, jetant la terre en arrière, et bouchent
tellement leurs trous, qu'on ne sauroit les en faire sortir en y
faisant de la fumée. Ils font leurs petits au commencement de la
saison des pluies. »

Il me paroît qu'on doit rapporter le grand tatou noir dont
parle ici M. de La Borde, au kabassou, dont nous avons donné
la figure (*planche* 31), qui est en effet le plus grand de tous
les tatous ; et que l'on peut de même rapporter le petit tatou
gris-de-fer au tatuète, quoique M. de La Borde dise que sa
queue est sans cuirasse, ce qui mériteroit d'être vérifié.

Nous donnons encore ici la figure d'un tatou à neuf bandes
mobiles et à très longue queue. La description et la figure se
trouvent dans les *Transactions philosophiques*, volume LIV,
planche VII. M. William Watson, docteur en médecine, a
donné la description de ce tatou, dont voici l'extrait. Cet animal étoit vivant à Londres, chez milord Southwell; il venoit
d'Amérique : cependant la figure que cet auteur en donne dans
les *Transactions philosophiques*, n'a été dessinée qu'après
l'animal mort, et c'est par cette raison qu'elle est un peu dure
et roide, comme elle l'est aussi dans la planche que nous donnons ici. Cet animal pesoit sept livres, et n'étoit que de la
grosseur d'un chat ordinaire : c'étoit un mâle, qui avoit même
assez grandi pendant quelques mois qu'il a vécu chez milord
Southwell; on le nourrissoit de viande et de lait ; il refusoit de
manger du grain et des fruits. Ceux qui l'ont apporté d'Amérique ont assuré qu'il fouilloit la terre pour s'y loger.

LE PACA

Cavia Paca. L.

Le paca est un animal du Nouveau-Monde, qui se creuse un terrier comme le lapin, auquel on l'a souvent comparé, et auquel cependant il ressemble très peu : il est beaucoup plus grand que le lapin, et même que le lièvre ; il a le corps plus gros et plus ramassé, la tête ronde et le museau court : il est gras et replet, et il ressemble plutôt *[2]* par la forme du corps, à un jeune cochon, dont il a le grognement, l'allure et la manière de manger ; car il ne se sert pas, comme le lapin, de ses pattes de devant *[3]* pour porter à sa gueule, et il fouille la terre, comme le cochon, pour trouver sa subsistance. Il habite le bord des rivières, et ne se trouve que dans les lieux humides et chauds de l'Amérique méridionale. Sa chair est très bonne à manger, et si grasse qu'on ne la larde jamais ; on mange même la peau, comme celle du cochon de lait : aussi lui fait-on continuellement la guerre. Les chasseurs ont de la peine à le prendre vivant ; et quand on le surprend dans son terrier, qu'on découvre en devant et en arrière, il se défend et cherche même à se venger en mordant avec autant d'acharnement que de vivacité. Sa peau, quoique couverte d'un poil court et rude,

[1] Nom de cet animal au Brésil, et que nous avons adopté. On l'appelle aussi à la Guiane *ourana.*

[2] *Hoc genus animalium pilis et voce porcellum referunt ; dentibus et figurâ capitis, et etiam magnitudine, cuniculum ; auribus murem : suntque singularia et sui generis.* (Ray, *Synops. quadrup.*, page 227.) Il est certain, comme le dit Ray, que cet animal est de son genre ; il auroit pu ajouter qu'il ressemble encore au cochon de lait par la forme du corps ; par le goût et la blancheur de la chair, par la graisse et par l'épaisseur de la peau ; et il auroit dû dire qu'il a le corps plus gros et plus rond que le lapin.

[3] Marcgrave s'est trompé en ne donnant à cet animal que quatre doigts à chaque pied, il est certain qu'il en a cinq à tous les pieds : le pouce est seulement beaucoup plus court que les autres doigts, et il n'est apparent que par l'ongle.

Francés del.   Lebrun sc.

1 Le Cayopollin 2 Le Sarigue mâle et femelle
3 La Marmose mâle et femelle 4 Le Pian.

T. 3

fait une assez belle fourrure, parce qu'elle est régulièrement tachetée sur les côtés. Ces animaux produisent souvent et en grand nombre; les hommes et les animaux de proie en détruisent beaucoup, et cependant l'espèce en est toujours à peu près également nombreuse : elle est naturelle et particulière à l'Amérique méridionale, et ne se trouve nulle part dans l'ancien continent.

*Comme nous n'avons donné que la figure dessinée sur un très jeune paca, qui n'avoit pas encore pris la moitié de son accroissement, et qu'il nous est arrivé un de ces animaux vivant qui étoit déja plus grand que celui que nous avons décrit, je l'ai fait nourrir dans ma maison, et, depuis le mois d'août dernier 1774, jusqu'à ce jour, 28 mai 1775, il n'a cessé de grandir assez considérablement. J'ai donc cru devoir le faire dessiner et en donner la figure avec les observations que l'on a faites sur sa manière de vivre. Le sieur Trécourte les a rédigées avec exactitude, et je vais en donner ici l'extrait.

On a fait construire pour cet animal une petite loge en bois, dans laquelle il demeuroit assez tranquille pendant le jour, surtout lorsqu'on ne le laissoit pas manquer de nourriture ; il semble même affectionner sa retraite tant que le jour dure, car il s'y retire de lui-même après avoir mangé ; mais, dès que la nuit vient, il marque le désir violent qu'il a de sortir en s'agitant continuellement et en déchirant avec les dents les barreaux de sa prison ; chose qui ne lui arrive jamais pendant le jour, à moins que ce ne soit pour faire ses besoins : car non-seulement il ne fait jamais, mais même il ne peut souffrir aucune ordure dans sa petite demeure ; il va, pour faire les siennes, au plus loin qu'il peut. Il jette souvent la paille qui lui sert de litière, dès qu'elle a pris de l'odeur, comme pour en demander de nouvelle ; il pousse cette vieille paille dehors avec son museau, et va chercher du linge et du papier pour la remplacer. Sa loge n'étoit pas le seul endroit qui parût lui plaire ; tous les recoins obscurs sembloient lui convenir ; il établissoit souvent un nouveau gîte dans les armoires qu'il trouvoit ouvertes, ou bien sous les fourneaux de l'office et de la cuisine ; mais auparavant il s'y préparait un lit, et, quand il s'étoit une fois donné la peine de s'y établir, on ne pouvoit que par force le faire sortir de ce nouveau domicile. La propreté semble être si naturelle à cet animal, qui étoit femelle, que, lui ayant donné un gros lapin mâle, dans le temps qu'elle étoit en chaleur, pour tenter leur union, elle le prit en aversion au moment qu'il fit ses ordures dans leur cage commune. Auparavant elle l'avoit assez bien reçu pour en espérer quelque chose; elle lui faisoit même des avances très marquées en lui léchant le nez, les oreilles et le corps; elle lui laissoit même presque toute la nourriture, sans chercher à la partager : mais, dès que le lapin eut infecté la cage, elle se retira sur-le-champ dans le fond d'une vieille armoire, où elle se fit un lit de papier et de linge, et ne revint à sa loge que quand elle la vit nette et libre de l'hôte malpropre qu'on lui avoit donné.

Le paca s'accoutume aisément à la vie domestique; il est doux et traitable tant qu'on ne cherche point à l'irriter; il aime qu'on le flatte, et lèche les mains des personnes qui le caressent; il connoît fort bien ceux qui prennent soin de lui, et sait parfaitement distinguer leur voix. Lorsqu'on le gratte sur le dos, il s'étend et se couche sur le ventre; quelquefois même il s'exprime par un petit cri de reconnoissance, et semble demander que l'on continue. Néanmoins il n'aime pas qu'on le saisisse pour le transporter, et il fait des efforts très vifs et très réitérés pour s'échapper.

Il a les muscles très forts et le corps massif; cependant il a la peau si sensible que le plus léger attouchement suffit pour lui causer une vive émotion. Cette grande sensibilité, quoique ordinairement accompagnée de douceur, produit quelquefois des accès de colère lorsqu'on le contrarie trop fort ou qu'il se présente un objet déplaisant : la seule vue d'un chien qu'il ne connoît pas le met de mauvaise humeur; on l'a vu, renfermé dans sa loge, en mordre la porte et faire en sorte de l'ouvrir, parce qu'il venoit d'entrer un chien étranger dans la chambre. On crut d'abord qu'il ne vouloit sortir que pour faire ses besoins; mais on fut assez surpris, lorsque étant mis en liberté il s'élança tout d'un coup sur le chien, qui ne lui faisoit aucun mal, et le mordit assez fort pour le faire crier : néanmoins il s'est accoutumé en peu de jours avec ce même chien. Il traite de même les gens qu'il ne connoît pas et qui le contrarient ; mais il ne mord jamais ceux qui ont soin de lui. Il n'aime pas les enfants, et il les poursuit assez volontiers. Il manifeste sa colère par une espèce de claquement de dents et par un grognement qui précède toujours sa petite fureur.

Cet animal se tient souvent debout, c'est-à-dire assis sur son derrière, et quelquefois il demeure assez long-temps dans cette situation ; il a l'air de se peigner la tête et la moustache avec ses pattes, qu'il lèche et humecte de salive à chaque fois ; souvent il se sert de ses deux pattes à la fois pour se peigner ; ensuite il se gratte le corps jusqu'aux endroits où il peut atteindre avec ces mêmes pattes de devant ; et pour achever sa petite toilette, il se sert de celles de derrière, et se gratte dans tous les autres endroits qui peuvent être souillés.

C'est cependant un animal d'une grosse corpulence, et qui ne paroît ni délicat, ni leste, ni léger ; il est plutôt pesant et lourd, et ayant à peu près la démarche d'un petit cochon. Il court rarement, lentement, et d'assez mauvaise grace ; il n'a de mouvements vifs que pour sauter, tantôt sur les meubles et tantôt sur les choses qu'il veut saisir ou emporter. Il ressemble encore au cochon par sa peau blanche, épaisse, et qu'on ne peut ni tirer ni pincer, parce qu'elle est adhérente à la chair.

Quoiqu'il n'ait pas encore pris son entier accroissement, il a déja dix-huit pouces de longueur dans sa situation naturelle et renflée ; mais, lorsqu'il s'étend, il a près de deux pieds depuis le bout du museau jusqu'à l'extrémité du corps, au lieu que le paca dont nous avons donné la description n'avoit que sept pouces cinq lignes : différence qui ne provient néanmoins que de celle de l'âge, car du reste ces deux animaux se **ressemblent en tout.**

La hauteur prise aux jambes de devant dans celui que nous décrivons actuellement étoit de sept pouces, et cette hauteur

prise aux jambes de derrière étoit d'environ neuf pouces et demi, en sorte qu'en marchant son derrière paroît toujours bien plus haut que sa tête. Cette partie postérieure du corps , qui est la plus élevée, est aussi la plus épaisse en tout sens ; elle a dix-neuf pouces et demi de circonférence, tandis que la partie antérieure du corps n'a que quatorze pouces.

Le corps est couvert d'un poil court, rude et clair-semé, couleur de terre sombre et plus foncé sur le dos ; mais le ventre, la poitrine, le dessous du cou et les parties intérieures des jambes, sont au contraire couverts d'un poil blanc sale ; et ce qui le rend très remarquable, ce sont cinq espèces de bandes longitudinales formées par des taches blanches, la plupart séparées les unes des autres. Ces cinq bandes sont dirigées le long du corps, de manière qu'elles tendent à se rapprocher les unes des autres à leurs extrémités.

La tête, depuis le nez jusqu'au sommet du front, a près de cinq pouces de longueur, et elle est fort convexe ; les yeux sont gros, saillants, et de couleur brunâtre, éloignés l'un de l'autre d'environ deux pouces. Les oreilles sont arrondies, et n'ont que sept à huit lignes de longueur, sur une largeur à peu près égale à leur base : elles sont plissées en forme de fraise, et recouvertes d'un duvet très fin, presque insensible au tact et à l'œil. Le bout du nez est large, de couleur presque noire, divisé en deux comme celui des lièvres ; les narines sont fort grandes. L'animal a beaucoup de force et d'adresse dans cette partie ; car nous l'avons vu souvent soulever avec son nez la porte de sa loge, qui fermoit à coulisse. La mâchoire inférieure est d'un pouce plus courte et moins avancée que la mâchoire supérieure, qui est beaucoup plus large et plus longue. De chaque côté et vers le bas de la mâchoire supérieure, il règne une espèce de pli longitudinal dégarni de poil dans son milieu, en sorte que l'on prendroit, au premier coup d'œil, cet endroit de la mâchoire pour la bouche de l'animal en le voyant de côté ; car sa bouche n'est apparente que quand elle est ouverte, et n'a que six ou sept lignes d'ouverture : elle n'est éloignée que de deux ou trois lignes des plis dont nous venons de parler.

Chaque mâchoire est armée en devant de deux dents incisives fort longues, jaunes comme du safran, et assez fortes
pour couper le bois. On a vu cet animal, en une seule nuit,
faire un trou dans une des planches de sa loge, assez grand
pour y passer sa tête. Sa langue est étroite, épaisse, et un peu
rude. Ses moustaches sont composées de poils noirs et de poils
blancs, placés de chaque côté du nez, et il a de pareilles moustaches plus noires, mais moins fournies, de chaque côté de la
tête, au-dessous des oreilles. Nous n'avons pu voir ni compter
les dents mâchelières, par la forte résistance de l'animal.

Chaque pied, tant de devant que de derrière, a cinq doigts,
dont quatre sont armés d'ongles longs de cinq ou six lignes.
Les ongles sont couleur de chair : mais il ne faut pas regarder
cette couleur comme un caractère constant; car, dans plusieurs
animaux, et particulièrement dans les lièvres, on trouve souvent les ongles noirs, tandis que d'autres les ont blanchâtres
ou couleur de chair. Le cinquième doigt, qui est l'interne, ne
paroît que quand l'animal a la jambe levée, et n'est qu'un petit
éperon fort court. Entre les jambes de derrière, à peu de distance des parties naturelles, se trouvent deux mamelles de couleur brunâtre. Au reste, quoique la queue ne soit nullement
apparente, on trouve néanmoins, en la recherchant, un petit
bouton de deux ou trois lignes de longueur, qui paroît en être
l'indice.

Le paca domestique mange de tout ce qu'on veut lui donner,
et il paroît avoir un très grand appétit. On le nourrissoit ordinairement de pain; et soit qu'on le trempât dans l'eau, dans le
vin, et même dans du vinaigre, il le mangeoit également :
mais le sucre et les fruits sont si fort de son goût, que lorsqu'on lui en présentoit, il en témoignoit sa joie par des bonds
et des sauts. Les racines et les légumes étoient aussi de son
goût; il mangeoit également les navets, le céleri, les oignons
et même l'ail et l'échalote. Il ne refusoit pas les choux ni les
herbes, même la mousse et les écorces de bois; nous l'avons
souvent vu manger aussi du bois et du charbon dans les commencements. La viande étoit ce qu'il paroissoit aimer le moins;

13.

il n en mangeoit que rarement et en très petite quantité. On
pourroit aisément le nourrir de grains; car souvent il en cherchoit dans la paille de sa litière. Il boit comme le chien, en
soulevant l'eau avec sa langue. Son urine est fort épaisse et
d'une odeur insupportable; sa fiente est en petites crottes, plus
allongées que celles des lapins et des lièvres.

D'après les petites observations que nous venons de rapporter, nous sommes très portés à croire qu'on pourroit naturaliser cette espèce en France; et comme la chair en est bonne
à manger, et que l'animal est peu difficile à nourrir, ce seroit
une acquisition utile. Il ne paroît pas craindre beaucoup le
froid; et d'ailleurs, pouvant creuser la terre, il s'en garantiroit
aisément pendant l'hiver. Un seul paca fourniroit autant de
bonne chère que sept ou huit lapins.

M. de La Borde dit que le paca habite ordinairement le bord
des rivières, et qu'il construit son terrier de manière qu'il peut
y entrer ou en sortir par trois issues différentes.

«Lorsqu'il est poursuivi, il se jette à l'eau, dit-il, dans laquelle il se plonge en levant la tête de temps en temps; mais
enfin, lorsqu'il est assailli par les chiens, il se défend très vi-
goureusement.» il ajoute «que la chair de cet animal est fort
estimée à Cayenne, qu'on l'échaude comme un cochon de lait, et
que, de quelque manière qu'on la prépare, elle est excellente.»

Le paca habite seul son terrier, et il n'en sort ordinairement
que la nuit pour se procurer sa nourriture. Il ne sort pendant
le jour que pour faire ses besoins, car on ne trouve jamais aucune ordure dans son terrier; et toutes les fois qu'il rentre, il
a soin d'en boucher les issues avec des feuilles et de petites
branches. Ces animaux ne produisent ordinairement qu'un
petit, qui ne quitte la mère que quand il est adulte; et même,
si c'est un mâle, il ne s'en sépare qu'après s'être accouplé avec
elle. Au reste, on en connoît de deux espèces à Cayenne, et
l'on prétend qu'ils ne se mêlent point ensemble. Les uns pèsent
depuis quatorze jusqu'à vingt livres, et les autres de vingt-cinq
à trente livres.

LE SARIGUE ou L'OPOSSUM [1]

Didelphis Opossum. L.

Le sarigue ou l'opossum est un animal de l'Amérique, qu'il est aisé de distinguer de tous les autres par deux caractères très singuliers : le premier de ces caractères est que la femelle a sous le ventre une ample cavité dans laquelle elle reçoit et allaite ses petits; le second est que le mâle et la femelle ont tous deux le premier doigt des pieds de derrière sans ongle et bien séparé des autres doigts, tel qu'est le pouce dans la main de l'homme, tandis que les quatre autres doigts de ces mêmes pieds de derrière sont placés les uns contre les autres et armés d'ongles crochus, comme dans les pieds des autres quadrupèdes. Le premier de ces caractères a été saisi par la plupart des voyageurs et des naturalistes; mais le second leur avoit entièrement échappé : Edward Tyson, médecin anglois, paroît être le premier qui l'ait observé; il est le seul qui ait donné

[1] Le *sarigue*, *çarigue* ou *çarigueya*, nom de cet animal sur les côtes du Brésil, et que nous avons adopté. Le *ca* de la langue brasilienne se prononce *sa* en françois et en latin : on peut citer pour exemples *cagui*, que nous prononçons *sagui* ou *sagoin*, parce que l'*u* se prononce aussi comme *ou* ; *tajacu*, que de Lery et les autres voyageurs françois prononçoient et écrivoient *tajaçou* et *tajassou*, et *carigueya*, que Pison, dont l'ouvrage est en latin, a écrit avec une cédille sous le *c*.

Cerigon, selon Maffée (*Histoire des Indes,* liv. II, page 46), et selon Barlæus (*Res gestæ in Brasilia*, page 222). Le *cerigon*, dit Maffée, est une bête admirable.... De son ventre pendent deux besaces où il porte ses petits, chacun d'eux si fort attaché à son téton, qu'ils ne les quittent point jusqu'à ce qu'ils soient en état d'aller paître.

Maffée indique ici une chose qui peut induire en erreur, et faire croire que ce cerigon, qui a deux besaces ou poches, seroit un animal différent du sarigue, qui n'en a qu'une : mais il faut observer, et nous l'avons vu nous-mêmes, que quand les glandes mammaires du sarigue sont dans leur état de gonflement par le lait dont elles sont remplies, elles font un volume si considérable au-dedans de la poche, qu'elles en tirent la peau par le milieu, et qu'elle paroît alors partagée en deux besaces, comme le dit Maffée, qui probablement avoit vu son cerigon dans cet état.

une bonne description de la femelle de cet animal, imprimée à Londres en 1698, sous le titre de *Carigueya, seu Marsupiale Americanum, or the Anatomy of an Opossum;* et, quelques années après, Will. Cowper, célèbre anatomiste anglois, communiqua à Tyson, par une lettre, les observations qu'il avoit faites sur le mâle. Les autres auteurs, et surtout les nomenclateurs, ont ici, comme partout ailleurs, multiplié les êtres sans nécessité, et ils sont tombés dans plusieurs erreurs que nous ne pouvons nous dispenser de relever.

Notre sarigue, ou, si l'on veut, l'opossum de Tyson, est le même animal que le grand philandre oriental de Seba (vol. I, page 64, planche xxxix) : l'on n'en sauroit douter, puisque de tous les animaux dont Seba donne les figures, et auxquels il applique le nom de *philandre,* d'*opossum* ou de *carigueya,* celui-ci est le seul qui ait les deux caractères de la bourse sous le ventre et des pouces de derrière sans ongle. De même l'on ne peut douter que notre sarigue, qui est le même que le grand philandre oriental de Seba, ne soit un animal naturel aux climats chauds du Nouveau-Monde; car les deux sarigues que nous avons au Cabinet du roi nous sont venus d'Amérique : celui que Tyson a disséqué lui avoit été envoyé de Virginie. M. de Chanvallon, correspondant de l'Académie des sciences à la Martinique, qui nous a donné un jeune sarigue, a reconnu les deux autres pour de vrais sarigues ou opossums de l'Amérique. Tous les voyageurs s'accordent à dire que cet animal se trouve au Brésil, à la Nouvelle-Espagne, à la Virginie, aux Antilles, etc., et aucun ne dit en avoir vu aux Indes orientales : ainsi Seba s'est trompé lorsqu'il l'a appelé *philandre oriental,* puisqu'on ne le trouve que dans les Indes occidentales. Il dit que ce philandre lui a été envoyé d'Amboine sous le nom de *coes-coes,* avec d'autres curiosités; mais il convient en même temps qu'il avait été apporté à Amboine d'autres pays plus éloignés. Cela seul suffiroit pour rendre suspecte la dénomination de *philandre oriental;* car il est très possible que les voyageurs aient transporté cet animal singulier de l'Amérique aux Indes orientales : mais rien ne prouve qu'il soit naturel au climat d'Amboine, et le passage même de Seba, que nous venons de citer, semble indiquer le contraire. La source de cette erreur de fait, et même celle du nom de *coes-coes*, se trouve dans Pison, qui dit qu'aux Indes orientales, mais *à Amboine seulement,* on trouve un animal semblable au sarigue du Brésil, et qu'on lui donne le nom de *cous-cous.* Pison ne cite sur cela ni autorité ni garants : il seroit bien étrange, si le fait étoit vrai, que Pison, assurant positivement que cet animal ne se trouve qu'à Amboine dans toutes les Indes orientales, Seba dit au contraire que celui qui lui a été envoyé d'Amboine n'en étoit pas natif, mais y avoit été apporté de pays plus éloignés. Cela seul prouve la fausseté du fait avancé par Pison; et nous verrons dans la suite le peu de fond que l'on peut faire sur ce qu'il a écrit au sujet de cet animal. Seba, qui ignoroit donc de quel pays venoit son philandre, n'a pas laissé de lui donner l'épithète d'*oriental :* cependant il est certain que c'est le même animal que le sarigue des Indes occidentales; il ne faut, pour s'en assurer, que comparer sa figure, planche XXXIX, avec la nature. Mais ce qui ajoute encore à l'erreur, c'est qu'en même temps que cet auteur donne au sarigue d'Amérique le nom de *grand philandre oriental,* il nous présente un autre animal qu'il croit être différent de celui-ci, sous le nom de *philandre d'Amérique* (planche XXXVI, figures 1 et 2), et qui cependant, selon sa propre description, ne diffère du grand philandre oriental qu'en ce qu'il est plus petit et que la tache au-dessus des yeux est plus brune; différences, comme l'on voit, très accidentelles et trop légères pour fonder deux espèces distinctes : car il ne parle pas d'une autre différence qui seroit beaucoup plus essentielle, si elle existoit réellement comme on la voit dans la figure; c'est que ce philandre d'Amérique (*Seba,* planche XXXVI, fig. 1 et 2) a un ongle aigu aux pouces des pieds de derrière, tandis que le grand philandre oriental (*Seba,* planche XXXIX) n'a point d'ongles à ces deux pouces. Or il est certain que notre sarigue, qui est le vrai sarigue d'Amérique, n'a point d'ongles aux pouces de derrière. S'il existoit donc un animal avec des on-

gles aigus à ce pouce, tel que celui de la planche xxxvi de Seba,
cet animal ne seroit pas, comme il le dit, le sarigue d'Amérique. Mais ce n'est pas tout : cet auteur donne encore un troisième animal sous le nom de *philandre oriental* (pl. xxxviii,
fig. 1), duquel, au reste, il ne fait nulle mention dans la description des deux autres, et dont il ne parle que d'après François Valentin, auteur qui, comme nous l'avons déja dit, mérite
peu de confiance; et ce troisième animal est encore le même
que les deux premiers. Il nous paroît donc que ces trois animaux des planches xxxvi, xxxviii et xxxix de Seba n'en font
qu'un seul. Il y a toute apparence que le dessinateur, peu attentif, aura mis un ongle pointu aux pouces des pieds de derrière comme aux pouces des pieds de devant et aux autres
doigts, dans les figures des planches xxxvi et xxxviii, et que,
plus exact dans le dessin de la planche xxxix, il a représenté
les pouces des pieds de derrière sans ongle, et tels qu'ils sont
en effet. Nous sommes donc persuadés que ces trois animaux
de Seba ne sont que trois individus de la même espèce; que
cette espèce est la même que celle de notre sarigue; que ces
trois individus étoient seulement de différents âges, puisqu'ils
ne diffèrent entre eux que par la grandeur du corps et par
quelques nuances de couleur, principalement par la teinte de
la tache au-dessus des yeux, qui est jaunâtre dans les jeunes
sarigues, tels que celui de la planche xxxvi de Seba, fig. 1 et 2,
et qui est plus brune dans les sarigues adultes, tels que celui
de la planche xxxix : différence qui d'ailleurs peut provenir
du temps plus ou moins long que l'animal a été conservé dans
l'esprit-de-vin, toutes les couleurs du poil s'affoiblissant avec
le temps dans les liqueurs spiritueuses. Seba convient lui-
même que les deux animaux de ses planches xxxvi, fig. 1 et 2,
et xxxviii, fig. 1, ne diffèrent que par la grandeur et par
quelques nuances de couleur; il convient encore que le troisième animal, c'est-à-dire celui de la planche xxxix, ne diffère
des deux autres qu'en ce qu'il est plus grand, et que la tache
au-dessus des yeux n'est pas jaunâtre, mais brune. Il nous paroît donc certain que ces trois animaux n'en font qu'un seul,

puisqu'ils n'ont entre eux que des différences si petites, qu'on
doit les regarder comme de très légères variétés, avec d'autant plus de raison et de fondement que l'auteur ne fait aucune
mention du seul caractère par lequel il auroit pu les distinguer, c'est-à-dire de cet ongle pointu aux pouces de derrière,
qui se voit aux figures des deux premiers et qui manque au
dernier. Son seul silence sur ce caractère prouve que cette
différence n'existe pas réellement, et que ces ongles pointus
aux pouces de derrière, dans les figures des planches xxxvi
et xxxviii, ne doivent être attribués qu'à l'inattention du
dessinateur.

Seba dit que, « selon François Valentin, ce philandre,
« planche xxxviii, est de la plus grande espèce qui se voie
« aux Indes orientales, et surtout chez les Malais, où on l'ap-
« pelle *pelandor Aroé*, c'est-à-dire *lapin d'Aroé*, quoique
« Aroé ne soit pas le seul lieu où se trouvent ces animaux ;
« qu'ils sont communs dans l'île de Solor ; qu'on les élève
« même avec les lapins, auxquels ils ne font aucun mal, et
« qu'on en mange également la chair, que les habitants de
« cette île trouvent excellente, etc. » Ces faits sont très douteux,
pour ne pas dire faux. 1° Le philandre, planche xxxviii, n'est
pas le plus grand des Indes orientales, puisque, selon l'auteur
même, celui de la planche xxxix, qu'il attribue aussi aux
Indes orientales, est plus grand. En second lieu, ce philandre
ne ressemble point du tout à un lapin, et par conséquent il
est bien mal nommé *lapin d'Aroé*. Troisièmement, aucun
voyageur aux Indes orientales n'a fait mention de cet animal
si remarquable ; aucun n'a dit qu'il se trouve ni dans l'île de
Solor ni dans aucun autre endroit de l'ancien continent. Seba
lui-même paroît s'apercevoir non-seulement de l'incapacité,
mais aussi de l'infidélité de l'auteur qu'il cite. *Cujus equidem
rei*, dit-il [1], *fides sit penes auctorem. At mirum tamen est
quod D. Valentinus philandri formam haud ita descrip-
serit prout se habet et uti nos ejus icones ad vivum fac-
tas præegressis tabulis exhibuimus.* Mais pour achever de se

[1] Volume I, page 61.

démontrer à soi-même le peu de confiance que mérite en effet
le témoignage de cet auteur, François Valentin, ministre de
l'église d'Amboine, qui cependant à fait imprimer en cinq volumes in-folio l'*Histoire naturelle des Indes orientales*, il
suffit de renvoyer à ce que dit Artedi au sujet de ce gros ouvrage, et aux reproches que Seba même lui fait avec raison
sur l'erreur grossière qu'il commet, en assurant, « que la poche
« de l'animal dont il est ici question est une matrice dans la-
« quelle sont conçus les petits, et qu'après avoir lui-même dis-
« séqué le philandre, il n'en a pas trouvé d'autre ; que si cette
« poche n'est pas une vraie matrice, les mamelles sont à l'égard
« des petits de cet animal ce que les pédicules sont aux fruits,
« qu'ils restent adhérents à ces mamelles jusqu'à ce qu'ils soient
« mûrs, et qu'alors ils s'en séparent, comme le fruit quitte son
« pédicule lorsqu'il a acquis toute sa maturité, etc. » Le vrai de
tout ceci, c'est que Valentin, qui assure que rien n'est si commun que ces animaux aux Indes orientales, et surtout à Solor,
n'y en avoit peut-être jamais vu ; que tout ce qu'il en dit, et
jusqu'à ses erreurs les plus évidentes, est copié de Pison et de
Marcgrave, qui tous deux ne sont eux-mêmes, à cet égard,
que les copistes de Ximenès, et qui se sont trompés en tout
ce qu'ils ont ajouté de leur fonds ; car Marcgrave et Pison
disent expressément et affirmativement, ainsi que Valentin,
que la poche est la vraie matrice où les petits du sarigue sont
conçus. Marcgrave dit qu'il en a disséqué un, et qu'il n'a point
trouvé d'autre matrice à l'intérieur : Pison renchérit encore
sur lui, en disant qu'il en a disséqué plusieurs, et qu'il n'a
jamais trouvé de matrice à l'intérieur ; et c'est là qu'il ajoute
l'assertion, tout aussi mal fondée, que cet animal se trouve à
Amboine. Qu'on juge maintenant de quel poids doivent être
ici les autorités de Marcgrave, de Pison et de Valentin, et s'il
seroit raisonnable d'ajouter foi au témoignage de trois hommes
dont le premier a mal vu, le second a amplifié les erreurs du
premier, et le dernier a copié les deux autres.

Je demanderois volontiers pardon à mes lecteurs de la longueur de cette discussion critique ; mais lorsqu'il s'agit de

relever les erreurs des autres, on ne peut être trop exact ni trop attentif, même aux plus petites choses.

M. Brisson, dans son ouvrage sur les quadrupèdes, a entièrement adopté ce qui se trouve dans celui de Seba : il le suit ici à la lettre, soit dans ses dénominations, soit dans ses descriptions, et il paroît même aller plus loin que son auteur, en faisant trois espèces réellement distinctes des trois philandres, planches xxxvi, xxxviii et xxxix de Seba; car s'il eût recherché l'idée de cet auteur, il eût reconnu qu'il ne donne pas ses trois philandres pour des espèces réellement différentes les unes des autres. Seba ne se doutoit pas qu'un animal des climats chauds de l'Amérique ne dût pas se trouver aussi dans les climats chauds de l'Asie : il qualifioit ces animaux d'orientaux ou d'américains, selon qu'ils lui arrivoient de l'un ou de l'autre continent; mais il ne donne pas ses trois philandres pour trois espèces distinctes et séparées; il paroît clairement qu'il ne prend pas à la rigueur le mot d'*espèce*, lorsqu'il dit, page 61 : *C'est ici la plus grande espèce de ces animaux ;* et qu'il ajoute : *Cette femelle est parfaitement semblable* (simillima) *aux femelles des philandres d'Amérique ; elle est seulement plus grande, et elle est couverte sur le dos de poils d'un jaune plus foncé.* Ces différences, comme nous l'avons déja dit, ne sont que des variétés telles qu'on en trouve ordinairement entre les individus de la même espèce à différents âges : et, dans le fait, Seba n'a pas prétendu faire une division méthodique des animaux en classes, genres et espèces; il a seulement donné les figures des différentes pièces de son cabinet, distinguées par des numéros, suivant qu'il voyoit quelques différences dans la grandeur, dans les teintes de couleur ou dans l'indication du pays natal des animaux qui composoient sa collection. Il nous paroît donc que, sur cette seule autorité de Seba, M. Brisson n'étoit pas fondé à faire trois espèces différentes de ces trois philandres, d'autant plus qu'il n'a pas même employé les caractères distinctifs exprimés dans les figures, et qu'il ne fait aucune mention de la différence de l'ongle qui se trouve aux pouces des pieds de derrière des deux premiers et qui manque au troisième. M. Brisson devoit donc rapporter à son n° 3, c'est-à-dire à son philandre d'Amboine, page 289, toute la nomenclature qu'il a mise à son philandre n° 1, page 286, tous les noms et synonymes qu'il cite ne convenant qu'au philandre n° 3, puisque c'est celui dont les pouces des pieds de derrière n'ont point d'ongle. Il dit en général que les doigts des philandres sont onguiculés, et il ne fait sur cela aucune exception : cependant le philandre qu'il a vu au Cabinet du roi, et qui est notre sarigue, n'a point d'ongle aux pouces des pieds de derrière ; et il paroît que c'est le seul qu'il ait vu, puisqu'il n'y a dans son livre que le n° 1 qui soit précédé de deux étoiles. L'ouvrage de M. Brisson, d'ailleurs très utile, pèche principalement en ce que la liste des espèces y est beaucoup plus grande que celle de la nature.

Il ne nous reste maintenant à examiner que la nomenclature de M. Linnæus : elle est sur cet article moins fautive que celle des autres, en ce que cet auteur supprime une des trois espèces dont nous venons de parler, et qu'il réduit à deux les trois animaux de Seba. Ce n'est pas avoir tout fait, car il faut les réduire à un ; mais du moins c'est avoir fait quelque chose : et d'ailleurs il emploie le caractère distinctif des pouces de derrière sans ongle ; ce qu'aucun des autres, à l'exception de Tyson, n'avoit observé. La description que M. Linnæus donne du sarigue sous le nom de *marsupialis*, n° 1, *didelphis*, etc., nous a paru bonne et assez conforme à la nature ; mais il y a inexactitude dans sa distribution et erreur dans ses indications : cet auteur, qui, sous le nom d'*opossum*, n° 3, page 55, désigne un animal différent de son *marsupialis*, n° 1, et qui ne cite à cet égard que la seule autorité de Seba, dit cependant que cet opossum n'a point d'ongle aux pouces de derrière, tandis que cet ongle est très apparent dans les figures de Seba ; il auroit au moins dû nous avertir que le dessinateur de Seba s'étoit trompé. Une autre erreur, c'est d'avoir cité le *maritacaca* de Pison comme le même animal que le *carigueya*, tandis que dans l'ouvrage de Pison ces deux animaux, quoique annoncés dans le même chapitre, sont cependant donnés par

Pison même, pour deux animaux différents, et qu'il les décrit l'un après l'autre. Mais ce qu'on doit regarder comme une erreur plus considérable que les deux premières, c'est d'avoir fait du même animal deux espèces différentes. Le *marsupialis* n° 1, et l'*opossum* n° 3, ne sont pas des animaux différents; ils ont tous deux, suivant M. Linnæus même, le *marsupium*, ou la *poche*; ils ont tous deux les pouces de derrière sans ongle; ils sont tous deux d'Amérique, et ils ne diffèrent (toujours selon lui) qu'en ce que le premier a huit mamelles, et que le second n'en a que deux et la tache au-dessus des yeux plus pâle : or ce dernier caractère est, comme nous l'avons dit, nul, et le premier est au moins très équivoque : car le nombre des mamelles varie dans plusieurs espèces d'animaux, et peut-être plus dans celle-ci que dans une autre, puisque des deux sarigues femelles que nous avons au Cabinet du roi, et qui sont certainement de même espèce et du même pays, l'une a cinq et l'autre a sept tétines, et que ceux qui ont observé les mamelles de ces animaux ne s'accordent pas sur le nombre : Marcgrave, qui a été copié par beaucoup d'autres, en compte huit; Barrère dit qu'ordinairement il n'y en a que quatre, etc. Cette différence qui se trouve dans le nombre des mamelles n'a rien de singulier, puisque la même variété se trouve dans les animaux les plus connus, tels que la chienne, qui en a quelquefois dix et d'autrefois neuf, huit ou sept; la truie, qui en a dix, onze ou douze; la vache, qui en a six, cinq ou quatre; la chèvre et la brebis, qui en ont quatre, trois ou deux; le rat, qui en a dix ou huit; le furet, qui en a trois a droite et quatre à gauche, etc. : d'où l'on voit qu'on ne peut rien établir de fixe et de certain sur l'ordre et le nombre des mamelles, qui varient dans la plupart des animaux.

De tout cet examen que nous venons de faire avec autant de scrupule que d'impartialité, il résulte que le *philander opossum* seu *cariguèya brasiliensis*, planche XXXVI, fig. 1, 2 et 3; le *philander orientalis*, planche XXXVIII, fig. 1, et le *philander orientalis maximus*, planche XXXIX, fig. 1 de Seba, vol. I, pag. 56, 61 et 64; que le philandre n° 1, le philandre oriental n° 2, et le philandre d'Amboine n° 3, de M. Brisson, pag. 286, 288 et 289; et enfin que le *marsupialis* n° 1, et l'*opossum* n° 3, de M. Linnæus, édit. X, pag. 54 et 55, n'indiquent tous qu'un seul et même animal, et que cet animal est notre sarigue, dont le climat unique et naturel est l'Amémérique méridionale, et qui ne s'est jamais trouvé aux grandes Indes que comme étranger, et après y avoir été transporté. Je crois avoir levé sur cela toutes les incertitudes : mais il reste encore des obscurités au sujet du *taiibi*, que Marcgrave n'a pas donné comme un animal différent du *carigueya*, et que néanmoins Jonston, Seba et MM. Klein, Linnæus et Brisson, qui n'ont écrit que d'après Marcgrave, ont présenté comme une espèce distincte et différente des précédentes. Cependant on trouve dans Marcgrave les deux noms *carigueya*, *taiibi*, à la tête du même article : il y est dit que cet animal s'appelle *carigueya* au Brésil, et *taiibi* au Paraguay (*carigueya Brasiliensibus, aliquibus jupatiima, Petiguaribus taiibi*). On trouve ensuite une description du carigueya tirée de Ximenès, après laquelle on en trouve une autre de l'animal appelé *taiibi* par les Brasiliens, *cachorro domato* par les Portugais et *booschratte* ou *rat de bois* par les Hollandois. Marcgrave ne dit pas que ce soit un animal différent du carigueya ; il le donne au contraire pour le mâle du carigueya (*pedes et digitos habet ut femella jam descripta*). Il paroit clairement qu'au Paraguay on appeloit le sarigue mâle et femelle *taiibi*, et qu'au Brésil on donnoit ce nom de *taiibi* au seul mâle, et celui de *carigueya* à la femelle. D'ailleurs les différences entre ces deux animaux, telles qu'elles sont indiquées par leurs descriptions, sont trop légères pour fonder sur ces dissemblances deux espèces différentes; la plus sensible est celle de la couleur du poil, qui dans le carigueya est jaune et brune, au lieu qu'elle est grise dans le taiibi, dont les poils sont blancs en dessous et bruns ou noirs à leur extrémité. Il est donc plus que probable que le taiibi est en effet le mâle du sarigue. M. Ray paroit être de cette opinion, lorsqu'il dit, en parlant du carigueya et du taiibi : *An specie, an sexu tantùm, à præcedenti di-*

versum? Cependant, malgré l'autorité de Marcgrave et le doute très raisonnable de Ray, Seba donne (planche xxxvi, nᵒ 4) la figure d'un animal femelle auquel il applique, sans aucun garant, le nom de *taiibi,* et il dit en même temps que ce taiibi est le même animal que le *tlaquatzin* de Hernandès : c'est ajouter la méprise à l'erreur ; car, de l'aveu même de Seba, son taiibi, qui est femelle, n'a point de poche sous le ventre ; et il suffisoit de lire Hernandès pour voir qu'il donne à son tlaquatzin cette poche comme un principal caractère. Le taiibi de Seba ne peut donc être le tlaquatzin de Hernandès, puisqu'il n'a point de poche, ni le taiibi de Marcgrave, puisqu'il est femelle : c'est certainement un autre animal, assez mal dessiné et encore plus mal décrit, auquel Seba s'est avisé de donner le nom de *taiibi,* et qu'il rapporte mal à propos au tlaquatzin de Hernandès, qui, comme nous l'avons dit, est le même que notre sarigue. MM. Brisson et Linnæus ont, au sujet du taiibi, suivi à la lettre ce qu'en a dit Seba ; ils ont copié jusqu'à son erreur sur le tlaquatzin de Hernandès ; et ils ont tous deux fait une espèce fort équivoque de cet animal, le premier sous le nom de *philandre du Brésil,* nᵒ 4, et le second sous celui de *philander,* nᵒ 2. Le vrai taiibi, c'est-à-dire le taiibi de Marcgrave et de Ray, n'est donc point le taiibi de Seba, ni le philander de M. Linnæus, ni le philandre du Brésil de M. Brisson, et ceux-ci ne sont point le tlaquatzin de Hernandès. Ce taiibi de Seba (supposé qu'il existe) est un animal différent de tous ceux qui avoient été indiqués par les auteurs précédents : il auroit fallu lui donner un nom particulier, et ne le pas confondre, par une dénomination équivoque, avec le taiibi de Marcgrave, qui n'a rien de commun avec lui. Au reste, comme le sarigue mâle n'a point de poche sous le ventre, et qu'il diffère de la femelle par ce caractère si remarquable, il n'est pas étonnant qu'on leur ait donné à chacun un nom, et qu'on ait appelé la femelle *carigueya,* et le mâle *taiibi.*

Edward Tyson, comme nous l'avons déjà dit, a décrit et disséqué le sarigue femelle avec soin, dans l'individu qui lui a servi de sujet. La tête avoit six pouces, le corps treize, et la

queue douze de longueur; les jambes de devant six pouces [1],
et celles de derrière quatre et demi de hauteur; le corps
quinze à seize pouces de circonférence, la queue trois pouces
de tour à son origine, et un pouce seulement vers l'extrémité;
la tête, trois pouces de largeur entre les deux oreilles, allant
toujours en diminuant jusqu'au nez; elle est plus ressemblante
à celle d'un cochon de lait qu'à celle d'un renard : les orbites
des yeux sont très inclinées dans la direction des oreilles au
nez; les oreilles sont arrondies et longues d'environ un pouce
et demi; l'ouverture de la gueule est de deux pouces et demi,
en la mesurant depuis l'un des angles de la lèvre jusqu'à l'extrémité du museau; la langue est assez étroite, et longue de
trois pouces, rude et hérissée de petites pailles tournées en arrière. Il y a cinq doigts aux pieds de devant, tous les cinq armés d'ongles crochus, autant de doigts aux pieds de derrière,
dont quatre seulement sont armés d'ongles, et le cinquième,
qui est le pouce, est séparé des autres; il est aussi placé plus
bas et n'a point d'ongle : tous ces doigts sont sans poil et recouverts d'une peau rougeâtre; ils ont près d'un pouce de largeur; la paume des mains et des pieds est large, et il y a des
callosités charnues sous tous les doigts. La queue n'est couverte de poil qu'à son origine jusqu'à deux ou trois pouces de
longueur, après quoi c'est une peau écailleuse et lisse dont elle
est revêtue jusqu'à l'extrémité : ces écailles sont blanchâtres,
à peu près hexagones et placées régulièrement, en sorte qu'elles
n'anticipent pas les unes sur les autres; elles sont toutes séparées et environnées d'une petite aire de peau plus brune que
l'écaille. Les oreilles, comme les pieds et la queue, sont sans
poil; elles sont si minces, qu'on ne peut pas dire qu'elles soient
cartilagineuses; elles sont simplement membraneuses comme

[1] Cette manière de mesurer les jambes n'est pas exacte. Tyson reconnoît
lui-même que dans le squelette les os des jambes de devant étoient plus
courts que ceux des jambes de derrière; et Marcgrave, dans sa description,
dit aussi que les jambes de devant étoient plus courtes que celles de derrière :
ces différences ne proviennent que de la différente manière de les mesurer,
et c'est par cette raison que dans nos descriptions nous ne donnons pas les
mesures des jambes en bloc, et que nous détaillons celles de chacune des
parties qui composent la jambe.

les ailes des chauves-souris : elles sont très ouvertes, et le conduit auditif paroît fort large. La mâchoire du dessus est un
peu plus allongée que celle du dessous; les narines sont larges;
les yeux petits, noirs, vifs et proéminents; le cou court, la
poitrine large, la moustache comme celle du chat. Le poil du
devant de la tête est plus blanc et plus court que celui du
corps; il est d'un gris cendré, mêlé de quelques petites houppes
de poil noir et blanchâtre sur le dos et sur les côtés, plus brun
sur le ventre, et encore plus foncé sur les jambes. Sous le
ventre de la femelle est une fente qui a deux ou trois pouces
de longueur; cette fente est formée par deux peaux qui composent une poche velue à l'extérieur et moins garnie de poil
à l'intérieur; cette poche renferme les mamelles : les petits
nouveau-nés y entrent pour les sucer, et prennent si bien
l'habitude de s'y cacher, qu'ils s'y réfugient, quoique déja
grands, lorsqu'ils sont épouvantés. Cette poche a du mouvement et du jeu; elle s'ouvre et se referme à la volonté de l'animal.
La mécanique de ce mouvement s'exécute par le moyen de plusieurs muscles et de deux os qui n'appartiennent qu'à cette espèce d'animal : ces deux os sont placés au devant des os pubis,
auxquels ils sont attachés par la base : ils ont environ deux
pouces de longueur, et vont toujours en diminuant un peu de
grosseur depuis la base jusqu'à l'extrémité; ils soutiennent les
muscles qui sont ouvrir la poche et leur servent de point
d'appui; les antagonistes de ces muscles servent à la resserrer
et à la fermer si exactement, que dans l'animal vivant l'on ne
peut voir l'ouverture qu'en la dilatant de force avec les doigts.
L'intérieur de cette poche est parsemé de glandes qui fournissent une substance jaunâtre d'une si mauvaise odeur, qu'elle
se communique à tout le corps de l'animal : cependant, lorsqu'on laisse sécher cette matière, non-seulement elle perd son
odeur, mais elle acquiert du parfum qu'on peut comparer à
celui du musc. Cette poche n'est pas, comme l'ont avancé faussement Marcgrave et Pison, le lieu dans lequel les petits sont
conçus; la sarigue femelle a une matrice à l'intérieur, différente, à la vérité, de celle des autres animaux, mais dans la-

quelle les petits sont conçus et portés jusqu'au moment de leur naissance. Tyson prétend que dans cet animal il y a deux matrices, deux vagins, quatre cornes de matrice, quatre trompes de Fallope, et quatre ovaires. M. Daubenton n'est pas d'accord avec Tyson sur tous ces faits ; mais, en comparant sa description avec celle de Tyson, on verra qu'il est au moins très certain que dans les organes de la génération des sarigues il y a plusieurs parties doubles qui sont simples dans les autres animaux. Le gland de la verge du mâle et celui du clitoris de la femelle sont fourchus et paroissent doubles. Le vagin, qui est simple à l'entrée, se partage ensuite en deux canaux, etc. Cette conformation est en général très singulière et différente de celle de tous les autres animaux quadrupèdes.

Le sarigue est uniquement originaire des contrées méridionales du Nouveau-Monde ; il paroît seulement qu'il n'affecte pas, aussi constamment que le tatou, les climats plus chauds : on le trouve non-seulement au Brésil, à la Guiane, au Mexique, mais aussi à la Floride, en Virginie, et dans les autres régions tempérées de ce continent. Il est partout assez commun, parce qu'il produit souvent et en assez grand nombre ; la plupart des auteurs disent quatre ou cinq petits, d'autres six ou sept : Marcgrave assure avoir vu six petits vivants dans la poche d'une femelle ; ces petits avoient environ deux pouces de longueur ; ils étoient déja fort agiles ; ils sortoient de la poche et y rentroient plusieurs fois par jour. Ils sont bien plus petits quand ils naissent : certains voyageurs disent qu'ils ne sont pas plus gros que des mouches au moment de leur naissance, c'est-à-dire quand ils sortent de la matrice pour entrer dans la poche et s'attacher aux mamelles. Ce fait n'est pas aussi exagéré qu'on pourroit l'imaginer ; car nous avons vu nous-mêmes, dans un animal dont l'espèce est voisine de celle du sarigue, des petits attachés à la mamelle qui n'étoient pas plus gros que des fèves ; et l'on peut présumer, avec beaucoup de vraisemblance, que dans ces animaux la matrice n'est, pour ainsi dire, que le lieu de la conception, de la formation, et du premier développement du fœtus, dont l'expulsion étant plus précoce que dans les autres quadrupèdes, l'accroissement s'achève dans la bourse, où ils entrent au moment de leur naissance prématurée. Personne n'a observé la durée de la gestation de ces animaux, que nous présumons être beaucoup plus courte que dans les autres; et comme c'est un exemple singulier dans la nature que cette exclusion précoce, nous exhortons ceux qui sont à portée de voir des sarigues vivants dans leur pays natal, de tâcher de savoir combien les femelles portent de temps, et combien de temps encore après la naissance les petits restent attachés à la mamelle avant que de s'en séparer. Cette observation, curieuse par elle-même, pourroit devenir utile, en nous indiquant peut-être quelque moyen de conserver la vie aux enfants venus avant le terme.

Les petits sarigues restent donc attachés et comme collés aux mamelles de la mère pendant le premier âge, et jusqu'à ce qu'ils aient pris assez de force et d'accroissement pour se mouvoir aisément. Ce fait n'est pas douteux; il n'est pas même particulier à cette seule espèce, puisque nous avons vu comme je viens de le dire, des petits ainsi attachés aux mamelles dans une autre espèce, que nous appellerons la *marmose*, et de laquelle nous parlerons bientôt. Or cette femelle marmose n'a pas, comme la femelle sarigue, une poche sous le ventre où les petits puissent se cacher : ce n'est donc pas de la commodité ou du secours que la poche prête aux petits que dépend uniquement l'effet de la longue adhérence aux mamelles, non plus que celui de leur accroissement dans cette situation immobile. Je fais cette remarque afin de prévenir les conjectures que l'on pourroit faire de l'usage de la poche, en la regardant comme une seconde matrice, ou tout au moins comme un abri absolument nécessaire à ces petits prématurément nés. Il y a des auteurs qui prétendent qu'ils restent collés à la mamelle plusieurs semaines de suite; d'autres disent qu'ils ne demeurent dans la poche que pendant le premier mois de leur âge. On peut aisément ouvrir cette poche de la mère, regarder, compter, et même toucher les petits

14.

sans les incommoder ; ils ne quittent la tétine, qu'ils tiennent
avec la gueule, que quand ils ont assez de force pour marcher ; ils se laissent alors tomber dans la poche, et sortent
ensuite pour se promener et pour chercher leur subsistance ;
ils y entrent souvent pour dormir, pour téter, et aussi pour
se cacher lorsqu'ils sont épouvantés : la mère fuit alors et les
emporte tous : elle ne paroît jamais avoir plus de ventre que
quand il y a long-temps qu'elle a mis bas et que ses petits
sont déja grands ; car, dans le temps de la vraie gestation, on
s'aperçoit peu qu'elle soit pleine.

A la seule inspection de la forme des pieds de cet animal, il
est aisé de juger qu'il marche mal et qu'il court lentement ;
aussi dit-on qu'un homme peut l'attraper sans même précipiter son pas. En revanche, il grimpe sur les arbres avec une
extrême facilité : il se cache dans le feuillage pour attraper
des oiseaux, ou bien il se suspend par la queue, dont l'extrémité est musculeuse et flexible comme une main, en sorte
qu'il peut serrer et même environner de plus d'un tour les
corps qu'il saisit : il reste quelquefois long-temps dans cette
situation sans mouvement, le corps suspendu, la tête en bas ;
il épie et attend le petit gibier au passage : d'autres fois il se
balance pour sauter d'un arbre à un autre, à peu près comme
les singes à queue *prenante*, auxquels il ressemble aussi par
la conformation des pieds. Quoique carnassier, et même avide
de sang qu'il se plait à sucer, il mange assez de tout, des
reptiles, des insectes, des cannes de sucre, des patates, des
racines, et même des feuilles et des écorces. On peut le nourrir
comme un animal domestique ; il n'est ni féroce ni farouche,
et on l'apprivoise aisément : mais il dégoûte par sa mauvaise
odeur, qui est plus forte que celle du renard, et il déplaît
aussi par sa vilaine figure ; car, indépendamment de ses oreilles
de chouette, de sa queue de serpent, et de sa gueule fendue
jusqu'auprès des yeux, son corps paroît toujours sale, parce
que le poil, qui n'est ni lisse ni frisé, est terne et semble être
couvert de boue. Sa mauvaise odeur réside dans la peau, car
sa chair n'est pas mauvaise à manger ; c'est même un des

animaux que les sauvages chassent de préference, et duquel ils se nourrissent le plus volontiers.

M. de La Borde, médecin du roi à Cayenne, m'a écrit qu'il avoit nourri trois sarigues dans un petit tonneau, où ils se laissoient aisément manier. Ils mangent du poisson, de la viande cuite ou crue, du pain, du biscuit, etc. Ils sont continuellement à se lécher les uns les autres : ils font le même murmure que les chats quand on les manie.

« Je ne me suis pas aperçu, dit-il, qu'ils eussent aucune mauvaise odeur. Il y a des espèces plus grandes, et d'autres plus petites [1]. Ils portent également leurs petits dans une poche sous le ventre, et ces petits ne quittent jamais la mamelle, même lorsqu'ils dorment. Les chiens les tuent, mais ne les mangent pas. Ils ont un grognement qui ne se fait pas entendre de fort loin. On les apprivoise aisément. Ils cherchent à entrer dans les poulaillers, où ils mangent la volaille; mais leur chair n'est pas bonne à manger : dans certaines espèces, elle est même d'une odeur insupportable, et l'animal est appelé *puant* par les habitants de Cayenne. »

Il ne faut pas confondre ces sarigues puants de M. de La Borde avec les vrais puants ou moufettes, qui forment un genre d'animaux très différents de ceux-ci.

M. Vosmaër, directeur des cabinets d'histoire naturelle de S. A. S. monseigneur le prince d'Orange, a mis une note, page 6 de la *Description d'un écureuil volant*, Amsterdam, 1767, dans laquelle il dit :

« Le *coescoes* est le *bosch* ou *beursrult* des Indes orientales, le *philander* de Seba, et le *didelphis* de Linnæus. Le savant M. de Buffon nie absolument son existence aux Indes orientales, et ne l'accorde qu'au Nouveau-Monde en particulier. Nous pouvons néanmoins assurer ce célèbre naturaliste que Valentin et Seba ont fort bien fait de placer ces animaux tant en Asie qu'en Amérique. J'ai moi-même reçu, l'été dernier,

---

[1] On m'a nouvellement envoyé, pour le Cabinet, une peau de ces petits sarigues de Cayenne qui n'avoit que trois pouces et demi de longueur, quoique l'animal fût adulte, et la queue quatre pouces et demi

des Indes orientales, le mâle et la femelle. La même espèce a aussi été envoyée à M. le docteur Schlosser, à Amsterdam, par un ami d'Amboine, quoique pour moi je n'en connoisse pas d'autres que ceux-ci: de sorte qu'ils ne sont pas si communs. La principale différence entre le *coescoes* des Indes orientales et celui des Indes occidentales, consiste, suivant mon observation, dans la couleur du poil, qui, au mâle des Indes orientales, est tout-à-fait blanc, un peu jaunâtre; celui de la femelle est un peu plus brun, avec une raie noire ou plutôt brune sur le dos. La tête de celui des Indes orientales est plus courte; mais le mâle me paroît l'avoir un peu plus longue que la femelle. Les oreilles, dans cette espèce, sont beaucoup plus courtes qu'à celle des Indes occidentales. La description de la seconde espèce, dont parle aussi Valentin, est trop diffuse pour pouvoir s'y rapporter avec quelque certitude. »

Je ne doute pas que M. Vosmaër n'ait reçu des Indes orientales des animaux mâles et femelles sous le nom de *coescoes ;* mais les différences qu'il indique lui-même entre ces coescoes et les sarigues pourroient déjà faire penser que ce ne sont pas des animaux de même espèce. J'avoue néanmoins que la critique de M. Vosmaër est juste, en ce que j'ai dit que les trois philanders de Seba n'étoient que le même animal, tandis qu'en effet le troisième, c'est-à-dire celui de la planche xxxix de Seba, est un animal différent, et qui se trouve réellement aux Philippines, et peut-être dans quelques autres endroits des Indes orientales, où il est connu sous le nom de *coescoes ,* ou *cuscus ,* ou *cusos.* J'ai trouvé dans le Voyage de Christophe Barchewitz la note suivante :

«Dans l'île de Lethy, il y a des *cuscus* ou *cusos* dont la chair a à peu près le goût de celle du lapin. Cet animal ressemble beaucoup, pour la couleur, à une marmotte; les yeux sont petits, ronds et brillants, les pattes courtes, et la queue, qui est longue, est sans poil. Cet animal saute d'un arbre à un autre comme un écureuil, et alors il fait de sa queue un crochet, avec lequel il se tient aux branches pour manger plus facilement les fruits. Il répand une odeur qui approche de celle du renard. Il a une poche sous le ventre, dans laquelle il porte ses petits, qui entrent et sortent par-dessous la queue de l'animal. Les vieux sautent d'un arbre à l'autre en portant leurs petits dans cette poche [1]. »

Il paroit, par le caractère de la poche sous le ventre et de la queue prenante, que ce cuscus ou cusos des Indes orientales est en effet un animal du même genre que les philanders d'Amérique : mais cela ne prouve pas qu'ils soient de la même espèce d'aucun de ceux du nouveau continent; ce seroit le seul exemple d'une pareille identité. Si M. Vosmaër eût fait graver les figures de ces coescoes, comme il le dit dans le texte, on seroit plus en état de juger tant de la ressemblance que des différences des coescoes d'Asie avec les sarigues ou philanders de l'Amérique; et je demeure toujours persuadé que ceux d'un continent ne se trouveront pas dans l'autre, à moins qu'on ne les y ait apportés.

Ce n'est pas qu'absolument parlant, et même raisonnant philosophiquement, il ne fût possible qu'il se trouvât dans les climats méridionaux des deux continents quelques animaux qui seroient précisément de la même espèce. Nous avons dit ailleurs, et nous le répétons ici, que la même température doit faire, dans les différentes contrées du globe, les mêmes effets sur la nature organisée, et par conséquent produire les mêmes êtres, soit animaux, soit végétaux, si toutes les autres circonstances étoient, comme la température, les mêmes à tous égards : mais il ne s'agit point ici d'une possibilité philosophique qu'on peut regarder comme plus ou moins probable; il s'agit d'un fait, et d'un fait très général, dont il est aisé de présenter les nombreux et très nombreux exemples. Il est certain qu'au temps de la découverte de l'Amérique il n'existoit, dans ce nouveau monde, aucun des animaux que je vais nommer, l'éléphant, le rhinocéros, l'hippopotame, la girafe, le chameau, le dromadaire, le buffle, le cheval, l'âne, le lion, le tigre, les singes, les babouins, les guenons, et nombre

[1] *Voyage de Barchewitz;* Erfurt, 1751, page 532

d'autres dont j'ai fait l'énumération, et que de même le tapir, le lama, la vigogne, le pécari, le jaguar, le couguar, l'agoutī, le paca, le coati, l'unau, l'aï, et beaucoup d'autres dont j'ai donné l'énumération, n'existoient point dans l'ancien continent. Cette multitude d'exemples, dont on ne peut nier la vérité, ne suffit-elle pas pour qu'on soit au moins fort en garde lorsqu'il s'agit de prononcer, comme le fait ici M. Vosmaër, que tel ou tel animal se trouve également dans les parties méridionales des deux continents?

C'est à ce cuscus ou cusos des Indes qu'on doit rapporter le passage suivant.

«Il se trouve, dit Mandeslo, aux îles Moluques un animal qu'on appelle *cusos ;* il se tient sur les arbres, et ne vit que de leurs fruits. Il ressemble à un lapin, et a le poil épais, frisé et rude, entre le gris et le roux; les yeux ronds et vifs les pieds petits, et la queue si forte, qu'il s'en sert pour se pendre aux branches afin d'atteindre plus aisément aux fruits. »

Il n'est pas question, dans ce passage, de la poche sous le ventre, qui est le caractère le plus marqué des philanders : mais, je le répète, si le cuscus ou cusos des Indes orientales a ce caractère, il est certainement d'une espèce qui approche beaucoup de celle des philanders d'Amérique, et je serois porté à penser qu'il en diffère à peu près comme le jaguar du léopard. Ces deux derniers animaux, sans être de la même espèce, sont les plus ressemblants et les plus voisins de tous les animaux des parties méridionales des deux continents.

LE SARIGUE DES ILLINOIS.

Didelphis virginiana. Cuv.

Nous donnons ici la description d'un sarigue qui nous paroît n'être qu'une variété dans cette espèce, mais dont les différences sont néanmoins assez grandes pour que nous ayons cru devoir le faire représenter. Ce sarigue se trouve dans le pays des Illinois, et diffère de l'autre par la couleur et par le poil, qui est long sur tout le corps ; il a la tête moins allongée et entièrement blanche, à l'exception d'une tache brunâtre qui prend du coin de l'œil, et finit en s'affoiblissant du côté du nez, dont l'extrémité est la seule partie de la face qui soit noire ; la queue est écailleuse et sans poil dans toute sa longueur, au lieu que celle du sarigue est garnie de poil depuis son origine jusqu'à plus des trois quarts de sa longueur. Cependant ces différences ne me paroissent pas suffisantes pour constituer deux espèces ; et d'ailleurs, comme le climat des Illinois et celui du Mississipi, où se trouve le premier sarigue, ne sont pas éloignés, il y a toute apparence que ce second sarigue n'est qu'une simple variété dans l'espèce du premier.

	pieds.	pouc.	lign.
Longueur du corps entier depuis le bout du nez jusqu'à l'origine de la queue.	1	3	3
Longueur des oreilles	»	1	1
Largeur des oreilles	»	»	9
Longueur des moustaches	»	2	2
Longueur de la queue	1	3	»

Les oreilles sont d'une peau lisse, semblable à du parchemin brun, sans aucun poil en dedans ni en dehors ; le poil qui couvre le corps jusqu'à la queue, ainsi que les jambes, est d'un brun plus ou moins nuancé de cendré, et mêlé de longs poils blancs qui ont jusqu'à deux pouces trois lignes sur le dos, et deux pouces six lignes près de la queue : le dessous du corps est d'un cendré blanchâtre. Il y a cinq doigts à tous les pieds ; le pouce ou doigt interne des pieds de derrière a un ongle plat qui n'excède pas la chair ; les autres ongles sont blancs et crochus.

LE SARIGUE
A LONGS POILS[1].

Nous donnons ici la description d'un sarigue mâle à longs poils, qui est d'un quart plus grand que le précédent, et qui en diffère aussi par la queue, qui est beaucoup plus courte à proportion. La longueur de ce sarigue est de vingt pouces trois lignes du bout du museau jusqu'à l'origine de la queue, au lieu que l'autre n'a que quinze pouces trois lignes ; la tête est semblable dans tous deux, à l'exception du bout du nez, qui est noir dans le précédent, et couleur de chair dans celui-ci ; les plus grands poils des moustaches ont près de trois pouces de longueur. Il y a encore une petite différence : c'est que, dans le sarigue illinois, les deux dents incisives du milieu de la mâchoire supérieure sont les plus petites, tandis que, dans celui-ci, ces deux mêmes dents incisives sont les plus grandes. Ils diffèrent encore par les couleurs du poil, qui, dans ce sarigue, est brun sur les jambes et les pieds, blanchâtre sur les doigts, et rayé sur le corps de plusieurs bandes brunes indécises, une sur le dos jusqu'auprès de la queue, et une de chaque côté du corps, qui s'étend de l'aisselle jusqu'aux cuisses ; le cou est roussâtre depuis l'oreille jusqu'aux épaules, et cette couleur s'étend sous le ventre, et domine par endroits sur plusieurs parties du corps ; la queue est écailleuse et garnie à son origine de poils blancs et de poils bruns. Nous ne déciderons pas, par cette simple comparaison, de l'identité ou de la diversité de ces deux espèces de sarigues, qui toutes deux pourroient bien n'être que des variétés de celles du sarigue commun.

[1] Cette espèce est la même que la précédente. (A. R.)

LA MARMOSE [1]

Didelphis murina. L.

L'espèce de la marmose paroît être voisine de celle du sarigue; elles sont du même climat dans le même continent; et ces deux animaux se ressemblent par la forme du corps, par la conformation des pieds, par la queue *prenante*, qui est couverte d'écailles dans la plus grande partie de sa longueur, et n'est revêtue de poil qu'à son origine, par l'ordre des dents, qui sont en plus grand nombre que dans les autres quadrupèdes. Mais la marmose est bien plus petite que le sarigue; elle a le museau encore plus pointu : la femelle n'a pas de poche sous le ventre comme celle du sarigue; il y a seulement deux plis longitudinaux près des cuisses, entre lesquels les petits se placent pour s'attacher aux mamelles. Les parties de la génération, tant du mâle que de la femelle marmoses, ressemblent, par la forme et par la position, à celles du sarigue : le gland de la verge du mâle est fourchu comme celui du sarigue; il est placé dans l'anus; et cet orifice, dans la femelle, paroît être aussi l'orifice de la vulve. La naissance des petits semble être encore plus précoce dans l'espèce de la marmose que dans celle du sarigue : ils sont à peine aussi gros que de petites fèves lorsqu'ils naissent et qu'ils vont s'attacher aux mamelles ; les portées sont aussi plus nombreuses. Nous avons vu dix petites marmoses, chacune attachée à un mamelon, et il y avoit encore sur le ventre de la mère quatre mamelons vacants, en sorte qu'elle avoit en tout quatorze mamelles. C'est principalement sur les femelles de cette espèce qu'il faudroit faire les observations que nous avons indiquées dans l'article précédent : je suis persuadé que ces animaux mettent bas peu de

[1] *Marmosa*, nom que les Brasiliens donnent à cet animal, selon Seba, et que nous avons adopté. Les nègres de nos îles appellent le sarigue *manicou* ; et la marmose, qui est plus petite que le sarigue, *rat manicou.*

jours après la conception, et que les petits, au moment de l'exclusion, ne sont encore que des fœtus, qui, même comme fœtus, n'ont pas pris le quart de leur accroissement. L'accouchement de la mère est toujours une fausse-couche très prématurée, et les fœtus ne sauvent leur vie naissante qu'en s'attachant aux mamelles sans jamais les quitter, jusqu'à ce qu'ils aient acquis le même degré d'accroissement et de force qu'ils auroient pris naturellement dans la matrice, si l'exclusion n'eût pas été prématurée.

La marmose a les mêmes inclinations et les mêmes mœurs que le sarigue : tous deux se creusent des terriers pour se réfugier; tous deux s'accrochent aux branches des arbres par l'extrémité de leur queue, et s'élancent de là sur les oiseaux et sur les petits animaux : ils mangent aussi des fruits, des graines et des racines; mais ils sont encore plus friands de poisson et d'écrevisse, qu'ils pêchent, dit-on, avec leur queue. Ce fait est très douteux, et s'accorde fort mal avec la stupidité naturelle qu'on reproche à ces animaux, qui, selon le témoignage de la plupart des voyageurs, ne savent ni se mouvoir à propos, ni fuir, ni se défendre.

*On sait qu'en général les sarigues, marmoses et cayopollins, portent également leurs petits dans une poche sous le ventre, et que ces petits sont attachés à la mamelle long-temps avant d'avoir pris leur accroissement entier. Ce fait, l'un des plus singuliers de la nature, me faisoit désirer des éclaircissemens au sujet de la génération de ces animaux, qui ne naissent pas à terme comme les autres. Voici ce que M. Roume de Saint-Laurent m'en a écrit en m'envoyant le catalogue du cabinet d'histoire naturelle qu'il a fait à l'île de la Grenade.

«Des personnes dignes de croyance, dit M. de Saint-Laurent, m'ont assuré avoir trouvé des femelles de *manicou* (marmose) dont les petits n'étoient point encore formés; on voyoit au bout des mamelons de petites bosses claires, dans lesquelles on trouvoit l'embryon ébauché. Tout extraordinaire que ce fait doive paroître, je ne puis le révoquer en doute, et je vais ajouter ici la dissection que je fis d'un de ces animaux

en 1767 , qui peut donner quelques lumières sur la façon dont
la génération s'effectue dans cette espèce.

« La mère avoit dans son sac sept petits , au bout d'autant de
mamelons , auxquels ils étoient fortement fixés , sans qu'ils y
adhérassent ; ils avoient environ trois lignes de longueur , et
une ligne et demie de grosseur ; la tête étoit fort grosse à proportion du corps, dont la partie antérieure étoit plus formée
que la postérieure ; la queue étoit moins avancée que tout le
reste. Ces petits n'avoient point de poil ; leur peau très fine
paroissoit sanguinolente ; les yeux ne se distinguoient que par
deux petits filets en cercle. Les cornes de la matrice étoient
gonflées , fort longues, formant une tour , et se portant ensuite
vers les ovaires : elles contenoient un mucus blanc , épais et
parsemé de globules d'air nombreux. L'extrémité des cornes se
terminoit par des filets gros comme de forts crins , d'une substance à peu près semblable à celle des trompes de Fallope ,
mais plus blanche et plus solide. On suivoit ces filets jusque
dans le corps glanduleux des mamelles , où ils aboutissoient
chacun à des mamelons , sans que l'on pût en distinguer la fin,
parce qu'elle se confondoit dans la substance des mamelles.
Ces filets paroissoient être creux et remplis du même mucus
qui étoit contenu dans les cornes. Peut-être les petits embryons
produits dans la matrice passent – ils dans ces canaux pour se
rendre aux mamelons contenus dans le sac. »

Cette observation de M. de Saint - Laurent mérite assurément beaucoup d'attention ; mais elle nous paroît si singulière,
qu'il seroit bon de la répéter plus d'une fois, et de s'assurer
de cette marche très extraordinaire des fœtus et de leur passage immédiat de la matrice aux mamelles , et du temps où se
fait ce passage après la conception : il faudroit pour cela élever
et nourrir un certain nombre de ces animaux , et disséquer les
femelles peu de temps après leur avoir donné le mâle , à un jour,
deux jours , trois jours , quatre jours après l'accouplement ; on
pourroit saisir le progrès de leur développement, et reconnoître
le temps et la manière dont ils passent réellement de la matrice
aux mamelles qui sont renfermées dans la poche de la mère.

LE CAYOPOLLIN [1].

Didelphis Cayopollin. L.

Le premier auteur qui ait parlé de cet animal est Fernandès.
Le cayopollin, dit-il, est un petit animal un peu plus grand
qu'un rat, ressemblant au sarigue par le museau, les oreilles
et la queue, qui est plus épaisse et plus forte que celle d'un
rat, et de laquelle il se sert comme d'une main. Il a les oreilles
minces et diaphanes ; le ventre, les jambes et les pieds blancs.
Les petits, lorsqu'ils ont peur, tiennent la mère embrassée ;
elle les élève sur les arbres. Cette espèce s'est trouvée dans les
montagnes de la Nouvelle-Espagne. Nieremberg a copié mot
à mot ces indications de Fernandès, et n'y a rien ajouté. Seba,
qui le premier a fait dessiner et graver cet animal, n'en donne
aucune description ; il dit seulement qu'il a la tête un peu plus
épaisse et la queue un tant soit peu plus grosse que la marmose,
et que, quoiqu'il soit du même genre, il est cependant d'un
autre climat et même d'un autre continent ; et il se contente de
renvoyer à Nieremberg et à Jonston pour ce qu'on peut désirer de plus au sujet de cet animal : mais il paroît évident
que Nieremberg et Jonston ne l'ont jamais vu, et qu'ils n'en
parlent que d'après Fernandès. Aucun de ces trois auteurs n'a
dit qu'il fût originaire d'Afrique ; ils le donnent, au contraire,
comme naturel et particulier aux montagnes des climats chauds
de l'Amérique ; et c'est Seba seul qui, sans autorité ni garants,
a prétendu qu'il étoit africain. Celui que nous avons vu venoit
certainement d'Amérique ; il étoit plus grand et il avoit le museau moins pointu et la queue plus longue que la marmose ;
en tout il nous a paru approcher encore plus que la marmose
de l'espèce du sarigue. Ces trois animaux se ressemblent beaucoup par la conformation des parties intérieures et extérieures,
par les os surnuméraires du bassin, par la forme des pieds,

[1] Ou *kayopollin.*

par la naissance prématurée, la longue et continuelle adhérence des petits aux mamelles, et enfin par les autres habitudes
de nature : ils sont aussi tous trois du Nouveau-Monde et du
même climat : on ne les trouve point dans les pays froids de
l'Amérique; ils sont naturels aux contrées méridionales de ce
continent, et peuvent vivre dans les régions tempérées. Au
reste, ce sont tous des animaux très laids; leur gueule fendue
comme celle d'un brochet, leurs oreilles de chauve-souris, leur
queue de couleuvre, et leurs pieds de singe, présentent une
forme bizarre, qui devient encore plus désagréable par la mauvaise odeur qu'ils exhalent, et par la lenteur et la stupidité
dont leurs actions et tous leurs mouvements paroissent accompagnés.

ANIMAUX SAUVAGES.

L'ÉLÉPHANT [1].

Elephas maximus. L.

L'éléphant [2] est, si nous voulons ne nous pas compter, l'être le plus considérable de ce monde ; il surpasse tous les animaux terrestres en grandeur, et il approche de l'homme par l'intelligence, autant au moins que la matière peut approcher de l'esprit. L'éléphant, le chien, le castor et le singe, sont de tous les êtres animés ceux dont l'instinct est le plus admirable : mais cet instinct, qui n'est que le produit de toutes les facultés tant intérieures qu'extérieures de l'animal, se manifeste par des résultats bien différents dans chacune de ces espèces. Le chien est naturellement, et lorsqu'il est livré à lui seul, aussi cruel, aussi sanguinaire que le loup ; seulement il s'est trouvé, dans cette nature féroce, un point flexible sur lequel nous avons appuyé : le naturel du chien ne diffère donc de celui des autres animaux de proie que par ce point sensible, qui le rend susceptible d'affection et capable d'attachement : c'est de la nature qu'il tient le germe de ce sentiment, que l'homme ensuite a cultivé, nourri, développé par une ancienne et constante société avec cet animal, qui seul en étoit digne, qui, plus susceptible, plus capable qu'un autre des impressions étrangères, a perfectionné dans le commerce toutes ses facultés relatives. Sa sensibilité, sa docilité, son courage, ses talents, tout, jusqu'à ses manières, s'est modifié par l'exemple, et modelé sur les qualités de son maître : l'on ne doit donc pas lui accorder en propre tout ce qu'il paroît avoir ; ses qua-

---

[1] En latin, *elephantus*, *barrus* : en italien, *elefante* : en espagnol, *elefante* ; en allemand, *helphant* ; en anglois, *elephant*. On appeloit autrefois l'éléphant *barre* aux Indes orientales ; et c'est vraisemblablement de ce mot qu'est dérivé le nom *barrus*, que les Latins ont ensuite donné à l'éléphant.

[2] On doit distinguer comme deux espèces différentes l'éléphant des Indes (*Elephas indicus*, Cuv.), et l'éléphant d'Afrique (*Elephas africanus* Cuv.) (A. R.)

lités les plus relevées, les plus frappantes, sont empruntées de nous : il a plus d'acquis que les autres animaux, parce qu'il est plus à portée d'acquérir; que, loin d'avoir comme eux de la répugnance pour l'homme, il a pour lui du penchant; que ce sentiment doux, qui n'est jamais muet, s'est annoncé par l'envie de plaire, et a produit la docilité, la fidélité, la soumission constante, et en même temps le degré d'attention nécessaire pour agir en conséquence et toujours obéir à propos.

Le singe, au contraire, est indocile autant qu'extravagant ; sa nature est en tout point également revêche : nulle sensibilité relative, nulle reconnoissance des bons traitements, nulle mémoire des bienfaits; de l'éloignement pour la société de l'homme, de l'horreur pour la contrainte, du penchant à toute espèce de mal, ou, pour mieux dire, une forte propension à faire tout ce qui peut nuire ou déplaire. Mais ces défauts réels sont compensés par des perfections apparentes : il est extérieurement conformé comme l'homme; il a des bras, des mains, des doigts; l'usage seul de ces parties le rend supérieur pour l'adresse aux autres animaux, et les rapports qu'elles lui donnent avec nous par la similitude des mouvements et par la conformité des actions, nous plaisent, nous déçoivent, et nous font attribuer à des qualités intérieures ce qui ne dépend que de la forme des membres.

Le castor, qui paroît être fort au-dessous du chien et du singe par les facultés individuelles, a cependant reçu de la nature un don presque équivalent à celui de la parole ; il se fait entendre à ceux de son espèce, et si bien entendre, qu'ils se réunissent en société, qu'ils agissent de concert, qu'ils entreprennent et exécutent de grands et longs travaux en commun; et cet amour social, aussi bien que le produit de leur intelligence réciproque, ont plus de droit à notre admiration que l'adresse du singe et la fidélité du chien.

Le chien n'a donc que de l'esprit (qu'on me permette, faute de termes, de profaner ce nom); le chien, dis-je, n'a donc que de l'esprit d'emprunt, le singe n'en a que l'apparence, et le castor n'a du sens que pour lui seul et les siens. L'éléphant

leur est supérieur à tous trois; il réunit leurs qualités les plus
éminentes. La main est le principal organe de l'adresse du
singe; l'éléphant, au moyen de sa trompe, qui lui sert de bras
et de main, et avec laquelle il peut enlever et saisir les plus
petites choses comme les plus grandes, les porter à sa bouche, les poser sur son dos, les tenir embrassées, ou les lancer
au loin, a donc le même moyen d'adresse que le singe; et en
même temps il a la docilité du chien; il est, comme lui, susceptible de reconnoissance, et capable d'un fort attachement;
il s'accoutume aisément à l'homme, se soumet moins par la
force que par les bons traitements, le sert avec zèle, avec
fidélité, avec intelligence, etc. Enfin l'éléphant, comme le
castor, aime la société de ses semblables; il s'en fait entendre:
on les voit souvent se rassembler, se disperser, agir de concert; et s'ils n'édifient rien, s'ils ne travaillent point en commun, ce n'est peut-être que faute d'assez d'espace et de tranquillité; car les hommes se sont très anciennement multipliés
dans toutes les terres qu'habite l'éléphant: il vit donc dans
l'inquiétude, et n'est nulle part paisible possesseur d'un espace
assez grand, assez libre, pour s'y établir à demeure. Nous
avons vu qu'il faut toutes ces conditions et tous ces avantages
pour que les talents du castor se manifestent, et que partout
où les hommes se sont habitués, il perd son industrie et cesse
d'édifier. Chaque être, dans la nature, a son prix réel et sa
valeur relative: si l'on veut juger au juste de l'un et de l'autre
dans l'éléphant, il faut lui accorder au moins l'intelligence du
castor, l'adresse du singe, le sentiment du chien, et y ajouter
ensuite les avantages particuliers, uniques, de la force, de la
grandeur, et de la longue durée de la vie; il ne faut pas oublier ses armes ou ses défenses, avec lesquelles il peut percer
et vaincre le lion: il faut se représenter que sous ses pas il
ébranle la terre, que de sa main il arrache les arbres, que
d'un coup de son corps il fait brèche dans un mur; que terrible par sa force, il est encore invincible par la seule résistance de sa masse, par l'épaisseur du cuir qui la couvre; qu'il
peut porter sur son dos une tour armée en guerre et chargée

de plusieurs hommes ; que seul il fait mouvoir des machines
et transporte des fardeaux que six chevaux ne pourroient remuer ; qu'à cette force prodigieuse il joint encore le courage,
la prudence, le sang-froid, l'obéissance exacte ; qu'il conserve
de la modération, même dans ses passions les plus vives ; qu'il
est plus constant qu'impétueux en amour ; que dans la colère
il ne méconnoît pas ses amis ; qu'il n'attaque jamais que ceux
qui l'ont offensé ; qu'il se souvient des bienfaits aussi long-
temps que des injures ; que n'ayant nul goût pour la chair et
ne se nourrissant que de végétaux, il n'est pas né l'ennemi des
autres animaux ; qu'enfin il est aimé de tous, puisque tous le
respectent et n'ont nulle raison de le craindre.

Aussi les hommes ont-ils eu dans tous les temps pour ce
grand, pour ce premier animal, une espèce de vénération. Les
anciens le regardoient comme un prodige, comme un miracle
de la nature (et c'est en effet son dernier effort) ; ils ont beaucoup exagéré ses facultés naturelles ; il lui ont attribué sans
hésiter des qualités intellectuelles et des vertus morales. Pline,
Élien, Solin, Plutarque, et d'autres auteurs plus modernes,
n'ont pas craint de donner à ces animaux des mœurs raison-
nées, une religion naturelle et innée, l'observance d'un culte,
l'adoration quotidienne du soleil et de la lune, l'usage de l'a-
blution avant l'adoration, l'esprit de divination, la piété envers le ciel et pour leurs semblables, qu'ils assistent à la mort,
et qu'après leur décès ils arrosent de leurs larmes et recouvrent de terre, etc. Les Indiens, prévenus de l'idée de la mé-
tempsycose, sont encore persuadés aujourd'hui qu'un corps
aussi majestueux que celui de l'éléphant ne peut être animé
que par l'ame d'un grand homme ou d'un roi. On respecte à
Siam, à Laos, à Pégu, etc., les éléphants blancs, comme les
manes vivants des empereurs de l'Inde ; ils ont chacun un palais, une maison composée d'un nombreux domestique, une
vaisselle d'or, des mets choisis, des vêtements magnifiques, et
sont dispensés de tout travail, de toute obéissance ; l'empereur
vivant est le seul devant lequel ils fléchissent les genoux, et ce
salut leur est rendu par le monarque : cependant les attentions,

les respects, les offrandes, les flattent sans les corrompre; ils
n'ont donc pas une ame humaine; cela seul devroit suffire pour
le démontrer aux Indiens.

En écartant les fables de la crédule antiquité, en rejetant
aussi les fictions puériles de la superstition toujours subsistante, il reste encore assez à l'éléphant, aux yeux même du
philosophe, pour qu'il doive le regarder comme un être de la
première distinction; il est digne d'être connu, d'être observé :
nous tâcherons donc d'en décrire l'histoire sans partialité, c'est-
à-dire sans admiration ni mépris; nous le considèrerons d'abord
dans son état de nature, lorsqu'il est indépendant et libre, et
ensuite dans sa condition de servitude ou de domesticité, où la
volonté de son maître est en partie le mobile de la sienne.

Dans l'état de sauvage, l'éléphant n'est ni sanguinaire ni
féroce : il est d'un naturel doux, et jamais il ne fait abus de ses
armes ou de sa force; il ne les emploie, il ne les exerce que
pour se défendre lui-même ou pour protéger ses semblables.
Il a les mœurs sociales; on le voit rarement errant ou solitaire.
Il marche ordinairement de compagnie : le plus âgé conduit
la troupe; le second d'âge la fait aller et marche le dernier;
les jeunes et les foibles sont au milieu des autres; les mères
portent leurs petits et les tiennent embrassés de leur trompe.
Ils ne gardent cet ordre que dans les marches périlleuses, lorsqu'ils vont paître sur des terres cultivées; ils se promènent ou
voyagent avec moins de précaution dans les forêts et dans les
solitudes, sans cependant se séparer absolument ni même s'é-
carter assez loin pour être hors de portée des secours et des
avertissements : il y en a néanmoins quelques-uns qui s'égarent
ou qui traînent après les autres, et ce sont les seuls que les
chasseurs osent attaquer; car il faudroit une petite armée pour
assaillir la troupe entière, et l'on ne pourroit la vaincre sans
perdre beaucoup de monde : il seroit même dangereux de leur
faire la moindre injure; ils vont droit à l'offenseur; et, quoique la masse de leur corps soit très pesante, leur pas est si
grand, qu'ils atteignent aisément l'homme le plus léger à la
course; ils le percent de leurs défenses, ou le saisissent avec

la trompe, le lancent comme une pierre, et achèvent de le tuer
en le foulant aux pieds. Mais ce n'est que lorsqu'ils sont provoqués qu'ils font ainsi main-basse sur les hommes, ils ne font
aucun mal à ceux qui ne les cherchent pas ; cependant, comme
ils sont susceptibles et délicats sur le fait des injures, il est
bon d'éviter leur rencontre, et les voyageurs qui fréquentent
leur pays allument de grands feux la nuit et battent de la
caisse pour les empêcher d'approcher. On prétend que lorsqu'ils ont une fois été attaqués par les hommes, ou qu'ils sont
tombés dans quelque embûche, ils ne l'oublient jamais, et
qu'ils cherchent à se venger en toute occasion. Comme ils ont
l'odorat excellent et peut-être plus parfait qu'aucun des animaux, à cause de la grande étendue de leur nez, l'odeur de
l'homme les frappe de très loin ; ils pourroient aisément le
suivre à la piste. Les anciens ont écrit que les éléphants arrachent l'herbe des endroits où le chasseur a passé, et qu'ils se
la donnent de main en main, pour que tous soient informés
du passage et de la marche de l'ennemi. Ces animaux aiment
le bord des fleuves, les profondes vallées, les lieux ombragés
et les terrains humides ; ils ne peuvent se passer d'eau et la
troublent avant que de la boire : ils en remplissent souvent
leur trompe, soit pour la porter à leur bouche, ou seulement
pour se rafraîchir le nez et s'amuser en la répandant à flot ou
l'aspergeant à la ronde. Ils ne peuvent supporter le froid, et
souffrent aussi de l'excès de la chaleur : car, pour éviter la trop
grande ardeur du soleil, ils s'enfoncent autant qu'ils peuvent
dans la profondeur des forêts les plus sombres ; ils se mettent
aussi assez souvent dans l'eau : le volume énorme de leur corps
leur nuit moins qu'il ne leur aide à nager ; ils enfoncent moins
dans l'eau que les autres animaux ; et d'ailleurs la longueur de
leur trompe, qu'ils redressent en haut, et par laquelle ils
respirent, leur ôte toute crainte d'être submergés.

Leurs aliments ordinaires sont des racines, des herbes, des
feuilles et du bois tendre : ils mangent aussi des fruits et des
grains ; mais ils dédaignent la chair et le poisson. Lorsque l'un
d'entre eux trouve quelque part un pâturage abondant, il ap-

L'ÉLÉPHANT.   LE CHAMEAU.

pelle les autres, et les invite à venir manger avec lui. Comme il leur faut une grande quantité de fourrage, ils changent souvent de lieu ; et lorsqu'ils arrivent à des terres ensemencées, ils y font un dégât prodigieux ; leur corps étant d'un poids énorme, ils écrasent et détruisent dix fois plus de plantes avec leurs pieds qu'ils n'en consomment pour leur nourriture, laquelle peut monter à cent cinquante livres d'herbes par jour : n'arrivant jamais qu'en nombre, ils dévastent donc une campagne en une heure. Aussi les Indiens et les Nègres cherchent tous les moyens de prévenir leur visite et de les détourner en faisant de grands bruits, de grands feux, autour de leurs terres cultivées ; souvent, malgré ces précautions, les éléphants viennent s'en emparer, en chassent le bétail domestique, font fuir les hommes, et quelquefois renversent de fond en comble leurs minces habitations. Il est difficile de les épouvanter, et ils ne sont guère susceptibles de crainte ; la seule chose qui les surprenne et puisse les arrêter, sont les feux d'artifice, les pétards qu'on leur lance, et dont l'effet subit et promptement renouvelé les saisit et leur fait quelquefois rebrousser chemin. On vient très rarement à bout de les séparer les uns des autres ; car ordinairement ils prennent tous ensemble le même parti d'attaquer, de passer indifféremment ou de fuir.

Lorsque les femelles entrent en chaleur, ce grand attachement pour la société cède à un sentiment plus vif : la troupe se sépare par couples que le désir avoit formés d'avance ; ils se prennent par choix, se dérobent, et, dans leur marche, l'amour paroît les précéder et la pudeur les suivre, car le mystère accompagne leurs plaisirs. On ne les a jamais vus s'accoupler ; ils craignent surtout les regards de leurs semblables, et connoissent peut-être mieux que nous cette volupté pure de jouir dans le silence, et de ne s'occuper que de l'objet aimé. Ils cherchent les bois les plus épais ; ils gagnent les solitudes les plus profondes pour se livrer sans témoins, sans trouble et sans réserve, à toutes les impulsions de la nature : elles sont d'autant plus vives et plus durables, qu'elles sont plus rares et plus longtemps attendues. La femelle porte deux ans : lorsqu'elle est

pleine, le mâle s'en abstient, et ce n'est qu'à la troisième année
que renaît la saison des amours. Ils ne produisent qu'un petit,
lequel, au moment de sa naissance, a des dents, et est déjà plus
gros qu'un sanglier : cependant les défenses ne sont pas encore
apparentes ; elles commencent à percer peu de temps après, et
à l'âge de six mois elles sont de quelques pouces de longueur :
l'éléphant à six mois est déjà plus gros qu'un bœuf, et les défenses continuent de grandir et de croître jusqu'à l'âge avancé,
pourvu que l'animal se porte bien et soit en liberté, car on
n'imagine pas à quel point l'esclavage et les aliments apprêtés
détériorent le tempérament et changent les habitudes naturelles de l'éléphant. On vient à bout de le dompter, de le soumettre, de l'instruire ; et, comme il est plus fort et plus intel-
ligent qu'un autre, il sert plus à propos, plus puissamment et
plus utilement : mais apparemment le dégoût de sa situation
lui reste au fond du cœur ; car, quoiqu'il ressente de temps en
temps les plus vives atteintes de l'amour, il ne produit ni ne
s'accouple dans l'état de domesticité. Sa passion contrainte dé-
génère en fureur ; ne pouvant se satisfaire sans témoins, il s'in-
digne, il s'irrite, il devient insensé, violent, et l'on a besoin des
chaînes les plus fortes et d'entraves de toute espèce pour arrêter
ses mouvements et briser sa colère. Il diffère donc de tous les
animaux domestiques que l'homme traite ou manie comme des
êtres sans volonté ; il n'est pas du nombre de ces esclaves nés
que nous propageons, mutilons, ou multiplions pour notre
utilité : ici l'individu seul est l'esclave, l'espèce demeure indépendante et refuse constamment d'accroître au profit du tyran.
Cela seul suppose dans l'éléphant des sentiments élevés au-
dessus de la nature commune des bêtes : ressentir les ardeurs
les plus vives et refuser en même temps de se satisfaire, entrer
en fureur d'amour et conserver sa pudeur, sont peut-être le
dernier effort des vertus humaines, et ne sont dans ce majestueux animal que des actes ordinaires, auxquels il n'a jamais
manqué ; l'indignation de ne pouvoir s'accoupler sans témoins,
plus forte que la passion même, en suspend, en détruit les effets, excite en même temps la colère, et fait que dans ces mo-

ments il est plus dangereux que tout autre animal indompté.

Nous voudrions, s'il étoit possible, douter de ce fait ; mais les naturalistes, les historiens, les voyageurs, assurent tous de concert que les éléphants n'ont jamais produit dans l'état de domesticité. Les rois des Indes en nourrissent en grand nombre ; et, après avoir inutilement tenté de les multiplier comme les autres animaux domestiques, ils ont pris le parti de séparer les mâles des femelles, afin de rendre moins fréquents les accès d'une chaleur stérile qu'accompagne la fureur. Il n'y a donc aucun éléphant domestique qui n'ait été sauvage auparavant, et la manière de les prendre, de les dompter, de les soumettre, mérite une attention particulière. Au milieu des forêts, et dans un lieu voisin de ceux qu'ils fréquentent, on choisit un espace qu'on environne d'une forte palissade ; les plus gros arbres de la forêt servent de pieux principaux, contre lesquels on attache des traverses de charpente qui soutiennent les autres pieux : cette palissade est faite à claire-voie, en sorte qu'un homme peut y passer aisément ; on y laisse une autre grande ouverture, par laquelle l'éléphant peut entrer, et cette baie est surmontée d'une trappe suspendue, ou bien elle reçoit une barrière qu'on ferme derrière lui. Pour l'attirer jusque dans cette enceinte, il faut l'aller chercher : on conduit une femelle en chaleur et privée dans la forêt ; et lorsqu'on imagine être à portée de la faire entendre, son gouverneur l'oblige à faire le cri d'amour ; le mâle sauvage y répond à l'instant, et se met en marche pour la rejoindre : on la fait marcher elle-même, en lui faisant de temps en temps répéter l'appel ; elle arrive la première à l'enceinte, où le mâle, la suivant à la piste, entre par la même porte : dès qu'il se voit enfermé, son ardeur s'évanouit ; et lorsqu'il aperçoit les chasseurs, elle se change en fureur : on lui jette des cordes à nœuds coulants pour l'arrêter ; on lui met des entraves aux jambes et à la trompe ; on amène deux ou trois éléphants privés et conduits par des hommes adroits ; on essaie de les attacher avec l'éléphant sauvage ; enfin l'on vient à bout par adresse, par force, par tourment et par caresse, de le dompter en peu de jours. Je n'entrerai pas à cet égard dans un plus grand détail, et je me contenterai de citer les voyageurs qui ont été témoins oculaires de la chasse des éléphants[1]; elle est différente suivant les différents pays, et suivant la puissance et les facultés de ceux qui leur font la guerre; car au lieu de construire, comme les rois de Siam, des murailles, des terrasses, ou de faire des palissades, des parcs et de vastes enceintes, les pauvres Nègres se contentent des piéges les plus simples, en creusant sur leur passage des fosses assez profondes pour qu'ils ne puissent en sortir lorsqu'ils y sont tombés.

L'éléphant une fois dompté devient le plus doux, le plus obéissant de tous les animaux; il s'attache à celui qui le soigne, il le caresse, le prévient, et semble deviner tout ce qui peut lui plaire : en peu de temps il vient à comprendre les signes, même à entendre l'expression des sons; il distingue le ton impératif, celui de la colère ou de la satisfaction, et il agit en conséquence. Il ne se trompe point à la parole de son maître; il reçoit ses ordres avec attention, les exécute avec prudence, avec empressement, sans précipitation : car ses mouvements sont toujours mesurés, et son caractère paroît tenir de la gravité de sa masse. On lui apprend aisément à fléchir les genoux pour donner plus de facilité à ceux qui veulent le monter; il caresse ses amis avec sa trompe, en salue les gens qu'on lui fait remarquer; il s'en sert pour enlever des fardeaux, et aide lui-même à se charger. Il se laisse vêtir, et semble prendre plaisir à se voir couvert de harnois dorés et de housses brillantes. On l'attelle, on l'attache par des traits à des chariots[2], des charrues, des navires, des cabestans; il tire également, continuellement et sans se rebuter, pourvu qu'on ne l'insulte pas par des coups donnés mal à propos, et qu'on ait l'air de lui savoir gré de la

---

[1] *Premier Voyage du P. Tachard*, pages 298 et 340. — *Second Voyage du P. Tachard*, pages 352 et 353. — *L'Afrique de Marmol*; Paris, 1667; tome I, page 58. — *Relation d'un Voyage*, par Thévenot; Paris, 1664; tome III, page 131. — *Divers Mémoires touchant les Indes orientales, premier discours*, tome II, page 257. — *Recueil des Voyages de la Compagnie des Indes*; Amsterdam, 1711. — *Voyage d'Orient*, du P. Philippe de la très sainte Trinité; Lyon, 1669; page 361.

Voyage d'Orient, du P. Philippe de la très sainte Trinité; Lyon, 1669, page 397.

bonne volonté avec laquelle il emploie ses forces. Celui qui le conduit ordinairement est monté sur son cou, et se sert d'une verge de fer, dont l'extrémité fait le crochet, ou qui est armée d'un poinçon, avec lequel on le pique sur la tête, à côté des oreilles, pour l'avertir, le détourner ou le presser; mais souvent la parole suffit, surtout s'il a eu le temps de faire connoissance complète avec son conducteur, et de prendre en lui une entière confiance : son attachement devient quelquefois si fort, si durable, et son affection si profonde, qu'il refuse ordinairement de servir sous tout autre, et qu'on l'a quelquefois vu mourir de regret d'avoir, dans un accès de colère, tué son gouverneur.

L'espèce de l'éléphant ne laisse pas d'être très nombreuse, quoiqu'il ne produise qu'une fois et un seul petit tous les deux ou trois ans : plus la vie des animaux est courte, et plus leur production est nombreuse. Dans l'éléphant, la durée de la vie compense le petit nombre; et s'il est vrai, comme on l'assure, qu'il vive deux siècles, et qu'il engendre jusqu'à cent vingt ans, chaque couple produit quarante petits dans cet espace de temps : d'ailleurs, n'ayant rien à craindre des autres animaux, et les hommes mêmes ne les prenant qu'avec beaucoup de peine, l'espèce se soutient et se trouve généralement répandue dans tous les pays méridionaux de l'Afrique et de l'Asie; il y en a beaucoup à Ceylan, au Mogol, au Bengale, à Siam, à Pégu, et dans toutes les autres parties de l'Inde; il y en a aussi, et peut-être en plus grand nombre, dans toutes les provinces de l'Afrique méridionale, à l'exception de certains cantons qu'ils ont abandonnés, parce que l'homme s'en est absolument emparé. Ils sont fidèles à leur patrie et constants pour leur climat : car, quoiqu'ils puissent vivre dans les régions tempérées, il ne paroît pas qu'ils aient jamais tenté de s'y établir, ni même d'y voyager; ils étoient jadis inconnus dans nos climats. Il ne paroît pas qu'Homère, qui parle de l'ivoire, connût l'animal qui le porte. Alexandre est le premier qui ait montré l'éléphant à l'Europe; il fit passer en Grèce ceux qu'il avoit conquis sur Porus et ce furent peut-être les mêmes que Pyrrhus, plusieurs années après, employa contre les Romains dans la guerre de Tarente, et avec lesquels Curius vint triompher à Rome. Annibal ensuite en amena d'Afrique, leur fit passer la Méditerranée, les Alpes, et les conduisit, pour ainsi dire, jusqu'aux portes de Rome.

De temps immémorial les Indiens se sont servis d'éléphants à la guerre : chez ces nations mal disciplinées, c'étoit la meilleure troupe de l'armée, et, tant que l'on n'a combattu qu'avec le fer, celle qui décidoit ordinairement du sort des batailles. Cependant l'on voit, par l'histoire, que les Grecs et les Romains s'accoutumèrent bientôt à ces monstres de guerre; ils ouvroient leurs rangs pour les laisser passer; ils ne cherchoient point à les blesser, mais lançoient tous leurs traits contre les conducteurs, qui se pressoient de se rendre, et de calmer les éléphants dès qu'ils étoient séparés du reste de leurs troupes : et maintenant que le feu est devenu l'élément de la guerre et le principal instrument de la mort, les éléphants, qui en craignent et le bruit et la flamme, seroient plus embarrassants, plus dangereux qu'utiles dans nos combats. Les rois des Indes font encore armer des éléphants en guerre, mais c'est plutôt pour la représentation que pour l'effet : ils en tirent cependant l'utilité qu'on tire de tous les militaires, qui est d'asservir leurs semblables; ils s'en servent pour dompter les éléphants sauvages. Le plus puissant des monarques de l'Inde n'a pas aujourd'hui deux cents éléphants de guerre; ils en ont beaucoup d'autres pour le service et pour porter les grandes cages de treillage dans lesquelles ils font voyager leurs femmes : c'est une monture très sûre, car l'éléphant ne bronche jamais; mais elle n'est pas douce, et il faut du temps pour s'accoutumer au mouvement brusque et au balancement continuel de son pas : la meilleure place est sur le cou; les secousses y sont moins dures que sur les épaules, le dos, ou la croupe. Mais dès qu'il s'agit de quelque expédition de chasse ou de guerre, chaque éléphant est toujours monté de plusieurs hommes : le conducteur se met à califourchon sur le cou; les chasseurs ou combattants sont assis ou debout sur les autres parties du corps.

Dans les pays heureux où notre canon et nos arts meurtriers ne sont qu'imparfaitement connus, on combat encore avec des éléphants; à Cochin et dans le reste du Malabar on ne se sert point de chevaux, et tous ceux qui ne combattent pas à pied sont montés sur des éléphants. Il en est à peu près de même au Tonquin, à Siam, à Pégu, où le roi et tous les grands seigneurs ne sont jamais montés que sur des éléphants : les jours de fête, ils sont précédés et suivis d'un nombreux cortége de ces animaux pompeusement parés de plaques de métal brillantes, et couverts des plus riches étoffes. On environne leur ivoire d'anneaux d'or et d'argent; on leur peint les oreilles et les joues, on les couronne de guirlandes, on leur attache des sonnettes : ils semblent se complaire à la parure; et, plus on leur met d'ornements, plus ils sont caressants et joyeux. Au reste, l'Inde méridionale est le seul pays où les éléphants soient policés à ce point : en Afrique, on sait à peine les dompter. Les Asiatiques, très anciennement civilisés, se sont fait une espèce d'art de l'éducation de l'éléphant, et l'ont instruit et modifié selon leurs mœurs. Mais, de tous les Africains, les seuls Carthaginois ont autrefois dressé des éléphants pour la guerre, parce que, dans le temps de la splendeur de leur république, ils étoient peut-être encore plus civilisés que les Orientaux. Aujourd'hui il n'y a point d'éléphants sauvages dans toute la partie de l'Afrique qui est en-deçà du mont Atlas; il y en a même peu au-delà de ces montagnes jusqu'au fleuve du Sénégal : mais il s'en trouve déja beaucoup au Sénégal même, en Guinée, au Congo, à la côte des Dents, au pays d'Ante, d'Acra, de Benin, et dans toutes les autres terres du sud de l'Afrique, jusqu'à celles qui sont terminées par le cap de Bonne-Espérance, à l'exception de quelques provinces très peuplées, telles que Fida, Ardra, etc. On en trouve de même en Abyssinie, en Éthiopie, en Nigritie, sur les côtes orientales de l'Afrique et dans l'intérieur des terres de toute cette partie du monde. Il y en a aussi dans les grandes îles de l'Inde et de l'Afrique, comme à Madagascar, à Java, et jusqu'aux Philippines.

Après avoir conféré les témoignages des historiens et des

voyageurs, il nous a paru que les éléphants sont actuellement plus nombreux, plus fréquents en Afrique qu'en Asie; ils y sont aussi moins défiants, moins sauvages, moins retirés dans les solitudes : il semble qu'ils connoissent l'impéritie et le peu de puissance des hommes auxquels ils ont affaire dans cette partie du monde; ils viennent tous les jours et sans aucune crainte jusqu'à leurs habitations; ils traitent les Nègres avec cette indifférence naturelle et dédaigneuse qu'ils ont pour tous les animaux ; ils ne les regardent pas comme des êtres puissants, forts et redoutables, mais comme une espèce cauteleuse, qui ne sait que dresser des embûches, qui n'ose les attaquer en face, et qui ignore l'art de les réduire en servitude. C'est en effet par cet art, connu de tout temps des Orientaux, que ces animaux ont été réduits à un moindre nombre : les éléphants sauvages, qu'ils rendent domestiques, deviennent par la captivité autant d'eunuques volontaires dans lesquels se tarit chaque jour la source des générations; au lieu qu'en Afrique, où ils sont tous libres, l'espèce se soutient, et pourroit même augmenter en perdant davantage, parce que tous les individus travaillent constamment à sa réparation. Je ne vois pas qu'on puisse attribuer à une autre cause cette différence de nombre dans l'espèce; car, en considérant les autres effets, il paroît que le climat de l'Inde méridionale et de l'Afrique orientale est la vraie patrie, le pays naturel et le séjour le plus convenable à l'éléphant; il y est beaucoup plus grand, beaucoup plus fort qu'en Guinée et dans toutes les parties de l'Afrique occidentale. L'Inde méridionale et l'Afrique orientale sont donc les contrées dont la terre et le ciel lui conviennent le mieux; et en effet, il craint l'excessive chaleur, il n'habite jamais dans les sables brûlants, et il ne se trouve en grand nombre dans le pays des Nègres que le long des rivières, et non dans les terres élevées; au lieu qu'aux Indes les plus puissants, les plus courageux de l'espèce et dont les armes sont les plus fortes et les plus grandes, s'appellent *éléphants de montagne*, et habitent en effet les hauteurs où l'air étant plus tempéré, les eaux moins impures, les aliments plus sains, leur nature arrive à son plein développement, et açquiert toute son étendue, toute sa perfection.

En général, les éléphants d'Asie l'emportent par la taille, par la force, etc., sur ceux de l'Afrique, et en particulier ceux de Ceylan sont encore supérieurs à tous ceux de l'Asie, non par la grandeur, mais par le courage et l'intelligence: probablement ils ne doivent ces qualités qu'à leur éducation, plus perfectionnée à Ceylan qu'ailleurs; mais tous les voyageurs ont célébré les éléphants de cette île, où, comme l'on sait, le terrain est groupé par montagnes, qui vont en s'élevant à mesure qu'on avance vers le centre, et où la chaleur, quoique très grande, n'est pas aussi excessive qu'au Sénégal, en Guinée et dans toutes les autres parties occidentales de l'Afrique. Les anciens, qui ne connoissoient de cette partie du monde que les terres situées entre le mont Atlas et la Méditerranée, avoient remarqué que les éléphants de la Libye étoient bien plus petits que ceux des Indes: il n'y en a plus aujourd'hui dans cette partie de l'Afrique, et cela prouve encore, comme nous l'avons dit à l'article du lion, que les hommes y sont plus nombreux de nos jours qu'ils ne l'étoient dans le siècle de Carthage. Les éléphants se sont retirés à mesure que les hommes les ont inquiétés: mais en voyageant sous le ciel de l'Afrique, ils n'ont pas changé de nature; car ceux du Sénégal, de la Guinée, etc., sont, comme l'étoient ceux de la Libye, beaucoup plus petits que ceux des grandes Indes.

La force de ces animaux est proportionnelle à leur grandeur: les éléphants des Indes portent aisément trois ou quatre milliers; les plus petits, c'est-à-dire ceux d'Afrique, enlèvent librement un poids de deux cents livres avec leur trompe, ils le placent eux-mêmes sur leurs épaules; ils prennent dans cette trompe une grande quantité d'eau qu'ils rejettent en haut ou à la ronde, à une ou deux toises de distance; ils peuvent porter plus d'un millier pesant sur leurs défenses: la trompe leur sert à casser les branches des arbres, et les défenses à arracher les arbres mêmes. On peut encore juger de leur force par la vitesse de leur mouvement, comparée à la masse de leur corps; ils

font au pas ordinaire à peu près autant de chemin qu'un cheval
en fait au petit trot, et autant qu'un cheval au galop lorsqu'i!s
courent ; ce qui, dans l'état de liberté, ne leur arrive guère que
quand ils sont animés de colère ou poussés par la crainte. On
mène ordinairement au pas les éléphants domestiques : ils font
aisément et sans fatigue quinze ou vingt lieues par jour ; et,
quand on veut les presser, ils peuvent en faire trente-cinq ou
quarante. On les entend marcher de très loin, et l'on peut
aussi les suivre de très près à la piste ; car les traces qu'ils laissent sur la terre ne sont pas équivoques, et, dans les terrains
où le pied marque, elles ont quinze ou dix-huit pouces de
diamètre.

Un éléphant domestique rend peut-être à son maître plus de
services que cinq ou six chevaux : mais il lui faut du foin et
une nourriture choisie ; il coûte environ quatre francs ou cent
sous par jour à nourrir. On lui donne ordinairement du riz cru
ou cuit, mêlé avec de l'eau, et on prétend qu'il faut cent livres
de riz par jour pour qu'il s'entretienne dans sa pleine vigueur ;
on lui donne aussi de l'herbe pour le rafraîchir, car il est sujet
à s'échauffer ; et il faut le mener à l'eau et le laisser baigner
deux ou trois fois par jour. Il apprend aisément à se laver lui-
même ; il prend de l'eau dans sa trompe, il la porte à sa bouche pour boire, et ensuite, en retournant sa trompe, il en
laisse couler le reste à flot sur toutes les parties de son corps.
Pour donner une idée des services qu'il peut rendre, il suffira
de dire que tous les tonneaux, sacs, paquets, qui se transportent d'un lieu à un autre dans les Indes, sont voiturés par des
éléphants ; qu'ils peuvent porter des fardeaux sur leur corps,
sur leur cou, sur leurs défenses et même avec leur gueule, en
leur présentant le bout d'une corde qu'ils serrent avec les dents ;
que, joignant l'intelligence à la force, ils ne cassent ni n'en-
dommagent rien de ce qu'on leur confie ; qu'ils font tourner et
passer ces paquets du bord des eaux dans un bateau sans les
laisser mouiller, les posant doucement et les arrangeant où
l'on veut les placer ; que, quand ils les ont déposés dans l'endroit qu'on leur montre, ils essaient avec leur trompe s'ils sont

bien situés, et que, quand c'est un tonneau qui roule, ils vont d'eux-mêmes chercher des pierres pour le caler et l'établir solidement, etc.

Lorsque l'éléphant est bien soigné, il vit long-temps, quoi-qu'en captivité; et l'on doit présumer que dans l'état de liberté sa vie est encore plus longue. Quelques auteurs ont écrit qu'il vivoit quatre ou cinq cents ans [1]; d'autres, deux ou trois cents; et d'autres enfin, cent vingt, cent trente, ou cent cinquante ans. Je crois que le terme moyen est le vrai, et que, si l'on s'est assuré que des éléphants captifs vivent cent vingt ou cent trente ans, ceux qui sont libres et qui jouissent de toutes les aisances de la vie et de tous les droits de la nature, doivent vivre au moins deux cents ans : de même, si la durée de la gestation est de deux ans, et s'il leur faut trente ans pour prendre tout leur accroissement, on peut encore être assuré que leur vie s'étend au moins au terme que nous venons d'indiquer. Au reste, la captivité abrége moins leur vie que la disconvenance du cli-mat; quelque soin qu'on en prenne, l'éléphant ne vit pas long-temps dans les pays tempérés, et encore moins dans les climats froids : celui que le roi de Portugal envoya à Louis XIV en 1668, et qui n'avoit alors que quatre ans, mourut à dix-sept ans, au mois de janvier 1681, et ne subsista que treize ans dans la ménagerie de Versailles, où cependant il étoit traité soigneusement et nourri largement; on lui donnoit tous les jours quatre-vingts livres de pain, douze pintes de vin et deux seaux de potage, où il entroit encore quatre ou cinq livres de pain; et, de deux jours l'un, au lieu de potage, deux seaux de riz cuit dans l'eau, sans compter ce qui lui étoit donné par ceux qui le visitoient : il avoit encore tous les jours une gerbe de blé pour s'amuser; car, après avoir mangé le grain des épis, il faisoit des poignées de la paille, et il s'en servoit pour chasser

---

[1] Onésime, au rapport de Strabon (liv. XV), assure que les éléphants vivent jusqu'à cinq cents ans.—Philostrate (*Vita Apoll.*, lib. XVI) rapporte que l'éléphant Ajax, qui avoit combattu pour Porus contre Alexandre, vivoit encore quatre cents ans après. — Juba, roi de Mauritanie, a aussi écrit qu'il en avoit pris un dans le mont Atlas qui s'étoit pareillement trouvé dans un combat quatre cents ans auparavant.

16.

les mouches ; il prenoit plaisir à la rompre par petits morceaux,
ce qu'il faisoit fort adroitement avec sa trompe ; et, comme on
le menoit promener presque tous les jours, il arrachoit de
l'herbe et la mangeoit. L'éléphant qui étoit dernièrement à
Naples, où, comme l'on sait, la chaleur est plus grande qu'à
Paris, n'y a cependant vécu qu'un petit nombre d'années :
ceux qu'on a transportés vivants à Pétersbourg périrent successivement, malgré l'abri, les couvertures, les poêles. Ainsi
l'on peut assurer que cet animal ne peut subsister de lui-
même nulle part en Europe, et encore moins s'y multiplier.
Mais je suis étonné que les Portugais, qui ont connu, pour
ainsi dire les premiers, le prix et l'utilité de ces animaux dans
les Indes orientales, n'en aient pas transporté dans les climats
chauds du Brésil, où peut-être, en les laissant libres, ils auroient peuplé. La couleur ordinaire des éléphants est d'un gris
cendré ou noirâtre : les blancs, comme nous l'avons dit, sont
extrêmement rares [1] ; et on cite ceux qu'on a vus en différents
temps dans quelques endroits des Indes, où il s'en trouve aussi
quelques-uns qui sont roux ; et ces éléphants blancs et rouges

[1] Quelques personnes qui ont demeuré long-temps à Pondichéri nous ont
paru douter qu'il existe des éléphants blancs et rouges ; ils assurent qu'il n'y
en a jamais eu que de noirs, du moins dans cette partie de l'Inde. Il est vrai,
disent-ils, que, si l'on est un certain temps sans les laver, la poussière qui
s'attache à leur peau huileuse et exactement rase, les fait paroître d'un gris
sale ; mais, en sortant de l'eau ils sont noirs comme du jais. Je crois en effet
que le noir est la couleur naturelle des éléphants, et qu'il ne se trouve que
des éléphants noirs dans les parties de l'Inde que ces personnes ont été à
portée de parcourir ; mais il me paroît en même temps qu'on ne peut douter
qu'à Ceylan, à Siam, à Pégu, à Cambaie, etc., il ne se trouve par hasard
quelques éléphants blancs et rouges. On peut citer pour témoins oculaires le
bevalier de Chaumont, l'abbé de Choisy, le P. Tachard, Van-der-Hagen,
Joost Schuten, Thévenot, Ogilby, et d'autres voyageurs moins connus.
Hortenfels, qui, comme l'on sait, a rassemblé dans son *Elephantographia*
une grande quantité de faits tirés de différentes relations, assure que
l'éléphant blanc a non-seulement la peau blanche, mais aussi le poil de la
queue blanc. On peut encore ajouter à tous ces témoignages l'autorité des
anciens. Élien (liv. III, chap. 46) parle d'un petit éléphant blanc aux Indes,
et paroît indiquer que la mère étoit noire. Cette variété dans la couleur des
éléphants, quoique rare, est donc certaine et même très ancienne, et elle
n'est peut-être venue que de leur domesticité, qui dans les Indes est aussi
très ancienne.

sont très estimés. Au reste, ces variétés sont si rares, qu'on ne doit pas les regarder comme subsistantes par des races distinctes dans l'espèce, mais plutôt comme des qualités accidentelles et purement individuelles; car, s'il en étoit autrement, on connoîtroit le pays des éléphants blancs, celui des rouges et celui des noirs, comme l'on connoît les climats des hommes blancs, rouges et noirs. «On trouve aux Indes des éléphants «de trois sortes, dit le P. Vincent Marie: les blancs, qui sont «les plus grands, les plus doux, les plus paisibles, sont esti-«més et adorés par plusieurs nations comme des dieux: les «roux, tels que ceux de Ceylan, quoiqu'ils soient les plus pe-«tits de corsage, sont les plus valeureux, les plus forts, les «plus nerveux, les meilleurs pour la guerre; les autres, soit «par inclination naturelle, soit parce qu'ils reconnoissent en «eux quelque chose de plus excellent, leur portent un grand «respect: la troisième espèce est celle des noirs, qui sont les «plus communs et les moins estimés.» Cet auteur est le seul qui paroisse indiquer que le climat particulier des éléphants roux ou rouges est Ceylan; les autres voyageurs n'en font aucune mention. Il assure aussi que les éléphants de Ceylan sont plus petits que les autres; Thévenot dit la même chose dans la relation de son voyage, page 260: mais d'autres disent ou indiquent le contraire. Enfin le P. Vincent Marie est encore le seul qui ait écrit que les éléphants blancs sont les plus grands: le P. Tachard assure au contraire que l'éléphant blanc du roi de Siam étoit assez petit, quoiqu'il fût très vieux. Après avoir comparé les témoignages des voyageurs au sujet de la grandeur des éléphants dans les différents pays, et réduit les différentes mesures dont ils se sont servis, il me paroît que les plus petits éléphants sont ceux de l'Afrique occidentale et septentrionale, et que les anciens, qui ne connoissoient que cette partie septentrionale de l'Afrique, ont eu raison de dire qu'en général les éléphants des Indes étoient beaucoup plus grands que ceux de l'Afrique. Mais dans les terres orientales de cette partie du monde, qui étoient inconnues des anciens, les éléphants se sont trouvés aussi grands et peut-être même plus

grands qu'aux Indes ; et , dans cette dernière région, il paroît
que ceux de Siam , de Pégu, etc. , l'emportent par la taille sur
ceux de Ceylan , qui , cependant, de l'aveu unanime de tous
les voyageurs , sont les plus courageux et les plus intelligents

Après avoir indiqué les principaux faits au sujet de l'espèce,
examinons en détail les facultés de l'individu ; les sens, les
mouvements, la grandeur, la force, l'adresse, l'intelligence, etc.
L'éléphant a les yeux très petits relativement au volume de
son corps, mais ils sont brillants et spirituels ; et ce qui les
distingue de ceux de tous les autres animaux , c'est l'expression pathétique du sentiment et de la conduite presque réflé-
chie de tous leurs mouvements : il les tourne lentement et avec
douceur vers son maître ; il a pour lui le regard de l'amitié ,
celui de l'attention lorsqu'il parle , le coup d'œil de l'intelligence quand il l'a écouté, celui de la pénétration lorsqu'il veut
le prévenir ; il semble réfléchir, délibérer, penser, et ne se
déterminer qu'après avoir examiné et regardé à plusieurs fois
et sans précipitation, sans passion, les signes auxquels il doit
obéir. Les chiens, dont les yeux ont beaucoup d'expression ,
sont des animaux trop vifs pour qu'on puisse distinguer aisément les nuances successives de leurs sensations ; mais comme
l'éléphant est naturellement grave et modéré, on lit, pour
ainsi dire, dans ses yeux, dont les mouvements se succèdent
lentement, l'ordre et la suite de ses affections intérieures.

Il a l'ouïe très bonne, et cet organe est à l'extérieur, comme
celui de l'odorat, plus marqué dans l'éléphant que dans aucun
autre animal ; ses oreilles sont très grandes, beaucoup plus
longues , même à proportion du corps, que celles de l'âne, et
aplaties contre la tête , comme celles de l'homme : elles sont
ordinairement pendantes ; mais il les relève et les remue avec
une grande facilité ; elles lui servent à essuyer les yeux, à les
préserver de l'incommodité de la poussière et des mouches. Il
se délecte au son des instruments, et paroît aimer la musique ;
il apprend aisément à marquer la mesure, à se remuer en ca-
dence , et à joindre à propos quelques accents au bruit des
tambours et au son des trompettes. Son odorat est exquis, et

il aime avec passion les parfums de toute espèce, et surtout
les fleurs odorantes ; il les choisit , il les cueille une à une, il
en fait des bouquets ; et , après en avoir savouré l'odeur , il les
porte à sa bouche et semble les goûter : la fleur d'oranger est
un de ses mets les plus délicieux ; il dépouille avec sa trompe un
oranger de toute sa verdure, et en mange les fruits, les fleurs,
les feuilles , et jusqu'au jeune bois. Il choisit dans les prairies
les plantes odoriférantes , et dans les bois il préfère les côco-
tiers, les bananiers, les palmiers, les sagous ; et comme ces
arbres sont moelleux et tendres, il en mange non-seulement
les feuilles , les fruits, mais même les branches , le tronc , et
les racines ; car, quand il ne peut arracher ces branches avec
sa trompe , il les déracine avec ses défenses.

A l'égard du sens du toucher, il ne l'a, pour ainsi dire, que
dans la trompe ; mais il est aussi délicat , aussi distinct dans
cette espèce de main que dans celle de l'homme. Cette trompe,
composée de membranes, de nerfs et de muscles, est en même
temps un membre capable de mouvement et un organe de
sentiment : l'animal peut non-seulement la remuer, la fléchir,
mais il peut la raccourcir, l'allonger, la courber, et la tourner
en tout sens. L'extrémité de la trompe est terminée par un
rebord qui s'allonge par le dessus en forme de doigt ; c'est par
le moyen de ce rebord et de cette espèce de doigt que l'éléphant fait tout ce que nous faisons avec les doigts : il ramasse
à terre les plus petites pièces de monnaie ; il cueille les herbes
et les fleurs en les choisissant une à une ; il dénoue les cordes,
ouvre et ferme les portes en tournant les clefs et poussant les
verroux : il apprend à tracer des caractères réguliers avec un
instrument aussi petit qu'une plume. On ne peut même dis-
convenir que cette main de l'éléphant n'ait plusieurs avantages
sur la nôtre : elle est d'abord , comme on vient de le voir, également flexible, et tout aussi adroite pour saisir , palper en
gros et toucher en détail. Toutes ces opérations se font par le
moyen de l'appendice en manière de doigt situé à la partie
supérieure du rebord qui environne l'extrémité de la trompe,
et laisse dans le milieu une concavité faite en forme de tasse,

au fond de laquelle se trouvent les deux orifices des conduits communs de l'odorat et de la respiration. L'éléphant a donc le nez dans la main, et il est maître de joindre la puissance de ses poumons à l'action de ses doigts, et d'attirer par une forte succion les liquides, ou d'enlever des corps solides très pesants, en appliquant à leur surface le bord de sa trompe, et faisant un vide au dedans par aspiration.

La délicatesse du toucher, la finesse de l'odorat, la facilité du mouvement et la puissance de succion se trouvent donc à l'extrémité du nez de l'éléphant. De tous les instruments dont la nature a si libéralement muni ses productions chéries, la trompe est peut-être le plus complet et le plus admirable ; c'est non-seulement un instrument organique, mais un triple sens, dont les fonctions réunies et combinées sont en même temps la cause et produisent les effets de cette intelligence et de ces facultés qui distinguent l'éléphant et l'élèvent au-dessus de tous les animaux. Il est moins sujet qu'aucun autre aux erreurs du sens de la vue, parce qu'il les rectifie promptement par le sens du toucher, et que se servant de sa trompe comme d'un long bras pour toucher les corps au loin, il prend, comme nous, des idées nettes de la distance par ce moyen ; au lieu que les autres animaux (à l'exception du singe et de quelques autres, qui ont des espèces de bras et de mains) ne peuvent acquérir ces mêmes idées qu'en parcourant l'espace avec leur corps. Le toucher est de tous les sens celui qui est le plus relatif à la connoissance : la délicatesse du toucher donne l'idée de la substance des corps ; la flexibilité dans les parties de cet organe donne l'idée de leur forme extérieure, la puissance de succion celle de leur pesanteur, l'odorat celle de leurs qualités, et la longueur du bras celle de leur distance : ainsi, par un seul et même membre, et, pour ainsi dire, par un acte unique ou simultané, l'éléphant sent, aperçoit et juge plusieurs choses à la fois : or une sensation multiple équivaut en quelque sorte à la réflexion ; donc quoique cet animal soit, ainsi que tous les autres, privé de la puissance de réfléchir, comme ses sensations se trouvent combinées dans l'organe

même, qu'elles sont contemporaines, et, pour ainsi dire, in-
divises les unes avec les autres, il n'est pas étonnant qu'il ait
de lui-même des espèces d'idées, et qu'il acquière en peu de
temps celles qu'on veut lui transmettre. La réminiscence doit
être ici plus parfaite que dans aucune autre espèce d'animal;
car la mémoire tient beaucoup aux circonstances des actes, et
toute sensation isolée, quoique très vive, ne laisse aucune
trace distincte ni durable : mais plusieurs sensations combinées et contemporaines font des impressions profondes et des
empreintes étendues; en sorte que si l'éléphant ne peut se
rappeler une idée par le seul toucher, les sensations voisines
et accessoires de l'odorat et de la force de succion, qui ont agi
en même temps que le toucher, lui aident à s'en rappeler le
souvenir. Dans nous-mêmes, la meilleure manière de rendre
la mémoire fidèle est de se servir successivement de tous nos
sens pour considérer un objet; et c'est faute de cet usage
combiné des sens que l'homme oublie plus de choses qu'il n'en
retient.

Au reste, quoique l'éléphant ait plus de mémoire et d'intelligence qu'aucun des animaux, il a cependant le cerveau plus
petit que la plupart d'entre eux, relativement au volume de
son corps; ce que je ne rapporte que comme une preuve particulière que le cerveau n'est point le siége des sensations, le
sensorium commun, lequel réside au contraire dans les
nerfs des sens et dans les membranes de la tête : aussi les
nerfs qui s'étendent dans la trompe de l'éléphant sont en si
grande quantité, qu'ils équivalent pour le nombre à tous ceux
qui se distribuent dans le reste du corps. C'est donc en vertu
de cette combinaison singulière des sens et de ces facultés
uniques de la trompe que cet animal est supérieur aux autres
par l'intelligence, malgré l'énormité de sa masse, malgré la
disproportion de sa forme; car l'éléphant est en même temps
un miracle d'intelligence et un monstre de matière : le corps
très épais et sans aucune souplesse, le cou court et presque
inflexible, la tête petite et difforme, les oreilles excessives et
le nez encore beaucoup plus excessif; les yeux trop petits,

ainsi que la gueule, le membre génital et la queue; les jambes massives, droites et peu flexibles; le pied si court et si petit qu'il paroît être nul; la peau dure, épaisse et calleuse : toutes ces difformités paroissent d'autant plus, que toutes sont modelées en grand; toutes d'autant plus désagréables à l'œil, que la plupart n'ont point d'exemple dans le reste de la nature, aucun animal n'ayant ni la tête, ni les pieds, ni le nez, ni les oreilles, ni les défenses faites ou placées comme celles de l'éléphant.

Il résulte pour l'animal plusieurs inconvénients de cette conformation bizarre : il peut à peine tourner la tête; il ne peut se tourner lui-même, pour rétrograder, qu'en faisant un circuit. Les chasseurs qui l'attaquent par derrière ou par le flanc évitent les effets de sa vengeance par des mouvements circulaires; ils ont le temps de lui porter de nouvelles atteintes pendant qu'il fait effort pour se tourner contre eux. Les jambes, dont la rigidité n'est pas aussi grande que celle du cou et du corps, ne fléchissent néanmoins que lentement et difficilement; elles sont fortement articulées avec les cuisses. Il a le genou comme l'homme et le pied aussi bas; mais ce pied, sans étendue, est aussi sans ressort et sans force, et le genou est dur et sans souplesse : cependant, tant que l'éléphant est jeune et qu'il se porte bien, il le fléchit pour se coucher, pour se laisser monter ou charger; mais dès qu'il est vieux ou malade, ce mouvement devient si difficile, qu'il aime mieux dormir debout, et que si on le fait coucher de force, il faut ensuite des machines pour le relever et le remettre en pied. Ses défenses, qui deviennent avec l'âge un poids énorme, n'étant pas situées dans une position verticale, comme les cornes des autres animaux, forment deux longs leviers qui, dans cette direction presque horizontale, fatiguent prodigieusement la tête et la tirent en bas; en sorte que l'animal est quelquefois obligé de faire des trous dans le mur de sa loge pour les soutenir et se soulager de leur poids. Il a le désavantage d'avoir l'organe de l'odorat très éloigné de celui du goût, l'incommodité de ne pouvoir rien saisir à terre avec sa bouche,

parce que son cou court ne peut plier pour laisser baisser
assez la tête : il faut qu'il prenne sa nourriture, et même sa
boisson, avec le nez; il la porte ensuite, non pas à l'entrée de
la gueule, mais jusqu'à son gosier; et lorsque sa trompe est
remplie d'eau, il en fourre l'extrémité jusqu'à la racine de la
langue, apparemment pour rabaisser l'épiglotte, et pour empêcher la liqueur, qui passe avec impétuosité, d'entrer dans
le larynx; car il pousse cette eau par la force de la même
haleine qu'il avoit employée pour la pomper; elle sort de la
trompe avec bruit, et entre dans le gosier avec précipitation:
la langue, la bouche, ni les lèvres ne lui servent pas, comme
aux autres animaux, à sucer ou laper sa boisson.

De là paroît résulter une conséquence singulière, c'est que
le petit éléphant doit téter avec le nez, et porter ensuite à son
gosier le lait qu'il a pompé : cependant les anciens ont écrit
qu'il tétoit avec la gueule et non avec la trompe; mais il y a
toute apparence qu'ils n'avoient pas été témoins du fait, et
qu'ils ne l'ont fondé que sur l'analogie, tous les animaux
n'ayant pas d'autre manière de téter. Mais si le jeune éléphant
avoit une fois pris l'usage ou l'habitude de pomper avec la
bouche en suçant la mamelle de sa mère, pourquoi la per-
droit-il pour tout le reste de sa vie? pourquoi ne se sert-il
jamais de cette partie pour pomper l'eau lorsqu'il est à portée?
pourquoi feroit-il toujours une action double, tandis qu'une
simple suffiroit? pourquoi ne lui voit-on jamais rien prendre
avec sa gueule que ce qu'on jette dedans lorsqu'elle est ouverte? etc. Il paroît donc très vraisemblable que le petit éléphant ne tette qu'avec la trompe : cette présomption est non-
seulement prouvée par les faits subséquents, mais elle est
encore fondée sur une meilleure analogie que celle qui a décidé
les anciens. Nous avons dit qu'en général les animaux, au
moment de leur naissance, ne peuvent être avertis de la présence de l'aliment dont ils ont besoin par aucun autre sens
que par celui de l'odorat. L'oreille est certainement très inutile
à cet effet; l'œil l'est également et très évidemment, puisque
la plupart des animaux n'ont pas les yeux ouverts lorsqu'ils

commencent à téter ; le toucher ne peut que leur indiquer vaguement et également toutes les parties du corps de la mère, ou plutôt il ne leur indique rien de relatif à l'appétit : l'odorat seul doit l'avertir ; c'est non seulement une espèce de goût, mais un avant-goût qui précède, accompagne et détermine l'autre. L'éléphant est donc averti, comme tous les autres animaux, par cet avant-goût, de la présence de l'aliment ; et, comme le siège de l'odorat se trouve ici réuni avec la puissance de succion à l'extrémité de sa trompe, il l'applique à la mamelle, en pompe le lait, et le porte ensuite à sa bouche pour satisfaire son appétit. D'ailleurs les deux mamelles étant situées sur la poitrine, comme aux femmes, et n'ayant que de petits mamelons très disproportionnés à la grandeur de la gueule du petit, duquel aussi le cou ne peut plier, il faudroit que la mère se renversât sur le dos ou sur le côté pour qu'il pût saisir la mamelle avec la bouche ; et il auroit encore beaucoup de peine à en tirer le lait, à cause de la disproportion énorme qui résulte de la grandeur de la gueule et de la petitesse du mamelon : le rebord de la trompe, que l'éléphant contracte autant qu'il lui plaît, se trouve au contraire proportionné au mamelon, et le petit éléphant peut aisément, par son moyen, téter sa mère, soit debout ou couchée sur le côté. Ainsi tout s'accorde pour infirmer le témoignage des anciens sur ce fait, qu'ils ont avancé sans l'avoir vérifié ; car aucun d'entre eux, ni même aucun des modernes que je connoisse, ne dit avoir vu téter l'éléphant, et je crois pouvoir assurer que si quelqu'un vient dans la suite à l'observer, on verra qu'il ne tette point avec la gueule, mais avec le nez. Je crois de même que les anciens se sont trompés en nous disant que les éléphants s'accouplent à la manière des autres animaux ; que la femelle abaisse seulement sa croupe pour recevoir plus aisément le mâle : la position des parties paroît rendre impossible cette situation d'accouplement : l'éléphante n'a pas, comme les autres femelles, l'orifice de la vulve au bas du ventre et voisin de l'anus ; cet orifice en est à deux pieds et demi ou trois pieds de distance, il est situé presque au milieu du ventre : d'autre côté, le mâle n'a pas le membre génital proportionné à la grandeur de son corps, non plus qu'à celle de ce long intervalle qui, dans la situation opposée, seroit en pure perte. Les naturalistes et les voyageurs s'accordent à dire que l'éléphant n'a pas le membre génital plus gros ni guère plus long que le cheval : il ne lui seroit donc pas possible d'atteindre au but dans la situation ordinaire aux quadrupèdes; il faut que la femelle en prenne une autre et se renverse sur le dos. De Feynes et Tavernier l'ont dit positivement : mais j'avoue que j'aurois fait peu d'attention à leurs témoignages, si cela ne s'accordoit pas avec la position des parties, qui ne permet pas à ces animaux de se joindre autrement [1]. Il leur faut donc pour cette opération plus de temps, plus d'aisance, plus de commodités qu'aux autres, et c'est peut-être par cette raison qu'ils ne s'accouplent que quand ils sont en pleine liberté, et lorsqu'ils ont en effet toutes les facilités qui leur sont nécessaires. La femelle doit non-seulement consentir, mais il faut encore qu'elle provoque le mâle par une situation indécente, qu'apparemment elle ne prend jamais que quand elle se croit sans témoins. La pudeur n'est-elle donc qu'une vertu physique qui se trouve aussi dans les bêtes? elle est au moins, comme la douceur, la modération, la tempérance, l'attribut général et le bel apanage de tout sexe féminin.

Ainsi l'éléphant ne tette, ne s'accouple, ne mange ni ne boit comme les autres animaux. Le son de sa voix est aussi très singulier : si l'on en croit les anciens, elle se divise, pour ainsi dire, en deux modes très différents et fort inégaux; il passe du son par le nez, ainsi que par la bouche : ce son prend des inflexions dans cette longue trompette; il est rauque et filé comme celui d'un instrument d'airain, tandis que la voix qui

[1] J'avois écrit cet article lorsque j'ai reçu des notes de M. de Bussy sur l'éléphant : ce fait, que la position des parties m'avoit indiqué, se trouve pleinement confirmé par son témoignage. « L'éléphant, dit M. de Bussy, « s'accouple d'une façon singulière; la femelle se couche sur le dos, et le « mâle, s'appuyant sur ses jambes antérieures et fléchissant en arrière les « postérieures, ne touche à la femelle qu'autant qu'il en a besoin pour le « coït. »

passe par la bouche est entrecoupée de pauses courtes et de soupirs durs. Ce fait, avancé par Aristote, et ensuite répété par les naturalistes et même par quelques voyageurs, est vraisemblablement faux, ou du moins n'est pas exact. M. de Bussy assure positivement que l'éléphant ne pousse aucun cri par la trompe : cependant, comme en fermant exactement la bouche l'homme même peut rendre quelque son par le nez, il se peut que l'éléphant, dont le nez est si grand, rende des sons par cette voie lorsque sa bouche est fermée. Quoi qu'il en soit, le cri de l'éléphant se fait entendre de plus d'une lieue, et cependant il n'est pas effrayant comme le rugissement du tigre ou du lion.

L'éléphant est encore singulier par la conformation des pieds et par la texture de la peau : il n'est pas revêtu de poil comme les autres quadrupèdes; sa peau est tout-à-fait rase; il en sort seulement quelques soies dans les gerçures, et ces soies sont très clair-semées sur le corps, mais assez nombreuses aux cils des paupières, au derrière de la tête, dans les trous des oreilles, et au dedans des cuisses et des jambes. L'épiderme dur et calleux a deux espèces de rides, les unes en creux et les autres en relief; il paroît déchiré par gerçures, et ressemble assez bien à l'écorce d'un vieux chêne. Dans l'homme et dans les animaux, l'épiderme est partout adhérent à la peau; dans l'éléphant, il est seulement attaché par quelques points, comme le sont deux étoffes piquées l'une sur l'autre. Cet épiderme est naturellement sec, et fort sujet à s'épaissir; il acquiert souvent trois ou quatre lignes d'épaisseur par le dessèchement successif des différentes couches qui se régénèrent les unes sous les autres : c'est cet épaississement de l'épiderme qui produit l'*elephantiasis* ou *lèpre sèche*, à laquelle l'homme, dont la peau est dénuée de poil comme celle de l'éléphant, est quelquefois sujet. Cette maladie est très ordinaire à l'éléphant; et, pour la prévenir, les Indiens ont soin de le frotter souvent d'huile, et d'entretenir par des bains fréquents la souplesse de la peau : elle est très sensible partout où elle n'est pas calleuse, dans les gerçures, et dans les autres endroits où elle ne s'est ni des-

séchée ni durcie. La piqûre des mouches se fait si bien sentir
à l'éléphant, qu'il emploie non-seulement ses mouvements
naturels, mais même les ressources de son intelligence, pour
s'en délivrer; il se sert de sa queue, de ses oreilles, de sa
trompe pour les frapper; il fronce sa peau partout où elle
peut se contracter, et les écrase entre ses rides; il prend des
branches d'arbres, des rameaux, des poignées de longue
paille, pour les en chasser; et, lorsque tout lui manque, il ramasse de la poussière avec sa trompe, et en couvre tous les
endroits sensibles : on l'a vu se poudrer à propos, c'est-à-dire
en sortant du bain. L'usage de l'eau est presque aussi nécessaire à ces animaux que celui de l'air et de la terre : lorsqu'ils
sont libres, ils quittent rarement le bord des rivières; ils se
mettent souvent dans l'eau jusqu'au ventre, et ils y passent
quelques heures tous les jours. Aux Indes, où l'on a appris à
les traiter de la manière qui convient le mieux à leur naturel
et à leur tempérament, on les lave avec soin, et on leur donne
tout le temps nécessaire et toutes les facilités possibles pour se
laver eux-mêmes : on nettoie leur peau en la frottant avec de
la pierre ponce, et ensuite on leur met des essences, de l'huile
et des couleurs.

La conformation des pieds et des jambes est encore singulière et différente dans l'éléphant de ce qu'elle est dans la plupart des autres animaux : les jambes de devant paroissent avoir
plus de hauteur que celles de derrière; cependant celles-ci
sont un peu plus longues; elles ne sont pas pliées en deux endroits comme les jambes de derrière du cheval ou du bœuf,
dans lesquelles la cuisse est presque entièrement engagée
dans la croupe, le genou très près du ventre, et les os du pied
si élevés et si longs qu'ils paroissent faire une grande partie
de la jambe : dans l'éléphant, au contraire, cette partie est
très courte et pose à terre; il a le genou comme l'homme au
milieu de la jambe, et non pas près du ventre. Ce pied si court
et si petit est partagé en cinq doigts, qui tous sont recouverts
par la peau, et dont aucun n'est apparent au dehors. On voit
seulement des espèces d'ongles, dont le nombre varie, quoique

celui des doigts soit constant; car il y a toujours cinq doigts à
chaque pied, et ordinairement aussi cinq ongles : mais quelquefois il ne s'en trouve que quatre, ou même trois; et, dans
ce cas, ils ne correspondent pas exactement à l'extrémité des
doigts. Au reste, cette variété, qui n'a été observée que sur de
jeunes éléphants transportés en Europe, paroît être purement
accidentelle, et dépend vraisemblablement de la manière dont
l'éléphant a été traité dans les premiers temps de son accroissement. La plante du pied est revêtue d'une semelle de cuir
dur comme la corne, et qui déborde tout autour : c'est de cette
même substance dont sont formés les ongles.

Les oreilles de l'éléphant sont très longues; il s'en sert
comme d'un éventail; il les fait remuer et claquer comme il
lui plaît. Sa queue n'est pas plus longue que l'oreille, et n'a
ordinairement que deux pieds et demi ou trois pieds de longueur : elle est assez menue, pointue, et garnie à l'extrémité
d'une houppe de gros poils ou plutôt de filets de corne noirs,
luisants et solides; ce poil ou cette corne est de la grosseur et
de la force d'un gros fil-de-fer, et un homme ne peut le casser
en le tirant avec les mains, quoiqu'il soit élastique et pliant.
Au reste, cette houppe de poils est un ornement très recherché des négresses, qui y attachent apparemment quelque superstition : une queue d'éléphant se vend quelquefois deux ou
trois esclaves, et les nègres hasardent souvent leur vie pour
tâcher de la couper et de l'enlever à l'animal vivant. Outre
cette houppe de gros poils qui est à l'extrémité, la queue est
couverte, ou plutôt parsemée dans sa longueur de soies dures
et plus grosses que celles du sanglier; il se trouve aussi de ces
soies sur la partie convexe de la trompe et aux paupières, où
elles sont quelquefois longues de plus d'un pied : ces soies ou
poils aux deux paupières ne se trouvent guère que dans
l'homme, le singe et l'éléphant.

Le climat, la nourriture et la condition influent beaucoup
sur l'accroissement et la grandeur de l'éléphant : en général,
ceux qui sont pris jeunes et réduits à cet âge en captivité n'arrivent jamais aux dimensions entières de la nature. Les plus

grands éléphants des Indes et des côtes orientales de l'Afrique ont quatorze pieds de hauteur ; les plus petits, qui se trouvent au Sénégal et dans les autres parties de l'Afrique occidentale, n'ont que dix ou onze pieds, et tous ceux qu'on a amenés jeunes en Europe ne se sont pas élevés à cette hauteur. Celui de la ménagerie de Versailles, qui venoit de Congo, n'avoit que sept pieds et demi de hauteur à l'âge de dix-sept ans; en treize ans qu'il vécut il ne grandit que d'un pied, en sorte qu'à quatre ans, lorsqu'il fut envoyé, il n'avoit que six pieds et demi de hauteur; et comme l'accroissement va toujours de moins en moins, on ne peut pas supposer que s'il fût arrivé à l'âge de trente ans, qui est le terme ordinaire de l'accroissement entier, il eût acquis plus de huit pieds de hauteur : ainsi la condition ou l'état de domesticité réduit au moins d'un tiers l'accroissement de l'animal non-seulement en hauteur, mais dans toutes les autres dimensions. La longueur du corps, mesurée depuis l'œil jusqu'à l'origine de la queue, est à peu près égale à sa hauteur prise au niveau du garrot. Un éléphant des Indes, de quatorze pieds de hauteur, est donc plus de sept fois plus gros et plus pesant que ne l'étoit l'éléphant de Versailles. En comparant l'accroissement de cet animal à celui de l'homme, nous trouverons que l'enfant ayant communément trente-un pouces, c'est-à-dire la moitié de sa hauteur, à deux ans, et prenant son accroissement entier en vingt ans, l'éléphant, qui ne le prend qu'en trente, doit avoir la moitié de sa hauteur à trois ans; et de même, si l'on veut juger de l'énormité de la masse de l'éléphant, on trouvera, le volume du corps d'un homme étant supposé de deux pieds et demi cubiques, que celui du corps d'un éléphant de quatorze pieds de longueur, et auquel on ne supposeroit que trois pieds d'épaisseur moyenne, seroit cinquante fois aussi gros [1], et que par conséquent un éléphant doit peser autant que cinquante hommes. « J'ai vu,

---

[1] Gassendi, dans la *Vie de Peiresc*, dit qu'il fit peser un éléphant, et qu'il le trouva peser trois mille cinq cents livres. Cet éléphant étoit apparemment très petit ; car celui dont nous venons de supputer les dimensions, que nous avons peut-être trop réduites, pèseroit au moins huit milliers.

« dit le P. Vincent Marie, quelques éléphants qui avoient qua-
« torze et quinze pieds de hauteur*, avec la longueur et la
« grosseur proportionnées. Le mâle est toujours plus grand que
« la femelle. Le prix de ces animaux augmente à proportion de
« la grandeur, qui se mesure depuis l'œil jusqu'à l'extrémité du
« dos ; et, quand cette dimension atteint un certain terme, le
« prix s'accroît comme celui des pierres précieuses. Les élé-
« phants de Guinée, dit Bosman, ont dix, douze ou treize pieds
« de haut* ; ils sont incomparablement plus petits que ceux des
« Indes orientales, puisque ceux qui ont écrit l'histoire de ces
« pays-là donnent à ceux-ci plus de coudées de haut que ceux-là
« n'en ont de pieds. J'ai vu des éléphants de treize pieds de
« haut, dit Edward Terry, et j'ai trouvé bien des gens qui m'ont
« dit en avoir vu de quinze pieds de haut*.» De ces témoignages et de plusieurs autres qu'on pourroit encore rassembler, on doit conclure que la taille la plus ordinaire des éléphants est de dix à onze pieds ; que ceux de treize et de quatorze
pieds de hauteur sont très rares, et que les plus petits ont au
moins neuf pieds lorsqu'ils ont pris tout leur accroissement
dans l'état de liberté. Ces masses énormes de matière ne laissent pas, comme nous l'avons dit, de se mouvoir avec beaucoup de vitesse ; elles sont soutenues par quatre membres qui
ressemblent moins à des jambes qu'à des piliers ou des colonnes
massives de quinze ou dix-huit pouces de diamètre, et de cinq
ou six pieds de hauteur ; ces jambes sont donc une ou deux fois
plus longues que celles de l'homme : ainsi quand l'éléphant ne
feroit qu'un pas tandis qu'un homme en feroit deux, il le sur-
passeroit à la course. Au reste, le pas ordinaire de l'éléphant
n'est pas plus vite que celui du cheval ; mais, quand on le
pousse, il prend une espèce d'amble qui, pour la vitesse, équivaut au galop. Il exécute donc avec promptitude, et même
avec assez de liberté, tous les mouvements directs ; mais il
manque absolument de facilité pour les mouvements obliques

---

¹ Ces pieds sont probablement des pieds romains.
² Ce sont probablement des pieds du Rhin.
³ Ce sont peut-être des pieds anglois.

ou rétrogrades. C'est ordinairement dans les chemins étroits
et creux où il a peine à se retourner, que les nègres l'attaquent
et lui coupent la queue, qui pour eux est d'un aussi grand
prix que tout le reste de la bête. Il a beaucoup de peine à descendre les pentes trop rapides; il est obligé de ployer les jambes
de derrière, afin qu'en descendant le devant du corps conserve
le niveau avec la croupe, et que le poids de sa propre masse ne
le précipite pas. Il nage aussi très bien, quoique la forme de
ses jambes et de ses pieds paroisse indiquer le contraire; mais
comme la capacité de la poitrine et du ventre est très grande,
que le volume des poumons et des intestins est énorme, et que
toutes ces grandes parties sont remplies d'air ou de matières
plus légères que l'eau, il enfonce moins qu'un autre; il a dès
lors moins de résistance à vaincre, et peut par conséquent nager
plus vite en faisant moins d'efforts et moins de mouvements
des jambes que les autres. Aussi s'en sert-on très utilement
pour le passage des rivières : outre deux pièces de canon de
trois ou quatre livres de balle, dont on le charge dans ces occasions [1], on lui met encore sur le corps une infinité d'équipages, indépendamment de quantité de personnes qui s'attachent à ses oreilles et à sa queue pour passer l'eau; lorsqu'il
est ainsi chargé, il nage entre deux eaux, et on ne lui voit que
la trompe, qu'il tient élevée pour respirer.

Quoique l'éléphant ne se nourrisse ordinairement que d'herbes et de bois tendre, et qu'il lui faille un prodigieux volume
de cette espèce d'aliment pour pouvoir en tirer la quantité de
molécules organiques nécessaires à la nutrition d'un aussi
vaste corps, et il n'a cependant pas plusieurs estomacs, comme
la plupart des animaux qui se nourrissent de même; il n'a
qu'un estomac : il ne rumine pas; il est plutôt conformé comme
le cheval que comme le bœuf ou les autres animaux ruminants :
la panse qui lui manque est suppléée par la grosseur et l'étendue des intestins, et surtout du colon, qui a deux ou trois
pieds de diamètre sur quinze ou vingt de longueur; l'estomac
est en tout bien plus petit que le colon, n'ayant que trois pieds

[1] Notes de M. de Bussy, communiquées par M. le marquis de Montmirail.

17.

et demi ou quatre pieds de longueur sur un pied ou un pied
et demi dans sa plus grande largeur. Pour remplir d'aussi
grandes capacités, il faut que l'animal mange, pour ainsi dire,
continuellement, surtout lorsqu'il n'a pas de nourriture plus
substantielle que l'herbe : aussi les éléphants sauvages sont
presque toujours occupés à arracher des herbes, cueillir des
feuilles ou casser du jeune bois; et les domestiques, auxquels
on donne une grande quantité de riz, ne laissent pas de cueillir
des herbes dès qu'ils se trouvent à portée de le faire. Quelque
grand que soit l'appétit de l'éléphant, il mange avec modération, et son goût pour la propreté l'emporte sur le sentiment
du besoin; son adresse à séparer avec sa trompe les bonnes
feuilles d'avec les mauvaises, et le soin qu'il a de les bien se-
couer pour qu'il n'y reste point d'insectes ni de sable, sont des
choses agréables à voir. Il aime beaucoup le vin, les liqueurs
spiritueuses, l'eau-de-vie, l'arack, etc. : on lui fait faire les
corvées les plus pénibles et les entreprises les plus fortes en
lui montrant un vase rempli de ces liqueurs, et en le lui pro-
mettant pour prix de ses travaux. Il paroît aimer aussi la fumée
du tabac; mais elle l'étourdit et l'enivre. Il craint toutes les
mauvaises odeurs, et il a une horreur si grande pour le cochon que le seul cri de cet animal l'émeut et le fait fuir [1].

Pour achever de donner une idée du naturel et de l'intelligence de ce singulier animal, nous croyons devoir donner ici des
notes qui nous ont été communiquées par M. le marquis de Montmirail, lequel non-seulement a bien voulu les demander et les
recueillir, mais s'est aussi donné la peine de traduire de l'italien et de l'allemand tout ce qui a rapport à l'histoire des animaux dans quelques livres qui m'étoient inconnus : son goût
pour les arts et les sciences, son zèle pour leur avancement,
sont fondés sur un discernement exquis et sur des connoissances très étendues dans toutes les parties de l'histoire naturelle. Nous publierons donc, avec autant de plaisir que de

[1] L'éléphant qui étoit à la ménagerie de Versailles avoit une grande
aversion, et même beaucoup de crainte, des pourceaux; le cri d'un petit
cochon le fit fuir une fois fort loin. Élien a remarqué cette antipathie.

reconnoissance, les bontés dont il nous honore et les lumières que nous lui devons : l'on verra dans la suite de cet ouvrage combien nous aurons occasion de rappeler son nom. «On se «sert de l'éléphant pour le transport de l'artillerie sur les mon-«tagnes, et c'est là que son intelligence se fait mieux sentir. «Voici comme il s'y prend : pendant que les bœufs attelés à la «pièce de canon font effort pour la traîner en haut, l'éléphant «pousse la culasse avec son front, et, à chaque effort qu'il fait, «il soutient l'affût avec son genou qu'il place à la roue : il sem-«ble qu'il comprenne ce qu'on lui dit. Son conducteur veut-il «lui faire faire quelque corvée pénible, il lui explique de quoi il «est question, et lui détaille les raisons qui doivent l'engager «à lui obéir : si l'éléphant marque de la répugnance à ce qu'il «exige de lui, le *cornac* (c'est ainsi qu'on appelle son conduc-«teur) promet de lui donner de l'arack, ou quelque chose qu'il «aime; alors l'animal se prête à tout. Mais il est dangereux de «lui manquer de parole; plus d'un cornac en a été la victime. «Il s'est passé à ce sujet, dans le Dékan, un trait qui mérite «d'être rapporté, et qui, tout incroyable qu'il paroît, est cepen-«dant exactement vrai. Un éléphant venoit de se venger de son «cornac en le tuant; sa femme, témoin de ce spectacle, prit «ses deux enfants, et les jeta aux pieds de l'animal encore tout «furieux, en lui disant : *Puisque tu as tué mon mari, ôte-«moi aussi la vie, ainsi qu'à mes enfants.* L'éléphant s'ar-«rêta tout court, s'adoucit, et, comme s'il eût été touché de «regret, prit avec sa trompe le plus grand de ces deux enfants, «le mit sur son cou, l'adopta pour son cornac, et n'en voulut «point souffrir d'autre.

   «Si l'éléphant est vindicatif, il n'est pas moins reconnois-«sant. Un soldat de Pondichéri, qui avoit coutume de porter «à un de ces animaux une certaine mesure d'arack chaque «fois qu'il touchoit son prêt, ayant un jour bu plus que de rai-«son, et se voyant poursuivi par la garde, qui le vouloit con-«duire en prison, se réfugia sous l'éléphant et s'y endormit. «Ce fut en vain que la garde tenta de l'arracher de cet asile ; «l'éléphant le défendit avec sa trompe. Le lendemain, le sol-·

« dat, revenu de son ivresse, frémit à son réveil de se trouver
« couché sous un animal d'une grosseur si énorme. L'éléphant,
« qui sans doute s'aperçut de son effroi, le caressa avec sa
« trompe pour le rassurer, et lui fit entendre qu'il pouvoit
« s'en aller.

« L'éléphant tombe quelquefois dans une espèce de folie qui
« lui ôte sa docilité et le rend même très redoutable ; on est
« alors obligé de le tuer. On se contente quelquefois de l'atta-
« cher avec de grosses chaînes de fer, dans l'espérance qu'il
« viendra à résipiscence. Mais, quand il est dans son état natu-
« rel, les douleurs les plus aiguës ne peuvent l'engager à faire
« du mal à qui ne lui en a pas fait. Un éléphant, furieux des
« blessures qu'il avoit reçues à la bataille de Hambour, couroit
« à travers champs et poussoit des cris affreux ; un soldat qui,
« malgré l'avertissement de ses camarades, n'avoit pu fuir,
« peut-être parce qu'il étoit blessé, se trouva à sa rencontre ;
« l'éléphant craignit de le fouler aux pieds, le prit avec sa
« trompe, le plaça doucement de côté, et continua sa route. »
Je n'ai pas cru devoir rien retrancher de ces notes que je viens
de transcrire ; elles ont été données à M. le marquis de Montmirail par M. de Bussy, qui a demeuré dix ans dans l'Inde, et
qui, pendant ce long séjour, y a servi très utilement l'état et
la nation. Il avoit plusieurs éléphants à son service ; il les mou-
toit très souvent, les voyoit tous les jours, et étoit à portée
d'en voir beaucoup d'autres et de les observer. Ainsi ces notes,
et toutes les autres que j'ai citées avec le nom de M. de Bussy,
me paroissent mériter une égale confiance. MM. de l'Académie
des Sciences nous ont aussi laissé quelques faits qu'ils avoient
appris de ceux qui gouvernoient l'éléphant à la ménagerie de
Versailles, et ces faits me paroissent aussi mériter de trouver
place ici. « L'éléphant sembloit connoître quand on se moquoit
« de lui, et s'en souvenir pour s'en venger quand il en trou-
« voit l'occasion. A un homme qui l'avoit trompé, faisant sem-
« blant de lui jeter quelque chose dans la gueule, il lui donna
« un coup de sa trompe qui le renversa, et lui rompit deux
« côtes, ensuite de quoi il le foula aux pieds et lui rompit une

« jambe, et, s'étant agenouillé, lui voulut enfoncer ses défenses
« dans le ventre, lesquelles n'entrèrent que dans la terre aux
« deux côtés de la cuisse qui ne fut point blessée. Il écrasa un
« autre homme, le froissant contre une muraille, pour le même
« sujet. Un peintre le vouloit dessiner dans une attitude extra-
« ordinaire, qui étoit de tenir sa trompe levée et la gueule ou-
« verte ; le valet du peintre, pour le faire demeurer dans cet
« état, lui jetoit des fruits dans la gueule, et le plus souvent
« faisoit semblant d'en jeter : il en fut indigné ; et, comme s'il
« eût connu que l'envie que le peintre avoit de le dessiner étoit
« la cause de cette importunité, au lieu de s'en prendre au va-
« let il s'adressa au maître, et lui jeta par sa trompe une quan-
« tité d'eau dont il gâta le papier sur lequel le peintre dessinoit.

« Il se servoit bien moins souvent de sa force que de son
« adresse, laquelle étoit telle, qu'il s'ôtoit avec beaucoup de fa-
« cilité une grosse double courroie dont il avoit la jambe atta-
« chée, la défaisant de la boucle et de l'ardillon ; et comme on
« eut entortillé cette boucle d'une petite corde renouée à beau-
« coup de nœuds, il dénouoit tout sans rien rompre. Une nuit,
« après s'être ainsi dépêtré de sa courroie, il rompit la porte
« de sa loge si adroitement, que son gouverneur n'en fut point
« éveillé ; de là il passa dans plusieurs cours de la ménagerie,
« brisant les portes fermées, et abattant la maçonnerie quand
« elles étoient trop petites pour le laisser passer ; et il alla ainsi
« dans les loges des autres animaux ; ce qui les épouvanta tel-
« lement, qu'ils s'enfuirent tous se cacher dans les lieux les
« plus reculés du parc. »

Enfin, pour ne rien omettre de ce qui peut contribuer à
faire connoître toutes les facultés naturelles et toutes les qualités acquises d'un animal si supérieur aux autres, nous ajoute-
rons encore quelques faits que nous avons tirés des voyageurs
les moins suspects. « L'éléphant, même sauvage (dit le P. Vin-
« cent Marie), ne laisse pas d'avoir des vertus : il est généreux
« et tempérant ; et, quand il est domestique, on l'estime par sa
« douceur et sa fidélité envers son maître, son amitié pour celui
« qui le gouverne, etc. S'il est destiné à servir immédiatement

« les princes, il connoît sa fortune, et conserve une gravité
« convenable à son emploi : si au contraire on le destine à des
« travaux moins honorables, il s'attriste, se trouble et laisse
« voir clairement qu'il s'abaisse malgré lui. A la guerre, dans
« le premier choc, il est impétueux et fier ; il est le même quand
« il est enveloppé par les chasseurs : mais il perd le courage lors-
« qu'il est vaincu... Il combat avec ses défenses, et ne craint rien
« tant que de perdre sa trompe, qui, par sa consistance, est
« facile à couper... Au reste, il est naturellement doux ; il
« n'attaque personne, à moins qu'on ne l'offense : il semble
« même se plaire en compagnie, et il aime surtout les en-
« fants ; il les caresse, et paroît reconnoître en eux leur in-
« nocence. »

« L'éléphant, dit François Berard, est l'animal qui a le plus
« de jugement et de connoissance, de sorte qu'on le diroit avoir
« quelque usage de raison, outre qu'il est infiniment profitable
« et de service à l'homme. S'il est question de monter dessus,
« il est tellement souple, obéissant et dressé pour se ranger à la
« commodité de l'homme qui s'en veut servir, que, se pliant
« bas, il aide lui-même à celui qui veut monter dessus, et le
« soulage avec sa trompe... Il est si obéissant, qu'on lui fait
« faire tout ce que l'on veut, pourvu qu'on le prenne par la
« douceur... Il fait tout ce qu'on lui dit, il caresse ceux qu'on
« lui montre, etc. »

« En donnant aux éléphants, disent les voyageurs hollandois,
« tout ce qui peut leur plaire, on les rend aussi privés et aussi
« soumis que le sont les hommes. L'on peut dire qu'il ne leur
« manque que la parole... Ils sont orgueilleux et ambitieux ;
« mais ils se souviennent du bien qu'on leur a fait et ont de la
« reconnoissance, jusque-là qu'ils ne manquent point de baisser
« la tête, pour marque de respect, en passant devant les mai-
« sons où ils ont été bien traités... Ils se laissent conduire et
« commander par un enfant ; mais ils veulent être loués et ché-
« ris. On ne sauroit se moquer d'eux ni les injurier qu'ils ne
« l'entendent ; et ceux qui le font doivent bien prendre garde
« à eux, car ils seront bien heureux s'ils s'empêchent d'être

« arrosés de l'eau des trompes de ces animaux, ou d'être jetés
« par terre, le visage contre la poussière. »

« Les éléphants, dit le P. Philippe, approchent beaucoup du
« jugement et du raisonnement des hommes... Si on compare
« les singes aux éléphants, ils ne sembleront que des animaux
« très lourds et très brutaux : et en effet, les éléphants sont si
« honnêtes, qu'ils ne sauroient souffrir qu'on les voie lorsqu'ils
« s'accouplent; et si de hasard quelqu'un les avoit vus en cette
« action, ils s'en vengeroient infailliblement, etc... Ils saluent
« en fléchissant les genoux et en baissant la tête; et lorsque
« leur maître veut les monter, ils lui présentent si adroitement
« le pied, qu'il peut s'en servir comme d'un degré. Lorsqu'on
« a pris un éléphant sauvage, et qu'on lui a lié les pieds, le
« chasseur l'aborde, le salue, lui fait des excuses de ce qu'il l'a
« lié, lui proteste que ce n'est pas pour lui faire injure... ; lui
« expose que la plupart du temps il avoit faute de nourriture
« dans son premier état, au lieu que désormais il sera parfaite-
« ment bien traité, qu'il lui en fait la promesse. Le chasseur
« n'a pas plus tôt achevé ce discours obligeant, que l'éléphant le
« suit comme feroit un très doux agneau. Il ne faut pas pour-
« tant conclure de là que l'éléphant ait l'intelligence des lan-
« gues, mais seulement qu'ayant une très parfaite estimative,
« il connoît les divers mouvements d'estime ou de mépris,
« d'amitié ou de haine, et tous les autres dont les hommes sont
« agités envers lui; et pour cette cause, il est plus aisé à domp-
« ter par les raisons que par les coups et par les verges... Il jette
« des pierres fort loin et fort droit avec sa trompe, et il s'en
« sert pour verser de l'eau avec laquelle il se lave le corps. »

« De cinq éléphants, dit Tavernier, que les chasseurs
« avoient pris, trois se sauvèrent, quoiqu'ils eussent des chaî-
« nes et des cordes autour de leur corps, et même de leurs
« jambes. Ces gens-là nous dirent une chose surprenante, et
« qui est tout-à-fait admirable, si on peut la croire : c'est que
« ces éléphants ayant été une fois attrapés, et étant sortis du
« piége, si on les fait entrer dans les bois, ils sont dans la dé-
« fiance, et arrachent avec leur trompe une grosse branche,

« dont ils vont sondant partout, avant que d'asseoir leur pied ,
« s'il n'y a point de trous à leur passage, pour n'être pas attra-
« pés une seconde fois ; ce qui faisoit désespérer aux chasseurs
« qui nous contoient cette histoire de pouvoir reprendre aisé-
« ment les trois éléphants qui leur étoient échappés... Nous
« vîmes les deux autres éléphants qu'on avoit pris. Chacun de
« ces éléphants sauvages étoit entre deux éléphants privés ; et
« autour des sauvages il y avoit six hommes tenant des lances
« à feu , qui parloient à ces animaux, en leur présentant à man-
« ger, et disant en leur langage, *prends cela et le mange.*
« C'étoient de petites bottes de foin, des morceaux de sucre
« noir et du riz cuit avec de l'eau et force grains de poivre.
« Quand l'éléphant sauvage ne vouloit pas faire ce qu'on lui
« commandoit, les hommes ordonnoient aux éléphants privés
« de le battre ; ce qu'ils faisoient aussitôt, l'un le frappant sur
« le front et sur la tête avec sa trompe ; et lorsqu'il faisoit mine
« de se revancher contre celui-là, l'autre le frappoit de son
« côté ; de sorte que le pauvre éléphant sauvage ne savoit plus
« où il en étoit, ce qui lui apprenoit à obéir. »

« J'ai plusieurs fois observé , dit Edward Terry , que l'élé-
« phant fait plusieurs choses qui tiennent plus du raisonnement
« humain que du simple instinct naturel qu'on lui attribue. Il
« fait tout ce que son maître lui commande. S'il veut qu'il fasse
« peur à quelqu'un, il s'avance vers lui avec la même fureur
« que s'il le vouloit mettre en pièces ; et, lorsqu'il en est tout
« proche, il s'arrête tout court sans lui faire aucun mal. Si le
« maître veut faire affront à un autre, il parle à l'éléphant, qui
« prendra avec sa trompe de l'eau du ruisseau et de la boue, et
« la lui jettera au nez. Sa trompe est faite d'un cartilage ; elle
« pend entre les dents : quelques-uns l'appellent *sa main ,* à
« cause qu'en plusieurs occasions elle lui rend le même service
« que la main fait aux hommes... Le Mogol en a qui servent de
« bourreaux aux criminels condamnés à mort. Si leur conduc-
« teur leur commande de dépêcher promptement ces misérables,
« ils les mettent en pièces en un moment avec leurs pieds ; et
« au contraire, s'il leur commande de les faire languir, ils leur

« rompent les os les uns après les autres, et leur font souffrir
« un supplice aussi cruel que celui de la roue. »

Nous pourrions citer encore plusieurs autres faits aussi curieux et aussi intéressants que ceux qu'on vient de lire; mais nous aurions bientôt excédé les limites que nous avons tâché de nous prescrire dans cet ouvrage : nous ne serions pas même entré dans un aussi grand détail, si l'éléphant n'étoit de tous les animaux le premier à tous égards, celui par conséquent qui méritoit le plus d'attention. Nous n'avons rien dit de la production de son ivoire, parce que M. Daubenton nous paroît avoir épuisé ce sujet dans sa description des différentes parties de l'éléphant. On verra combien d'observations utiles et nouvelles il a faites sur la nature et la qualité de l'ivoire dans ses différents états, et en même temps on sera bien aise de savoir qu'il a rendu à l'éléphant les défenses et les os prodigieux qu'on attribuoit au mammouth. J'avoue que j'étois moi-même dans l'incertitude à cet égard : j'avois plusieurs fois considéré ces ossements énormes, et je les avois comparés avec le squelette d'éléphant que nous avons au Cabinet du Roi, que je savois être le squelette d'un éléphant presque adulte; et comme, avant d'avoir fait l'histoire de ces animaux, je ne me persuadois pas qu'il pût exister des éléphants six ou sept fois plus gros que celui dont je voyois le squelette, que d'ailleurs les gros ossements n'avoient pas les mêmes proportions que les os correspondants dans le squelette de l'éléphant, j'avois cru, comme le vulgaire des naturalistes, que ces grands ossements avoient appartenu à un animal beaucoup plus grand, et dont l'espèce s'étoit perdue ou avoit été détruite. Mais il est certain, comme on l'a vu dans cette histoire, qu'il existe des éléphants qui ont jusqu'à quatorze pieds de hauteur, c'est-à-dire des éléphants six ou sept fois plus gros (car les masses sont comme les cubes de la hauteur) que celui dont nous avons le squelette, et qui n'avoit que sept pieds et demi de hauteur : il est certain d'ailleurs, par les observations de M. Daubenton, que l'âge change la proportion des os, et que, lorsque l'animal est adulte, ils grossissent considérablement, quoiqu'ils aient cessé de grandir : enfin il est encore certain, par le témoignage des voyageurs, qu'il y a des défenses d'éléphant qui pèsent chacune plus de cent vingt livres. Tout cela réuni fait que nous ne doutons plus que ces défenses et ces ossements ne soient en effet des défenses et des ossements d'éléphants. M. Sloane l'avoit dit, mais il ne l'avoit pas prouvé : M. Gmelin l'a dit encore plus affirmativement [1] ; et il nous a donné sur cela des faits curieux,

---

[1] La quantité prodigieuse d'os qu'on trouve par-ci par-là sous terre dans la Sibérie est surtout une chose de tant d'importance, que je crois faire plaisir à bien des lecteurs de leur procurer l'avantage de trouver ici rassemblé tout ce qui manquoit jusqu'à présent à l'histoire naturelle de ces os. Pierre-le-Grand s'est surtout rendu recommandable à ce sujet aux naturalistes ; et comme il cherchoit en tout à suivre la nature dans ses routes les plus cachées, il ordonna entre autres, en 1722, à tous ceux qui rencontreroient quelque part des cornes de mammouth, de s'attacher singulièrement à ramasser tous les autres os appartenant à cet animal, sans en excepter un seul, et de les envoyer à Pétersbourg. Ces ordres furent publiés dans toutes les villes de Sibérie, et entre autres à Jakutzk, où d'abord, après la publication, un Sluschewoi, appelé *Wasilei Otlasow*, s'engagea par écrit, devant Michael Petrowitsch Ismailow, capitaine-lieutenant de la garde et waywode de l'endroit, à se transporter dans les cantons inférieurs de la Lena pour chercher des os de mammouth, et il fut dépêché la même année 23 avril. L'année d'après, un autre s'adressa à la chancellerie de Jakutzk, et lui représenta qu'il s'étoit transporté avec son fils vers la mer pour chercher des os de mammouth, et que vis-à-vis Surjatoï-Noss, à environ deux cents verstes de ce lieu et de la mer, il avoit trouvé dans un terrain de tourbe, qui est le terrain ordinaire de ces districts, une tête de mammouth, à laquelle tenoit une corne, et auprès de laquelle il y avoit une autre corne du même animal, qui l'avoit peut-être perdue de son vivant ; qu'à peu de distance de là ils avoient tiré de la terre une autre tête avec des cornes d'un animal qui leur étoit inconnu ; que cette tête ressemble assez à une tête de bœuf, mais qu'elle avoit les cornes au-dessus du nez, et que par rapport à un accident qui lui étoit arrivé à ses yeux, il avoit été obligé de laisser ces têtes sur les lieux ; qu'ayant appris l'ordonnance de sa majesté, il supplioit de détacher son fils avec lui vers Vst-janskoje, simowie, et vers la mer. Le waywode lui accorda sa demande, et les fit partir sur-le-champ. Un troisième Sluschewoi de Jakutzk représenta à la chancellerie, en 1724, qu'il avoit fait un voyage sur la rivière de Jelon, et qu'il avoit eu le bonheur de trouver sur cette rivière, dans un rivage escarpé, une tête de mammouth fraîche, avec une corne et toutes ses parties ; qu'il l'avoit tirée de terre et laissée dans un endroit où il sauroit la retrouver ; qu'il prioit qu'on le détachât avec deux hommes accoutumés à chercher de pareilles choses. Le waywode y consentit pareillement. Le Cosaque se mit bientôt après en route : il retrouva la tête et toutes ses parties, à l'exception des cornes ; il n'y avoit plus que la moitié

et que nous avons cru devoir rapporter ici : mais M. Daubenton nous paroît être le premier qui ait mis la chose hors de doute par des mesures précises, des comparaisons exactes et

d'une corne, qu'il apporta avec la tête à la chancellerie de Jakutzk. Il apporta, quelque temps après, deux cornes de mammouth, qu'il avoit trouvées aussi sur la rivière de Jelon.

Les Cosaques de Jakutzk furent charmés, sous prétexte d'aller chercher des cornes de mammouth, de trouver moyen de faire de si beaux voyages. On leur accordoit cinq ou six chevaux de poste, pendant qu'un seul auroit suffi, et ils pouvoient employer les autres pour le transport de leurs propres marchandises. Un pareil avantage devoit beaucoup les encourager. Un Cosaque de Jakutzk, appelé Iwanselsku, demanda à la chancellerie qu'on l'envoyât dans les simowies d'Alaseisch et de Kowymisch, pour y chercher de ces sortes d'os et du vrai cristal; il avoit déjà vécu dans lesdits lieux, et y avoit amassé des choses remarquables, et envoyé réellement à Jakutzk quelques-uns de ces os. Rien ne parut plus important que cette expédition, et le Cosaque fut envoyé à sa destination le 2 d'avril 1725.

Nosar-Koleschow, commissaire d'Indigirsk, envoya, en 1723, à Jakutzk, et de là à Irkutzk, le squelette d'une tête extraordinaire, qui, à ce qu'on m'a dit, avoit deux arschines moins trois werschok de long, une arschine de haut, et qui étoit munie de deux cornes et d'une dent de mammouth. Ce squelette est arrivé le 14 octobre 1723 à Irkutzk, et j'en ai retrouvé la relation dans la chancellerie de cette ville. On m'a assuré aussi que le même homme a fourni une corne de mammouth après.

Tout ceci, tel que je l'ai ramassé des différentes relations, regarde, pour la plus grande partie, une espèce d'os : savoir, 1° tous ceux qui se trouvent dans le cabinet impérial de Pétersbourg, sous le nom d'*os de mammouth, auxquels tous ceux qui voudront les confronter avec les os d'éléphant ne pourront disputer une parfaite ressemblance avec ces derniers.* 2° On voit par les relations ci-dessus qu'on a trouvé dans les terres des têtes d'un animal tout-à-fait différent d'un éléphant, et qui, particulièrement par rapport à la figure des cornes, ressembloit à une tête de bœuf, plutôt qu'à celle d'un éléphant. D'ailleurs cet animal ne peut pas avoir été aussi gros qu'un éléphant; et j'en ai vu une tête à Jakutzk, qui avoit été envoyée d'Anardiskoi-Ostrog, et qui, selon ce qu'on m'a dit, étoit parfaitement semblable à celle que Portn-jagin avoit trouvée. J'en ai eu moi-même une d'Ilainskoi-ostrog, que j'ai envoyée au cabinet impérial à Pétersbourg. Enfin j'ai appris que sur le rivage du Nischnaja-Tunguska on trouve non-seulement par-ci par-là de pareilles têtes, mais encore d'autres os, qui certainement ne sont pas des os d'éléphant, tels que des omoplates, des os sacrés, des os innominés, des os des hanches, et des os des jambes, qui vraisemblablement appartiennent à cette même espèce d'animaux auxquels on doit attribuer lesdites têtes, et que sans contredit on ne doit pas exclure du genre des bœufs. J'en ai vu des os de jambes et de hanches de cette espèce, dont je ne saurois rien dire en particulier, sinon qu'en comparaison de leur grosseur, ils m'ont paru extrêmement courts. Ainsi on trouve en Sibérie deux sortes d'os en terre, dont anciennement on n'estimoit aucun que ceux qui ressemblent des raisons fondées sur les grandes connoissances qu'il s'est acquises dans la science de l'anatomie comparée.

* Je donne ici la figure (voy. *planche* 33) d'un éléphant parfaitement aux dents saillantes d'éléphant : mais il semble que depuis l'ordonnance impériale on a commencé à les considérer tous en général , et que comme les premiers avoient déjà occasioné la fable de l'animal mammouth, on a rangé ces derniers dans la même classe ; car, quoiqu'on connoisse avec la moindre attention que ces derniers sont d'un animal tout-à-fait différent du premier , on n'a pas laissé de les confondre ensemble. C'est encore une erreur de croire avec Isbrand-Ides, et ceux qui suivent ses rêveries, qu'il n'y a que les montagnes qui s'étendent depuis la rivière de Ket vers le nord-est , et par conséquent aussi les environs de Mangasca et de Jakutzk , qui soient remplis de ces os d'éléphants : il s'en trouve non-seulement dans toute la Sibérie et dans ses districts les plus méridionaux , comme dans les cantons supérieurs de l'Irtisch , du Toms et de la Lena , mais encore par-ci par-là en Russie, et même en bien des endroits en Allemagne , où ils sont connus sous le nom d'ivoire fossile (*ebur fossile*), et cela avec beaucoup de raison ; car tout l'ivoire qu'on travaille en Allemagne vient des dents d'éléphant que nous tirons des Indes , et l'ivoire fossile ressemble parfaitement à ces dents , sinon qu'il est pourri. Dans les climats un peu chauds , ces dents se sont amollies et changées en ivoire fossile ; mais dans ceux où la terre reste continuellement gelée , on trouve ces dents très fraîches pour la plupart. De là peut aisément dériver la fable qu'on a souvent trouvé ces os et autres ensanglantés : cette fable a été gravement débitée par Isbrand-Ides, et d'après lui par Muller *, qui ont été copiés par d'autres avec une assurance comme s'il n'y avoit pas lieu d'en douter : comme une fiction va rarement seule , le sang qu'on prétend avoir trouvé à ces os a enfanté une autre fiction de l'animal mammouth, dont on a conté que dans la Sibérie il vivoit sous terre, qu'il y mouroit quelquefois, et étoit enterré sous les décombres, et tout cela pour rendre raison du sang qu'on prétendoit trouver à ces os. Muller nous donne la description du mammouth. « Cet animal, dit-il, a quatre ou cinq aunes de haut « et environ trois brasses de long ; il est d'une couleur grisâtre, ayant la tête « fort longue et le front très large ; des deux côtés , précisément au-dessous « des yeux, il a des cornes qu'il peut mouvoir et croiser comme il veut. Il a « la faculté de s'étendre considérablement en marchant , et de se rétrécir en « un petit volume. Ses pattes ressemblent à celles d'un ours par leur grosseur. » Isbrand-Ides est assez sincère pour avouer que, de tous ceux qu'il a questionnés sur cet animal, il n'a trouvé personne qui lui ait dit avoir vu un mammouth vivant.... Les têtes et les autres os qui s'accordent avec ceux des éléphants ont été autrefois, sans contredit, des parties réelles de l'éléphant. Nous ne devons pas refuser toute croyance à cette quantité d'os d'éléphant, et je présume que les éléphants, pour éviter leur destruction, dans les grandes révolutions de la terre, se sont échappés de leur endroit natal, et se sont dispersés de toutes parts tant qu'ils ont pu : leur sort a été différent ; les uns ont été bien loin, les autres ont pu, même après leur mort, avoir été

* Mœurs et usages des Ostiaques, dans le *Recueil des Voyages du Nord* , page 382.

qui étoit à la foire Saint-Germain en 1773 ; c'étoit une femelle qui avoit six pieds sept pouces trois lignes de longueur, cinq pieds sept pouces de hauteur, et qui n'étoit âgée que de trois ans neuf mois. Ses dents n'étoient pas encore toutes venues, et ses défenses n'avoient que six pouces six lignes de longueur. La tête étoit très grosse, l'œil fort petit, l'iris d'un brun foncé. La masse de son corps, informe et ramassée, paroissoit varier à chaque mouvement, en sorte que cet animal semble être plus difforme dans le premier âge que quand il est adulte ; la peau étoit fort brune, avec des rides et des plis assez fréquents ; les deux mamelles avec des mamelons apparents sont placées dans l'intervalle des deux jambes de devant.

Dimensions de cet animal.

	pieds.	pouc.	lign.
Longueur du corps mesuré en ligne droite.	6	7	3
Hauteur du train de devant	4	10	5

transportés fort loin par quelque inondation ; ceux au contraire qui, étant encore en vie, se sont trop écartés vers le nord, doivent nécessairement y avoir payé le tribut de leur délicatesse : d'autres encore, sans avoir été si loin, ont pu se noyer dans une inondation ou périr de lassitude... La grosseur de ces os ne doit pas nous arrêter : les dents saillantes ont jusqu'à quatre arschines de long et six pouces de diamètre, M. de Strahlenberg dit jusqu'à neuf, et les plus fortes pèsent jusqu'à six à sept puds. J'ai fait voir dans un autre endroit qu'il y a des dents fraîches prises de l'éléphant, qui ont jusqu'à dix pieds de long, et qui pèsent cent, cent quarante-six, cent soixante et cent soixante-huit livres... Il y a des morceaux d'ivoire fossile qui ont une apparence jaunâtre, ou qui jaunissent par la suite des temps, et d'autres qui sont bruns comme des noix de coco, ou plus clairs, et enfin d'autres qui sont d'un bleu noirâtre. Les dents qui n'ont pas été bien gelées dans la terre et ont resté pendant quelque temps exposées à l'effet de l'air, sont sujettes à devenir plus ou moins jaunes ou brunes, et elles prennent d'autres couleurs suivant l'espèce d'humidité qui y agit en se joignant à l'air : aussi, suivant ce que dit M. de Strahlenberg, on trouve quelquefois des morceaux d'un bleu noir dans ces dents corrompues.... Il seroit à souhaiter pour le bien de l'histoire naturelle, qu'on connût, pour les autres os qu'on trouve en Sibérie, l'espèce d'animal auquel ils appartiennent ; mais il n'y a guère lieu de l'espérer.

Relation d'un voyage à Kamtschatka, par M. Gmelin ; imprimé en 1735 à Pétersbourg, en langue russe.

La traduction de cet article m'a d'abord été communiquée par M. de L'Isle, de l'Académie des sciences, et ensuite par M. le marquis de Montmirail, qui en a fait la traduction sur l'original allemand, imprimé à Gottingue en 1752.

	pieds.	pouc.	lign.
Hauteur du train de derrière	5	1	9
La plus grande hauteur du corps.	5	7	»
Hauteur du ventre	2	3	6
Longueur de la tête depuis la mâchoire à l'occiput.	1	1	11
Longueur de la mâchoire inférieure.	»	8	9
Distance entre le bout de la mâchoire inférieure et l'angle de l'œil	2	5	9
Distance entre l'angle postérieur et l'oreille	»	10	5
Longueur de l'œil d'un angle à l'autre	»	2	4
Largeur entre les deux yeux	1	1	10
Longueur des oreilles en arrière	1	3	7
Hauteur de l'oreille.	1	2	4
Circonférence du cou.	5	5	1
Circonférence du corps derrière les jambes de devant. . .	7	8	»
Circonférence du corps devant les jambes de derrière. . .	7	8	3
Circonférence du corps à l'endroit le plus gros.	8	»	7
Longueur du tronçon de la queue.	2	1	4
Circonférence de la queue à son origine.	1	1	9
Longueur de l'avant-bras, depuis le coude au poignet. . .	2	1	6
Largeur du haut de la jambe	1	10	6
Longueur du talon jusqu'au bout des ongles.	»	9	6
Largeur du pied de devant.	»	8	3
Largeur du pied de derrière.	»	10	5
Longueur des plus grands ongles.	»	1	9
Largeur.	»	3	»
Longueur de la trompe étendue.	3	7	3

Il nous a paru, en comparant le mâle et la femelle que nous avons tous deux vus, le premier en 1771, et l'autre en 1773, qu'en général la femelle a les formes plus grosses et plus charnues que le mâle, au point qu'il ne seroit pas possible de s'y tromper : seulement elle a les oreilles plus petites à proportion que le mâle; mais le corps paroissoit plus renflé, la tête plus grosse et les membres plus arrondis.

Dans l'espèce de l'éléphant comme dans toutes les autres espèces de la nature, la femelle est plus douce que le mâle ; celle-ci étoit même caressante pour les gens qu'elle ne connoissoit pas, au lieu que l'éléphant mâle est souvent redoutable. Celui que nous avons vu en 1771 étoit plus fier, plus indifférent et beaucoup moins traitable que cette femelle. C'est d'après ce mâle que M. de Sève a dessiné la trompe et l'extrémité de la verge, représentée ici. Dans l'état de repos, cette partie ne paroît point du tout à l'extérieur; le ventre semble être absolument uni, et ce n'est que dans le moment où l'animal veut uriner que l'extrémité sort du fourreau, comme on le voit représenté. Cet éléphant mâle, quoique presque aussi jeune que la femelle, étoit, comme je viens de le dire, bien plus difficile à gouverner. Il cherchoit même à saisir avec sa trompe les gens qui l'approchoient de trop près, et il a souvent arraché les poches et les basques de l'habit des curieux. Ses maîtres mêmes étoient obligés de prendre avec lui des précautions, au lieu que la femelle sembloit obéir avec complaisance. Le seul moment où on l'a vue marquer de l'humeur a été celui de son emballage dans son caisson de voyage. Lorsqu'on voulut la faire entrer dans ce caisson, elle refusa d'avancer, et ce ne fut qu'à force de contrainte et de coups de poinçon dont on la piquoit par derrière, qu'on la força d'entrer dans cette espèce de cage, qui servoit alors à la transporter de ville en ville. Irritée des mauvais traitements qu'elle venoit d'essuyer, et ne pouvant se retourner dans cette prison étroite, elle prit le seul moyen qu'elle avoit de se venger ; ce fut de remplir sa trompe et de jeter le volume d'un seau d'eau au visage et sur le corps de celui qui l'avoit le plus harcelée.

Au reste, on a représenté la trompe vue par-dessous, pour en faire mieux connoître la structure extérieure et la flexibilité.

J'ai dit, dans l'histoire naturelle de l'éléphant, qu'on pouvoit présumer que ces animaux ne s'accouploient pas à la manière des autres quadrupèdes, parce que la position relative des parties génitales dans les individus des deux sexes paroît exiger que la femelle se renverse sur le dos pour recevoir le mâle. Cette conjecture, qui me paroissoit plausible, ne se trouve pas vraie ; car je crois qu'on doit ajouter foi à ce que je vais rapporter d'après un témoin oculaire.

M. Marcellus Bles, seigneur de Maërgestal, écrit de Bois-le-Duc dans les termes suivants :

«Ayant trouvé dans le bel ouvrage de M. le comte de Buffon qu'il s'est trompé touchant l'accouplement des éléphants, je puis dire qu'il y a plusieurs endroits en Asie et en Afrique où ces animaux se tiennent toujours dans les bois écartés et presque inaccessibles, surtout dans le temps qu'ils sont en chaleur ; mais que dans l'île de Ceylan, où j'ai demeuré douze ans, le terrain étant partout habité, ils ne peuvent pas se cacher si bien , et que, les ayant constamment observés, j'ai vu que la partie naturelle de la femelle se trouve en effet placée presque sous le milieu du ventre ; ce qui feroit croire, comme le dit M. de Buffon, que les mâles ne peuvent la couvrir à la façon des autres quadrupèdes : cependant il n'y a qu'une légère différence de situation ; j'ai vu , lorsqu'ils veulent s'accoupler, que la femelle se courbe la tête et le cou, et appuie les deux pieds et le devant du corps également courbés sur la racine d'un arbre , comme si elle se prosternoit par terre, les deux pieds de derrière restant debout et la croupe en haut , ce qui donne aux mâles la facilité de la couvrir et d'en user comme les autres quadrupèdes. Je puis dire aussi que les femelles portent leurs petits neuf mois ou environ. Au reste, il est vrai que les éléphants ne s'accouplent point lorsqu'ils ne sont pas libres. On enchaine fortement les mâles lorsqu'ils sont en rut, pendant quatre à cinq semaines ; alors on voit parfois sortir de leurs parties naturelles une grande abondance de sperme, et ils sont si furieux pendant ces quatre ou cinq semaines, que leurs cornacs ou gouverneurs ne peuvent les approcher sans danger. On a une annonce infaillible du temps où ils entrent en chaleur ; car, quelques jours avant ce temps, on voit couler une liqueur huileuse qui leur sort d'un petit trou qu'ils ont à chaque côté de la tête. Il arrive quelquefois que la femelle, qu'on garde à l'écurie dans ce temps, s'échappe et va joindre dans les bois les éléphants sauvages ; mais quelques jours après, son cornac va la chercher et l'appelle par son nom tant de fois, qu'à la fin elle arrive, se soumet avec docilité, et se laisse conduire et renfermer, et c'est dans ce cas où l'on a vu que la femelle fait son petit à peu près au bout de neuf mois. »

Il me paroît qu'on ne peut guère douter de la première observation sur la manière de s'accoupler des éléphants, puisque M. Marcellus Bles assure l'avoir vue ; mais je crois qu'on doit suspendre son jugement sur la seconde observation, touchant la durée de la gestation, qu'il dit n'être que de neuf mois, tandis que tous les voyageurs assurent qu'il passe pour constant que la femelle de l'éléphant porte deux ans.

* J'ai rapporté dans l'article précédent l'extrait d'une lettre de M. Marcellus Bles, seigneur de Maërgestal, au sujet de l'accouplement des éléphants; et il a eu la bonté de m'en écrire une autre le 25 janvier 1776, dans laquelle il me donne connoissance de quelques faits que je crois devoir rapporter ici.

« Les Hollandais de Ceylan, dit M. Bles, ont toujours un certain nombre d'éléphants en réserve, pour attendre l'arrivée des marchands du continent de l'Inde, qui y viennent acheter ces animaux, dans la vue de les revendre ensuite aux princes indiens : souvent il s'en trouve qui ne sont pas assez bien conditionnés, et que ces marchands ne peuvent vendre ; ces éléphants défectueux et rebutés restent à leur maître pendant nombre d'années, et l'on s'en sert pour la chasse des éléphants sauvages. Quelquefois il arrive, soit par la négligence des gardiens, soit autrement, que la femelle, lorsqu'elle entre en chaleur, dénoue et rompt, pendant la nuit, les cordes avec lesquelles elle est toujours attachée par les pieds ; alors elle s'enfuit dans les forêts, y cherche les éléphants sauvages, s'accouple et devient pleine : les gardiens vont la chercher partout dans les bois, en l'appelant par son nom ; elle revient dès lors sans contrainte, et se laisse ramener tranquillement à son étable : c'est ainsi qu'on a reconnu que quelques femelles ont produit leur petit neuf mois après leur fuite ; en sorte qu'il est plus que probable que la durée de la gestation n'est en effet que de neuf mois. La hauteur d'un éléphant nouveau-né n'est guère que de trois pieds du Rhin : il croît jusqu'à l'âge de seize à vingt ans, et peut vivre soixante-dix, quatre-vingts, et même cent ans. »

Le même M. Bles dit qu'il n'a jamais vu, pendant un séjour de onze années qu'il a fait à Ceylan, que la femelle ait produit plus d'un petit à la fois. Dans les grandes chasses qu'on fait tous les ans dans cette île, auxquelles il a assisté plusieurs fois, il en a vu souvent prendre quarante à cinquante, parmi lesquels il y avoit des éléphants tout jeunes ; et il dit qu'on ne pouvoit pas reconnoître quelles étoient les mères de chacun de ces petits éléphants, car tous ces jeunes animaux paroissent faire mense commune ; ils tettent indistinctement celles des femelles de toute la troupe qui ont du lait, soit qu'elles aient elles-mêmes un petit en propre, soit qu'elles n'en aient point.

M. Marcellus Bles a vu prendre les éléphants de trois manières différentes. Ils vont ordinairement en troupes séparées, quelquefois à une lieue de distance l'une de l'autre ; la première manière de les prendre est de les entourer par un attroupement de quatre ou cinq cents hommes, qui, resserrant toujours ces animaux de plus près, en les épouvantant par des cris, des pétards, des tambours et des torches allumées, les forcent à entrer dans une espèce de parc entouré de fortes palissades, dont on ferme ensuite l'ouverture pour qu'ils n'en puissent sortir.

La seconde manière de les chasser ne demande pas un si grand appareil : il suffit d'un certain nombre d'hommes lestes et agiles à la course qui vont les chercher dans les bois : ils ne **s'attaquent qu'aux plus petites troupes d'éléphants, qu'ils agacent et inquiètent au point de les mettre en fuite ; ils les suivent aisément à la course, et leur jettent un ou deux lacs de cordes très fortes aux jambes de derrière : ils tiennent toujours le bout de ces cordes jusqu'à ce qu'ils trouvent l'occasion favorable de l'entortiller autour d'un arbre ; et lorsqu'ils parviennent à arrêter ainsi un éléphant sauvage dans sa course, ils amènent à l'instant deux éléphants privés auxquels ils attachent l'éléphant sauvage, et, s'il se mutine, ils ordonnent aux deux apprivoisés de le battre avec leur trompe jusqu'à ce qu'il soit comme étourdi ; et enfin ils le conduisent au lieu de sa destination.**

La troisième manière de prendre les éléphants est de mener quelques femelles apprivoisées dans les forêts ; elles ne manquent guère d'attirer quelqu'un des éléphants sauvages, et de le séparer de leur troupe : alors une partie des chasseurs attaque le reste de cette troupe pour lui faire prendre la fuite, tandis

que les autres chasseurs se rendent maîtres de cet éléphant sauvage isolé, l'attachent avec deux femelles, et l'amènent ainsi
jusqu'à l'étable ou jusqu'au parc où on veut le garder.

Les éléphants, dans l'état de liberté, vivent dans une espèce
de société durable; chaque bande ou troupe reste séparée, et
n'a aucun commerce avec d'autres troupes, et même ils paroissent s'entr'éviter très soigneusement.

Lorsqu'une de ces troupes se met en marche pour voyager
ou changer de domicile, ceux des mâles qui ont les défenses
les plus grosses et les plus longues marchent à la tête, et s'ils
rencontrent dans leur route une rivière un peu profonde, ils
la passent les premiers à la nage, et paroissent sonder le terrain du rivage opposé; ils donnent alors un signal par un son
de leur trompe, et dès lors la troupe avertie entre dans la rivière, et, nageant en file, les éléphants adultes transportent
leurs petits en se les donnant, pour ainsi dire, de main en main;
après quoi tous les autres les suivent, et arrivent au rivage où
les premiers les attendent.

Une autre singularité remarquable, c'est que, quoiqu'ils se
tiennent toujours par troupes, on trouve cependant de temps
en temps des éléphants séparés et errants seuls et éloignés des
autres, et qui ne sont jamais admis dans aucune compagnie,
comme s'ils étoient bannis de toute société. Ces éléphants solitaires ou réprouvés sont très méchants; ils attaquent souvent
les hommes et les tuent; et tandis que sur le moindre mouvement et à la vue de l'homme (pourvu qu'il ne se fasse pas avec
trop de précipitation), une troupe entière d'éléphants s'éloi-
gnera, ces éléphants solitaires l'attendent non-seulement de
pied ferme, mais même l'attaquent avec fureur; en sorte qu'on
est obligé de les tuer à coups de fusil. On n'a jamais rencontré
deux de ces éléphants farouches ensemble; ils vivent seuls et
sont tous mâles; et l'on ignore s'ils recherchent les femelles,
car on ne les a jamais vus les suivre ou les accompagner.

Une autre observation assez intéressante, c'est que dans
toutes les chasses auxquelles M. Marcellus Bles a assisté, et
parmi des milliers d'éléphants qu'il dit avoir vus dans l'île de

Ceylan, à peine en a-t-il trouvé un sur dix qui fût armé de grosses et grandes défenses ; et quoique ces éléphants aient autant de force et de vigueur que les autres, ils n'ont néanmoins que de petites défenses, minces et obtuses, qui ne parviennent jamais qu'à la longueur d'un pied à peu près ; et on ne peut, dit-il, guère voir, avant l'âge de douze à quatorze ans, si leurs défenses deviendront longues, ou si elles resteront à ces petites dimensions.

Le même M. Marcellus Bles m'a écrit, en dernier lieu, qu'un particulier, homme très instruit, établi depuis long-temps dans l'intérieur de l'île de Ceylan, l'avoit assuré qu'il existe dans cette île une petite race d'éléphants qui ne deviennent jamais plus gros qu'une génisse : la même chose lui a été dite par plusieurs autres personnes dignes de foi ; il est vrai, ajoute-t-il, qu'on ne voit pas souvent ces petits éléphants, dont l'espèce ou la race est bien plus rare que celle des autres : la longueur de leur trompe est proportionnée à leur petite taille ; ils ont plus de poil que les autres éléphants ; ils sont aussi plus sauvages, et, au moindre bruit, s'enfuient dans l'épaisseur des bois.

Les éléphants dont nous sommes actuellement obligés d'aller étudier les mœurs à Ceylan, ou dans les autres climats les plus chauds de la terre, ont autrefois existé dans les zones aujourd'hui tempérées, et même dans les zones froides ; leurs ossements trouvés en Russie, en Sibérie, Pologne, Allemagne, France, Italie, etc., démontrent leur ancienne existence dans tous les climats de la terre, et leur retraite successive vers les contrées les plus chaudes du globe, à mesure qu'il s'est refroidi. Nous pouvons en donner un nouvel exemple ; M. le prince de Porentrui, évêque de Bâle, a eu la bonté de m'envoyer une dent molaire et plusieurs autres ossements d'un squelette d'éléphant trouvé dans les terres de sa principauté, à une très médiocre profondeur : voici ce qu'il a bien voulu m'en écrire, en date du 15 mai de cette année 1780.

« A six cents pas de Porentrui, sur la gauche d'un grand chemin que je viens de faire construire pour communiquer avec Béfort, en excavant le flanc méridional de la montagne

» l'on decouvrit, l'été dernier, à quelques pieds de profondeur,
la plus grande partie du squelette d'un très gros animal. Sur
le rapport qui m'en fut fait, je me transportai moi-même sur
le lieu, et je vis que les ouvriers avoient déja brisé plusieurs
pièces de ce squelette, et qu'on en avoit enlevé quelques-unes
des plus curieuses, entre autres la plus grande partie d'une
très grosse défense qui avoit près de cinq pouces de diamètre
à la racine, sur plus de trois pieds de longueur ; ce qui fit juger
que ce ne pouvoit être que le squelette d'un éléphant. Je vous
avouerai, monsieur, que, n'étant pas naturaliste, j'eus peine à
me persuader que cela fût ; je remarquai cependant de très
gros os, et particulièrement celui de l'omoplate, que je fis
déterrer : j'observai que le corps de l'animal, quel qu'il fût,
étoit, partie dans un rocher, partie en un sac de terre dans
l'anfractuosité de deux rochers ; que ce qui étoit dans le rocher étoit pétrifié ; mais que ce qui étoit dans la terre étoit
une substance moins dure que ne le sont ordinairement de pareils os. L'on m'apporta un morceau de cette défense que l'on
avoit brisée en la tirant de cette terre, où elle étoit devenue
mollasse : l'enveloppe extérieure ressembloit assez à de l'ivoire ;
l'intérieur étoit blanchâtre et comme savonneux. On en brûla
une parcelle, et ensuite une autre parcelle d'une véritable défense d'éléphant ; elles donnèrent l'une et l'autre une huile
d'une odeur à peu près pareille. Tous les morceaux de cette
première défense ayant été exposés quelques temps à l'air,
sont tombés insensiblement en poussière.

« Il m'est resté un morceau de la mâchoire pétrifiée, avec
quelques-unes des petites dents : je les fis voir à M. Robert,
géographe ordinaire de sa majesté, qui m'ayant témoigné que
ce morceau d'histoire naturelle ne dépareroit pas la belle collection que vous avez dans le Jardin du Roi, je lui dis qu'il pouvoit vous l'offrir de ma part, et j'ai l'honneur de vous l'envoyer. »

J'ai reçu en effet ce morceau, et je ne puis qu'en témoigner
ma respectueuse reconnoissance à ce prince, ami des lettres
et de ceux qui les cultivent. C'est réellement une très grosse
dent molaire d'éléphant, beaucoup plus grande qu'aucune de

celles des éléphants vivants aujourd'hui. Si l'on rapproche de cette découverte toutes celles que nous avons rapportées de squelettes d'éléphants trouvés en terre en différentes parties de l'Europe, et dont la note ci-jointe, que nous communique[1] M. l'abbé Bexon, indique encore un plus grand nombre [1], on demeurera bien convaincu qu'il fut un temps où notre Europe fut la patrie des éléphants, ainsi que l'Asie septentrionale, où leurs dépouilles se trouvent en si grande quantité. Il dut en être de même des rhinocéros, des hippopotames et des chameaux. On peut remarquer entre les *argalis,* ou petites figures de fonte tirées des anciens tombeaux trouvés en Sibérie, celles de l'hippopotame et du chameau ; ce qui prouve que ces animaux, qui sont actuellement inconnus dans cette contrée, y subsistoient autrefois : l'hippopotame surtout a dû s'en retirer le premier, et presque en même temps que l'éléphant ; et le chameau, quoique moins étranger aux pays tempérés, n'est cependant plus connu dans ce pays de Sibérie que par les monuments dont on vient de parler ; on peut le prouver par le témoignage des voyageurs récents.

[1] Teutzel (Wilhelm. Ernest), *Epistola de sceleto elephantino Tonnæ nuper effosso :* Gotting. 1696, in-4°, *germanice.* (Ext. in *Phil. Transact.* vol. XIX, n° 234, page 757). — Klein, *De dentibus elephantinis ,* ad calcem *Mis.* 2. *de piscib.,* page 32, tab. 29. — Marsigli, *Danub.* tome II pages 30 et 31. — Rzaczynski, *Hist. natur. Polon.,* tome 1, page 1. — *Epist.* Basil. Tatischou ad Eric. Benzel. in *Act. litt. Suec.* ann. 1715, page 36. — Beyschlag (Jo. Frid.), *Dissertatio de ebore fossili Suevico-Hallensi :* Halæ Magdeburgicæ, 1734, in-4°. — Scaramucci (Jo. Bapt.) *Meditationes familiares ad Antonium Megliabecchium de sceleto ; lephantino ;* Urbini, 1697, in-12.—Wedelii (Georg. Wolfg.) *Programma de unicornu et ebore fossili ;* Ienæ, 1669, in-4°. — Hartenfels (Georg. Christ. Petr.) *Elephantographia curiosa...* ; part. 3, cap. 8, *De ebore fossili ;* Erfurti, 1715, in-4°.—*Transact. philosoph.* vol. XLIII, page 331. *Extraordinary fossil tooth of an elephant ,* vol. XL, n° 446, page 124. *Letter..... upon mammoth's bones dug up in Siberia,* vol. XLVIII, page 626. *Bones of an elephant found at Leysdown in the island of Sheppey ,* vol. XXXV, num. 403 et 401. — *Epit. Transact. philosoph.* V, *b ,* page 104 et seq. — *Acta Hafniens.* vol. I, observat. 46. — *Misc. curios.;* dec. III, ann. 7, 8, 1699, 1700, page 294, observat. 175. *De ebore fossili , et sceleto elephantis in collo sabuloso reperto.* — Dec. II, ann. 7, 1688, page 446, observat. 234, *De ossibus elephantum repertis ,* etc.

« Les Russes, disent-ils, pensèrent que les chameaux seroient plus propres que d'autres animaux au transport des vivres de leurs caravanes dans les déserts de la Sibérie méridionale ; ils firent en conséquence venir à Jakutzk un chameau pour essayer son service : les habitants du pays le regardèrent comme un monstre qui les effraya beaucoup. La petite vérole commençoit à faire des ravages dans leurs bourgades ; les Jakutes s'imaginèrent que le chameau en étoit la cause..., et on fut obligé de le renvoyer : il mourut même dans son retour, et l'on jugea avec fondement que ce pays étoit trop froid pour qu'il pût y subsister, et encore moins y multiplier. »

Il faut donc que ces figures du chameau et de l'hippopotame aient été faites en ce pays dans un temps où on y avoit encore quelque connoissance et quelque souvenir de ces animaux. Cependant nous remarquerons, à l'égard des chameaux, qu'ils pouvoient être connus des anciens Jakutes ; car M. Guldenstaedt assure qu'ils sont actuellement en nombre dans les gouvernements d'Astracan et d'Orembourg, aussi bien que dans quelques parties de la Sibérie méridionale, et que les Calmouks et les Cosaques ont même l'art d'en travailler le poil. Il se pourroit donc, absolument parlant, que les Jakutes eussent pris connoissance du chameau dans leurs voyages au midi de la Sibérie : mais, pour l'hippopotame, nulle supposition ne peut en rendre la connoissance possible à ce peuple ; et dès lors on ne peut rapporter qu'au refroidissement successif de la terre l'ancienne existence de ces animaux, ainsi que des éléphants, dans cette contrée du nord, et leurs migrations forcées dans celles du midi.

Après avoir livré à l'impression les feuilles précédentes, j'ai reçu un dessin, fait aux Indes, d'un jeune éléphant tétant sa mère. C'est à la prévenante honnêteté de M. Gentil, chevalier de l'ordre royal et militaire de Saint-Louis, qui a demeuré vingt-huit ans au Bengale, que je dois ce dessin et la connoissance d'un fait dont je doutois. Le petit éléphant ne tette pas par la trompe, mais par la gueule, comme les autres animaux.

M. Gentil en a été souvent témoin, et le dessin a été fait sous
ses yeux.

LE RHINOCÉROS [1].

Rhinoceros unicornis. L.

Après l'éléphant, le rhinocéros [2] est le plus puissant des
animaux quadrupèdes : il a au moins douze pieds de longueur
depuis l'extrémité du museau jusqu'à l'origine de la queue,
six à sept pieds de hauteur, et la circonférence du corps à peu
près égale à sa longueur [3]. Il approche donc de l'éléphant pour

[1] *Rhinoceros*, en grec et en latin. Quoique le nom de cet animal soit
absolument grec, il n'étoit cependant pas connu des anciens Grecs : Aristote
n'en fait aucune mention ; Strabon est le premier auteur grec, et Pline le
premier auteur latin, qui en aient écrit. Apparemment le rhinocéros ne
s'étoit pas rencontré dans cette partie de l'Inde où Alexandre avoit pénétré,
et où il avoit cependant trouvé des éléphants en grand nombre ; car ce ne
fut qu'environ trois cents ans après Alexandre que Pompée fit voir le premier cet animal à l'Europe.

[2] On distingue aujourd'hui trois espèces de rhinocéros ; le rhinocéros de
l'Inde (*Rhinoceros Indicus*. Cuv.), le rhinocéros de Sumatra (*Rhinoceros
Sumatrensis*. Cuv.), et le rhinocéros d'Afrique (*Rhinocéros Africanus*.
Cuv.) (A. R.)

[3] J'ai par devers moi le dessin d'un rhinocéros, tiré par un officier du
Shaftsbury, vaisseau de la compagnie des Indes en 1737 ; ce dessin se
rapporte assez au mien. L'animal mourut sur la route en venant des Indes
ici. Cet officier avoit écrit au bas du dessin ce qui suit : « Il avoit environ
sept pieds de haut depuis la surface de la terre jusqu'au dos ; il étoit de la
couleur d'un cochon qui commence à sécher après s'être vautré dans la
fange ; il a trois sabots de corne à chaque pied : les plis de la peau se ren-
« versent en arrière les uns sur les autres ; on trouve entre ces plis des insectes
« qui s'y nichent, des bêtes à mille pieds, des scorpions, de petits serpents, etc.
« Il n'avoit pas encore trois ans lorsqu'il a été dessiné : le *penis* étendu
« s'élargit au bout en forme de fleur de lis. » J'ai donné d'après ce dessin la
figure du *penis* dans un coin de ma planche ; comme ce dessin m'est venu
par le moyen de M. Tyson, médecin, je n'ai pas été à portée de consulter
l'auteur même sur ces insectes malfaisants qu'il dit se loger dans les plis de
la peau du rhinocéros, pour savoir s'il en avoit été témoin oculaire, ou s'il
l'a dit simplement sur le rapport des Indiens. J'avoue que cela me paroît bien

le volume et par la masse; et s'il paroît bien plus petit, c'est que ses jambes sont bien plus courtes à proportion que celles de l'éléphant : mais il en diffère beaucoup par les facultés naturelles et par l'intelligence, n'ayant reçu de la nature que ce qu'elle accorde assez communément à tous les quadrupèdes, privé de toute sensibilité dans la peau, manquant de mains et d'organes distincts pour le sens du toucher; n'ayant, au lieu de trompe, qu'une lèvre mobile, dans laquelle consistent tous ses moyens d'adresse. Il n'est guère supérieur aux autres animaux que par la force, la grandeur et l'arme offensive qu'il porte sur le nez, et qui n'appartient qu'à lui : cette arme est une corne très dure, solide dans toute sa longueur, et placée plus avantageusement que les cornes des animaux ruminants : celles-ci ne munissent que les parties supérieures de la tête et du cou, au lieu que la corne du rhinocéros défend toutes les parties antérieures du museau et préserve d'insulte le mufle, la bouche et la face; en sorte que le tigre attaque plus volontiers l'éléphant, dont il saisit la trompe, que le rhinocéros, qu'il ne peut coiffer sans risquer d'être éventré : car le corps et les membres sont recouverts d'une enveloppe impénétrable; et cet animal ne craint ni la griffe du tigre, ni l'ongle du lion, ni le fer, ni le feu du chasseur : sa peau est un cuir noirâtre de la même couleur, mais plus épais et plus dur que celui de l'éléphant. Il n'est pas sensible comme lui à la piqûre des mouches : il ne peut aussi ni froncer ni contracter sa peau; elle est seulement plissée par de grosses rides au cou, aux épaules et à la croupe, pour faciliter le mouvement de la tête et des jambes, qui sont massives et terminées par de larges pieds armés de trois grands ongles. Il a la tête plus longue à proportion que l'éléphant; mais il a les yeux encore plus petits,

extraordinaire. (*Glanures* d'Edwards, pages 25 et 26.) Non-seulement ce dernier fait est douteux, mais celui de l'âge, comparé à la grandeur de l'animal, nous paroît faux ; nous avons vu un rhinocéros qui avoit au moins huit ans, et qui n'avoit que cinq pieds de hauteur; M. Parsons en a vu un de deux ans qui n'étoit pas plus haut qu'une génisse, ce qu'on peut estimer quatre pieds ou environ : comment se pourroit-il que celui qu'on vient de citer n'eût que trois ans, s'il avoit sept pieds de hauteur?

et il ne les ouvre jamais qu'à demi. La mâchoire supérieure avance sur l'inférieure, et la lèvre du dessus a du mouvement et peut s'allonger jusqu'à six ou sept pouces de longueur ; elle est terminée par un appendice pointu, qui donne à cet animal plus de facilité qu'aux autres quadrupèdes pour cueillir l'herbe et en faire des poignées à peu près comme l'éléphant en fait avec sa trompe : cette lèvre musculeuse et flexible est une espèce de main ou de trompe très incomplète, mais qui ne laisse pas de saisir avec force et de palper avec adresse. Au lieu de ces longues dents d'ivoire qui forment les défenses de l'éléphant, le rhinocéros a sa puissante corne et deux fortes dents incisives à chaque mâchoire : ces dents incisives, qui manquent à l'éléphant, sont fort éloignées l'une de l'autre dans les mâchoires du rhinocéros : elles sont placées une à une à chaque coin ou angle des mâchoires, desquelles l'inférieure est coupée carrément en devant, et il n'y a point d'autres dents incisives dans toute cette partie antérieure que recouvrent les lèvres : mais, indépendamment de ces quatre dents incisives placées en avant aux quatre coins des mâchoires, il a de plus vingt-quatre dents molaires, six de chaque côté des deux mâchoires. Ses oreilles se tiennent toujours droites : elles sont assez semblables pour la forme à celles du cochon ; seulement elles sont moins grandes à proportion du corps : ce sont les seules parties sur lesquelles il y ait du poil ou plutôt des soies. L'extrémité de la queue est, comme celle de l'éléphant, garnie d'un bouquet de grosses soies très solides et très dures.

M. Parsons, célèbre médecin de Londres, auquel la république des lettres est redevable de plusieurs découvertes en histoire naturelle, et auquel je dois moi-même de la reconnoissance pour les marques d'estime et d'amitié dont il m'a souvent honoré, a publié, en 1742, une histoire naturelle du rhinocéros, de laquelle je vais donner l'extrait d'autant plus volontiers, que tout ce qu'écrit M. Parsons me paroît mériter plus d'attention et de confiance.

Quoique le rhinocéros ait été vu plusieurs fois dans les spectacles de Rome depuis Pompée jusqu'à Héliogabale, quoiqu'il en soit venu plusieurs en Europe dans ces derniers siècles, et qu'enfin Bontius, Chardin et Kolbe l'aient dessiné aux Indes et en Afrique, il étoit cependant si mal représenté et si peu décrit, qu'il n'étoit connu que très imparfaitement, et qu'à la vue de ceux qui arrivèrent à Londres en 1739 et 1741, on reconnut aisément les erreurs ou les caprices de ceux qui avoient publié des figures de cet animal. Celle d'Albert Durer, qui est la première, est une des moins conformes à la nature : cette figure a cependant été copiée par la plupart des naturalistes, et quelques-uns même l'ont encore surchargée de draperies postiches et d'ornements étrangers. Celle de Bontius est plus simple et plus vraie; mais elle pèche en ce que la partie inférieure des jambes y est mal représentée. Au contraire, celle de Chardin présente assez bien les plis de la peau et les pieds; mais, au reste, elle ne ressemble point à l'animal. Celle de Camérarius n'est pas meilleure, non plus que celle qui a été faite d'après le rhinocéros vu à Londres en 1685, et qui a été publiée par Carwitham en 1739. Celles enfin que l'on voit sur les anciens pavés de Préneste et sur les médailles de Domitien sont extrêmement imparfaites; mais au moins elles n'ont pas les ornements imaginaires de celle d'Albert Durer. M. Parsons a pris la peine de dessiner lui-même [1] cet animal en trois vues

[1] Un de nos savants physiciens (M. Demours), a fait des remarques à ce sujet, que nous ne devons pas omettre. « La figure, dit-il, du rhinocéros, « que M. Parsons a ajoutée à son mémoire, et qu'il a dessinée lui-même d'après « le naturel, est si différente de celle qui fut gravée à Paris en 1749 d'après « un rhinocéros qu'on voyoit alors à la foire Saint-Germain, qu'on auroit de « la peine à y reconnoître le même animal. Celui de M. Parsons est plus court, « et les plis de la peau en sont en plus petit nombre, moins marqués, et quel- « ques-uns placés un peu différemment; la tête surtout ne ressemble presque « en rien à celle du rhinocéros de la foire Saint-Germain. On ne sauroit « douter de l'exactitude de M. Parsons, et il faut chercher dans l'âge et le « sexe de ces deux animaux la raison des différences sensibles qu'on aperçoit « dans les figures que l'on a données de l'un et de l'autre. Celle de M. Parsons « a été dessinée d'après un rhinocéros mâle qui n'avoit que deux ans : celle « que j'ai cru devoir ajouter ici l'a été d'après le tableau du célèbre M. Oudry, « le peintre des animaux, et qui a si fort excellé en ce genre; il a peint de « grandeur naturelle, et d'après le vivant, le rhinocéros de la foire Saint- « Germain, qui étoit une femelle, et qui avoit au moins huit ans; je dis au « moins huit ans, car il est dit dans l'inscription qu'on voit au bas de l'estampe

minces à leur extrémité, et resserrées à leur origine par une espèce d'anneau ridé. Le cou est fort court; la peau forme sur cette partie deux gros plis qui l'environnent tout autour. Les épaules sont fort grosses et fort épaisses; la peau fait à leur jointure un autre pli qui descend sous les jambes de devant. Le corps de ce jeune rhinocéros étoit en tout très épais, et ressembloit très bien à celui d'une vache prête à mettre bas. Il y a un autre pli entre le corps et la croupe; ce pli descend au-dessous des jambes de derrière, et enfin il y a encore un autre pli qui environne transversalement la partie inférieure de la croupe à quelque distance de la queue. Le ventre étoit gros et pendoit presque à terre, surtout à la partie moyenne. Les jambes sont rondes, épaisses, fortes, et toutes sont courbées en arrière à la jointure : cette jointure, qui est recouverte par un pli très remarquable quand l'animal est couché, disparoît lorsqu'il est debout. La queue est menue et courte relativement au volume du corps; celle de ce rhinocéros n'avoit que seize ou dix-sept pouces de longueur; elle s'élargit un peu à son extrémité, où elle est garnie de quelques poils courts, gros et durs. La verge est d'une forme assez extraordinaire; elle est contenue dans un prépuce ou fourreau comme celle du cheval, et la première chose qui paroît au dehors dans le temps de l'érection est un second prépuce de couleur de chair, duquel ensuite il sort un tuyau creux en forme d'entonnoir évasé et découpé [1], comme une fleur de lis, lequel tient lieu de gland et forme l'extrémité de la verge : ce gland bizarre par sa forme est d'une couleur de chair plus pâle que le second prépuce. Dans la plus forte érection, la verge ne s'étendoit qu'à huit pouces hors du corps; on lui procuroit aisément cet état d'extension en frottant l'animal sur le ventre avec des bouchons de paille lorsqu'il étoit couché. La direction de ce membre n'étoit pas droite, mais courbe et dirigée en arrière; aussi pissoit-il en arrière et à plein canal, à peu près comme une vache : d'où l'on peut inférer que, dans l'acte de la copulation, le mâle ne couvre pas la femelle, mais

[1] Voyez la figure dans les *Transactions philosophiques*, num. 470, planche III; et dans les *Glanures* d'Edwards, planche cotée au bas 221.

qu'ils s'accouplent croupe à croupe. Elle a les parties extérieures de la génération faites et placées comme celles de la vache, et elle ressemble parfaitement au mâle pour la forme et pour la grosseur du corps. La peau est épaisse et impénétrable; en la prenant avec la main dans les plis, on croiroit toucher une planche de bois d'un demi-pouce d'épaisseur. Lorsqu'elle est tannée, dit le docteur Grew, elle est excessivement dure et plus épaisse que le cuir d'aucun animal terrestre; elle est partout plus ou moins couverte d'incrustations en forme de gales ou tubérosités, qui sont assez petites sur le sommet du cou et du dos, et qui par degrés deviennent plus grosses en descendant sur les côtés; les plus larges de toutes sont sur les épaules et sur la croupe; elles sont encore assez grosses sur les cuisses et les jambes, et il y en a tout autour et tout le long des jambes jusqu'aux pieds : mais entre les plis la peau est pénétrable, et même délicate et aussi douce au toucher que de la soie, tandis que l'extérieur du pli est aussi rude que le reste; cette peau tendre qui se trouve dans l'intérieur du pli est d'une légère couleur de chair, et la peau du ventre et à peu près de même consistance et de même couleur. Au reste, on ne doit pas comparer ces tubérosités ou gales dont nous venons de parler à des écailles, comme l'ont fait plusieurs auteurs; ce sont de simples durillons de la peau, qui n'ont ni régularité dans la figure, ni symétrie dans leur position respective. La souplesse de la peau dans les plis donne au rhinocéros la facilité du mouvement de la tête, du cou et des membres : tout le corps, à l'exception des jointures, est inflexible et comme cuirassé. M. Parsons dit en passant qu'il a observé une qualité très particulière dans cet animal, c'est d'écouter avec une espèce d'attention suivie tous les bruits qu'il entendoit; de sorte que, quoique endormi ou fort occupé à manger ou à satisfaire d'autres besoins pressants, il s'éveilloit à l'instant, levoit la tête et écoutoit avec la plus constante attention, jusqu'à ce que le bruit qu'il entendoit eût cessé.

Enfin, après avoir donné cette description exacte du rhinocéros, M. Parsons examine s'il existe ou non des rhinocéros à

double corne sur le nez ; et, après avoir comparé les témoignages des anciens et des modernes, et les monuments de cette espèce qu'on trouve dans les collections d'histoire naturelle, il conclut, avec vraisemblance, que les rhinocéros d'Asie n'ont communément qu'une corne, et que ceux d'Afrique en ont ordinairement deux.

Il est très certain qu'il existe des rhinocéros qui n'ont qu'une corne sur le nez, et d'autres qui en ont deux [1] ; mais il n'est pas également certain que cette variété soit constante, toujours dépendante du climat d'Afrique ou des Indes, et qu'en conséquence de cette seule différence on puisse établir deux espèces distinctes dans le genre de cet animal. Il paroît que les rhinocéros qui n'ont qu'une corne l'ont plus grosse et plus longue que ceux qui en ont deux : il y a des cornes simples de trois pieds et demi, et peut-être de plus de quatre pieds de longueur sur six et sept pouces de diamètre à la base ; il y a aussi des cornes doubles qui ont jusqu'à deux pieds de longueur. Communément ces cornes sont brunes ou de couleur olivâtre ; cependant il s'en trouve de grises, et même quelques-unes de blanches : elles n'ont qu'une légère concavité en forme de tasse sous leur base, par laquelle elles sont attachées à la peau du nez ; tout le reste de la corne est solide et plus dur que la corne ordinaire : c'est avec cette arme, dit-on, que le rhinocéros attaque et blesse quelquefois mortellement les éléphants de la plus haute taille, dont les jambes élevées permettent au rhinocéros, qui les a bien courtes, de leur porter des coups de boutoir et de corne sous le ventre, où la peau est le

_____

[1] Kolbe dit positivement, et comme s'il l'avoit vu, que la première corne du rhinocéros est placée sur le nez, et la seconde sur le front, en droite ligne avec la première ; que celle-ci, qui est d'un gris brun, ne passe jamais deux pieds de longueur ; que la seconde est jaune, et qu'elle ne croît jamais au-dessus de six pouces. (*Description du Cap de Bonne-Espérance,* par Kolbe, tome III, pages 17 et 18.) Cependant nous venons de citer des doubles cornes dont la seconde différoit peu de la première, qui avoit deux pieds, qui toutes deux étoient de la même couleur ; et d'ailleurs il paroît certain qu'elles ne sont jamais à une aussi grande distance l'une de l'autre que le dit cet auteur, puisque les bases de ces deux cornes, conservées dans le cabinet de Hans-Sloane, n'étoient pas éloignées de trois pouces.

plus sensible et le plus pénétrable : mais aussi, lorsqu'il manque son premier coup, l'éléphant le terrasse et le tue.

La corne du rhinocéros est plus estimée des Indiens que l'ivoire de l'éléphant, non pas tant à cause de la matière, dont cependant ils font plusieurs ouvrages au tour et au ciseau, mais à cause de sa substance même, à laquelle ils accordent plusieurs qualités spécifiques et propriétés médicinales ; les blanches, comme les plus rares, sont aussi celles qu'ils estiment et qu'ils recherchent le plus. Dans les présents que le roi de Siam envoya à Louis XIV en 1686, il y avoit six cornes de rhinocéros. Nous en avons au Cabinet du Roi douze de différentes grandeurs, et une entre autres qui, quoique tronquée, a trois pieds huit pouces et demi de longueur.

Le rhinocéros, sans être ni féroce, ni carnassier, ni même extrêmement farouche, est cependant intraitable [1], il est à peu près en grand ce que le cochon est en petit, brusque et brut, sans intelligence, sans sentiment et sans docilité ; il faut même qu'il soit sujet à des accès de fureur que rien ne peut calmer, car celui qu'Emmanuel, roi de Portugal, envoya au pape en 1513, fit périr le bâtiment sur lequel on le transportoit ; et celui que nous avons vu à Paris, ces années dernières, s'est noyé de même en allant en Italie. Ces animaux sont aussi, comme le cochon, très enclins à se vautrer dans la boue et à se rouler dans la fange : ils aiment les lieux humides et marécageux, et ils ne quittent guère les bords des rivières. On en trouve en Asie et en Afrique, au Bengale, à Siam, à Laos, au Mogol, à Sumatra, à Java, en Abyssinie, en Éthiopie, au pays des Anzicos, et jusqu'au cap de Bonne-Espérance ; mais en général l'espèce en est moins nombreuse et moins répandue que celle de l'éléphant : il ne produit de même qu'un seul petit à la fois,

[1] Chardin dit (tome III, page 45) que les Abyssins apprivoisent les rhinocéros, qu'ils les élèvent au travail comme on fait des éléphants. Ce fait me paroît très douteux ; aucun autre voyageur n'en fait mention, et il est sûr qu'au Bengale, à Siam et dans les autres parties de l'Inde méridionale, où le rhinocéros est peut-être plus commun qu'en Éthiopie, et où l'on est accoutumé à apprivoiser les éléphants, il est regardé comme un animal indomptable, et dont on ne peut faire aucun usage pour le service domestique.

et à des distances de temps assez considérables. Dans le premier mois, le jeune rhinocéros n'est guère plus gros qu'un chien de grande taille. Il n'a point, en naissant, la corne sur le nez, quoiqu'on en voie déjà le rudiment dans le fœtus; à deux ans cette corne n'a encore poussé que d'un pouce, et à six ans elle a neuf à dix pouces; et comme l'on connoît de ces cornes qui ont près de quatre pieds de longueur, il paroît qu'elles croissent au moins jusqu'au moyen âge, et peut-être pendant toute la vie de l'animal, qui doit être d'une assez longue durée, puisque le rhinocéros décrit par M. Parsons n'avoit, à deux ans, qu'environ la moitié de sa hauteur; d'où l'on peut inférer que cet animal doit vivre, comme l'homme, soixante-dix ou quatre-vingts ans.

Sans pouvoir devenir utile comme l'éléphant, le rhinocéros est aussi nuisible par la consommation, et surtout par le prodigieux dégât qu'il fait dans les campagnes; il n'est bon que par sa dépouille; sa chair est excellente au goût des Indiens et des nègres. Kolbe dit en avoir souvent mangé, et avec beaucoup de plaisir. Sa peau fait le cuir le meilleur et le plus dur qu'il y ait au monde; et non-seulement sa corne, mais toutes les autres parties de son corps, et même son sang, son urine et ses excréments sont estimés comme des antidotes contre le poison, ou comme des remèdes à plusieurs maladies. Ces antidotes ou remèdes, tirés des différentes parties du rhinocéros, ont le même usage dans la pharmacopée des Indes que la thériaque dans celle de l'Europe. Il y a toute apparence que la plupart de ces vertus sont imaginaires : mais combien n'y a-t-il pas de choses bien plus recherchées qui n'ont de valeur que dans l'opinion !

Le rhinocéros se nourrit d'herbes grossières, de chardons, d'arbrisseaux épineux, et il préfère ces aliments agrestes à la douce pâture des plus belles prairies : il aime beaucoup les cannes de sucre, et mange aussi de toutes sortes de graines. N'ayant nul goût pour la chair, il n'inquiète que les petits animaux; il ne craint pas les grands, vit en paix avec tous, et même avec le tigre, qui souvent l'accompagne sans oser l'attaquer. Je ne sais donc si les combats de l'éléphant et du rhinocéros ont un fondement réel; ils doivent au moins être rares, puisqu'il n'y a nul motif de guerre ni de part ni d'autre, et que d'ailleurs on n'a pas remarqué qu'il y eût aucune espèce d'antipathie entre ces animaux; on en a vu même en captivité vivre tranquillement et sans s'offenser ni s'irriter l'un contre l'autre. Pline est, je crois, le premier qui ait parlé de ces combats du rhinocéros et de l'éléphant : il paroît qu'on les a forcés à se battre dans les spectacles de Rome; et c'est probablement de là que l'on a pris l'idée que quand ils sont en liberté et dans leur état naturel ils se battent de même : mais encore une fois, toute action sans motif n'est pas naturelle; c'est un effet sans cause, qui ne doit point arriver, ou qui n'arrive que par hasard.

Les rhinocéros ne se rassemblent pas en troupes, ni ne marchent en nombre comme les éléphants; ils sont plus solitaires, plus sauvages, et peut-être plus difficiles à chasser et à vaincre. Ils n'attaquent pas les hommes, à moins qu'ils ne soient provoqués; mais alors ils prennent de la fureur et sont très redoutables : l'acier de Damas, les sabres du Japon, n'entament pas leur peau; les javelots et les lances ne peuvent la percer; elle résiste même aux balles de mousquet; celles de plomb s'aplatissent sur ce cuir, et les lingots de fer ne le pénètrent pas en entier : les seuls endroits absolument pénétrables dans ce corps cuirassé sont le ventre, les yeux et le tour des oreilles; aussi les chasseurs, au lieu d'attaquer cet animal de face et debout, le suivent de loin par ses traces, et attendent pour l'approcher les heures où il se repose et s'endort. Nous avons au Cabinet du Roi un fœtus de rhinocéros, qui nous a été envoyé de l'île de Java, et qui a été tiré hors du corps de la mère : il est dit dans le mémoire qui accompagnoit cet envoi que vingt-huit chasseurs s'étant rassemblés pour attaquer ce rhinocéros, ils l'avoient d'abord suivi de loin pendant quelques jours, faisant de temps en temps marcher un ou deux hommes en avant pour reconnoître la position de l'animal; que par ce moyen ils le surprirent endormi, s'en ap-

prochèrent en silence et de si près, qu'ils lui lâchèrent tous
ensemble leurs vingt-huit coups de fusil dans les parties inférieures du bas bas-ventre.

On a vu, par la description de M. Parsons, que cet animal
a l'oreille bonne, et même très attentive; on assure aussi qu'il
a l'odorat excellent : mais on prétend qu'il n'a pas l'œil bon,
et qu'il ne voit, pour ainsi dire, que devant lui. La petitesse
extrême de ses yeux, leur position basse, oblique et enfoncée,
le peu de brillant et de mouvement qu'on y remarque, semblent confirmer ce fait. Sa voix est assez sourde lorsqu'il est
tranquille : elle ressemble en gros au grognement du cochon;
et lorsqu'il est en colère, son cri devient aigu et se fait entendre de fort loin. Quoiqu'il ne vive que de végétaux, il ne
rumine pas : ainsi il est probable que, comme l'éléphant, il n'a
qu'un estomac et des boyaux très amples, et qui suppléent à
l'office de la panse. Sa consommation, quoique considérable,
n'approche pas de celle de l'éléphant; et il paroît, par la continuité et l'épaisseur non interrompues de sa peau, qu'il perd
aussi moins que lui par la transpiration.

* Nous avons vu un second rhinocéros nouvellement arrivé
à la Ménagerie du Roi. Au mois de septembre 1770, il n'étoit
âgé que de trois mois, si l'on en croit les gens qui l'avoient
amené : mais je suis persuadé qu'il avoit au moins deux ou
trois ans; car son corps, y compris la tête, avoit déja huit
pieds deux pouces de longueur sur cinq pieds six pouces de
hauteur, et huit pieds deux pouces de circonférence. Observé
un an après, son corps s'étoit allongé de sept pouces, en sorte
qu'il avoit, le 28 août 1771, huit pieds neuf pouces, y compris la longueur de la tête, cinq pieds neuf pouces de hauteur,
et huit pieds neuf pouces de circonférence. Observé deux ans
après, le 12 août 1772, la longueur de son corps, y compris
la tête, étoit de neuf pieds quatre pouces; la plus grande hauteur, qui étoit celle du train de derrière, de six pieds quatre
pouces, et la hauteur du train de devant étoit de cinq pieds
onze pouces seulement. Sa peau avoit la couleur et la même
apparence que l'écorce d'un vieil orme, tachetée en certains

endroits de noir et de gris, et dans d'autres repliée en sillons profonds, qui formoient des espèces d'écailles. Il n'avoit qu'une corne de couleur brune, d'une substance ferme et dure. Les yeux sont petits et saillants ; les oreilles larges et assez ressemblantes à celles de l'âne ; le dos, qui est creux, semble être couvert d'une selle naturelle ; les jambes sont courtes et très grosses ; les pieds arrondis par derrière, avec des sabots par devant, divisés en trois parties ; la queue est assez semblable à celle du bœuf et garnie de poils noirs à son extrémité. La verge s'allonge sur les testicules, et s'élève pour l'écoulement de l'urine, que l'animal pousse assez loin de lui, et cette partie paroît fort petite relativement à la grosseur du corps ; elle est d'ailleurs très remarquable par son extrémité, qui forme une cavité comme l'embouchure d'une trompette : le fourreau ou l'étui dont elle sort est une partie charnue, d'une chair vermeille semblable à celle de la verge ; et cette même partie charnue qui forme le premier étui sort d'un second fourreau pris dans la peau, comme dans les autres animaux. Sa langue est dure et rude au point d'écorcher ce qu'il lèche : aussi mange-t-il de grosses épines sans en ressentir de douleur. Il lui faut environ cent soixante livres de nourriture par jour. Les Indiens et les Africains, et surtout les Hottentots, en trouvent la chair bonne à manger. Cet animal peut devenir domestique en l'élevant fort jeune, et il produiroit dans l'état de domesticité plus aisément que l'éléphant.

« Je n'ai jamais pu concevoir (dit avec raison M. de Paw) pourquoi on a laissé en Asie le rhinocéros dans son état sauvage sans l'employer à aucun usage, tandis qu'il est soumis en Abyssinie, et y sert à porter des fardeaux. »

« M. de Buffon, dit M. le chevalier Bruce, a conjecturé qu'il y avoit au centre de l'Afrique des rhinocéros à deux cornes ; cette conjecture s'est vérifiée. En effet tous les rhinocéros que j'ai vus en Abyssinie ont deux cornes : la première, c'est-à-dire la plus proche du nez, est de la forme ordinaire ; la seconde, plus tranchante à la pointe, est toujours plus courte que la première : toutes deux naissent en même temps ; mais la première croît plus vite que l'autre, et la surpasse en grandeur, non-seulement pendant tout le temps de l'accroissement, mais pendant toute la vie de l'animal. »

D'autre part, M. Allamand, très habile naturaliste, écrit à M. Daubenton, par une lettre datée de Leyde, le 31 octobre 1766, dans les termes suivants :

«Je me rappelle une chose qu'a dite M. Parsons, dans un passage cité par M. de Buffon : il soupçonne que les rhinocéros d'Asie n'ont qu'une corne, et que ceux du cap de Bonne-Espérance en ont deux. Je soupçonnerois tout le contraire. J'ai reçu de Bengale et d'autres endroits de l'Inde des têtes de rhinocéros toujours à doubles cornes, et toutes celles qui me sont venues du Cap n'en avoient qu'une. »

Ceci paroît prouver ce que nous avons déja dit, que ces rhinocéros à doubles cornes forment une variété dans l'espèce, une race particulière, mais qui se trouve également en Asie et en Afrique.

LE CHAMEAU [1]
ET LE DROMADAIRE [2].

Camelus Bactrianus. L. — *Camelus Dromedarius*. L.

Ces deux noms, *dromadaire* et *chameau*, ne désignent pas deux espèces différentes, mais indiquent seulement deux races distinctes et subsistantes de temps immémorial dans l'espèce du chameau. Le principal, et, pour ainsi dire, l'unique caractère sensible par lequel ces deux races diffèrent, consiste en ce que le chameau porte deux bosses, et que le dromadaire n'en a qu'une; il est aussi plus petit et moins fort que

---

[1] En latin, *camelus;* en italien, *camelo;* en espagnol, *camelo;* en allemand, *kameel;* en anglois, *camel.*

[2] *Dromedarius*, en latin moderne; *maihary*, dans le Levant, selon Shaw.

L'ÉLÉPHANT   LE CHAMEAU

T. 5.

le chameau : mais tous deux se mêlent, produisent ensemble ;
et les individus qui proviennent de cette race croisée sont ceux
qui ont le plus de vigueur et qu'on préfere à tous les autres.
Ces métis issus du dromadaire et du chameau forment une
race secondaire, qui se multiplie pareillement, et qui se mêle
aussi avec les races premières ; en sorte que dans cette espèce,
comme dans celles des autres animaux domestiques, il se trouve
plusieurs variétés, dont les plus générales sont relatives à la
différence des climats. Aristote a très bien indiqué les deux
races principales : la première, c'est-à-dire celle à deux bosses,
sous le nom de *chameau de la Bactriane ;* et la seconde, sous
celui de *chameau d'Arabie.* On appelle les premiers *cha-*
meaux turcs, et les autres *chameaux arabes.* Cette division
subsiste aujourd'hui comme du temps d'Aristote ; seulement il
paroît, depuis que l'on a découvert les parties de l'Afrique et
de l'Asie inconnues aux anciens, que le dromadaire est, sans
comparaison, plus nombreux et plus généralement répandu
que le chameau : celui-ci ne se trouve guère que dans le Tur-
questan et dans quelques autres endroits du Levant ; tandis que
le dromadaire, plus commun qu'aucune autre bête de somme
en Arabie, se trouve de même en grande quantité dans toute
la partie septentrionale de l'Afrique, qui s'étend depuis la mer
Méditerranée jusqu'au fleuve Niger, et qu'on le trouve en
Égypte, en Perse, dans la Tartarie méridionale, et dans les
parties septentrionales de l'Inde. Le dromadaire occupe donc
des terres immenses, et le chameau est borné à un petit terrain : le premier habite des régions arides et chaudes : le second, un pays moins sec et plus tempéré : et l'espèce entière,
tant des uns que des autres, paroît être confinée dans une zone
de trois ou quatre cents lieues de largeur, qui s'étend depuis
la Mauritanie jusqu'à la Chine ; elle ne subsiste ni au-dessus ni
au-dessous de cette zone. Cet animal, quoique naturel aux pays
chauds, craint cependant les climats où la chaleur est excessive : son espèce finit où commence celle de l'éléphant, et elle
ne peut subsister ni sous le ciel brûlant de la zone torride, ni
dans les climats doux de notre zone tempérée. Il paroît être

originaire d'Arabie ; car non-seulement c'est le pays où il est
en plus grand nombre, mais c'est aussi celui auquel il est le
plus conforme. L'Arabie est le pays du monde le plus aride et
où l'eau est le plus rare : le chameau est le plus sobre des animaux, et peut passer plusieurs jours sans boire. Le terrain est
presque partout sec et sablonneux : le chameau a les pieds faits
pour marcher dans les sables, et ne peut, au contraire, se soutenir dans les terrains humides et glissants. L'herbe et les pâturages manquant à cette terre, le bœuf y manque aussi, et le
chameau remplace cette bête de somme. On ne se trompe guère
sur le pays naturel des animaux, en le jugeant par ces rapports
de conformité : leur vraie patrie est la terre à laquelle ils ressemblent, c'est-à-dire à laquelle leur nature paroît s'être entièrement conformée, surtout lorsque cette même nature de
l'animal ne se modifie point ailleurs et ne se prête pas à l'influence des autres climats. On a inutilement essayé de multiplier les chameaux en Espagne, on les a vainement transportés
en Amérique, ils n'ont réussi ni dans l'un ni dans l'autre climat ;
et dans les grandes Indes, on n'en trouve guère au-delà de Surate et d'Ormus. Ce n'est pas qu'absolument parlant ils ne
puissent subsister et produire aux Indes, en Espagne, en Amérique, et même dans les climats plus froids, comme en France,
en Allemagne, etc.[1] : en les tenant l'hiver dans des écuries
chaudes, et les nourrissant avec choix, les traitant avec soin,
en ne les faisant pas travailler, et ne les laissant sortir que
pour se promener dans les beaux jours, on peut les faire vivre,
et même espérer de les voir produire ; mais leurs productions
sont chétives et rares ; eux-mêmes sont foibles et languissants :
ils perdent donc toute leur valeur dans ces climats, et au lieu
d'être utiles, ils sont très à charge à ceux qui les élèvent, tandis que, dans leur pays natal, ils font, pour ainsi dire, toute
la richesse de leurs maîtres. Les Arabes regardent le chameau
comme un présent du ciel, un animal sacré, sans le secours

[1] M. le marquis de Montmirail nous a fait savoir qu'on lui avoit assuré
que S. M. le roi de Pologne, électeur de Saxe, avoit eu aux environs de
Dresde des chameaux et des dromadaires qui y ont multiplié.

duquel ils ne pourroient ni subsister, ni commercer, ni voyager. Le lait des chameaux fait leur nourriture ordinaire; ils en mangent aussi la chair, surtout celle des jeunes, qui est très bonne à leur goût : le poil de ces animaux, qui est fin et moelleux, et qui se renouvelle tous les ans par une mue complète, leur sert à faire les étoffes dont ils s'habillent et se meublent. Avec leurs chameaux, non-seulement ils ne manquent de rien, mais même ils ne craignent rien; ils peuvent mettre en un seul jour cinquante lieues de désert entre eux et leurs ennemis : toutes les armées du monde périroient à la suite d'une troupe d'Arabes; aussi ne sont-ils soumis qu'autant qu'il leur plaît. Qu'on se figure un pays sans verdure et sans eau, un soleil brûlant, un ciel toujours sec, des plaines sablonneuses, des montagnes encore plus arides, sur lesquelles l'œil s'étend et le regard se perd sans pouvoir s'arrêter sur aucun objet vivant; une terre morte, et, pour ainsi dire écorchée par les vents, laquelle ne présente que des ossements, des cailloux jonchés, des rochers debout ou renversés, un désert entièrement découvert où le voyageur n'a jamais respiré sous l'ombrage, où rien ne l'accompagne, rien ne lui rappelle la nature vivante : solitude absolue, mille fois plus affreuse que celle des forêts; car les arbres sont encore des êtres pour l'homme qui se voit seul; plus isolé, plus dénué, plus perdu dans ces lieux vides et sans bornes, il voit partout l'espace comme son tombeau; la lumière du jour, plus triste que l'ombre de la nuit, ne renaît que pour éclairer sa nudité, son impuissance, et pour lui présenter l'horreur de sa situation, en reculant à ses yeux les barrières du vide, en étendant autour de lui l'abîme de l'immensité qui le sépare de la terre habitée, immensité qu'il tenteroit en vain de parcourir, car la faim, la soif et la chaleur brûlante pressent tous les instants qui lui restent entre le désespoir et la mort.

Cependant l'Arabe, à l'aide d'un chameau, a su franchir et même s'approprier ces lacunes de la nature; elles lui servent d'asile, elles assurent son repos, et le maintiennent dans son indépendance. Mais de quoi les hommes savent-ils user sans abus? Ce même Arabe, libre, indépendant, tranquille, et même riche, au lieu de respecter ces déserts comme les remparts de sa liberté, les souille par le crime; il les traverse pour aller chez des nations voisines enlever des esclaves et de l'or; il s'en sert pour exercer son brigandage, dont malheureusement il jouit plus encore que de sa liberté; car ses entreprises sont presque toujours heureuses. Malgré la défiance de ses voisins et la supériorité de leurs forces, il échappe à leur poursuite, et emporte impunément tout ce qu'il leur a ravi. Un Arabe qui se destine à ce métier de pirate de terre s'endurcit de bonne heure à la fatigue des voyages; il s'essaie à se passer du sommeil, à souffrir la faim, la soif et la chaleur : en même temps il instruit ses chameaux, il les élève et les exerce dans cette même vue; peu de jours après leur naissance, il leur plie les jambes sous le ventre, il les contraint à demeurer à terre, et les charge, dans cette situation, d'un poids assez fort qu'il les accoutume à porter, et qu'il ne leur ôte que pour leur en donner un plus fort; au lieu de les laisser paître à toute heure, et boire à leur soif, il commence par régler leurs repas, et peu à peu les éloigne à de grandes distances, en diminuant aussi la quantité de la nourriture : lorsqu'ils sont un peu forts, il les exerce à la course; il les excite par l'exemple des chevaux, et parvient à les rendre aussi légers et plus robustes : enfin, dès qu'il est sûr de la force, de la légèreté et de la sobriété de ses chameaux, il les charge de ce qui est nécessaire à sa subsistance et à la leur; il part avec eux, arrive sans être attendu aux confins du désert, arrête les premiers passants, pille les habitations écartées, charge ses chameaux de son butin, et s'il est poursuivi, s'il est forcé de précipiter sa retraite, c'est alors qu'il développe tous ses talents et les leurs; monté sur l'un des plus légers, il conduit la troupe, la fait marcher jour et nuit, presque sans s'arrêter, ni boire ni manger : il fait aisément trois cents lieues en huit jours; et pendant tout ce temps de fatigue et de mouvement, il laisse ses chameaux chargés, il ne leur donne chaque jour qu'une heure de repos et une pelote de pâte : souvent ils courent ainsi neuf ou dix jours sans trouver de l'eau, ils se passent de boire : et lorsque par hasard il se trouve une mare à quelque distance de leur route, ils sentent l'eau de plus d'une demi-lieue ; la soif qui les presse leur fait doubler le pas, et ils boivent en une seule fois pour tout le temps passé et pour autant de temps à venir ; car souvent leurs voyages sont de plusieurs semaines, et leurs temps d'abstinence durent aussi long-temps que leurs voyages.

En Turquie, en Perse, en Arabie, en Égypte, en Barbarie, etc., le transport des marchandises ne se fait que par le moyen des chameaux : c'est de toutes les voitures la plus prompte et la moins chère. Les marchands et autres passagers se réunissent en caravanes, pour éviter les insultes et les pirateries des Arabes : ces caravanes sont souvent très nombreuses, et toujours composées de plus de chameaux que d'hommes. Chacun de ces chameaux est chargé selon sa force : il la sent si bien lui-même que, quand on lui donne une charge trop forte, il la refuse, et reste constamment couché jusqu'à ce qu'on l'ait allégée. Ordinairement les grands chameaux portent un millier, et même douze cents pesant ; les plus petits six à sept cents. Dans ces voyages de commerce, on ne précipite pas leur marche : comme la route est souvent de sept ou huit cents lieues, on règle leur mouvement et leurs journées ; ils ne vont que le pas, et font chaque jour dix à douze lieues ; tous les soirs on leur ôte leur charge, et on les laisse paître en liberté. Si l'on est en pays vert, dans une bonne prairie, ils prennent en moins d'une heure tout ce qu'il leur faut pour en vivre vingt-quatre, et pour ruminer pendant toute la nuit : mais rarement ils trouvent de ces bons pâturages, et cette nourriture délicate ne leur est pas nécessaire ; ils semblent même préférer aux herbes les plus douces l'absinthe, le chardon, l'ortie, le genêt, la cassie et les autres végétaux épineux ; tant qu'ils trouvent des plantes à brouter, ils se passent très aisément de boire.

Au reste, cette facilité qu'ils ont à s'abstenir long-temps de boire n'est pas de pure habitude ; c'est plutôt un effet de leur conformation. Il y a dans le chameau, indépendamment des

quatre estomacs qui se trouvent d'ordinaire dans les animaux
ruminants, une cinquième poche qui lui sert de réservoir pour
conserver de l'eau. Ce cinquième estomac manque aux autres
animaux, et n'appartient qu'au chameau : il est d'une capacité
assez vaste pour contenir une grande quantité de liqueur ; elle
y séjourne sans se corrompre et sans que les autres aliments
puissent s'y mêler ; et lorsque l'animal est pressé par la soif,
et qu'il a besoin de délayer les nourritures sèches et de les
macérer par la rumination, il fait remonter dans sa panse, et
jusqu'à l'œsophage, une partie de cette eau par une simple
contraction des muscles. C'est donc en vertu de cette conformation très singulière que le chameau peut se passer plusieurs
jours de boire, et qu'il prend en une seule fois une prodigieuse
quantité d'eau, qui demeure saine et limpide dans ce réservoir,
parce que les liqueurs du corps ni les sucs de la digestion ne
peuvent s'y mêler.

Si l'on réfléchit sur les difformités ou plutôt sur les non-
conformités de cet animal avec les autres, on ne pourra douter
que sa nature n'ait été considérablement altérée par la contrainte de l'esclavage et par la continuité des travaux. Le chameau est plus anciennement, plus complétement et plus laborieusement esclave qu'aucun des autres animaux domestiques :
il l'est plus anciennement, parce qu'il habite les climats où les
hommes se sont le plus anciennement policés : il l'est plus complétement, parce que, dans les autres espèces d'animaux domestiques, telles que celles du cheval, du chien, du bœuf, de la
brebis, du cochon, etc., on trouve encore des individus dans
leur état de nature, des animaux de ces mêmes espèces qui
sont sauvages, et que l'homme ne s'est pas soumis, au lieu
que dans le chameau l'espèce entière est esclave ; on ne la
trouve nulle part dans sa condition primitive d'indépendance
et de liberté : enfin il est plus laborieusement esclave qu'aucun
autre, parce qu'on ne l'a jamais nourri ni pour le faste, comme
la plupart des chevaux, ni pour l'amusement, comme presque tous les chiens, ni pour l'usage de la table, comme le bœuf,
le cochon, le mouton ; que l'on n'en a jamais fait qu'une bête

de somme, qu'on ne s'est pas même donné la peine d'atteler
ni de faire tirer, mais dont on a regardé le corps comme une
voiture vivante qu'on pouvoit tenir chargée et surchargée,
même pendant le sommeil; car, lorsqu'on est pressé, on se
dispense quelquefois de leur ôter le poids qui les accable, et
sous lequel ils s'affaissent pour dormir les jambes pliées et le
corps appuyé sur l'estomac : aussi portent-ils toutes les empreintes de la servitude et les stigmates de la douleur; au bas
de la poitrine, sur le *sternum,* il y a une grosse et large cal-
losité aussi dure que de la corne; il y en a de pareilles à toutes
les jointures des jambes; et quoique ces callosités se trouvent
sur tous les chameaux , elles offrent elles-mêmes la preuve
qu'elles ne sont pas naturelles, et qu'elles sont produites par
l'excès de la contrainte et de la douleur, car souvent elles sont
remplies de pus. La poitrine et les jambes sont donc déformées
par ces callosités; le dos est encore plus défiguré par la bosse
double ou simple qui le surmonte. Les callosités se perpétuent
aussi bien que les bosses par la génération; et comme il est
évident que cette première difformité ne provient que de l'habitude à laquelle on contraint ces animaux, en les forçant dès
leur premier âge à se coucher sur l'estomac, les jambes pliées
sous le corps, et à porter dans cette situation le poids de leur
corps et les fardeaux dont on les charge, on doit présumer
aussi que la bosse ou les bosses du dos n'ont eu d'autre origine
que la compression de ces mêmes fardeaux, qui, portant iné-
galement sur certains endroits du dos, auront fait élever la
chair et boursoufler la graisse et la peau : car ces bosses ne
sont point osseuses; elles sont seulement composées d'une substance grasse et charnue, de la même consistance à peu près
que celle des tétines de vache : ainsi les callosités et les bosses
seront également regardées comme des difformités produites
par la continuité du travail et de la contrainte du corps, et ces
difformités, qui d'abord n'ont été qu'accidentelles et individuelles, sont devenues générales et permanentes dans l'espèce
entière. L'on peut présumer de même que la poche qui contient l'eau, et qui n'est qu'un appendice de la panse, a été pro-

duite par l'extension forcée de ce viscère : l'animal, après avoir souffert trop long-temps la soif, prenant à la fois autant et peut-être plus d'eau que l'estomac ne pouvoit en contenir, cette membrane se sera étendue, dilatée, et prêtée peu à peu à cette surabondance de liquide ; comme nous avons vu que ce même estomac dans les moutons s'étend et acquiert de la capacité proportionnellement au volume des aliments, qu'il reste très petit dans les moutons qu'on nourrit de pain, et qu'il devient très grand dans ceux auxquels on ne donne que de l'herbe.

On confirmeroit pleinement ou l'on détruiroit absolument ces conjectures sur les non-conformités du chameau, si l'on en trouvoit de sauvages que l'on pût comparer avec les domestiques : mais, comme je l'ai dit, ces animaux n'existent nulle part dans leur état naturel, ou, s'ils existent, personne ne les a remarqués ni décrits : nous devons donc supposer que tout ce qu'ils ont de bon et de beau, ils le tiennent de la nature, et que ce qu'ils ont de défectueux et de difforme leur vient de l'empire de l'homme et des travaux de l'esclavage. Ces pauvres animaux doivent souffrir beaucoup, car ils jettent des cris lamentables, surtout lorsqu'on les surcharge : cependant, quoique continuellement excédés, ils ont autant de cœur que de docilité ; au premier signe ils plient les genoux et s'accroupissent jusqu'à terre pour se laisser charger dans cette situation ; ce qui évite à l'homme la peine d'élever les fardeaux à une grande hauteur : dès qu'ils sont chargés, ils se relèvent d'eux-mêmes sans être aidés ni soutenus. Celui qui les conduit, monté sur l'un d'entre eux, les précède tous, et leur fait prendre le même pas qu'à sa monture ; on n'a besoin ni de fouet ni d'éperon pour les exciter : mais lorsqu'ils commencent à être fatigués, on soutient leur courage, ou plutôt on charme leur ennui, par le chant ou par le son de quelque instrument ; leurs conducteurs se relaient à chanter ; et lorsqu'ils veulent prolonger la route et doubler la journée, ils ne leur donnent qu'une heure de repos, après quoi, reprenant leur chanson, ils les remettent en marche pour plusieurs heures de

plus, et le chant ne finit que quand il faut s'arrêter; alors les
chameaux s'accroupissent de nouveau, et se laissent tomber
avec leur charge; on leur ôte le fardeau en dénouant les cordes
et laissant couler les ballots des deux côtés : ils restent ainsi
accroupis, couchés sur le ventre, et s'endorment au milieu de
leur bagage, qu'on rattache le lendemain avec autant de
promptitude et de facilité qu'on l'avoit détaché la veille.

Les callosités, les tumeurs sur la poitrine et sur les jambes,
les foulures et les plaies de la peau, la chute entière du poil,
la faim, la soif, la maigreur, ne sont pas leurs seules incom-
modités; on les a préparés à tous ces maux par un mal plus
grand, en les mutilant par la castration. On ne laisse qu'un
mâle pour huit ou dix femelles, et tous les chameaux de travail sont ordinairement hongres : ils sont moins forts, sans
doute, que les chameaux entiers, mais ils sont plus traitables
et servent en tout temps; au lieu que les entiers sont non-
seulement indociles, mais presque furieux, dans le temps du
rut, qui dure quarante jours, et qui arrive tous les ans au printemps. On assure qu'alors ils écument continuellement, et
qu'il leur sort de la gueule une ou deux vessies rouges de la
grosseur d'une vessie de cochon. Dans ce temps, ils mangent
très peu; ils attaquent et mordent les animaux, les hommes,
et même leur maître, auquel, dans tout autre temps, ils sont
très soumis. L'accouplement ne se fait pas debout, à la manière
des autres quadrupèdes; mais la femelle s'accroupit, et reçoit
le mâle dans la même situation qu'elle prend pour reposer,
dormir et se laisser charger. Cette posture à laquelle on les
habitue devient, comme l'on voit, une situation naturelle,
puisqu'ils la prennent d'eux-mêmes dans l'accouplement. La
femelle porte près d'un an, et comme tous les autres grands
animaux, ne produit qu'un petit : son lait est abondant, épais,
et fait une bonne nourriture, même pour les hommes, en le
mêlant avec une plus grande quantité d'eau. On ne fait guère
travailler les femelles; on les laisse paître et produire en liberté.
Le profit qu'on tire de leur produit et de leur lait surpasse
peut-être celui qu'on tireroit de leur travail : cependant il y a

des endroits où l'on soumet une grande partie des femelles, comme les mâles, à la castration, afin de les faire travailler; et l'on prétend que cette opération, loin de diminuer leurs forces, ne fait qu'augmenter leur vigueur et leur embonpoint. En général, plus les chameaux sont gras, et plus ils sont capables de résister à de longues fatigues. Leurs bosses ne paroissent être formées que de la surabondance de la nourriture; car dans les grands voyages où l'on est obligé de l'épargner, et où ils souffrent souvent la faim et la soif, ces bosses diminuent peu à peu, et se réduisent au point que la place et l'éminence n'en sont plus marquées que par la hauteur du poil, qui est toujours beaucoup plus long sur ces parties que sur le reste du dos : la maigreur du corps augmente à mesure que les bosses diminuent. Les Maures, qui transportent toutes les marchandises de la Barbarie et de la Numidie jusqu'en Éthiopie, partent avec des chameaux bien chargés, qui sont vigoureux et très gras, et ramènent ces mêmes chameaux si maigres, qu'ordinairement ils les revendent à vil prix aux Arabes du désert pour les engraisser de nouveau.

Les anciens ont dit que ces animaux sont en état d'engendrer à l'âge de trois ans : cela me paroît douteux; car à trois ans ils n'ont pas encore pris la moitié de leur accroissement. Le membre génital du mâle est, comme celui du taureau, très long et très mince : dans l'érection, il tend en avant comme celui de tous les autres animaux, mais dans l'état ordinaire le fourreau se retire en arrière, et l'urine est jetée entre les jambes de derrière, en sorte que les mâles et les femelles pissent de la même manière. Le petit chameau tette sa mère pendant un an; et lorsqu'on veut le ménager, pour le rendre dans la suite plus fort et plus robuste, on le laisse en liberté téter ou paître pendant les premières années, et on ne commence à le charger et à le faire travailler qu'à l'âge de quatre ans. Il vit ordinairement quarante ou cinquante ans : cette durée de la vie étant plus proportionnée au temps de l'accroissement, c'est sans aucun fondement que quelques auteurs ont avancé qu'il vivoit jusqu'à cent ans.

En réunissant sous un seul point de vue toutes les qualités de cet animal et tous les avantages que l'on en tire, l'on ne pourra s'empêcher de le reconnoître pour la plus utile et la plus précieuse de toutes les créatures subordonnées à l'homme. L'or et la soie ne sont pas les vraies richesses de l'Orient : c'est le chameau qui est le trésor de l'Asie; il vaut mieux que l'éléphant, car il travaille, pour ainsi dire, autant, et dépense peut-être vingt fois moins : d'ailleurs l'espèce entière en est soumise à l'homme, qui la propage et la multiplie autant qu'il lui plaît; au lieu qu'il ne jouit pas de celle de l'éléphant, qu'il ne peut multiplier, et dont il faut conquérir avec peine les individus les uns après les autres. Le chameau vaut non-seulement mieux que l'éléphant, mais peut-être vaut-il autant que le cheval, l'âne et le bœuf, tous réunis ensemble : il porte seul autant que deux mulets; il mange aussi peu que l'âne, et se nourrit d'herbes aussi grossières; la femelle fournit du lait pendant plus de temps que la vache; la chair des jeunes chameaux est bonne et saine, comme celle du veau; leur poil est plus beau, plus recherché que la plus belle laine : il n'y a pas jusqu'à leurs excréments dont on ne tire des choses utiles; car le sel ammoniac se fait de leur urine, et leur fiente desséchée et mise en poudre leur sert de litière, aussi bien qu'aux chevaux, avec lesquels ils voyagent souvent dans des pays où l'on ne connoît ni la paille ni le foin : enfin on fait des mottes de cette même fiente qui brûlent aisément, et font une flamme aussi claire et presque aussi vive que celle du bois sec; cela même est encore d'un grand secours dans ces déserts, où l'on ne trouve pas un arbre, et où, par le défaut de matières combustibles, le feu est aussi rare que l'eau.

Nous n'avons presque rien à ajouter à ce que nous avons dit des chameaux et des dromadaires; nous rapporterons seulement ici ce qu'en a écrit M. Niebuhr dans sa *Description de l'Arabie*, p. 144.

«La plupart des chameaux du pays d'Iman sont de taille médiocre et d'un brun clair; cependant on en voit aussi de **grands et lourds, et d'un brun foncé. Lorsque les chameaux**

20.

veulent s'accoupler, la femelle se couche sur ses jambes; on lui lie les pieds de devant pour qu'elle ne puisse se relever. Le mâle, assis derrière comme un chien, touche la terre de ses deux pieds de devant. Il paroît froid pendant l'accouplement, et plus indolent qu'aucun animal; il faut le chatouiller quelquefois long‑temps avant de pouvoir l'exciter. L'accouplement étant achevé, on recouvre le mâle, et on fait lever promptement la femelle en la frappant d'une pantoufle au derrière, tandis qu'une autre personne la fait marcher. Il en est de même, dit‑on, en Mésopotamie, en Natolie et probablement partout.»

J'ai dit qu'on avoit transporté des chameaux et des dromadaires aux îles Canaries, aux Antilles, au Pérou, et qu'ils n'avoient réussi nulle part dans le nouveau continent. Le docteur Browne, dans son *Histoire de la Jamaïque*, assure y avoir vu des dromadaires que les Anglois y ont amenés en assez grand nombre dans ces derniers temps, et que, quoiqu'ils y subsistent, ils y sont néanmoins de peu de service, parce qu'on ne sait pas les nourrir et les soigner convenablement. Ils ont néanmoins multiplié dans tous ces climats, et je ne doute pas qu'ils ne pussent même produire en France. On peut voir dans la Gazette du 9 juin 1775 que M. Brinkenof, ayant fait accoupler des chameaux dans ses terres près de Berlin, a obtenu, le 24 mars de cette année 1775, après douze mois révolus, un petit chameau qui se porte bien. Ce fait confirme celui que j'ai cité de la production des chameaux et des dromadaires à Dresde, et je suis persuadé qu'en faisant venir avec les chameaux des domestiques arabes ou barbaresques, accoutumés à les soigner, on viendroit à bout d'établir chez nous cette espèce, que je regarde comme la plus utile de tous les animaux.

LE BUFFLE [1],

Bos Bubalus. L.

LE BONASUS ET L'AUROCHS,

Bos Urus. GMEL.

LE BISON ET LE ZÉBU.

Bos Bison. L. — *Bos Taurus.* L. Var.

Quoique le buffle soit aujourd'hui commun en Grèce et domestique en Italie, il n'étoit connu ni des Grecs ni des Romains; car il n'a jamais eu de nom dans la langue de ces
peuples : le mot même de *buffle* indique une origine étrangère,
et n'a de racine ni dans la langue grecque ni dans la latine : en
effet, cet animal est originaire des pays les plus chauds de
l'Afrique et des Indes, et n'a été transporté et naturalisé en
Italie que vers le septième siècle. C'est mal à propos que les
modernes lui ont appliqué le nom de *bubalus*, qui, en grec et
en latin, indique, à la vérité, un animal d'Afrique, mais très
différent du buffle, comme il est aisé de le démontrer par les
passages des auteurs anciens. Si l'on vouloit rapporter le *bubalus* à un genre, il appartiendroit plutôt à celui de la gazelle
qu'à celui du bœuf ou du buffle. Belon ayant vu au Caire un
petit bœuf à bosse, différent du buffle et du bœuf ordinaire,
imagina que ce petit bœuf pouvoit être le *bubalus* des anciens;
mais s'il eût soigneusement comparé les caractères donnés par
les anciens au *bubalus*, avec ceux de son petit bœuf, il auroit
lui-même reconnu son erreur : et d'ailleurs nous pouvons en

---

[1] Cet animal n'a de nom ni en grec ni en latin : c'est mal à propos que les
auteurs modernes qui ont écrit en latin l'ont appelé *bubalus :* Aldrovande
a mieux fait en le nommant *buffelus*. Les Italiens le nomment *bufalo ;* les
Allemands *buffel*. On l'appelle *empakassa* ou *pakassa* au Congo, selon
Daper ; et *gu-aroho* au cap de Bonne-Espérance, selon Kolbe.

parler avec certitude, car nous avons vu vivant ce petit bœuf
à bosse; et ayant comparé la description que nous en avons
faite avec celle de Belon, nous ne pouvons douter que ce ne
soit le même animal. On le montroit à la foire à Paris, en
1732, sous le nom de *zébu*. Nous avons adopté ce nom pour
désigner cet animal; car c'est une race particulière de bœuf, et
non pas une espèce de buffle ou de *bubalus*.

Aristote, en faisant mention des bœufs, ne parle que du
bœuf commun, et dit seulement que chez les *Arachotas* (aux
Indes) il y a des bœufs sauvages qui diffèrent des bœufs ordinaires et domestiques, comme les sangliers diffèrent des cochons : mais dans un autre endroit que j'ai cité dans les notes
ci-dessus, il donne la description d'un bœuf sauvage de Péonie
(province voisine de la Macédoine), qu'il appelle *bonasus*.
Ainsi le bœuf ordinaire et le *bonasus* sont les seuls animaux
de ce genre indiqués par Aristote; et, ce qui doit paroître singulier, c'est que le *bonasus*, quoique assez amplement décrit
par ce grand philosophe, n'a été reconnu par aucun des naturalistes grecs ou latins qui ont écrit après lui, et que tous
n'ont fait que le copier sur ce sujet; en sorte qu'aujourd'hui
même l'on ne connoît encore que le nom de *bonasus*, sans
savoir quel est l'animal subsistant auquel on doive l'appliquer.
Cependant, si l'on fait attention qu'Aristote, en parlant des
bœufs sauvages du climat tempéré, n'a indiqué que le *bonasus*,
et qu'au contraire les Grecs et les Latins des siècles suivants
n'ont plus parlé du *bonasus*, mais ont indiqué ces bœufs sauvages sous les noms d'*urus* et de *bison*, on sera porté à croire
que le *bonasus* doit être l'un ou l'autre de ces animaux; et en
effet, l'on verra, en comparant ce qu'Aristote dit du *bonasus*
avec ce que nous connoissons du bison, qu'il est plus que probable que ces deux noms ne désignent que le même animal.
Jules - César est le premier qui ait parlé de l'*urus*. Pline et
Pausanias sont aussi les premiers qui aient annoncé le bison.
Dès le temps de Pline, on donnoit le nom de *bubalus* à l'*urus*
ou au bison ; la confusion n'a fait qu'augmenter avec le temps:
on a ajouté au *bonasus*, au *bubalus*, à l'*urus*, au bison, le

catopleba, le *thur*, le *babalus* de Belon, le bison d'Écosse, celui d'Amérique ; et tous nos naturalistes ont fait autant d'espèces différentes qu'ils ont trouvé de noms. La vérité est ici enveloppée de tant de nuages, environnée de tant d'erreurs, qu'on me saura peut-être quelque gré d'avoir entrepris d'éclaircir cette partie de l'histoire naturelle, que la contrariété des témoignages, la variété des descriptions, la multiplicité des noms, la diversité des lieux, la différence des langues et l'obscurité des temps sembloient avoir condamnée à des ténèbres éternelles.

Je vais d'abord présenter le résultat de mon opinion sur ce sujet, après quoi j'en donnerai les preuves.

1° L'animal que nous connoissons aujourd'hui sous le nom de *buffle* n'étoit point connu des anciens.

2° Ce buffle, maintenant domestique en Europe, est le même que le buffle domestique ou sauvage aux Indes et en Afrique.

3° Le *bubalus* des Grecs et des Romains n'est point le buffle ni le petit bœuf de Belon, mais l'animal que MM. de l'Académie des Sciences ont décrit sous le nom de *vache de Barbarie*, et nous l'appellerons *bubale*.

4° Le petit bœuf de Belon, que nous avons vu, et que nous nommerons *zébu*, n'est qu'une variété dans l'espèce du bœuf.

5° Le *bonasus* d'Aristote est le même animal que le *bison* des Latins.

6° Le bison d'Amérique pourroit bien venir originairement du bison d'Europe.

7° L'*urus* ou *aurochs* est le même animal que notre taureau commun dans son état naturel et sauvage.

8° Enfin le bison ne diffère de l'aurochs que par des variétés accidentelles, et par conséquent il est, aussi bien que l'aurochs, de la même espèce que le bœuf domestique ; en sorte que je crois pouvoir réduire à trois toutes les dénominations et toutes les espèces prétendues des naturalistes tant anciens que modernes, c'est-à-dire à celles du bœuf, du buffle et du bubale.

Je ne doute pas que quelques-unes des propositions que je

viens d'annoncer ne paroissent des assertions hasardées, surtout aux yeux de ceux qui se sont occupés de la nomenclature
des animaux, et qui ont essayé d'en donner des listes; cependant il n'y a aucune de ces assertions que je ne sois en état de
prouver : mais, avant d'entrer dans les discussions critiques
qu'exige chacune de ces propositions en particulier, je vais exposer les observations et les faits qui m'ont conduit dans cette
recherche, et qui, m'ayant éclairé moi-même, serviront également à éclairer les autres.

Il n'en est pas des animaux domestiques, à beaucoup d'é-
gards, comme des animaux sauvages ; leur nature, leur grandeur
et leur forme sont moins constantes et plus sujettes aux variétés, surtout dans les parties extérieures de leur corps; l'influence du climat, si puissante sur toute la nature, agit avec
bien plus de force sur des êtres captifs que sur des êtres libres ;
la nourriture préparée par la main de l'homme, souvent épar-
gnée et mal choisie, jointe à la dureté d'un ciel étranger, produit avec le temps des altérations assez profondes pour devenir
constantes en se perpétuant par les générations. Je ne prétends
pas dire que cette cause générale d'altération soit assez puissante pour dénaturer essentiellement des êtres dont l'empreinte
est aussi ferme que celle du moule des animaux ; mais elle les
change à certains égards, elle les masque et les transforme à
l'extérieur ; elle supprime de certaines parties, ou leur en
donne de nouvelles ; elle les peint de couleurs variées ; et par
son action sur l'habitude du corps, elle influe aussi sur le naturel, sur l'instinct et sur les qualités les plus intérieures : une
seule partie modifiée dans un tout aussi parfait que le corps
d'un animal suffit pour que tout se ressente, en effet, de cette
altération ; et c'est par cette raison que nos animaux domestiques diffèrent presque autant par le naturel et l'instinct que
par la figure, de ceux dont ils tirent leur première origine.

La brebis nous en fournit un exemple frappant : cette espèce, telle qu'elle est aujourd'hui, périroit en entier sous nos
yeux et en fort peu de temps, si l'homme cessoit de la soigner,
de la défendre ; aussi est-elle très différente d'elle-même, très

inférieure à son espèce originaire. Mais, pour ne parler ici que de ce qui fait notre objet, nous verrons combien de variétés les bœufs ont essuyées par les effets divers et diversement combinés du climat, de la nourriture et du traitement dans leur état d'indépendance et dans celui de domesticité.

La variété la plus générale et la plus remarquable dans les bœufs domestiques, et même sauvages, consiste dans cette espèce de bosse qu'ils portent entre les deux épaules. On a appelé *bisons* cette race de bœufs bossus, et l'on a cru jusqu'ici que les bisons étoient d'une espèce différente de celle des bœufs communs : mais comme nous sommes maintenant assurés que ces bœufs à bosse produisent avec nos bœufs, et que la bosse diminue dès la première génération, et disparoît à la seconde ou à la troisième, il est évident que cette bosse n'est qu'un caractère accidentel et variable, qui n'empêche pas que le bœuf bossu ne soit de la même espèce que notre bœuf. Or on a trouvé autrefois dans les parties désertes de l'Europe des bœufs sauvages, les uns sans bosse et les autres avec une bosse : ainsi cette variété semble être dans la nature même; elle paroît provenir de l'abondance et de la qualité plus substantielle du pâturage et des autres nourritures; car nous avons remarqué sur les chameaux que quand ces animaux sont maigres et mal nourris, ils n'ont pas même l'apparence de la bosse. Le bœuf sans bosse se nommoit *vrochs* et *turochs* dans la langue des Germains, et le bœuf sauvage à bosse se nommoit *visen* dans cette même langue. Les Romains, qui ne connoissoient ni l'un ni l'autre de ces bœufs sauvages avant de les avoir vus en Germanie, ont adopté ces noms : de *vrochs* ils ont fait *vrus*, et de *visen*, *bison*; et ils n'ont pas imaginé que le bœuf sauvage, décrit par Aristote sous le nom de *bonasus*, pouvoit être l'un ou l'autre de ces bœufs dont ils venoient de latiniser et de gréciser les noms germains.

Une autre différence qui se trouve entre l'aurochs et le bison est la longueur du poil : le cou, les épaules, le dessous de la gorge, dans le bison, sont couverts de poils très longs; au lieu que dans l'aurochs toutes ces parties ne sont revêtues

que d'un poil assez court et semblable à celui du corps, à l'exception du front, qui est garni de poil crépu. Mais cette différence du poil est encore plus accidentelle que celle de la bosse,
et dépend de même de la nourriture et du climat, comme nous
l'avons prouvé par les chèvres, les moutons, les chiens, les
chats, les lapins, etc. Ainsi ni la bosse, ni la différence dans la
longueur et la quantité du poil, ne sont des caractères spécifiques, mais de simples variétés accidentelles qui ne divisent
pas l'unité de l'espèce.

Une variété plus étendue que les deux autres, et à laquelle
il semble que les naturalistes aient donné, de concert, plus
de caractère qu'elle n'en mérite, c'est la forme des cornes :
ils n'ont pas fait attention que, dans tout notre bétail domestique, la figure, la grandeur, la position, la direction,
et même le nombre des cornes, varient si fort, qu'il seroit
impossible de prononcer quel est pour cette partie le vrai modèle de la nature. On voit des vaches dont les cornes sont plus
courbées, plus rabaissées, presque pendantes; d'autres qui les
ont plus droites, plus longues, plus relevées. Il y a des races
entières de brebis qui ont des cornes, quelquefois deux, quelquefois quatre, etc. Il y a des races de vaches qui n'en ont
point du tout, etc. Ces parties extérieures, et pour ainsi dire
accessoires au corps de ces animaux, sont tout aussi peu constantes que les couleurs du poil, qui, comme l'on sait, varient
et se combinent de toutes façons dans les animaux domestiques.
Cette différence dans la figure et la direction des cornes, qui
est si ordinaire et si fréquente, ne devoit donc pas être regardée comme un caractère distinctif des espèces : cependant
c'est sur ce seul caractère que nos naturalistes ont établi leurs
espèces; et comme Aristote, dans l'indication qu'il donne du
bonasus, dit qu'il a les cornes courbées en dedans, ils ont
séparé le *bonasus* de tous les autres bœufs, et en ont fait une
espèce particulière, à la seule inspection des cornes et sans en
avoir jamais vu l'individu. Au reste, nous citons sur cette varia-
tion des cornes dans le bétail domestique, les vaches et les
brebis, plutôt que les taureaux et les béliers, parce que les

femelles sont ici beaucoup plus nombreuses que les mâles, et que partout on peut observer trente vaches ou brebis pour un taureau ou un belier.

La mutilation des animaux par la castration semble ne faire tort qu'à l'individu, et ne paroît pas devoir influer sur l'espèce; cependant il est sûr que cet usage restreint d'un côté la nature et l'affoiblit de l'autre : un seul mâle, condamné à trente ou quarante femelles, ne peut que s'épuiser sans les satisfaire; et dans l'accouplement l'ardeur est inégale, plus foible dans le mâle qui jouit trop souvent, et trop forte dans la femelle qui ne jouit qu'un instant : dès lors toutes les productions doivent tendre aux qualités féminines; l'ardeur de la mère étant, au moment de la conception, plus forte que celle du père, il naîtra plus de femelles que de mâles; et les mâles mêmes tiendront beaucoup plus de la mère que du père. C'est sans doute par cette cause qu'il naît plus de filles que de garçons dans les pays où les hommes ont un grand nombre de femmes, au lieu que dans tous ceux où il n'est pas permis d'en avoir plus d'une le mâle conserve et réalise sa supériorité en produisant en effet plus de mâles que de femelles. Il est vrai que dans les animaux domestiques on choisit ordinairement parmi les plus beaux ceux que l'on soustrait à la castration, et qu'on destine à devenir les pères d'une si nombreuse génération. Les premières productions de ce mâle choisi seront, si l'on veut, fortes et vigoureuses; mais à force de tirer des copies de ce seul et même moule, l'empreinte se déforme, ou du moins ne rend pas la nature dans toute sa perfection : la race doit par conséquent s'affoiblir, se rapetisser, dégénérer; et c'est peut-être par cette raison qu'il se trouve plus de monstres dans les animaux domestiques que dans les animaux sauvages, où le nombre des mâles qui concourent à la génération est aussi grand que celui des femelles. D'ailleurs, lorsqu'il n'y a qu'un mâle pour un grand nombre de femelles, elles n'ont pas la liberté de consulter leur goût; la gaîté, les plaisirs libres, les douces émotions leur sont enlevés; il ne reste rien de piquant dans leurs amours; elles souffrent de leurs feux; elles languissent en attendant les froides approches d'un mâle qu'elles n'ont pas choisi, qui souvent ne leur convient pas, et qui toujours les flatte moins qu'un autre qui se seroit fait préférer. De ces tristes amours, de ces accouplements sans goût, doivent naître des productions aussi tristes, des êtres insipides, qui n'auront jamais ni le courage, ni la fierté, ni la force que la nature n'a pu propager dans chaque espèce qu'en laissant à tous les individus leurs facultés tout entières, et surtout la liberté du choix, et même le hasard des rencontres. On sait, par l'exemple des chevaux, que les races croisées sont toujours les plus belles; on ne devroit donc pas borner dans notre bétail les femelles à un seul mâle de leur pays, qui lui-même ressemble déja beaucoup à sa mère, et qui par conséquent. loin de relever l'espèce, ne peut que continuer à la dégrader. Les hommes ont préféré dans cette pratique leur commodité aux autres avantages; nous n'avons pas cherché à maintenir, à embellir la nature, mais à nous la soumettre et en jouir plus despotiquement : les mâles représentent la gloire de l'espèce; ils sont plus courageux, plus fiers, toujours moins soumis; un grand nombre de mâles dans nos troupeaux les rendroit moins dociles, plus difficiles à conduire, à garder : il a fallu, même dans ces esclaves du dernier ordre, supprimer toutes les têtes qui pouvoient s'élever.

A toutes ces causes de dégénération dans les animaux domestiques, nous devons encore en ajouter une autre, qui seule a pu produire plus de variétés que toutes les autres réunies ; c'est le transport que l'homme a fait dans tous les temps de tous ces animaux de climats en climats. Les bœufs, les brebis et les chèvres ont été portés et se trouvent partout; partout aussi ces espèces ont subi les influences du climat, partout elles ont pris le tempérament du ciel et la teinture de la terre; en sorte que rien n'est plus difficile que de reconnoître dans ce grand nombre de variétés celles qui s'éloignent le moins du type de la nature : je dis celles qui s'éloignent le moins, car il n'y en a peut-être aucune qu'on puisse regarder comme une copie parfaite de cette première empreinte.

Après avoir exposé les causes générales de variété dans les animaux domestiques, je vais donner les preuves particulières de tout ce que j'ai avancé au sujet des bœufs et des buffles. J'ai dit, 1° *que l'animal que nous connoissons aujourd'hui sous le nom de buffle n'étoit pas connu des anciens Grecs ni des Romains. Cela est* évident, puisque aucun de leurs auteurs ne l'a décrit, qu'on ne trouve même dans leurs ouvrages aucun nom qu'on puisse lui appliquer, et que d'ailleurs on sait, par les annales d'Italie, que le premier buffle y fut amené vers la fin du sixième siècle, l'an 595.

2° *Le buffle maintenant domestique en Europe est le même que le buffle sauvage ou domestique aux Indes et en Afrique.* Ceci n'a pas besoin d'autres preuves que de la comparaison de notre description du buffle, que nous avons vu vivant, avec les notices que les voyageurs nous ont données des buffles de Perse, du Mogol, de Bengale, d'Égypte, de Guinée, et du cap de Bonne-Espérance; on verra que dans tous ces pays cet animal est le même, et qu'il ne diffère de notre buffle que par de très légères différences.

3° *Le* bubalus *des Grecs et des Latins n'est point le buffle ni le petit bœuf de Belon, mais l'animal que MM. de l'Académie ont décrit sous le nom de* vache de Barbarie. Voici mes preuves. Aristote met le *bubalus* avec les cerfs et les daims, et point du tout avec les bœufs : ailleurs il le cite avec les chevreuils, et dit qu'il se défend mal avec ses cornes, et qu'il fuit les animaux féroces et guerriers. Pline, en parlant des bœufs sauvages de Germanie, dit que c'est par ignorance que le vulgaire donne le nom de *bubalus* à ces bœufs, attendu que le *bubalus* est un animal d'Afrique, qui ressemble en quelque façon à un veau ou à un cerf. Le *bubalus* est donc un animal timide, auquel les cornes sont inutiles, qui n'a d'autre ressource que la fuite pour éviter les bêtes féroces, qui par conséquent a de la légèreté, et tient par la figure de celle de la vache et de celle du cerf : tous ces caractères, dont aucun ne convient au buffle, se trouvent parfaitement réunis dans l'animal dont Horace Fontana envoya la figure à Aldrovande.

et dont MM. de l'Académie ont donné aussi la figure et la description sous le nom de *vache de Barbarie*; et ils ont pensé, comme moi, que c'étoit le *bubalus* des anciens. Le zébu ou petit bœuf de Belon n'a aucun des caractères du *bubalus*; il en diffère presque autant qu'un bœuf diffère d'une gazelle : aussi Belon est le seul de tous les naturalistes qui ait regardé son petit bœuf comme le *bubalus* des anciens.

4° *Ce petit bœuf de Belon n'est qu'une variété dans l'espèce du bœuf.* Nous le prouverons aisément; en renvoyant seulement à la figure de cet animal, donnée par Belon, Prosper Alpin, Edwards, et à la description que nous en avons faite nous-mêmes ; nous l'avons vu vivant : son conducteur nous dit qu'il venoit d'Afrique, qu'on l'appeloit *zébu*, qu'il étoit domestique, et qu'on s'en servoit pour monture. C'est en effet un animal très doux, et même fort caressant, d'une figure agréable, quoique massive et un peu trop carrée : cependant il est en tout si semblable à un bœuf, que je ne puis en donner une idée plus juste qu'en disant que si l'on regardoit un taureau de la plus belle forme et du plus beau poil avec un verre qui diminuât les objets de plus de moitié, cette figure rapetissée seroit celle du zébu.

On peut voir dans la note ci-dessous [1] la description que j'ai

[1] Ce petit bœuf ressemble parfaitement à celui de Belon ; il a la croupe plus ronde et plus pleine que les bœufs ordinaires ; il est si doux, si familier, qu'il lèche comme un chien, et fait des caresses à tout le monde : c'est un très joli animal, qui paroît avoir autant d'intelligence que de docilité. Son conducteur nous dit qu'il venoit d'Afrique, et qu'il étoit âgé de vingt-un mois. Il étoit de couleur blanche, mêlée de jaune et d'un peu de rouge ; les pieds étoient tout blancs ; le poil sur l'épine du dos étoit couleur noirâtre, de la largeur d'environ un pied, la queue de même couleur. Au milieu de cette bande noire, il y avoit sur la croupe une petite raie blanche, dont les poils étoient hérissés et relevés en haut ; il n'avoit point de crinière, et le poil du toupet étoit très petit, le poil du corps fort ras. Il avoit cinq pieds sept pouces de longueur mesurée en ligne droite, depuis le bout du museau jusqu'à l'origine de la queue ; cinq pieds un pouce de circonférence, prise derrière les jambes de devant ; cinq pieds dix pouces au milieu du corps, sur le nombril, et cinq pieds un pouce au-dessus des jambes de derrière. La tête avoit deux pieds dix pouces de circonférence, prise devant les cornes ; le museau un pied trois pouces de circonférence prise derrière les naseaux ; la fente de la gueule fermée n'étoit que de onze pouces ; les naseaux avoient

faite de cet animal, lorsque je le vis en 1752 : elle s'accorde
très bien avec la figure et la description de Belon, que nous
avons cru devoir rapporter aussi[1], afin qu'on puisse les com-

deux pouces de longueur et un pouce de largeur ; il y avoit dix pouces depuis
le bout du museau jusqu'à l'œil. Les yeux étoient éloignés l'un de l'autre de
six pouces en suivant la courbure de la tête, et en ligne droite de cinq pouces,
l'œil avoit deux pouces et demi de longueur d'un angle à l'autre ; l'angle
postérieur de l'œil étoit éloigné de l'ouverture de l'oreille de quatre pouces.
Les oreilles étoient situées derrière et un peu à côté des cornes ; elles avoient
six pouces dix lignes de longueur prise par derrière, neuf pouces trois lignes
de circonférence à la racine, et quatre pouces quatre lignes de largeur à la
base, en suivant la courbure. Il y avoit quatre pouces trois lignes de distance
entre les deux cornes ; elles avoient un pied deux pouces de longueur et six
de circonférence à la base, et seulement un pouce et demi à six lignes de
distance de leur extrémité : elles étoient de couleur de corne ordinaire, et
noires vers le bout ; il y avoit un pied sept pouces de distance entre les deux
extrémités des cornes. La distance entre les oreilles et les cornes étoit de
deux pouces deux lignes ; la longueur de la tête, depuis le bout du museau
jusqu'à l'épaule, étoit de deux pieds quatre pouces six lignes. Le fanon
pendoit de trois pouces et demi au milieu du cou, et seulement d'un pouce
trois lignes sous le sternum ; le cou avoit trois pieds neuf pouces de circonférence, prise précisément devant la bosse ou loupe, qui étoit exactement
sur les épaules au défaut du cou, à un pied un pouce de distance des cornes :
cette bosse étoit de chair en entier ; elle avoit un pied de longueur, mesurée
en ligne droite, sept pouces de hauteur perpendiculaire et six pouces
d'épaisseur ; le poil qui couvroit cette bosse étoit noirâtre, et d'un pouce et
demi de longueur. Les jambes du devant avoient quatre pouces neuf lignes
de longueur depuis le coude jusqu'au poignet ; le coude a un pied six pouces
de circonférence ; le bras ont pouces de circonférence ; le canon avoit huit
pouces de longueur et cinq pouces quatre lignes de circonférence à l'endroit
le plus mince ; la corne deux pouces quatre lignes de longueur, et l'ergot un
pouce : la jambe de derrière avoit un pied deux pouces et demi de longueur,
et onze pouces trois lignes de circonférence à l'endroit le plus petit ; le jarret
quatre pouces trois lignes de largeur ; le canon un pied de longueur, quatre
pouces huit lignes de circonférence, prise au plus mince, et deux pouces et
demi de largeur. La queue avoit deux pieds trois lignes jusqu'au bout des
vertèbres, et deux pieds dix pouces et demi jusqu'au bout des poils qui tou-
choient à terre : les plus longs poils de la queue avoient un pied trois pouces ;
la queue huit pouces de circonférence à la base. Les bourses étoient éloignées
de l'anus d'un pied et demi en suivant la courbure du bas ventre ; les testicules n'étoient pas encore descendus dans les bourses, qui cependant pendoient
de deux pouces et demi ; il y avoit quatre mamelles situées comme celles du
taureau : la verge étoit d'un pied de longueur, depuis les bourses jusqu'au
bout du fourreau.

[1] C'est un moult beau petit bœuf, trappe et ramassé, gras, poli, de petit
corsage, bien formé... Il étoit déjà vieil, étant de plus petite corpulence que
n'est un cerf, mais plus trappe et plus épais qu'un chevreuil, si bien troussé

parer. Prosper Alpin, qui a donné une notice et une figure de cet animal, dit qu'il se trouve en Égypte : sa description s'accorde encore avec la nôtre et avec celle de Belon ; les seules différences qu'on puisse remarquer dans toutes trois ne tombent que sur les couleurs des cornes et du poil : le zébu de Belon étoit fauve sous le ventre et brun sur le dos, avec les cornes noires ; celui de Prosper Alpin étoit roux, marqué de petites taches, avec les cornes de couleur ordinaire ; le nôtre étoit d'un fauve pâle, presque noir sur le dos, avec les cornes aussi de couleur ordinaire, c'est-à-dire de la même couleur que les cornes de nos bœufs. Au reste, les figures de Belon et de Prosper Alpin pèchent en ce que la loupe ou bosse que cet animal porte sur les épaules n'y est pas assez marquée : le contraire se trouve dans la figure qu'Edwards a nouvellement gravée de ce même animal, sur un dessin qui lui avoit été communiqué par Hans Sloane : la bosse est trop grosse, et d'ailleurs la figure est incomplète en ce qu'elle a vraisemblablement été dessinée sur un animal fort jeune, dont les cornes étoient encore naissantes : il venoit des Indes orientales, dit Edwards, où l'on se sert de ces petits bœufs comme nous nous servons des chevaux. Il est clair, par toutes ces indications, et aussi par la variété du poil et par la douceur du naturel de cet animal, que c'est une race de bœufs à bosse, qui a pris son origine dans l'état de domesticité, où l'on a choisi les plus petits individus de l'espèce pour les propager ; car nous verrons qu'en général les bœufs à bosse domestiques sont, comme nos

et compassé de tous ses membres, qu'il en étoit fort plaisant à la vue.... Ses pieds semblent à ceux d'un bœuf ; aussi a-t-il les jambes trappes et courtes. Son col est gros et court, ayant quelque petit fanon qu'on nomme en latin *palearia* ; il a la tête du bœuf, sur laquelle ses cornes sont élevées dessus un os sur le sommet de la tête, noires et beaucoup cochées comme celles d'une gazelle, et compassées en manière de croissant...,. Il porte les oreilles de vache ; ses épaules sont quelque peu élevées et bien fournies ; sa queue lui pend jusqu'au pli des jarrets, étant garnie de poils noirs ; il étoit comme un bœuf, mais non pas si haut... Nous en avons ci-mis la figure.

Belon ajoute que ce petit bœuf avoit été apporté au Caire du pays d'Azamie (province de l'Asie), et qu'il se trouve aussi en Afrique. (*Observations* de Belon, feuillet 128 *verso*, et 222 *recto* et *verso*).

1 Le Dromadaire 2 Le Bufle 3 Le Bison

bœufs domestiques, plus petits que les sauvages, et ces faits seront confirmés par le témoignage des voyageurs que nous citerons dans la suite de cet article.

5° *Le* bonasus *d'Aristote est le même que le* bison *des Latins.* Cette proposition ne peut être prouvée sans une discussion critique, dont j'épargnerai le détail à mon lecteur. Gesner, qui étoit aussi savant littérateur que bon naturaliste, et qui pensoit, comme moi, que le *bonasus* pourroit bien être le bison, a examiné et discuté plus soigneusement que personne les notices qu'Aristote donne du *bonasus,* et il a en même temps corrigé plusieurs expressions de la traduction de Théodore Gaza, que cependant tous les naturalistes ont suivie sans examen : en me servant de ses lumières, et en supprimant des notices d'Aristote ce qu'elles ont d'obscur, d'opposé, et même de fabuleux, il m'a paru qu'elles se réduisoient à ce qui suit : le *bonasus* est un bœuf sauvage de Péonie : il est au moins aussi grand qu'un taureau domestique, et de la même forme ; mais son cou est, depuis les épaules jusque sur les yeux, couvert d'un long poil bien plus doux que le crin du cheval. Il a la voix du bœuf, les cornes assez courtes et courbées en bas autour des oreilles ; les jambes couvertes de longs poils, doux comme la laine, et la queue assez petite pour sa grandeur, quoique au reste semblable à celle du bœuf. Il a, comme le taureau, l'habitude de faire de la poussière avec les pieds ; son cuir est dur, et sa chair tendre et bonne à manger. Par ces caractères, qui sont les seuls sur lesquels on puisse tabler dans les notices d'Aristote, on voit déja combien le *bonasus* approche du bison. Tout convient en effet à cet animal, à l'exception de la forme des cornes : mais, comme nous l'avons dit, la figure des cornes varie beaucoup dans ces animaux, sans qu'ils cessent pour cela d'être de la même espèce. Nous avons vu des cornes ainsi courbées, qui provenoient d'un bœuf bossu d'Afrique, et nous prouverons tout à l'heure que ce bœuf à bosse n'est autre chose que le bison. Nous pouvons aussi confirmer ce que nous venons de dire, par la comparaison des témoignages des auteurs anciens. Aristote donne le *bonasus* pour

un bœuf de Péonie; et Pausanias, en parlant des taureaux de
Péonie, dit, en deux endroits différents, que ces taureaux sont
des bisons; il dit même expressément que les taureaux de
Péonie qu'il a vus dans les spectacles de Rome avoient des
poils très longs sur la poitrine et autour des mâchoires. Enfin
Jules-César, Pline, Pausanias, Solin, etc., ont tous, en parlant
des bœufs sauvages, cité l'aurochs et le bison, et n'ont rien dit
du *bonasus*. Il faudroit donc supposer qu'en moins de quatre
ou cinq siècles l'espèce du *bonasus* se seroit perdue, si l'on
ne vouloit pas convenir que ces deux noms, *bonasus* et *bison*,
n'indiquent que le même animal.

6° *Les bisons d'Amérique pourroient bien venir originairement des bisons d'Europe*. Nous avons déja jeté les
fondements de cette opinion dans notre Discours sur les animaux des deux continents. Ce sont les expériences faites par
M. de La Nux qui nous ont éclairés; il nous a appris que les
bisons ou bœufs à bosse des Indes et de l'Afrique produisent
avec les taureaux et vaches de l'Europe, et que la bosse n'est
qu'un caractère accidentel qui diminue dès la première génération, et disparoît à la seconde ou à la troisième. Puisque les
bisons des Indes sont de la même espèce que nos bœufs, et ont
par conséquent une même origine, n'est-il pas naturel d'é-
tendre cette même origine au bison d'Amérique? Rien ne s'oppose à cette supposition: tout semble, au contraire, concourir
à la prouver. Les bisons paroissent être originaires des pays
froids et tempérés; leur nom est tiré de la langue des Germains; les anciens ont dit qu'ils se trouvoient dans la partie
de la Germanie, voisine de la Scythie; actuellement on trouve
encore des bisons dans le nord de l'Allemagne, en Pologne,
en Écosse: ils ont donc pu passer en Amérique, ou en venir
comme les autres animaux qui sont communs aux deux continents. La seule différence qui se trouve entre les bisons d'Europe et ceux d'Amérique, c'est que ces derniers sont plus petits:
mais cette différence même est une nouvelle présomption qu'ils
sont de la même espèce; car nous avons vu que généralement
les animaux domestiques ou sauvages qui ont passé d'eux-

mêmes ou qui ont été transportés en Amérique, y sont tous devenus plus petits, et cela sans aucune exception : d'ailleurs tous les caractères, jusqu'à ceux de la bosse et des longs poils aux parties antérieures, sont absolument les mêmes dans les bisons de l'Amérique et dans ceux de l'Europe ; ainsi nous ne pouvons nous refuser à les regarder non-seulement comme des animaux de la même espèce, mais encore de la même race [1].

7° *L'urus* ou *l'aurochs est le même animal que notre taureau commun dans son état naturel et sauvage.* Ceci peut se prouver d'abord par la comparaison de la figure et de l'habitude entière du corps de l'aurochs, qui est absolument semblable à celle de notre taureau domestique ; l'aurochs est seulement plus grand et plus fort, comme tout animal qui jouit de sa liberté l'emportera toujours par la grandeur et la force sur ceux qui depuis long-temps sont réduits à l'esclavage. L'aurochs se trouve encore dans quelques provinces du Nord. On a quelquefois enlevé de jeunes aurochs à leur mère ; et les ayant élevés, ils ont produit avec les taureaux et vaches domestiques : ainsi l'on ne peut douter qu'ils ne soient de la même espèce.

8° *Enfin le bison ne diffère de l'aurochs que par des variétés accidentelles, et par conséquent ils sont tous deux de la même espèce que le bœuf domestique.* La bosse,

---

[1] Comme j'étois sur le point de donner cet article à l'impression, M. le marquis de Montmirail m'a envoyé une traduction par extrait d'un *Voyage en Pensylvanie*, par M. Kalm, dans laquelle se trouve le passage suivant, qui confirme pleinement tout ce que j'avois pensé d'avance sur le bison d'Amérique : « Plusieurs personnes considérables ont élevé des petits des « bœufs et vaches sauvages qui se trouvent dans la Caroline et dans les autres « pays aussi méridionaux que la Pensylvanie. Ces petits bœufs sauvages se « sont apprivoisés ; il leur restoit cependant assez de férocité pour percer « toutes les haies qui s'opposoient à leur passage : ils ont tant de force dans « la tête, qu'ils renversoient les palissades de leur parc, pour aller faire en- « suite toutes sortes de ravages dans les champs semés ; et quand ils avoient « ouvert le chemin, tout le troupeau des vaches domestiques les suivoit ; ils « s'accouploient ensemble, et cela a formé une autre espèce. » (*Voyage dans l'Amérique septentrionale*, de M. Pierre Kalm, professeur à Abo, et membre de l'Académie des Sciences de Suède ; Gottingue, 1757 ; pag. 350.)

21.

la longueur et la qualité du poil, la forme des cornes, sont les seuls caractères par lesquels on puisse distinguer le bison de l'aurochs : mais nous avons vu que les bœufs à bosse produisent avec nos bœufs; nous savons d'ailleurs que la longueur et la qualité du poil dépendent, dans tous les animaux, de la nature du climat; et nous avons remarqué que dans les bœufs, chèvres et moutons, la forme des cornes est ce qu'il y a de moins constant. Ces différences ne suffisent donc pas pour établir deux espèces distinctes; et puisque notre bœuf domestique d'Europe produit avec le bœuf bossu des Indes, on ne peut douter qu'à plus forte raison il ne produise avec le bison ou bœuf bossu d'Europe. Il y a, dans les variétés presque innombrables de ces animaux, sous les différents climats, deux races primitives, toutes deux anciennement subsistantes dans l'état de nature : le bœuf à bosse ou bison, et le bœuf sans bosse ou l'aurochs. Ces races se sont soutenues, soit dans l'état libre et sauvage, soit dans celui de domesticité, et se sont répandues ou plutôt ont été transportées par les hommes dans tous les climats de la terre : tous les bœufs domestiques sans bosse viennent originairement de l'aurochs, et tous les bœufs à bosse sont issus du bison. Pour donner une idée juste de ces variétés, nous ferons une courte énumération de ces animaux, tels qu'ils se trouvent actuellement dans les différentes parties de la terre.

A commencer par le nord de l'Europe, le peu de bœufs et de vaches qui subsistent en Islande sont dépourvus de cornes, quoiqu'ils soient de la même race que nos bœufs. La grandeur de ces animaux est plutôt relative à l'abondance et à la qualité des pâturages qu'à la nature du climat. Les Hollandois ont souvent fait venir des vaches maigres de Danemarck, qui s'engraissent prodigieusement dans leurs prairies, et qui donnent beaucoup de lait : ces vaches de Danemarck sont plus grandes que les nôtres. Les bœufs et vaches de l'Ukraine, dont les pâturages sont excellents, passent pour être les plus gros de l'Europe : ils sont aussi de la même race que nos bœufs. En Suisse, où les têtes des premières montagnes sont couvertes d'une verdure abondante et fleurie, qu'on réserve uniquement à l'entretien du bétail, les bœufs sont une fois plus gros qu'en France, où communément on ne laisse à ces animaux que les herbes grossières dédaignées par les chevaux. Du mauvais foin, des feuilles, sont la nourriture ordinaire de nos bœufs pendant l'hiver : et au printemps, lorsqu'ils auroient besoin de se refaire, on les exclut des prairies : ils souffrent donc encore plus au printemps que pendant l'hiver; car on ne leur donne alors presque rien à l'étable, et on les conduit sur les chemins, dans les champs en repos, dans les bois, toujours à des distances éloignées et sur les terres stériles, en sorte qu'ils se fatiguent plus qu'ils ne se nourrissent. Enfin on leur permet en été d'entrer dans les prairies : mais elles sont dépouillées, elles sont encore brûlantes de la faux; et, comme les sécheresses sont les plus grandes dans ce temps, et que l'herbe ne peut se renouveler, il se trouve que dans toute l'année il n'y a pas une seule saison où ils soient largement ni convenablement nourris : c'est la seule cause qui les rend foibles, chétifs et de petite stature, car en Espagne, et dans quelques cantons de nos provinces de France, où l'on a des pâturages vifs et uniquement réservés aux bœufs, ils y sont beaucoup plus gros et plus forts.

En Barbarie et dans la plupart des provinces de l'Afrique, où les terrains sont secs et les pâturages maigres, les bœufs sont encore plus petits, et les vaches donnent beaucoup moins de lait que les nôtres, et la plupart perdent leur lait avec leur veau. Il en est de même de quelques parties de la Perse, de la basse Éthiopie et de la grande Tartarie, tandis que dans les mêmes pays, à d'assez petites distances, comme en Kalmouquie, dans la haute Éthiopie et en Abyssinie, les bœufs sont d'une prodigieuse grosseur. Cette différence dépend donc beaucoup plus de l'abondance de la nourriture que de la température du climat : dans le Nord, dans les régions tempérées et dans les pays chauds, on trouve également, et à de très petites distances, des bœufs petits ou gros, selon la quantité des pâturages et l'usage plus ou moins libre de la pâture.

La race de l'aurochs ou du bœuf sans bosse occupe les

zones froides et tempérées ; elle ne s'est pas fort répandue vers
les contrées du Midi : au contraire la race du bison ou bœuf à
bosse remplit aujourdhui toutes les provinces méridionales.'
Dans le continent entier des grandes Indes, dans les îles des
mers orientales et méridionales, dans toute l'Afrique, depuis
le mont Atlas jusqu'au cap de Bonne-Espérance, on ne trouve,
pour ainsi dire, que des bœufs à bosse; et il paroît même que
cette race, qui a prévalu dans tous les pays chauds, a plusieurs
avantages sur l'autre. Ces bœufs à bosse ont, comme le bison,
duquel ils sont issus, le poil beaucoup plus doux et plus lustré
que nos bœufs, qui, comme l'aurochs, ont le poil dur et assez
peu fourni. Ces bœufs à bosse sont aussi plus légers à la course,
plus propres à suppléer au service du cheval, et en même temps
ils ont un naturel moins brut et moins lourd que nos bœufs;
ils ont plus d'intelligence et de docilité, plus de qualités relatives et senties dont on peut tirer parti : aussi sont-ils traités
dans leur pays avec plus de soin que nous n'en donnons à nos
plus beaux chevaux. La considération que les Indiens ont pour
ces animaux est si grande, qu'elle a dégénéré en superstition,
dernier terme de l'aveugle respect. Le bœuf, comme l'animal
le plus utile, leur a paru le plus digne d'être révéré : de l'objet
de leur vénération, ils ont fait une idole, une espèce de divinité bienfaisante et puissante; car on veut que tout ce qu'on
respecte soit grand, et puisse faire beaucoup de mal ou de
bien.

Ces bœufs à bosse varient peut-être encore plus que les
nôtres pour les couleurs du poil et la figure des cornes. Les
plus beaux sont tout blancs, comme les bœufs de Lombardie.
Il y en a qui sont dépourvus de cornes; il y en a qui les ont fort
relevées, et d'autres si rabaissées, qu'elles sont presque pendantes. Il paroît même qu'on doit diviser cette race première
de bisons ou bœufs à bosse en deux races secondaires, l'une
très grande et l'autre très petite; et cette dernière est celle du
zébu. Toutes deux se trouvent à peu près dans les mêmes climats, et toutes deux sont également douces et faciles à conduire; toutes deux ont le poil fin et la bosse sur le dos : cette

bosse ne dépend point de la conformation de l'épine ni de celle des os des épaules; ce n'est qu'une excroissance, une espèce de loupe, un morceau de chair tendre, aussi bonne à manger que la langue du bœuf. Les loupes de certains bœufs pèsent jusqu'à quarante et cinquante livres; sur d'autres elles sont bien plus petites. Quelques-uns de ces bœufs ont aussi des cornes prodigieuses pour la grandeur; nous en avons une au Cabinet du Roi de trois pieds et demi de longueur, et de sept pouces de diamètre à sa base. Plusieurs voyageurs assurent en avoir vu dont la capacité étoit assez grande pour contenir quinze et même vingt pintes de liqueur.

Dans toute l'Afrique on ne connoît point l'usage de la castration du gros bétail; et on le pratique peu dans les Indes. Lorsqu'on soumet les taureaux à cette opération, ce n'est point en leur retranchant, mais en leur comprimant les testicules; et quoique les Indiens aient un assez grand nombre de ces animaux pour traîner leurs voitures et labourer leurs terres, ils n'en élèvent pas, à beaucoup près, autant que nous. Comme dans tous les pays chauds les vaches ont peu de lait, qu'on n'y connoît guère le fromage et le beurre, et que la chair des veaux n'est pas aussi bonne qu'en Europe, on y multiplie moins les bêtes à cornes. D'ailleurs toutes ces provinces de l'Afrique et de l'Asie méridionale étant beaucoup moins peuplées que notre Europe, on y trouve une grande quantité de bœufs sauvages dont on prend les petits; ils s'apprivoisent d'eux-mêmes, et se soumettent sans aucune résistance à tous les travaux domestiques : ils deviennent si dociles qu'on les conduit plus aisément que des chevaux; il ne faut que la voix de leur maître pour les diriger et les faire obéir : on les soigne, on les caresse, on les panse, on les ferre, on leur donne une nourriture abondante et choisie. Ces animaux élevés ainsi paroissent être d'une autre nature que nos bœufs, qui ne nous connoissent que par nos mauvais traitements : l'aiguillon, le bâton, la disette, les rendent stupides, récalcitrants et foibles. En tout, comme on voit, nous ne savons pas assez que, pour nos propres intérêts, il faudroit mieux traiter ce qui dépend de nous. Les hommes de l'état inférieur et les peuples les moins policés semblent *sentir mieux* que les autres les lois de l'égalité et les nuances de l'inégalité naturelle : le valet d'un fermier est, pour ainsi dire, de pair avec son maître; les chevaux des Arabes, les bœufs des Hottentots, sont des domestiques chéris, des compagnons d'exercice, des aides de travail, avec lesquels on partage l'habitation, le lit, la table. L'homme, par cette communauté, s'avilit moins que la bête ne s'élève et ne s'humanise : elle devient affectionnée, sensible, intelligente ; elle fait là par amour tout ce qu'elle ne fait ici que par la crainte : elle fait beaucoup plus; car comme sa nature s'est élevée par la douceur de l'éducation et par la continuité des attentions, elle devient capable de choses presque humaines : les Hottentots élèvent des bœufs pour la guerre, et s'en servent à peu près comme les Indiens des éléphants; ils instruisent ces bœufs à garder les troupeaux, à les conduire, à les tourner, les ramener, les défendre des étrangers et des bêtes féroces; ils leur apprennent à connoître l'ami et l'ennemi, à entendre les signes, à obéir à la voix, etc. Les hommes les plus stupides sont, comme l'on voit, les meilleurs précepteurs des bêtes : pourquoi l'homme le plus éclairé, loin de conduire les autres hommes, a-t-il tant de peine à se conduire lui-même?

Toutes les parties méridionales de l'Afrique et de l'Asie sont donc peuplées de bœufs à bosse ou bisons, parmi lesquels il se trouve de grandes variétés pour la grandeur, la couleur, la figure des cornes, etc. : au contraire toutes les contrées septentrionales de ces deux parties du monde, et l'Europe entière, en y comprenant même les îles adjacentes, jusqu'aux Açores, ne sont peuplées que de bœufs sans bosse, qui tirent leur origine de l'aurochs; et de la même manière que l'aurochs, qui est notre bœuf dans son état sauvage, est plus grand et plus fort que nos bœufs domestiques, le bison ou bœuf à bosse sauvage est aussi plus fort et beaucoup plus grand que le bœuf domestique des Indes; il est aussi quelquefois plus petit, cela dépend uniquement de l'abondance de la nourriture. Au Malabar, au Canada, en Abyssinie, à Madagascar, où les prairies

naturelles sont spacieuses et abondantes, on ne trouve que des
bisons d'une grandeur prodigieuse : en Afrique et dans l'Arabie-
Pétrée, où les terrains sont secs, on trouve des zébus ou bisons
de la plus petite taille.

L'Amérique est actuellement peuplée partout de bœufs sans
bosse, que les Espagnols et les autres Européens y ont successivement transportés. Ces bœufs se sont multipliés, et sont
seulement devenus plus petits dans ces terres nouvelles. L'espèce en étoit absolument inconnue dans l'Amérique méridionale ; mais dans toute la partie septentrionale, jusqu'à la Floride, la Louisiane, et même jusqu'auprès du Mexique, les bisons
ou bœufs à bosse se sont trouvés en grande quantité. Ces bisons,
qui habitoient autrefois les bois de la Germanie, de l'Écosse et
des autres terres de notre nord, ont probablement passé d'un
continent à l'autre ; ils sont devenus, comme tous les autres
animaux, plus petits dans ce nouveau monde ; et selon qu'ils se
sont habitués dans des climats plus ou moins froids, ils ont
conservé des fourrures plus ou moins chaudes : leur poil est
plus long et plus fourni, leur barbe plus longue à la baie de
Hudson qu'au Mexique, et en général ce poil est plus doux
que la laine la plus fine. On ne peut guère se refuser à croire
que ces bisons du nouveau continent ne soient de la même espèce que ceux de l'ancien : ils en ont conservé tous les caractères principaux, la bosse sur les épaules, les longs poils sous
le museau et sur les parties antérieures du corps ; les jambes
et la queue courte ; et si l'on se donne la peine de comparer ce
qu'en ont dit Hernandès, Fernandès, et tous les autres historiens et voyageurs du Nouveau-Monde, avec ce que les naturalistes anciens et modernes ont écrit sur le bison d'Europe,
on sera convaincu que ce ne sont pas des animaux d'espèce
différente.

Ainsi le bœuf sauvage et le bœuf domestique, le bœuf de
l'Europe, de l'Asie, de l'Afrique et de l'Amérique, le *bonasus*,
l'aurochs, le bison et le zébu, sont tous des animaux d'une
seule et même espèce, qui, selon les climats, les nourritures
et les traitements différents, ont subi toutes les variétés que

nous venons d'exposer. Le bœuf, comme l'animal le plus utile, est aussi le plus généralement répandu ; car, à l'exception de l'Amérique méridionale, on l'a trouvé partout : sa nature s'est également prêtée à l'ardeur ou à la rigueur des pays du midi et de ceux du nord. Il paroît ancien dans tous les climats : domestique chez les nations civilisées, sauvage dans les contrées désertes ou chez les peuples non policés, il s'est maintenu par ses propres forces dans l'état de nature, et n'a jamais perdu les qualités relatives au service de l'homme. Les jeunes veaux sauvages, que l'on enlève à leur mère aux Indes et en Afrique, deviennent en très peu de temps aussi doux que ceux qui sont issus des races domestiques ; et cette conformité de naturel prouve encore l'identité d'espèce. La douceur du caractère dans les animaux indique la flexibilité physique de la forme du corps ; car de toutes les espèces d'animaux dont nous avons trouvé le caractère docile, et que nous avons soumis à l'état de domesticité, il n'y en a aucune qui ne présente plus de variétés que l'on n'en peut trouver dans les espèces qui, par l'inflexibilité du caractère, sont demeurées sauvages.

Si l'on demande laquelle de ces deux races de l'aurochs ou du bison est la race première, la race primitive des bœufs, il me semble qu'on peut répondre d'une manière satisfaisante en tirant de simples inductions des faits que nous venons d'exposer. La bosse ou loupe du bison n'est, comme nous l'avons dit, qu'un caractère accidentel qui s'efface et se perd dans le mélange des deux races ; l'aurochs ou bœuf sans bosse est donc le plus puissant et forme la race dominante : si c'étoit le contraire, la bosse, au lieu de disparoître, s'étendroit et subsisteroit sur tous les individus de ce mélange des deux races. D'ailleurs cette bosse du bison, comme celle du chameau, est moins un produit de la nature qu'un effet du travail, un stigmate d'esclavage. On a de temps immémorial, dans presque tous les pays de la terre, forcé les bœufs à porter des fardeaux : la charge habituelle et souvent excessive a déformé leur dos ; et cette difformité s'est ensuite propagée par les générations : il n'est resté de bœufs non difformes que dans les pays où l'on ne s'est pas servi de ces animaux pour porter. Dans toute l'Afrique, dans tout le continent oriental, les bœufs sont bossus, parce qu'ils ont porté de tout temps des fardeaux sur leurs épaules : en Europe, où l'on ne les emploie qu'à tirer, ils n'ont pas subi cette altération, et aucun ne nous présente cette difformité. Elle a vraisemblablement pour cause première le poids et la compression des fardeaux, et pour cause seconde la surabondance de la nourriture ; car elle disparoît lorsque l'animal est maigre et mal nourri. Des bœufs esclaves et bossus se seront échappés ou auront été abandonnés dans les bois ; ils y auront fait une postérité sauvage et chargée de la même difformité, qui, loin de disparoître, aura dû s'augmenter par l'abondance des nourritures dans tous les pays non cultivés, en sorte que cette race secondaire aura peuplé toutes les terres désertes du nord et du midi, et aura passé dans le nouveau continent, comme tous les autres animaux dont la nature peut supporter le froid. Ce qui confirme et prouve encore l'identité d'espèce du bison et de l'aurochs, c'est que les bisons ou bœufs à bosse du nord de l'Amérique ont une si forte odeur, qu'ils ont été appelés *bœufs musqués* par la plupart des voyageurs, et qu'en même temps nous voyons, par le témoignage des observateurs, que l'aurochs ou bœuf sauvage de Prusse et de Livonie a cette même odeur de musc, comme le bison d'Amérique.

De tous les noms que nous avons mis à la tête de ce chapitre, lesquels, pour les naturalistes tant anciens que modernes, faisoient autant d'espèces distinctes et séparées, il ne nous reste donc que le buffle et le bœuf. Ces deux animaux, quoique assez ressemblants, quoique domestiques, souvent sous le même toit et nourris dans les mêmes pâturages, quoiqu'à portée de se joindre, et même excités par leurs conducteurs, ont toujours refusé de s'unir : ils ne produisent ni ne s'accouplent ensemble. Leur nature est plus éloignée que celle de l'âne ne l'est de celle du cheval : elle paroît même antipathique ; car on assure que les vaches ne veulent pas nourrir les petits buffles, et que les mères buffles refusent de se laisser téter par des veaux. Le buffle est d'un naturel plus dur et moins traitable que le bœuf ; il obéit plus difficilement, il est plus violent, il a des fantaisies plus brusques et plus fréquentes : toutes ses habitudes sont grossières et brutes ; il est, après le cochon, le plus sale des animaux domestiques, par la difficulté qu'il met à se laisser nettoyer et panser. Sa figure est grosse et repoussante, son regard stupidement farouche ; il avance ignoblement son cou, et porte mal sa tête, presque toujours penchée vers la terre ; sa voix est un mugissement épouvantable, d'un ton beaucoup plus fort et plus grave que celui d'un taureau ; il a les membres maigres et la queue nue, la mine obscure, la physionomie noire, comme le poil et la peau : il diffère principalement du bœuf à l'extérieur par cette couleur de la peau, qu'on aperçoit aisément sous le poil, qui n'est que peu fourni. Il a le corps plus gros et plus court que le bœuf, les jambes plus hautes, la tête proportionnellement beaucoup plus petite, les cornes moins rondes, noires, et en partie comprimées, un toupet de poil crépu sur le front, il a aussi la peau plus épaisse et plus dure que le bœuf ; sa chair noire et dure est non-seulement désagréable au goût, mais répugnante à l'odorat. Le lait de la femelle buffle n'est pas si bon que celui de la vache ; elle en fournit cependant en plus grande quantité. Dans les pays chauds, presque tous les fromages sont faits de lait de buffle. La chair des jeunes buffles, encore nourris de lait, n'en est pas meilleure. Le cuir seul vaut mieux que tout le reste de la bête, dont il n'y a que la langue qui soit bonne à manger : ce cuir est solide, assez léger, et presque impénétrable. Comme ces animaux sont en général plus grands et plus forts que les bœufs, on s'en sert utilement au labourage ; on leur fait traîner et non pas porter des fardeaux. On les dirige et on les contient au moyen d'un anneau qu'on leur passe dans le nez : deux buffles attelés, ou plutôt enchaînés à un chariot, tirent autant que quatre forts chevaux : comme leur cou et leur tête se portent naturellement en bas, ils emploient, en tirant, tout le poids de leur corps, et cette masse surpasse de beaucoup celle d'un cheval ou d'un bœuf de labour.

La taille et la grosseur du buffle indiqueroient seules qu'il

est originaire des climats les plus chauds. Les plus grands, les plus gros quadrupèdes appartiennent tous à la zone torride dans l'ancien continent ; et le buffle, dans l'ordre de grandeur, ou plutôt de masse et d'épaisseur, doit être placé après l'éléphant, le rhinocéros et l'hippopotame. La girafe et le chameau sont plus élevés, mais beaucoup moins épais, et tous sont également originaires et habitants des contrées méridionales de l'Afrique ou de l'Asie. Cependant les buffles vivent et produisent en Italie, en France et dans les autres provinces tempérées : ceux que nous avons vus vivants à la Ménagerie du Roi ont produit deux ou trois fois. La femelle ne fait qu'un petit, et le porte environ douze mois; ce qui prouve encore la différence de cette espèce à celle de la vache, qui ne porte que neuf mois. Il paroît aussi que ces animaux sont plus doux et moins brutaux dans leur pays natal, et que plus le climat est chaud, plus ils y sont d'un naturel docile : en Égypte ils sont plus traitables qu'en Italie, et aux Indes ils le sont encore plus qu'en Égypte. Ceux d'Italie ont aussi plus de poil que ceux d'Égypte, et ceux-ci plus que ceux des Indes. Leur fourrure n'est jamais fournie, parce qu'ils sont originaires des pays chauds, et qu'en général les gros animaux de ce climat n'ont point de poil, ou n'en ont que très peu.

Il y a une grande quantité de buffles sauvages dans les contrées de l'Afrique et des Indes qui sont arrosées de rivières, et où il se trouve de grandes prairies : ces buffles sauvages vont en troupeaux, et font de grands dégâts dans les terres cultivées; mais ils n'attaquent jamais les hommes, et ne courent dessus que quand on vient de les blesser : alors ils sont très dangereux, car ils vont droit à l'ennemi, le renversent et le tuent en le foulant aux pieds. Cependant ils craignent beaucoup l'aspect du feu : la couleur rouge leur déplaît. Aldrovande, Kolbe, et plusieurs autres naturalistes et voyageurs assurent que personne n'ose se vêtir de rouge dans le pays des buffles. Je ne sais si cette aversion du feu et de la couleur rouge est générale dans tous les buffles ; car dans nos bœufs il n'y en a que quelques-uns que le rouge effarouche.

Le buffle, comme tous les autres grands animaux des climats méridionaux, aime beaucoup à se vautrer et même à séjourner dans l'eau ; il nage très bien et traverse hardiment les fleuves les plus rapides : comme il a les jambes plus hautes que le bœuf, il court aussi plus légèrement sur terre. Les Nègres en Guinée, et les Indiens au Malabar, où les buffles sauvages sont en grand nombre, s'exercent souvent à les chasser : ils ne les poursuivent ni ne les attaquent de face ; ils les attendent, grimpés sur des arbres, ou cachés dans l'épaisseur de la forêt, que les buffles ont de la peine à pénétrer à cause de la grosseur de leur corps et de l'embarras de leurs cornes. Ces peuples trouvent la chair du buffle bonne, et tirent un grand profit de leurs peaux et de leurs cornes, qui sont plus dures et meilleures que celles du bœuf. L'animal qu'on appelle à Congo *empakassa* ou *pakassa,* quoique très mal décrit par les voyageurs, me paroit être le buffle ; comme celui dont ils ont parlé sous le nom d'*empabunga* ou *impalunca,* dans le même pays, pourroit bien être le bubale, duquel nous donnerons l'histoire, avec celle des gazelles.

Sur le buffle.

J'ai reçu, au sujet de cet animal, de très bonnes informations de la part de monsignor Caëtani, de Rome ; cet illustre prélat y a joint une critique très honnête et très judicieuse de quelques méprises qui m'étoient échappées, et dont je m'empresse de lui témoigner toute ma reconnoissance, en mettant sous les yeux du public ses savantes remarques, qui répandront plus de lumière que je n'avois pu le faire sur l'histoire naturelle de cet animal utile.

J'ai dit que « quoique le buffle soit aujourd'hui commun en « Grèce et domestique en Italie, il n'étoit connu ni des Grecs ni « des Romains, et qu'il n'a jamais eu de nom dans la langue de « ces peuples ; que le mot même de *buffle* indique une origine « étrangère, et n'a de racine ni dans la langue grecque ni « dans la latine... que c'est mal à propos que les modernes

« lui ont appliqué le nom de *bubalus*, qui, en grec et en
« latin, indique à la vérité un animal d'Afrique, mais très
« différent du buffle, comme il est aisé de le démontrer par
« les passages des auteurs anciens; qu'enfin, si l'on vouloit
« rapporter le *bubalus* à un genre, il appartiendroit plutôt
« à celui des chèvres ou gazelles qu'à celui du bœuf ou du
« buffle. »

Monsignor Caëtani observe que « Robert Étienne, dans le
Thesaurus linguæ latinæ, fait mention de deux mots, qui
viennent du grec, par lesquels on voit que les bœufs, sous le
genre desquels les buffles sont compris, étoient nommés d'un
nom presque semblable au nom italien *bafalo : Bupharus
dicitur terra quæ arari facile potest; nam pharos aratio
est, sed et bovis epitheton.* Le même Étienne dit que le mot
bupharus étoit l'épithète que l'on donnoit à Hercule, parce
qu'il mangeoit des bœufs entiers. Tout le monde connoît la
célèbre fête des Athéniens, appelée *buphonia*, qui se célé-
broit après les mystères en immolant un bœuf, dont le sacrifice
mettoit tellement fin à tout carnage, que l'on condamnoit jusqu'au couteau qui avoit donné la mort au bœuf immolé. Personne n'ignore que les Grecs changeoient la lettre *n* en *l*,
comme le mot grec *nabu* en *labu*. Hérodote se sert du mot
labunisus que Bérose dit *nabunisus*, comme nous l'ensei-
gnent Scaliger, *De emendatione temporum, cap. VI*, et les
fragments de Bérose. De même la parole grecque *mneymon*
se changeoit en *mleymon;* on peut consulter là-dessus Pitiscus, *Lexicon, litt. N :* d'où il faut conclure que le mot *buphonia* pouvoit s'écrire et se prononcer en grec *bapholia*.
Pitiscus, *Lexicon antiquit. Rom., litt. L.*, dit : « Les Romains
« employèrent souvent la lettre *l* en place de l'*r*, à cause de la
« plus douce prononciation de la première, d'où Calpurnius,
« au vers 39 de sa première églogue, met *flaxinea* au lieu de
« *fraxinea;* » et il est très vraisemblable qu'il s'est autorisé,
pour ce changement, sur d'anciens manuscrits. Le même Pitiscus dit encore que Bochard dans sa Géographie, rassemble
une grande quantité d'exemples de ce changement de *r* en *l*.

Enfin Moréri, dans son Dictionnaire, lettre *R*, dit clairement que la lettre *r* se change en *l*, comme *capella* de *caper*. D'après toutes ces autorités, il est difficile de ne pas croire que le mot *bupharus* ne soit le même que *buphalus;* d'où il suit que ce mot a une racine dans la langue grecque.

«Quant aux Latins, on voit dans Scaliger, *De causis linguæ latinæ*, qu'il fut un temps où, au lieu de la lettre *f*, on écrivoit et on prononçoit *b*, comme *bruges* pour *fruges;* on trouve aussi dans Cicéron *fremo* qui vient du grec *bremo ;* et enfin Nonius Marcellus, *De doctorum indagine*, met *siphilum* pour *sibilum*. Ce n'est donc pas sans raison que les Latins ont pu nommer cet animal *bubalus*, et qu'Aldrovande en a fait *buffelus*, et les Italiens *bufalo*. La langue italienne est pleine de mots latins corrompus; elle a souvent changé en *f* le *b* latin : c'est ainsi qu'elle a fait *bifolco* de *bibulcus; tartufo* de *tubera*. Donc *bufalo* vient de *bubalus ;* et, comme il a été démontré ci-dessus, *buphalus* n'est autre chose que le *bupharus :* ce qui prouve la racine du nom *buffle* dans les langues grecque et latine.»

Monsignor Caëtani montre sans doute ici la plus belle érudition; cependant nous devons observer qu'il prouve beaucoup mieux la possibilité de dériver le nom de *buffle* de quelques mots des langues grecque et latine, qu'il ne prouve que réellement ce nom ait été en usage chez les Latins ou les Grecs; le mot *bupharos* signifie proprement un champ labourable, et n'a pas de rapport plus décidé au buffle qu'au bœuf commun. Quant à l'épithète de *mange-bœuf* donnée à Hercule, on doit l'écrire *buphagus* et non *bupharus*.

Sur ce que j'ai dit que «le buffle, natif des pays les plus «chauds de l'Afrique et des Indes, ne fut transporté et naturalisé «en Italie que vers le septième siècle,» monsignor Caëtani observe que «la nature même de cet animal donne le droit de douter qu'il puisse être originaire de l'Afrique, pays chaud et aride qui ne convient point au buffle, puisqu'il se plaît singulièrement dans les marais et dans l'eau, où il se plonge volontiers pour se rafraîchir, ressource qu'il trouveroit diffi-

cilement en Afrique. Cette considération ne tire-t-elle pas une
nouvelle force de l'aveu que fait M. de Buffon lui-même à
l'article du chameau, qu'il n'y a point de bœufs en Arabie, à
cause de la sécheresse du pays, d'autant plus que le bœuf ne
paroît pas aussi amant de l'eau que le buffle ? Les marais Pontins et les maremmes de Sienne sont, en Italie, les lieux les
plus favorables à ces animaux. Les marais Pontins surtout
paroissent avoir été presque toujours la demeure des buffles ;
ce terrain humide et marécageux paroît leur être tellement
propre et naturel, que de tout temps le gouvernement a cru
devoir leur en assurer la jouissance. En conséquence, les papes,
de temps immémorial, ont fixé et déterminé une partie de ces
terrains qu'ils ont affecté uniquement à la nourriture des
buffles ; j'en parle d'autant plus savamment, que ma famille,
propriétaire desdits terrains, a toujours été obligée, et l'est
encore aujourd'hui, par des bulles des papes, à les conserver
uniquement pour la nourriture des buffles, sans pouvoir les
ensemencer. »

Il est très certain que, de toute l'Italie, les marais Pontins
sont les cantons les plus propres aux buffles ; mais il me semble que monsignor Caëtani raisonne un peu trop rigoureuse-
ment, quand il en infère que l'Afrique ne peut être le pays de
l'origine de ces animaux, comme aimant trop l'eau et les
marécages pour être naturels à un climat si chaud, parce qu'on
prouveroit, par le même argument, que l'hippopotame ou le
rhinocéros n'appartiennent point à l'Afrique. C'est encore trop
étendre la conséquence de ce que j'ai dit, qu'il n'y a point de
bœufs ni de buffles en Arabie, à raison de la sécheresse du pays
et du défaut d'eau, que d'en conclure la même chose pour
l'Afrique ; comme si toutes les contrées de l'Afrique étoient des
Arabies, et comme si les rives profondément humectées du
Nil, du Zaïre, de la Gambia, comme si l'antique *Palus Tri-
tonides* n'étoient pas des lieux humides, et tout aussi propres
aux buffles que le petit canton engorgé des marais Pontins.

« En respectant la réfutation que M. de Buffon fait de Belon,
on ne conçoit pas pourquoi il soutient impossible la perfection

de l'espèce du buffle en Italie. M. de Buffon sait mieux que
personne que presque tous les animaux éprouvent des changements dans leur organisation, en changeant de climat, soit en
bien, soit en mal, et cela peu ou beaucoup. La *gibbe* ou *bosse*
est extrêmement commune en Arabie; la rachétique est une
maladie presque universelle pour les bêtes dans ces climats; le
chameau, le dromadaire, le rhinocéros et l'éléphant lui-même,
en sont souvent attaqués.....

« Quoique M. de Buffon, dans son article du buffle, ne fasse
point mention de l'odeur de musc de ces animaux, il n'en est
pas moins vrai que cette odeur forte est naturelle et particulière aux buffles. J'ai même formé le projet de tirer le musc des
excréments du buffle, à peu près comme en Égypte on fait le
sel ammoniac avec l'urine et les excréments du chameau [1].
L'exécution de ce projet me sera facile, parce que, comme je
l'ai dit plus haut, les pâturages des buffles, dans l'état ecclésias-
tique, sont dans les fiefs de ma famille...

« J'observe encore, au sujet des bœufs intelligents des
Hottentots, dont parle M. de Buffon, que ces instinct particulier est une analogie avec les buffles qui sont dans les
marais Pontins, dont la mémoire passe pour une chose unique...

« Au reste on ne peut qu'être fort étonné de voir qu'un animal
aussi intéressant et très utile n'ait jamais été peint ni gravé,
tandis que Salvator Rosa et Étienne Bella nous ont laissé des
peintures et des gravures de différents animaux d'Italie. Il étoit
sans doute réservé au célèbre restaurateur de l'histoire naturelle de l'enrichir le premier de la gravure de cet animal, encore très peu connu. »

Dans un supplément à ces premières réflexions, que m'avoit
envoyé M. Caëtani, il ajoute de nouvelles preuves ou du moins
d'autres conjectures sur l'ancienneté des buffles en Italie, et
sur la connoissance qu'en avoient les Latins, les Grecs, et

---

[1] On tire le sel ammoniac, par la combustion du fumier de chameau, de
la suie que cette combustion produit; et ce n'est assurément que par les
mêmes moyens que l'on pourroit extraire la partie odorante et musquée des
excréments du buffle.

même les Juifs : quoique ces détails d'érudition n'aient pas un rapport immédiat avec l'histoire naturelle, ils peuvent y répandre quelque lumière ; et c'est dans cette vue, autant que dans celle d'en marquer ma reconnoissance à l'auteur, que je crois devoir les publier ici par extrait.

« Je crois, dit M. Caëtani, avoir prouvé par les réflexions précédentes, que le buffle étoit connu des Grecs et des Latins, et que son nom a racine dans ces deux langues[1]. Quant à la latine, j'invoque encore en ma faveur l'autorité de Du Cange, qui, dans son Glossaire, dit au mot *bubalus : Bubalus, bufalus, buflus.* Il cite ce vers du septième livre du quatrième poëme de Venance, évêque de Poitiers, célèbre poëte du cinquième siècle :

> Seu validi bufa ferit inter cornua campum.

Pour le mot *buflus*, il est tiré de *Albertus Aquensis, lib. II, cap.* 43; de Jules Scaliger, *Exercitat.* 206, n° 3, et de Lindenbrogius, *ad Ammiani lib. XXII, etc.,* comme on peut le voir dans Du Cange. Il est bien vrai que le cinquième siècle n'est pas celui de la belle latinité; cependant, comme il ne s'agit pas ici de la pureté et de l'élégance de la langue, mais d'un point seulement grammatical, il ne s'ensuit pas moins que cet exemple indique un grand rapport du *bubalus* des Latins, du *bufalo* des Italiens, et du *buffle* des François. Cette relation est encore prouvée d'une manière plus formelle par un passage de Pline au sujet de l'usage des Juifs de manger du chou avec la chair du buffle.

« Une dernière observation sur la langue grecque, c'est que le texte le plus précis en faveur du sentiment de M. de Buffon est certainement celui de Bochart, qui, dans son *Hierozoicon, parte I, lib. III, cap.* 22, dit : *Vocem græcam* bubolon *esse capræ speciem ;* mais il est évident que cette autorité est la même que celle d'Aristote, aussi bien que d'Aldrovande

---

[1] M. Caëtani a bien prouvé que le nom de *buffle* peut avoir sa racine dans les deux langues, mais non pas que ce même nom ait été d'usage chez les Grecs et les Romains, ni par conséquent que le buffle en ait été connu.

et de Jonston, qui ont dit la même chose d'après ce philosophe.

« Au reste, il est facile de démontrer que la connoissance du buffle remonte encore à une époque bien plus éloignée. Les interprètes et les commentateurs hébreux s'accordent tous à dire qu'il en est fait mention dans le *Pentateuque* même. Selon eux, le mot *jachmur* signifie *buffle*. Les Septante, dans le *Deutéronome*, donnent la même interprétation en traduisant *jachmur* par *bubalus* ; et, de plus, la tradition constante des Hébreux a toujours été que le jachmur étoit le buffle : on peut voir sur cela la version italienne de la Bible par Deodati, et celle d'Antoine Brucioli, qui a précédé Deodati... Une autre preuve que les Juifs ont connu de tout temps le buffle, c'est qu'au premier livre des *Rois*, chapitre ɪᴠ, vers. 22 et 23, il est dit qu'on en servoit sur la table de Salomon ; et en effet c'étoit une des viandes ordonnées par la législation des Juifs, et cet usage subsiste encore aujourd'hui parmi eux... *Les Juifs, comme le dit fort bien M. de Buffon, sont les seuls à Rome qui tuent le buffle dans leurs boucheries ;* mais il est à remarquer qu'ils ne le mangent guère qu'avec l'assaisonnement des choux, et surtout le premier jour de leur année, qui tombe toujours en septembre ou octobre, fête qui leur est ordonnée au chap. 12 de l'*Exode*, verset 14..... Pline l'a dit expressément : *Carnes bubalas additi caulis magno ligni compendio percoquunt* (liv. XXIII, chap. 7). Ce texte est formel, et en le rapprochant de l'usage constant et perpétuel des Juifs, on ne peut pas douter que Pline n'ait voulu parler du buffle... Cet usage des Juifs de Rome est ici du plus grand poids, parce que leurs familles, dans cette capitale, sont incontestablement les plus anciennes de toutes les familles romaines ; depuis Titus jusqu'à présent, ils n'ont jamais quitté Rome, et leur *Ghetto* est encore aujourd'hui le même quartier que Juvénal dit qu'ils habitoient anciennement. Ils ont conservé précieusement toutes leurs coutumes et usages ; et quant à celle d'assaisonner la viande du buffle avec des choux, la raison y a peut être autant de part que la superstition : le chou, en hébreu, s'appelle *cherub*, expression qui signifie aussi *multiplication*. Ce double sens leur ayant fait imaginer que le chou étoit favorable à la multiplication, ils ont affecté ce légume à leur premier repas annuel, comme étant un bon augure pour croître et multiplier, selon le passage de la *Genèse* [1].

« Outre les preuves littérales de l'ancienneté de la connoissance du buffle, on peut encore la constater par des monuments authentiques. Il est vrai que ces monuments sont rares : mais leur rareté vient sans doute du mépris que les Grecs avoient pour les superstitions égyptiennes, comme nous l'enseigne Hérode; mépris qui ne permit pas aux artistes grecs de s'occuper d'un dieu aussi laid et aussi vil à leurs yeux que l'étoit un bœuf ou un buffle... Les Latins, serviles imitateurs des Grecs, ne trouvant point de modèles de cet animal, le négligèrent également; en sorte que les monuments qui portent l'empreinte de cet animal sont très rares... Mais leur petit nombre suffit pour constater son ancienne existence dans ces contrées. Je possède moi-même une tête antique de buffle, qui a été trouvée dernièrement dans une fouille à la maison de plaisance de l'empereur Adrien à Tivoli. Cette tête est un morceau d'autant plus précieux, qu'il est unique dans Rome, et fait d'ailleurs par main de maître. Il est très vrai qu'on ne connoît aucun autre morceau antique qui représente le buffle, ni aucune médaille qui en offre la figure, quoiqu'il y en ait beaucoup qui portent différents animaux.

« M. de Buffon objectera peut-être que ce morceau de sculpture aura été fait sans doute sur un buffle d'Égypte, ou de quelque autre pays, et non à Rome ni en Italie. Mais en supposant ce fait, dont il est presque impossible de fournir une

---

[1] Nous ne contesterons pas à M. Caëtani que le mot hébreu *cherub* ne signifie un *chou*; mais comme on sait d'ailleurs que le mot *cherub* signifie un *bœuf*, que, de plus, nous avons traduit ce même mot *cherub* par *chérubin*, il paroîtroit assez singulier de trouver dans un même mot un *chou*, un *bœuf* et un *ange*, si l'on ne savoit que la langue hébraïque est si peu abondante en termes distinctifs, que le même terme désigne très souvent des choses toutes différentes.

preuve ni pour ni contre, il n'en résultera pas moins que les Romains n'ont pas pu placer la tête du buffle dans une superbe maison de plaisance d'empereur sans lui avoir donné un nom, et que par conséquent ils en avoient connoissance.

« La tête dont il s'agit est si parfaitement régulière, qu'elle paroît avoir été moulée sur une tête naturelle du buffle, de la manière que l'histoire rapporte que les Égyptiens mouloient leurs statues sur les cadavres mêmes.

« Au reste, je soumets encore ces nouvelles observations aux lumières supérieures de M. de Buffon. Je n'ose pas me flatter que chacune de mes preuves soit décisive : mais je pense que toutes ensemble établissent que le buffle étoit connu des anciens : proposition contraire à celle de l'illustre naturaliste, que je n'ai pas craint de combattre ici. J'attends de son indulgence le pardon de ma témérité, et la permission de mettre sous ses yeux quelques particularités du buffle, dont il n'a peut-être pas connoissance, et qui ne sauroient être indifférentes pour un philosophe comme lui, qui a consacré sa vie à admirer et publier les merveilles de la nature.

« L'aversion du buffle pour la couleur rouge est générale dans tous les buffles de l'Italie, sans exception ; ce qui paroît indiquer que ces animaux ont les nerfs optiques plus délicats que les quadrupèdes connus. La foiblesse de la vue du buffle vient à l'appui de cette conjecture. En effet, cet animal paroît souffrir impatiemment la lumière : il voit mieux la nuit que le jour, et sa vue est tellement courte et confuse, que si, dans sa fureur, il poursuit un homme, il suffit de se jeter à terre pour n'en être pas rencontré ; car le buffle le cherche des yeux de tous côtés, sans s'apercevoir qu'il en est tout voisin...

« Les buffles ont une mémoire qui surpasse celle de beaucoup d'autres animaux. Rien n'est si commun que de les voir retourner seuls et d'eux-mêmes à leurs troupeaux, quoique d'une distance de quarante ou cinquante milles, comme de Rome aux marais Pontins. Les gardiens des jeunes buffles leur donnent à chacun un nom, et, pour apprendre à connoître ce nom, ils le répètent souvent d'une manière qui tient du

chant, en les caressant en même temps sous le menton. Ces
jeunes buffles s'instruisent ainsi en peu de temps, et n'oublient
jamais ce nom, auquel ils répondent exactement en s'arrêtant,
quoiqu'ils se trouvent mêlés parmi un troupeau de deux ou
trois mille buffles. L'habitude du buffle d'entendre ce nom ca-
dencé est telle, que, sans cette espèce de chant, il ne se laisse
point approcher, étant grand, surtout la femelle, pour se laisser
traire[1]; et sa férocité naturelle ne lui permettant pas de se
prêter à cette extraction artificielle de son lait, le gardien qui
veut traire la buffle est obligé de tenir son petit auprès d'elle,
ou, s'il est mort, de la tromper en couvrant de sa peau un
autre petit buffle quelconque; sans cette précaution, qui prouve,
d'un côté, la stupidité de la buffle, et, de l'autre, la finesse de
son odorat, il est impossible de la traire. Si donc la buffle refuse son lait, même à un autre petit buffle que le sien, il n'est
pas étonnant qu'elle ne se laisse point téter par le veau, comme
le remarque très bien M. de Buffon.

« Cette circonstance de l'espèce de chant, nécessaire pour
pouvoir traire le buffle femelle, rappelle ce que dit le moine
Bacon dans ses observations (*Voyage en Asie par Bergeron,*
tome II), qu'après Moal et les Tartares vers l'orient, «il y a
« des vaches qui ne permettent pas qu'on les traie, à moins
« qu'on ne chante; » il ajoute ensuite que «la couleur rouge les
« rend furieuses, au point qu'on risque de perdre la vie, si l'on
« se trouve autour d'elles. » Il est indubitable que ces vaches ne
sont autre chose que des buffles; ce qui prouve encore que cet
animal n'est pas exclusivement des climats chauds.

« La couleur noire et le goût désagréable de la chair du buffle donneroient lieu de croire que le lait participe de ces mauvaises qualités; mais, au contraire, il est fort bon, conservant

[1] Voyez ce que nous dirons plus loin, de cette répugnance de la femelle
buffle à se laisser traire, et sur le moyen singulier qu'on a imaginé pour la
vaincre, qui est de lui mettre la main et le bras dans la vulve, pendant tout
le temps de l'extraction du lait. Cette pratique du cap de Bonne-Espérance
n'est pas parvenue jusqu'à Rome. D'ailleurs, comme ce volume n'a paru
qu'en 1776, il paroît que M. Caëtani n'a pas été informé de ce fait, qui peut-
être même n'est pas très certain.

seulement un petit goût musqué qui tient de celui de la noix muscade. On en fait du beurre excellent; il a une saveur et une blancheur supérieures à celui de la vache : cependant on n'en fait point dans la campagne de Rome, parce qu'il est trop dispendieux; mais on y fait une grande consommation de lait préparé d'autres manières. Ce qu'on appelle communément *œufs de buffle* sont des espèces de petits fromages auxquels on donne la forme d'œufs, qui sont d'un manger très délicat. Il y a une autre espèce de fromage que les Italiens nomment *provatura*, qui est aussi fait de lait de buffle; il est d'une qualité inférieure au premier : le menu peuple en fait grand usage, et les gardiens des buffles ne vivent presque qu'avec le laitage de ces animaux.

« Le buffle est très ardent en amour : il combat avec fureur pour la femelle; et quand la victoire la lui a assurée, il cherche à en jouir à l'écart. La femelle ne met bas qu'au printemps, et une seule fois l'année; elle a quatre mamelles et néanmoins ne produit qu'un seul petit; ou si par hasard elle en fait deux, sa mort est presque toujours la suite de cette fécondité. Elle produit deux années de suite, et se repose la troisième, pendant laquelle elle demeure stérile, quoiqu'elle reçoive le mâle. Sa fécondité commence à l'âge de quatre ans, et finit à douze. Quand elle entre en chaleur, elle appelle le mâle par un mugissement particulier, et le reçoit étant arrêtée, au lieu que la vache le reçoit quelquefois en marchant.

« Quoique le buffle naisse et soit élevé en troupeau, il conserve cependant sa férocité naturelle, en sorte qu'on ne peut s'en servir à rien, tant qu'il n'est pas dompté. On commence par marquer, à l'âge de quatre ans, ces animaux avec un fer chaud, afin de pouvoir distinguer les buffles d'un troupeau de ceux d'un autre... La marque est suivie de la castration, qui se fait à l'âge de quatre ans, non par compression des testicules, mais par incision et amputation. Cette opération paroît nécessaire pour diminuer l'ardeur violente et furieuse que le buffle montre aux combats, et en même temps le disposer à recevoir **le joug pour les différents usages auxquels on veut l'employer...**

Peu de temps après la castration, on leur passe un anneau de fer dans les narines... Mais la force et la férocité du buffle exigent beaucoup d'art pour parvenir à lui passer cet anneau. Après l'avoir fait tomber au moyen d'une corde que l'on entrelace dans ses jambes, les hommes destinés à cela se jettent sur lui pour lui lier les quatre pieds ensemble, et lui passent dans les narines l'anneau de fer; ils lui délient ensuite les pieds et l'abandonnent à lui-même : le buffle furieux court de côté et d'autre, et, heurtant tout ce qu'il rencontre, cherche à se débarrasser de cet anneau; mais avec le temps il s'accoutume insensiblement, et l'habitude autant que la douleur l'amènent à l'obéissance; on le conduit avec une corde que l'on attache à cet anneau, qui tombe de lui-même par la suite, au moyen de l'effort continuel des conducteurs en tirant la corde; mais alors l'anneau est devenu inutile; car l'animal, déja vieux, ne se refuse plus à son devoir...

« Le buffle paroît encore plus propre que le taureau à ces chasses dont on fait des divertissements publics, surtout en Espagne. Aussi les seigneurs d'Italie qui tiennent des buffles dans leurs terres n'y emploient que ces animaux.... La férocité naturelle du buffle s'augmente lorsqu'elle est excitée, et rend cette chasse très intéressante pour les spectateurs. En effet, le buffle poursuit l'homme avec acharnement jusque dans les maisons, dont il monte les escaliers avec une facilité particulière; il se présente même aux fenêtres, d'où il saute dans l'arène, franchissant encore les murs, lorsque les cris redoublés du peuple sont parvenus à le rendre furieux.

« J'ai souvent été témoin de ces chasses, qui se font dans les fiefs de ma famille. Les femmes même ont le courage de se présenter dans l'arène; je me souviens d'en avoir vu un exemple dans ma mère.

« La fatigue et la fureur du buffle, dans ces sortes de chasses, le font suer beaucoup; sa sueur abonde d'un sel extrêmement âcre et pénétrant; et ce sel paroît nécessaire pour dissoudre la crasse dont sa peau est presque toujours couverte.....

«Le buffle est, comme l'on sait, un animal ruminant, et, la rumination étant très favorable à la digestion, il s'ensuit que le buffle n'est point sujet à faire des vents. L'observation en avoit déja été faite par Aristote, dans lequel on lit : *Nullum cornutum animal pedere*.....

«Le terme de la vie du buffle est à peu près le même que celui de la vie du bœuf, c'est-à-dire à dix-huit ans, quoiqu'il y en ait qui vivent vingt-cinq ans ; les dents lui tombent assez communément quelque temps avant de mourir. En Italie, il est rare qu'on leur laisse terminer leur carrière; après l'âge de douze ans, on est dans l'usage de les engraisser, et de les vendre ensuite aux Juifs de Rome : quelques habitants de la campagne, forcés par la misère, s'en nourrissent aussi. Dans la terre de Labour du royaume de Naples, et dans le patrimoine de Saint-Pierre, on en fait un débit public deux fois la semaine. Les cornes du buffle sont recherchées et fort estimées: la peau sert à faire des liens pour les charrues, des cribles, et des couvertures de coffres et de malles; on ne l'emploie pas, comme celle du bœuf, à faire des semelles de souliers, parce qu'elle est trop pesante, et qu'elle prend facilement l'eau.....

«Dans toute l'étendue des marais Pontins, il n'y a qu'un seul village qui fournisse les pâtres ou les gardiens des buffles : ce village s'appelle *Cisterna*, parce qu'il est dans une plaine où l'on n'a que de l'eau de citerne, et c'est l'un des fiefs de ma famille.... Les habitants, adonnés presque tous à garder des troupeaux de buffles, sont en même temps les plus adroits et les plus passionnés pour les chasses dont il a été parlé ci-dessus....

«Quoique le buffle soit un animal fort et robuste, il est cependant délicat, en sorte qu'il souffre également de l'excès de la chaleur comme de l'excès du froid; aussi, dans le fort de l'été, le voit-on chercher l'ombre et l'eau, et dans l'hiver les forêts les plus épaisses. Cet instinct semble indiquer que le buffle est plutôt originaire des climats tempérés que des climats très chauds ou très froids.

« Outre les maladies qui lui sont communes avec les autres
animaux, il en est une particulière à son espèce, et dont il
n'est attaqué que dans ses premières années.... Cette maladie
s'appelle *barbone*, expression qui a rapport au siége le plus
commun du mal, qui est à la gorge et sous le menton. J'ai
fait en dernier lieu un voyage exprès pour être témoin du commencement, des progrès et de la fin de cette maladie ; je me
suis même fait accompagner d'un chirurgien et d'un médecin,
afin de pouvoir l'étudier, et acquérir une connoissance précise
et raisonnée de sa cause, ou du moins de sa nature, à l'effet
d'en offrir à M. de Buffon une description exacte et systémati-
que ; mais ayant été averti trop tard, et la maladie, qui ne
dure que neuf jours, étant déja cessée, je n'ai pu me procurer
d'autres lumières que celles qui résultent de la pratique et de
l'expérience des gardiens des troupeaux de buffles....

« Les symptômes de cette maladie sont très faciles à connoître, du moins quant aux extérieurs. La lacrymation est le premier ; l'animal refuse ensuite toute nourriture ; presque en
même temps sa gorge s'enfle considérablement, et quelquefois
aussi le corps se gonfle en entier ; il boite tantôt des pieds de
devant, tantôt de ceux de derrière ; la langue est en partie hors
de la gueule, et est environnée d'une écume blanche que l'a-
nimal jette au dehors....

« Les effets de ce mal sont aussi prompts que terribles ; car en
peu d'heures, ou tout au plus en un jour, l'animal passe par
tous les degrés de la maladie et meurt. Lorsqu'elle se déclare
dans un troupeau, presque tous les jeunes buffles qui n'ont
pas atteint leur troisième année en sont attaqués, et s'ils ne
sont âgés que d'un an, ils périssent presque tous ; dans ceux
qui sont âgés de deux ans, il y en a beaucoup qui n'en sont
point atteints, et même il en échappe un assez grand nombre
de ceux qui sont malades. Enfin, dès que les jeunes buffles
sont parvenus à trois ans, ils sont presque sûrs d'échapper ;
car il est fort rare qu'à cet âge ils en soient attaqués, et il n'y
a pas d'exemple qu'au-dessus de trois ans aucun de ces animaux ait eu cette maladie : elle commence donc par les plus

jeunes, comme étant les plus foibles, et ceux qui tettent encore en sont les premières victimes; lorsque la mère, par la finesse de son odorat, sent dans son petit le germe de la maladie, elle est la première à le condamner, en lui refusant la tette. Cette épizootie se communique avec une rapidité extraordinaire; en neuf jours au plus, un troupeau de jeunes buffles, quelque nombreux qu'il soit, en est presque tout infecté. Ceux qui prennent le mal dans les six premiers jours périssent assez souvent presque tous; au lieu que ceux qui n'en sont attaqués que dans les trois premiers jours échappent assez souvent, parce que, depuis le sixième jour de l'épizootie, la contagion va toujours en diminuant jusqu'au neuvième, qu'elle semble se réunir sur la tête d'un seul, dont elle fait, pour ainsi dire, sa victime d'expiation....

« Elle n'a point de saison fixe; seulement elle est plus commune et plus dangereuse au printemps et en été qu'en automne et en hiver... Une observation assez générale, c'est qu'elle vient ordinairement lorsque après les chaleurs il tombe de la pluie qui fait pousser de l'herbe nouvelle; ce qui sembleroit prouver que sa cause est une surabondance de chyle et de sang, occasionée par ce pâturage nouveau, dont la saveur et la fraîcheur invitent les petits buffles à s'en rassasier au-delà du besoin. Une expérience vient à l'appui de cette réflexion : les jeunes buffles auxquels on a donné une nourriture saine et copieuse pendant l'hiver, s'abandonnant avec moins d'avidité à l'herbe nouvelle du printemps, n'en sont pas attaqués autant que les autres, et meurent en plus petit nombre. Dans les années de sécheresse, cette maladie se manifeste moins que dans les années humides; et ce qui confirme ce que je viens d'avancer sur sa cause, c'est que le changement de pâturage en est le seul demi-remède : on les conduit sur les montagnes, où la pâture est moins abondante que dans la plaine; ce qui ne fait cependant que ralentir la fureur du mal, sans le guérir. En vain les gardiens des troupeaux des buffles ont tenté les différents remèdes que leur ont pu suggérer leur bon sens naturel et leurs foibles connoissances; ils leur ont appliqué à la gorge le bou-

ton de feu ; ils les ont fait baigner dans l'eau de fleuve et de
mer ; ils ont séparé du troupeau ceux qui étoient infectés, afin
d'empêcher la communication du mal : mais tout a été inutile ;
la contagion gagne également tous les troupeaux ensemble et
séparément ; la mortalité est toujours la même : le seul changement de pâturage semble y apporter quelque foible adoucissement, et encore est-il presque insensible...

« La chair des buffles morts du *barbone* est dans un état de
demi-putréfaction. Elle a été reconnue si dangereuse, qu'elle
a réveillé l'attention du gouvernement, qui a ordonné, sous
des peines très sévères, de l'enterrer, et qui a défendu d'en
manger...

« Quoique cette maladie semble particulière aux buffles, elle
ne laisse pas de se communiquer aux différents animaux qu'on
élève avec eux, comme poulains, faons et chevreaux ; ce qui
lui donne tous les caractères d'une épizootie. La cohabitation
aevc les buffles malades, le seul contact de la peau de ceux
qui sont morts, suffisent pour infecter ces animaux, qui ont
les mêmes symptômes, et bientôt la même fin... Et même le
cochon est sujet à la prendre ; il en est attaqué de la même
manière et dans le même temps, et il en est souvent la victime.
Il y a cependant quelque différence, à ce sujet, entre le buffle
et le cochon. 1º Le buffle n'est assailli par ce mal qu'une seule
fois dans sa vie, et le cochon l'est jusqu'à deux fois dans la
même année ; de manière que celui qui a eu le *barbone* en
avril, l'a souvent une seconde fois en octobre. 2º Il n'y a pas
d'exemple qu'un buffle au-dessus de trois ans en ait été attaqué, et le cochon y est sujet à tout âge, mais beaucoup moins
cependant lorsqu'il est parvenu à son entier accroissement.
3º L'épizootie ne dure que neuf jours au plus dans les troupeaux de buffles, au lieu qu'elle exerce sa fureur sur le cochon
pendant quinze jours, et encore au-delà : mais cette maladie
n'est pas naturelle à son espèce, et ce n'est que par sa communication avec les buffles qu'il en est attaqué.

« Le *barbone* étant presque la seule maladie dangereuse
pour le buffle, et étant en même temps si meurtrière, que sur

cent de ces animaux qui en sont attaqués dans leur première année, il est rare qu'elle en épargne une vingtaine, il seroit de la dernière importance de découvrir la cause de cette maladie pour y apporter remède. Les remarques faites jusqu'à présent sont insuffisantes, parce qu'elles n'ont pu être que superficielles... Mais je me propose, dès que cette épizootie se manifestera de nouveau, d'aller une seconde fois sur les lieux pour l'examiner avec des personnes de l'art, afin de pouvoir fournir à M. de Buffon une description qui le mette en état de donner, par son sentiment, des lumières certaines sur cette matière. »

Quoique ce mémoire de monsignor Caëtani sur le buffle soit assez étendu dans l'extrait que je viens d'en donner, je dois cependant avertir que j'en ai supprimé, à regret, un grand nombre de digressions très savantes, et de réflexions générales aussi solides qu'ingénieuses, mais qui, n'ayant pas un rapport immédiat ni même assez prochain avec l'histoire naturelle du buffle, auroient paru déplacées dans cet article; et je suis persuadé que l'illustre auteur me pardonnera ces omissions en faveur du motif, et qu'il recevra avec bonté les marques de ma reconnoissance des instructions qu'il m'a fournies. Sa grande érudition, bien supérieure à la mienne, lui a fait trouver les racines, dans les langues grecque et latine, du nom de buffle; et les soins qu'il a pris de rechercher dans les auteurs et dans les monuments anciens tout ce qui peut avoir rapport à cet animal, donnent tant de poids à sa critique, que j'y souscris avec plaisir.

D'autre part, les occasions fréquentes qu'a eues M. Caëtani de voir, d'observer et d'examiner de près un très grand nombre de buffles dans les terres de sa très illustre maison, l'ont mis à portée de faire l'histoire de leurs habitudes naturelles, beaucoup mieux que moi, qui n'avois jamais vu de ces animaux que dans mon voyage en Italie, et à la ménagerie de Versailles, où j'en ai fait la description. Je suis donc persuadé que mes lecteurs me sauront bon gré d'avoir inséré dans ce volume le mémoire de M. Caëtani, et que lui-même ne sera point fâché de paroître dans notre langue avec son propre style, auquel je n'ai presque rien changé, parce qu'il est très bon, et que nous avons beaucoup d'auteurs françois qui n'écrivent pas si bien dans leur langue que ce savant étranger écrit dans la nôtre.

Au reste, j'ai déja dit qu'il seroit fort à désirer que l'on pût naturaliser en France cette espèce d'animaux aussi puissants qu'utiles : je suis persuadé que leur multiplication réussiroit dans nos provinces où il se trouve des marais et des marécages, comme dans le Bourbonnais, en Champagne, dans le Bassigny, en Alsace, et même dans les plaines le long de la Saône, aussi bien que dans les endroits marécageux du pays d'Arles et des landes de Bordeaux. L'impératrice de Russie en a fait venir d'Italie, et les a fait placer dans quelques-unes de ses provinces méridionales ; ils se sont déja fort multipliés dans le gouvernement d'Astracan et dans la nouvelle Russie. M. Guldenstaedt dit que le climat et les pâturages se sont trouvés très favorables à ces animaux, qui sont plus robustes et plus forts au travail que les bœufs. Cet exemple peut suffire pour nous encourager à faire l'acquisition de cette espèce utile, qui remplaceroit celle des bœufs à tous égards, et surtout dans les temps où la grande mortalité de ces animaux fait un si grand tort à la culture de nos terres.

Sur l'Aurochs.

* M. Forster m'a informé que la race des aurochs ne se trouve actuellement qu'en Moscovie, et que les aurochs qui étoient en Prusse et sur les confins de la Lithuanie ont péri pendant la dernière guerre ; mais il assure que les bisons sont encore communs dans la Moldavie. Le prince Démétrius Cantemir en parle dans sa *Description de la Moldavie* (partie Ire, chap. vii). «Sur les montagnes occidentales de la Moldavie, on trouve, dit-il, un animal que l'on appelle *zimbr*, et qui est indigène dans cette contrée : il est de la grandeur d'un bœuf commun ; mais il a la tête plus petite, le cou plus long,

le ventre moins replet et les jambes plus longues : ses cornes
sont minces, droites, dirigées en haut, et leurs extrémités, qui
sont assez pointues, ne sont que très peu tournées en dehors.
Cet animal est d'un naturel farouche : il est très léger à la
course ; il gravit, comme les chèvres, sur les rochers escarpés,
et on ne peut l'attraper qu'en le tuant ou le blessant avec les
armes à feu. C'est l'animal dont la tête fut mise dans les armes
de la Moldavie, par Pragosth, le premier prince du pays. » Et
comme le bison s'appelle en polonois, *zurb*, qui n'est pas éloigné de *zimbr*, on peut croire que c'est le même animal que
le bison ; car le prince Cantemir le distingue nettement du
buffle, en disant que ce dernier arrive quelquefois sur les rives
du Niester, et n'est pas naturel à ce climat, tandis qu'il assure
que le *zimbr* se trouve dans les hautes montagnes de la partie
occidentale de la Moldavie, où il le dit indigène.

Quoique les bœufs d'Europe, les bisons d'Amérique et les
bœufs à bosse de l'Asie ne diffèrent pas assez les uns des
autres pour en faire des espèces séparées, puisqu'ils produisent
ensemble, cependant on doit les considérer comme des races
distinctes qui conservent leurs caractères, à moins qu'elles ne
se mêlent, et que, par ce mélange, ces caractères distinctifs
ne s'effacent dans la suite des générations. Par exemple, tous
les bœufs de Sicile, qui sont certainement de la même espèce
que ceux de France, ne laissent pas d'en différer constamment
par la forme des cornes, qui sont très remarquables par leur
longueur et par la régularité de leur figure. Ces cornes n'ont
qu'une légère courbure, et leur longueur ordinaire, mesurée
en ligne droite, est ordinairement de trois pieds, et quelquefois de trois pieds et demi ; elles sont toutes très régulièrement contournées, et d'une forme absolument semblable, en
sorte que tous les bœufs de cette île se ressemblent autant entre
eux par ce caractère qu'ils diffèrent en cela des autres bœufs
de l'Europe.

De même la race du bison a en Amérique une variété constante. Nous avons vu la figure d'une tête qui nous a été communiquée par un savant de l'université d'Édimbourg M. Mag-

wan, sous le nom de *tête de bœuf musqué*, et c'est en effet
le même animal qui a été décrit par le P. Charlevoix. On voit,
par la grandeur et la position des cornes de ce bœuf ou bison
musqué, qu'il diffère par ce caractère du bison dont nous
avons donné la figure dans ce volume, et dont les cornes sont
très différentes.

Celui-ci a été trouvé à la latitude de 70 degrés, près de la
baie de Baffin. Sa laine est beaucoup plus longue et plus touffue que celle des bisons qui habitent des contrées plus tempérées ; il est gros comme un bœuf d'Europe de moyenne taille ;
le poil, ou plutôt la laine sous le cou et le ventre, descend
jusqu'à terre : il se nourrit de mousse blanche ou lichen, comme
le renne.

Les deux cornes de ce bison musqué se réunissent à leur
base, ou plutôt n'ont qu'une origine commune au sommet de
la tête, qui est longue de deux pieds quatre pouces et demi,
en la mesurant depuis le bout du nez jusqu'à ce point où les
deux cornes sont jointes ; l'intervalle entre leurs extrémités est
de deux pieds cinq pouces et demi : la tête est si large, que la
distance du centre d'un œil à l'autre est d'un pied quatre
pouces du pied françois. Nous renvoyons, pour le reste de la
description de cet animal, à celle qui a été donnée par le
P. Charlevoix. M. Magwan nous a assuré que cette description
de Charlevoix convenoit parfaitement à cet animal.

M'étant informé s'il subsistoit encore des bisons en Écosse,
on m'a répondu, comme on le verra dans l'addition suivante
sur le bison, qu'on n'en avoit point de mémoire. M. Forster
m'écrit à ce sujet que je n'ai pas été pleinement informé. « La
race des bisons blancs, dit-il, subsiste encore en Écosse, où
les seigneurs, et particulièrement le duc de Hamilton, le duc
de Queenbury, et, parmi les pairs anglois, le comte de Tan-
karville, ont conservé dans leurs parcs de Chatelherault et de
Drumlasrrig en Écosse, et de Chillingham dans le comté de
Northumberland en Angleterre, cette race de bisons sauvages.
Ces animaux tiennent encore de leurs ancêtres par leur férocité
et leur naturel sauvage : au moindre bruit ils prennent la fuite,

et courent avec une vitesse étonnante ; et lorsqu'on veut s'en procurer quelques-uns, on est obligé de les tuer à coups de fusil : mais cette chasse ne se fait pas toujours sans danger, car si on ne fait que blesser l'animal, bien loin de prendre la fuite, il court sur les chasseurs, et les perceroit de ses cornes, s'ils ne trouvoient pas les moyens de l'éviter, soit en montant sur un arbre, soit en se sauvant dans quelques maisons.

Quoique ces bisons aiment la solitude, ils s'approchent cependant des habitations, lorsque la faim et la disette, en hiver, les forcent à venir prendre le foin qu'on leur fournit sous des hangars. Ces bisons sauvages ne se mêlent jamais avec l'espèce de nos bœufs; ils sont blancs sur le corps, et ont le museau et les oreilles noires; leur grandeur est celle d'un bœuf commun de moyenne taille, mais ils ont les jambes plus longues et les cornes plus belles; les mâles pèsent environ cinq cent trente livres, et les femelles environ quatre cents ; leur cuir est meilleur que celui du bœuf commun. Mais ce qu'il y a de singulier, c'est que les bisons ont perdu, par la durée de leur domesticité, les longs poils qu'ils portoient autrefois. Boëtius dit : *Gignere solet ea sylva boves candidissimos, in formam leonis jubam habentes, etc.* (Descript. regni Scotiæ, *fol. xj.*) Or, à présent, ils n'ont plus cette jube ou crinière de longs poils, et sont par-là devenus différents de tous les bisons qui nous sont connus.

Sur le Bison.

* Les bœufs et les bisons ne sont que deux races particulières, mais toutes deux de la même espèce, quoique le bison diffère toujours du bœuf, non-seulement par la loupe qu'il porte sur le dos, mais souvent encore par la qualité, la quantité et la longueur du poil. Le bison ou bœuf à bosse de Madagascar réussit très bien à l'Ile-de-France; sa chair y est beaucoup meilleure que celle de nos bœufs venus d'Europe, et, après quelques générations, sa bosse s'efface entièrement. Il a le poil plus lisse, la jambe plus effilée et les cornes plus lon-

gues que ceux de l'Europe. J'ai vu, dit M. de Querhoënt, de
ces bœufs bossus qu'on amenoit de Madagascar, qui en avoient
d'une grandeur étonnante.

Le bison dont nous donnons ici la figure, et que nous avons
vu vivant, avoit été pris jeune dans les forêts des parties tempérées de l'Amérique septentrionale, ensuite amené en Europe; élevé en Hollande, et acheté par un Suisse qui le transportoit de ville en ville dans une espèce de grande cage, d'où
il ne sortoit point, et où il étoit même attaché par la tête avec
quatre cordes qui la lui tenoient étroitement assujettie. L'é-
norme crinière dont sa tête est entourée n'est pas du crin,
mais de la laine ondée et divisée par flocons pendants comme
une vieille toison. Cette laine est très fine, de même que celle
qui couvre la loupe et tout le devant du corps. Les parties qui
paroissent nues dans la gravure ne le sont que dans certains
temps de l'année, et c'est plutôt en été qu'en hiver; car, au
mois de janvier, toutes les parties du corps étoient à peu près
également couvertes d'une laine frisée très fine et très serrée,
sous laquelle la peau paroissoit d'un brun couleur de suie, au
lieu que, sur la bosse et sur les autres parties couvertes également d'une laine plus longue, la peau est de couleur tannée. Cette bosse ou loupe, qui est toute de chair, varie comme
l'embonpoint de l'animal. Il ne nous a paru différer de notre
bœuf d'Europe que par cette loupe et par la laine. Quoiqu'il fût
très contraint, il n'étoit pas féroce; il se laissoit toucher et
caresser par ceux qui le soignoient.

On doit croire qu'autrefois il y a eu des bisons dans le nord
de l'Europe; Gesner a même dit qu'il en existoit de son temps
en Écosse. Cependant, m'étant soigneusement informé de ce
dernier fait, on m'a écrit d'Angleterre et d'Écosse qu'on n'en
avoit pas de mémoire. M. Bell, dans son *Voyage de Russie
à la Chine*, parle de deux espèces de bœufs qu'il a vus dans
les parties septentrionales de l'Asie, dont l'une est l'aurochs
ou bœuf sauvage, de même race que nos bœufs, et l'autre,
dont nous avons donné l'indication d'après Gmelin sous le
nom de *vache de Tartarie* ou *vache grognante*, nous pa-

roît être de la même espèce que le bison. On en trouve la description dans notre ouvrage; et, après avoir comparé cette vache grognante avec le bison, j'ai trouvé qu'elle lui ressemble par tous les caractères, à l'exception du grognement au lieu du mugissement : mais j'ai présumé que ce grognement n'étoit pas une affection constante et générale, mais contingente et particulière, semblable à la grosse voix entrecoupée de nos taureaux, qui ne se fait entendre pleinement que dans le temps du rut; d'ailleurs j'ai été informé que le bison dont je donne la figure ne faisoit jamais retentir sa voix, et que quand même on lui causoit quelque douleur vive, il ne se plaignoit pas, en sorte que son maître disoit qu'il étoit muet; et on peut penser que sa voix se seroit développée de même par un grognement ou par des sons entrecoupés, si, jouissant de sa liberté et de la présence d'une femelle, il eût été excité par l'amour.

Au reste, les bœufs sont très nombreux en Tartarie et en Sibérie. Il y en a une fort grande quantité à Tobolsk, où les vaches courent les rues même en hiver, et dans les campagnes, où on en voit un nombre prodigieux en été. Nous avons dit qu'en Irlande les bœufs et les vaches manquent souvent de cornes : c'est surtout dans les parties méridionales de l'île, où les pâturages ne sont point abondants, et dans les pays maritimes, où les fourrages sont fort rares, que se trouvent ces bœufs et ces vaches sans cornes; nouvelle preuve que ces parties excédantes ne sont produites que par la surabondance de la nourriture. Dans ces endroits voisins de la mer, l'on nourrit les vaches avec du poisson cuit dans l'eau et réduit en bouillie par le feu. Ces animaux sont non-seulement accoutumés à cette nourriture, mais ils en sont même très friands; et leur lait n'en contracte, dit-on, ni mauvaise odeur ni goût désagréable.

Les bœufs et les vaches de Norwège sont en général fort petits; ils sont un peu plus grands dans les îles qui bordent les côtes de Norwège : différence qui provient de celle des pâturages, et aussi de la liberté qu'on leur donne de vivre dans ces îles sans contrainte; car on les laisse absolument libres, en prenant seulement la précaution de les faire accompagner de quelques beliers, accoutumés à chercher eux-mêmes leur nourriture pendant l'hiver. Ces beliers détournent la neige qui recouvre l'herbe, et les bœufs les font retirer pour en manger. Ils deviennent avec le temps si farouches, qu'il faut les prendre avec des cordes. Au reste, ces vaches demi-sauvages donnent fort peu de lait. Elles mangent, à défaut d'autre fourrage, de l'algue mêlée avec du poisson bien bouilli.

Il est assez singulier que les bœufs à bosse ou bisons, dont la race paroît s'être étendue depuis Madagascar et la pointe de l'Afrique, et depuis l'extrémité des Indes orientales jusqu'en Sibérie, dans notre continent, et que l'on a retrouvée dans l'autre continent, jusqu'aux Illinois, à la Louisiane, et même jusqu'au Mexique, n'aient jamais passé les terres qui forment l'isthme de Panama; car on n'a trouvé ni bœufs ni bisons dans aucune partie de l'Amérique méridionale, quoique le climat leur convînt parfaitement, et que les bœufs d'Europe y aient multiplié plus qu'en aucun lieu du monde. A Buenos-Ayres et à quelques degrés encore au-delà, ces animaux ont tellement multiplié et ont si bien rempli le pays, que personne ne daigne se les approprier; les chasseurs les tuent par milliers, et seulement pour avoir les cuirs et la graisse. On les chasse à cheval; on leur coupe les jarrets avec une espèce de hache, ou on les prend dans des lacets faits avec une forte courroie de cuir. Dans l'île de Sainte-Catherine, sur la côte du Brésil, on trouve quelques petits bœufs dont la chair est mollasse et désagréable au goût : ce qui vient, ainsi que leur petite taille, du défaut et de la mauvaise qualité de la nourriture; car, faute de fourrage, on les nourrit de calebasses sauvages.

En Afrique, il y a de certaines contrées où les bœufs sont en très grand nombre. Entre le cap Blanc et Serraléonne, on voit, dans les bois et sur les montagnes, des vaches sauvages ordinairement de couleur brune, et dont les cornes sont noires et pointues; elles multiplient prodigieusement, et le nombre en seroit infini si les Européens et les Nègres ne leur faisoient pas continuellement la guerre. Dans les provinces de Duguela et de Tremecen, et d'autres endroits de Barbarie, ainsi que dans les déserts de Numidie, on voit des vaches sauvages couleur de marron obscur, assez petites et fort légères à la course; elles vont par troupes quelquefois de cent ou de deux cents.

A Madagascar, les taureaux et les vaches de la meilleure espèce y ont été amenés des autres provinces de l'Afrique; ils ont une bosse sur le dos : les vaches donnent si peu de lait, qu'on pourroit assurer qu'une vache de Hollande en fournit six fois plus. Il y a dans cette île de ces bœufs à bosse ou bisons sauvages qui errent dans les forêts; la chair de ces bisons n'est pas si bonne que celle de nos bœufs. Dans les parties méridionales de l'Asie, on trouve aussi des bœufs sauvages; les chasseurs d'Agra vont les prendre dans la montagne de Nerwer, qui est environnée de bois : cette montagne est sur le chemin de Surate à Golconde. Ces vaches sauvages sont ordinairement belles, et se vendent fort cher.

Le zébu semble être un diminutif du bison, dont la race, ainsi que celle du bœuf, subit de très grandes variétés, surtout pour la grandeur. Le zébu, quoique originaire des pays très chauds, peut vivre et produire dans nos pays tempérés. « J'ai « vu, dit M. Collinson, grand nombre de ces animaux dans les « parcs de M. le duc de Richemond, de M. le duc de Portland, « et dans d'autres parcs; ils y multiplioient et faisoient des veaux « tous les ans, qui étoient les plus jolies créatures du monde : « les pères et mères venoient de la Chine et des Indes orientales. « La loupe qu'ils portent sur les épaules est une fois plus grosse « dans le mâle que dans la femelle, qui est aussi d'une taille « au-dessous de celle du mâle. Le petit zébu tette sa mère « comme les autres veaux tettent les vaches; mais le lait de la « mère zébu tarit bientôt dans notre climat, et on achève de « les nourrir avec de l'autre lait. On tua un de ces animaux « chez M. le duc de Richemond; mais la chair ne s'en est pas « trouvée si bonne que celle du bœuf [1]. »

[1] Extrait d'une lettre de feu M. Collinson à M. de Buffon, datée de Londres, le 30 décembre 1761.

Il se trouve aussi dans la race des bœufs sans bosse de très petits individus, et qui, comme le zébu, peuvent faire race particulière. Gemelli Carreri vit, sur la route d'Ispahan à Schiras, deux petites vaches que le bacha de la province envoyoit au roi, qui n'étoient pas plus grosses que des veaux. Ces petites vaches, quoique nourries de paille pour tout aliment, sont néanmoins fort grasses, et il m'a paru qu'en général les zébus ou petits bisons, ainsi que nos bœufs de la petite taille, ont le corps plus charnu et plus gras que les bisons et les bœufs de la taille ordinaire.

* Nous avons très peu de chose à ajouter à ce que nous avons dit du buffle; nous dirons seulement qu'au Mogol on les fait combattre contre les lions et les tigres, quoiqu'ils ne puissent guère se servir de leurs cornes. Ces animaux sont très nombreux dans tous les climats chauds, surtout dans les contrées marécageuses et voisines des fleuves. L'eau ou l'humidité du terrain paroissent leur être encore plus nécessaires que la chaleur du climat¹, et c'est par cette raison que l'on n'en trouve point en Arabie, dont presque toutes les terres sont arides. On chasse les buffles sauvages, mais avec grande précaution; car ils sont très dangereux et viennent à l'homme dès qu'ils sont blessés. Niébuhr rapporte, au sujet des buffles domestiques, « que dans quelques endroits, comme à Basra, « on a l'usage, lorsqu'on trait la femelle du buffle, de lui « fourrer la main jusqu'au coude dans la vulve, parce que « l'expérience a appris que cela leur faisoit donner plus de « lait; » ce qui ne paroît pas probable : mais il se pourroit que la femelle du buffle fît, comme quelques-unes de nos vaches, des efforts pour retenir son lait, et que cette espèce d'opération douce relâchât la contraction de ses mamelles.

Dans les terres du cap de Bonne-Espérance, le buffle est de la grandeur du bœuf pour le corps, mais il a les jambes plus courtes, la tête plus large : il est fort redouté. Il se tient souvent à la lisière des bois; et comme il a la vue mauvaise, il y

---

¹ J'ai dit ailleurs que les buffles réussiroient en France. On vient de tenter de les faire multiplier dans le Brandebourg, près de Berlin.

reste la tête baissée pour pouvoir mieux distinguer les objets
entre les pieds des arbres; et lorsqu'il aperçoit à sa portée
quelque chose qui l'inquiète, il s'élance dessus en poussant
des mugissements affreux, et il est fort difficile d'échapper à
sa fureur; il est moins à craindre dans la plaine. Il a le poil
roux et noir en quelques endroits. On en voit de nombreux
troupeaux.

Sur le Zébu.

* J'ai déja fait mention de ce petit bœuf à l'article du *buffle;*
mais comme il en est arrivé un à la Ménagerie du Roi depuis
l'impression de cet article, nous sommes en état d'en parler
encore plus positivement, et d'en donner ici la figure faite
d'après nature. J'ai aussi reconnu, en faisant de nouvelles recherches, que ce petit bœuf, auquel j'ai donné le nom de
zébu, est vraisemblablement le même animal qui se nomme
lant ou *dant* en Numidie, et dans quelques autres provinces
septentrionales de l'Afrique, où il est très commun; et enfin
que ce même nom *dant,* qui ne devoit appartenir qu'à l'animal dont il est ici question, a été transporté, d'Afrique en
Amérique, à un autre animal qui ne ressemble à celui-ci que
par la grandeur du corps, et qui est d'une tout autre espèce.
Ce *dant* d'Amérique est le *tapir* ou le *maïpouri;* et pour
qu'on ne le confonde pas avec le *dant* d'Afrique, qui est notre
zébu, nous en donnerons l'histoire dans ce volume.

LE MOUFLON [1].

Ovis Ammon. L.

ET LES AUTRES BREBIS ÉTRANGÈRES.

Les espèces les plus foibles des animaux utiles ont été réduites les premières en domesticité. L'on a soumis la brebis et la chèvre avant d'avoir dompté le cheval, le bœuf ou le chameau : on les a aussi transportées plus aisément de climats en climats ; de là le grand nombre de variétés qui se trouvent dans ces deux espèces, et la difficulté de reconnoître quelle est la vraie souche de chacune. Il est certain, comme nous l'avons prouvé, que notre brebis domestique, telle qu'elle existe aujourd'hui, ne pourroit subsister d'elle-même, c'est-à-dire sans le secours de l'homme : il est donc également certain que la nature ne l'a pas produite telle qu'elle est, mais que c'est entre nos mains qu'elle a dégénéré. Il faut par conséquent chercher parmi les animaux sauvages ceux dont elle approche le plus ; il faut la comparer avec les brebis domestiques des pays étrangers ; exposer en même temps les différentes causes d'altération, de changement et de dégénération, qui ont dû influer sur l'espèce, et voir enfin si nous ne pourrons pas, comme dans celle du bœuf, en rapporter toutes les variétés, toutes les espèces prétendues, à une race primitive.

Notre brebis, telle que nous la connoissons, ne se trouve qu'en Europe et dans quelques provinces tempérées de l'Asie. Transportée dans les pays plus chauds, comme en Guinée, elle perd sa laine et se couvre de poil ; elle y multiplie peu, et sa

---

[1] Mot dérivé de l'italien *muflone*, nom de cet animal dans les îles de Corse et de Sardaigne : en grec, μούσμων, selon Strabon ; en latin, *musmon* ou *musimon* ; en Sibérie, *stepnie-barani*, c'est-à-dire *mouton sauvage*, selon Gmelin ; dans la Tartarie, chez les Monguls, *argali*, selon le même Gmelin.

chair n'a plus le même goût. Dans les pays très froids elle ne peut subsister; mais on trouve dans ces mêmes pays froids, et surtout en Islande, une race de brebis à plusieurs cornes, à queue courte, à laine dure et épaisse, au-dessous de laquelle, comme dans presque tous les animaux du Nord, se trouve une seconde fourrure d'une laine plus douce, plus fine et plus touffue : dans les pays chauds, au contraire, on ne voit ordinairement que des brebis à cornes courtes et à queue longue, dont les unes sont couvertes de laine, les autres de poil, et d'autres encore de poil mêlé de laine. La première de ces brebis des pays chauds est celle que l'on appelle communément *mouton de Barbarie, mouton d'Arabie*, laquelle ressemble entièrement à notre brebis domestique, à l'exception de la queue, qui est si fort chargée de graisse, que souvent elle est large de plus d'un pied, et pèse plus de vingt livres. Au reste, cette brebis n'a rien de remarquable que sa queue, qu'elle porte comme si on lui avait attaché un coussin sur les fesses. Dans cette race de brebis à grosse queue, il s'en trouve qui l'ont si courte et si pesante, qu'on leur donne une petite brouette pour la soutenir en marchant. Dans le Levant, cette brebis est couverte d'une très belle laine; dans les pays plus chauds, comme à Madagascar et aux Indes, elle est couverte de poil. La surabondance de la graisse, qui dans nos moutons se fixe sur les reins, descend dans ces brebis sous les vertèbres de la queue; les autres parties du corps en sont moins chargées que dans nos moutons gras. C'est au climat, à la nourriture et aux soins de l'homme qu'on doit rapporter cette variété; car ces brebis à large ou longue queue sont domestiques comme les nôtres, et même elles demandent beaucoup plus de soin et de ménagement. La race en est beaucoup plus répandue que celle de nos brebis : on la trouve communément en Tartarie, en Perse, en Syrie, en Égypte, en Barbarie, en Éthiopie, au Mosambique, à Madagascar, et jusqu'au cap de Bonne-Espérance.

On voit dans les îles de l'Archipel, et principalement dans l'île de Candie, une race de brebis domestiques, de laquelle Belon a donné la figure et la description sous le nom de *strep-*

sicheros. Cette brebis est de la taille de nos brebis ordinaires; elle est, comme celles-ci, couverte de laine, et elle n'en diffère que par les cornes, qu'elle a droites et cannelées en spirale.

Enfin, dans les contrées les plus chaudes de l'Afrique et des Indes, on trouve une race de grandes brebis à poil rude, à cornes courtes, à oreilles pendantes, avec une espèce de fanon et des pendants sous le cou. Léon l'Africain et Marmol la nomment *adimain,* et les naturalistes la connoissent sous les noms de *belier du Sénégal, belier de Guinée, brebis d'Angola,* etc. Elle est domestique comme les autres, et sujette de même à des variétés. Nous donnons ici la figure de ces deux brebis, qui, quoique différentes entre elles par des caractères particuliérs, se ressemblent à tant d'autres égards, qu'on ne peut guère douter qu'elles ne soient de la même race. C'est de toutes les brebis domestiques celle qui paroît approcher le plus de l'état de nature; elle est plus grande, plus forte, plus légère, et par conséquent plus capable qu'aucune autre de subsister par elle-même. Mais comme on ne la trouve que dans les pays plus chauds, qu'elle ne peut souffrir le froid, et que dans son propre climat elle n'existe pas par elle-même comme animal sauvage, qu'au contraire elle ne subsiste que par le soin de l'homme, qu'elle n'est qu'animal domestique, on ne peut pas la regarder comme la souche première ou la race primitive, de laquelle toutes les autres auroient tiré leur origine.

En considérant donc, dans l'ordre du climat, les brebis qui sont purement domestiques, nous avons, 1° la brebis du Nord à plusieurs cornes, dont la laine est rude et fort grossière. Les brebis d'Islande, de Gothlande, de Moscovie et de plusieurs autres endroits du nord de l'Europe, ont toutes la laine grosse, et paroissent être de cette même race.

2° Notre brebis, dont la laine est très belle et fort fine dans les climats doux de l'Espagne et de la Perse, mais qui, dans les pays très chauds, se change en un poil assez rude. Nous avons déja observé cette conformité de l'influence des climats de l'Espagne et du Chorason, province de Perse, sur le poil des chèvres, des chats, des lapins, et elle agit de même sur la laine des brebis, qui est très belle en Espagne, et plus belle encore dans cette partie de la Perse.

3° La brebis à grosse queue, dont la laine est aussi fort belle dans les pays tempérés, tels que la Perse, la Syrie, l'Égypte; mais qui, dans des climats plus chauds, se change en poil plus ou moins rude.

4° La brebis *strepsicheros* ou *mouton de Crète*, qui porte de la laine comme les nôtres et leur ressemble, à l'exception des cornes, qui sont droites et cannelées en vis.

5° L'*adimain*, ou *la grande brebis du Sénégal et des Indes*, qui nulle part n'est couverte de laine, et porte au contraire un poil plus ou moins court et plus ou moins rude, suivant la chaleur du climat. Toutes ces brebis ne sont que des variétés d'une seule et même espèce, et produiroient certainement toutes les unes avec les autres, puisque le bouc, dont l'espèce est bien plus éloignée, produit avec nos brebis, comme nous nous en sommes assurés par l'expérience. Mais quoique ces cinq ou six races de brebis domestiques soient toutes des variétés de la même espèce, entièrement dépendantes de la différence du climat, du traitement et de la nourriture, aucune de ces races ne paroît être la souche primitive et commune de toutes; aucune n'est assez forte, assez légère, assez vive, pour résister aux animaux carnassiers, pour les éviter, pour les fuir : toutes ont également besoin d'abri, de soin, de protection; toutes doivent donc être regardées comme des races dégénérées, formées des mains de l'homme, et par lui propagées pour son utilité. En même temps qu'il aura nourri, cultivé, multiplié ces races domestiques, il aura négligé, chassé, détruit la race sauvage, plus forte, moins traitable, et par conséquent plus incommode et moins utile : elle ne se trouvera donc plus qu'en petit nombre dans quelques endroits moins habités où elle aura pu se maintenir. Or on trouve dans les montagnes de Grèce, dans les îles de Chypre, de Sardaigne, de Corse, et dans les déserts de la Tartarie, l'animal que nous avons nommé *mouflon*, et qui nous paroît être la souche primitive de toutes les brebis. Il

existe dans l'état de nature, il subsiste et se multiplie sans le
secours de l'homme; il ressemble, plus qu'un autre animal
sauvage, à toutes les brebis domestiques; il est plus vif, plus
fort et plus léger qu'aucune d'entre elles; il a la tête, le front,
les yeux et toute la face du belier; il lui ressemble aussi par
la forme des cornes et par l'habitude entière du corps; enfin
il produit avec la brebis domestique, ce qui seul suffiroit pour
démontrer qu'il est de la même espèce, et qu'il en est la souche.
La seule disconvenance qu'il y ait entre le mouflon et nos
brebis, c'est qu'il est couvert de poil, et non de laine : mais
nous avons vu que, même dans les brebis domestiques, la
laine n'est pas un caractère essentiel; que c'est une production
du climat tempéré, puisque dans les pays chauds ces mêmes
brebis n'ont point de laine et sont toutes couvertes de poil, et
que dans les pays très froids leur laine est encore aussi grossière, aussi rude que le poil. Dès lors il n'est pas étonnant que
la brebis originaire, la brebis primitive et sauvage, qui a dû
souffrir le froid et le chaud, vivre et se multiplier sans abri
dans les bois, ne soit pas couverte d'une laine qu'elle auroit
bientôt perdue dans les broussailles, d'une laine que l'exposition continuelle à l'air et l'intempérie des saisons auroient en
peu de temps altérée et changée de nature. D'ailleurs, lorsqu'on fait accoupler le bouc avec la brebis domestique, le produit est une espèce de mouflon; car c'est un agneau couvert
de poil. Ce n'est point un mulet infécond; c'est un métis qui
remonte à l'espèce originaire, et qui paroît indiquer que nos
chèvres et nos brebis domestiques ont quelque chose de commun dans leur origine; et comme nous avons reconnu par
l'expérience que le bouc produit aisément avec la brebis, mais
que le belier ne produit point avec la chèvre, il n'est pas douteux que dans ces animaux, toujours considérés dans leur état
de dégénération et de domesticité, la chèvre ne soit l'espèce
dominante, et la brebis l'espèce subordonnée, puisque le bouc
agit avec puissance sur la brebis, et que le belier est impuissant
à produire avec la chèvre. Ainsi notre brebis domestique est
une espèce bien plus dégénérée que celle de la chèvre, et il y

a tout lieu de croire que si l'on donnoit à la chèvre le mouflon au lieu du belier domestique, elle produiroit des chevreaux qui remonteroient à l'espèce de la chèvre, comme les agneaux produits par le bouc et la brebis remontent à l'espèce du belier.

Je sens que les naturalistes qui ont établi leurs méthodes, et, j'ose dire, fondé toutes leurs connoissances en histoire naturelle sur la distinction de quelques caractères particuliers, pourront faire ici des objections, et je vais tâcher d'y répondre d'avance. Le premier caractère des moutons, diront-ils, est de porter de la laine, et le premier caractère des chèvres est d'être couvertes de poil : le second caractère des beliers est d'avoir les cornes courbées en cercle et tournées en arrière ; celui des boucs est de les avoir plus droites et tournées en haut. Ce sont là, diront-ils, les marques distinctes et les signes infaillibles auxquels on reconnoîtra toujours les brebis et les chèvres ; car ils ne pourront se dispenser d'avouer en même temps que tout le reste leur est commun : les unes et les autres n'ont point de dents incisives à la mâchoire supérieure, et en ont huit à l'inférieure ; les unes et les autres n'ont point de dents canines : ces deux espèces ont également le pied fourchu ; elles ont des cornes simples et permanentes ; toutes deux ont les mamelles dans la même région du ventre, toutes deux vivent d'herbes et ruminent. Leur organisation intérieure est encore bien plus semblable, car elle paroit être absolument la même dans ces deux animaux ; le même nombre et la même forme pour les estomacs, la même disposition de viscères et d'intestins, la même substance dans la chair, la même qualité particulière dans la graisse et dans la liqueur séminale, le même temps pour la gestation, le même temps encore pour l'accroissement et pour la durée de la vie. Il ne reste donc que la laine et les cornes par lesquelles on puisse différencier ces espèces. Mais, comme nous l'avons déja fait sentir, la laine est moins une substance de la nature qu'une production du climat, aidé des soins de l'homme, et cela est démontré par le fait. La brebis des pays chauds, la brebis des pays froids, la brebis sauvage, n'ont point de laine, mais du poil; d'autre côté, les chèvres dans des climats très doux ont plutôt de la laine que du poil, car celui de la chèvre d'Angora est plus beau et plus fin que la laine de nos moutons. Ce caractère n'est donc pas essentiel; il est purement accidentel et même équivoque, puisqu'il peut également appartenir ou manquer à ces deux espèces, suivant les différents climats. Celui des cornes paroît être encore moins certain; elles varient pour le nombre, pour la grandeur, pour la forme et pour la direction. Dans nos brebis domestiques, les beliers ont ordinairement des cornes et les brebis n'en ont point. Cependant j'ai souvent vu dans nos troupeaux des beliers sans cornes et des brebis avec des cornes; j'ai non-seulement vu des brebis avec deux cornes, mais même avec quatre. Les brebis du Nord et d'Islande en ont quelquefois jusqu'à huit. Dans les pays chauds, les beliers n'en ont que deux très courtes, et souvent ils en manquent ainsi que les brebis. Dans les uns, les cornes sont lisses et rondes; dans les autres, elles sont cannelées et aplaties : la pointe, au lieu d'être tournée en arrière, est quelquefois tournée en dehors ou en devant, etc. Ce caractère n'est donc pas plus constant que le premier, et par conséquent il ne suffit pas pour établir des espèces différentes ». La grosseur et la longueur de la queue ne suffisent pas non

---

¹ M. Linnæus a fait avec raison six variétés et non pas six espèces dans la brebis domestique : 1° *Ovis rustica cornuta* ; 2° *Anglica mutica, caudâ scrotoque ad genua pendulis* ; 3° *Hispanica cornuta, spirâ extrorsum tractâ* ; 4° *polycerata è Gothlandiâ* ; 5° *Africana pro lanâ pilis brevibus hirta* ; 6° *laticauda platyura Arabica*. (Linn. *Syst. nat.* edit. X, page 70.) Toutes ces brebis ne sont en effet que des variétés, auxquelles cet auteur auroit dû joindre l'*adimain* ou *belier de Guinée*, et le *trepsicheros de Candie*, dont il fait deux espèces différentes entre elles et différentes de nos brebis; et de même, s'il eût vu le mouflon, et qu'il eût été informé qu'il produit avec la brebis, ou qu'il eût seulement consulté le passage de Pline au sujet du *musimon*, il ne l'auroit pas mis dans le genre des chèvres, mais dans celui des brebis. M. Brisson a non-seulement placé de même le mouflon parmi les chèvres, mais il y a encore placé le *strepsicheros*, qu'il appelle *Hircus laniger* ; et de plus il a fait quatre espèces distinctes de la brebis domestique couverte de laine, de la brebis domestique couverte de poil dans les pays chauds, de la brebis à large queue, et de la brebis à longue queue. Nous réduisons, comme l'on voit, quatre espèces selon M. Linnæus, et sept espèces suivant M. Brisson, à une seule.

plus pour constituer des espèces, puisque cette queue est, pour ainsi dire, un membre artificiel qu'on fait grossir plus ou moins par l'assiduité des soins et l'abondance de la bonne nourriture, et que d'ailleurs nous voyons, dans nos brebis domestiques, des races, telles que certaines brebis anglaises, qui ont la queue très longue en comparaison des brebis ordinaires. Cependant les naturalistes modernes, uniquement appuyés sur ces différences des cornes, de la laine et de la grosseur de la queue, ont établi sept ou huit espèces différentes dans le genre des brebis. Nous les avons toutes réduites à une ; du genre entier nous ne faisons qu'une espèce ; et cette réduction nous paroît si bien fondée, que nous ne craignons pas qu'elle soit démentie par des observations ultérieures. Autant il nous a paru nécessaire, en composant l'histoire des animaux sauvages, de les considérer en eux-mêmes un à un et indépendamment d'aucun genre, autant croyons-nous, au contraire, qu'il faut adopter, étendre les genres dans les animaux domestiques, et cela parce que dans la nature il n'existe que des individus et des suites d'individus, c'est-à-dire des espèces ; que nous n'avons pas influé sur celles des animaux indépendants, et qu'au contraire nous avons altéré, modifié, changé celles des animaux domestiques. Nous avons donc fait des genres physiques et réels, bien différents de ces genres métaphysiques et arbitraires qui n'ont jamais existé qu'en idée. Ces genres physiques sont réellement composés de toutes les espèces que nous avons maniées, modifiées et changées ; et comme toutes ces espèces, différemment altérées par la main de l'homme, n'ont cependant qu'une origine commune et unique dans la nature, le genre entier ne doit former qu'une espèce. En écrivant, par exemple, l'histoire des tigres, nous avons admis autant d'espèces différentes de tigres qu'il s'en trouve en effet dans toutes les parties de la terre, parce que nous sommes très certains que l'homme n'a jamais manié ni changé les espèces de ces animaux intraitables, qui subsistent toutes telles que la nature les a produites. Il en est de même de tous les autres animaux libres et indépendants. Mais en faisant l'histoire des bœufs ou

des moutons, nous avons réduit tous les bœufs à un seul bœuf,
et tous les moutons à un seul mouton, parce qu'il est également
certain que c'est l'homme, et non pas la nature, qui a produit
les différentes races dont nous avons fait l'énumération. Tout
concourt à appuyer cette idée, qui, quoique lumineuse par
elle-même, ne sera peut-être pas assez sentie. Tous les bœufs
produisent ensemble; les expériences de M. de La Nux et les
témoignages de MM. Mentzelius et Kalm nous en ont assurés.
Toutes les brebis produisent entre elles, avec le mouflon et
même avec le bouc; mes propres expériences me l'ont appris.
Tous les bœufs ne font qu'une espèce, et toutes les brebis n'en
font qu'une autre, quelque étendu qu'en soit le genre.

Je ne me lasserai jamais de répéter (vu l'importance de la
chose) que ce n'est pas par de petits caractères particuliers que
l'on peut juger la nature, et qu'on doit en différencier les espèces; que les méthodes, loin d'avoir éclairci l'histoire des
animaux, n'ont au contraire servi qu'à l'obscurcir, en multipliant les dénominations, et les espèces autant que les dénominations, sans aucune nécessité, en faisant des genres arbitraires
que la nature ne connoît pas, en confondant perpétuellement
les êtres réels avec des êtres de raison, en ne nous donnant
que de fausses idées de l'essence des espèces, en les mêlant ou
les séparant sans fondement, sans connoissance, souvent sans
avoir observé ni même vu les individus, et que c'est par cette
raison que nos nomenclateurs se trompent à tout moment, et
écrivent presque autant d'erreurs que de lignes : nous en avons
déja donné un si grand nombre d'exemples, qu'il faudroit une
prévention bien aveugle pour pouvoir en douter. M. Gmelin
parle très sensément sur ce sujet, et à l'occasion même de l'a-
nimal dont il est question[1].

___

[1] « Les *argali* ou *stepnie-barani*, qui occupent, dit-il, les montagnes de
« la Sibérie méridionale, depuis le fleuve Irtisch jusqu'au Kamtschatka, sont
« des animaux extrêmement vifs, et cette vivacité semble les exclure de la
« classe des moutons et les ranger plutôt dans la classe des cerfs. J'en joindrai
« ici une courte description, qui fera voir que ni la vivacité ni la lenteur, ni
« la laine ni le poil dont l'animal est couvert, ni les cornes courbes ni les
« droites, ni les cornes permanentes ni celles que l'animal jette tous les ans,

Nous sommes convaincus, comme le dit M. Gmelin, qu'on ne peut acquérir des connoissances de la nature qu'en faisant un usage réfléchi de ses sens, en voyant, en comparant et en se refusant en même temps la liberté téméraire de faire des

« ne sont des marques suffisamment caractéristiques par lesquelles la nature
« distingue ses classes; elle aime la variété, et je suis persuadé que, si nous
« savions bien gouverner nos sens, ils nous conduiroient souvent à des
« marques beaucoup plus essentielles touchant la différence des animaux,
« que ne nous les apprennent communément les lumières de notre raison, qui
« presque toujours ne touchent ces marques distinctives que très superficielle-
« ment. La forme extérieure de l'animal, quant à la tête, au cou, aux pattes
« et à la queue courte, s'accorde avec celle du cerf, à qui cet animal ressemble
« aussi, comme je l'ai déjà dit, par sa vivacité, si bien qu'on diroit volontiers
« qu'il est encore plus sauvage. L'animal que j'ai vu étoit réputé d'avoir trois
« ans, et cependant dix hommes n'osèrent l'attaquer pour le dompter. Le
« plus gros de cette espèce approche de la taille d'un daim : celui que j'ai vu
« avoit, de la terre jusqu'au haut de la tête, une aune et demie de Russie de
« haut ; sa longueur, depuis l'endroit d'où naissent les cornes, étoit d'une aune
« trois quarts. Les cornes naissent au-dessus et tout près des yeux, droit
« devant les oreilles; elles se courbent d'abord en arrière, et ensuite en avant,
« comme un cercle; l'extrémité est tournée un peu en haut et en dehors : de-
« puis leur naissance jusqu'à peu près de la moitié, elles sont fort ridées;
« plus haut elles sont plus unies, sans cependant l'être tout-à-fait. C'est
« vraisemblablement de cette forme des cornes que les Russes ont pris occa-
« sion de donner à cet animal le nom de *mouton sauvage*. Si l'on peut s'en
« rapporter aux récits des habitants de ces cantons, toute sa force consiste
« dans ses cornes. On dit que les béliers de cette espèce se battent souvent en
« se poussant les uns les autres avec les cornes, et se les abattent quelquefois ;
« en sorte qu'on trouve souvent, sur la *steppe*, de ces cornes dont l'ouverture
« auprès de la tête est assez grande pour que les petits renards des *steppes*
« se servent souvent de ces cavités pour s'y retirer. Il est aisé de calculer la
« force qu'il faut pour abattre une pareille corne, puisque ces cornes, tant
« que l'animal est vivant augmentent continuellement d'épaisseur et de
« longueur, et que l'endroit de leur naissance au crâne acquiert toujours une
« plus grande dureté. On prétend qu'une corne bien venue, en prenant la
« mesure selon sa courbure, a jusqu'à deux aunes de long, qu'elle pèse entre
« trente et quarante livres de Russie, et qu'à sa naissance elle est de l'épais-
« seur du poing. Les cornes de celui que j'ai vu étoient d'un jaune blanchâtre :
« mais plus l'animal vieillit, plus ses cornes tirent vers le brun et le noirâtre.
« Il porte ses oreilles extrêmement droites; elles sont pointues et passable-
« ment larges. Les pieds ont des sabots fendus, et les pattes de devant ont
« trois quarts d'aune de haut ; celles de derrière en ont davantage ; quand
« l'animal se tient debout dans la plaine, ses pattes de devant sont toujours
« étendues et droites; celles de derrière sont courbées, et cette courbure
« semble diminuer, plus les endroits par où l'animal passe sont escarpés. Le
« cou a quelques plis pendants. La couleur de tout le corps est grisâtre mêlé
« de brun : le long du dos il y a une raie jaunâtre, ou plutôt roussâtre, ou

méthodes, de petits systèmes nouveaux, dans lesquels on classe des êtres que l'on n'a jamais vus, et dont on ne connoît que le nom; nom souvent équivoque, obscur, mal appliqué, et dont le faux emploi confond les idées dans le vague des mots, et noie la vérité dans le courant de l'erreur. Nous sommes aussi très convaincus, après avoir vu des mouflons vivants, et après les avoir comparés à la description ci-dessus de M. Gmelin, que l'argali est le même animal. Nous avons dit qu'on le trouve

« couleur de renard, et l'on voit cette même couleur au derrière, en dedans
« des pattes et au ventre, où elle est un peu plus pâle. Cette couleur dure de-
« puis le commencement d'août, pendant l'automne et l'hiver; jusqu'au prin-
« temps, à l'approche duquel ces animaux muent, et deviennent partout plus
« roussâtres. La deuxième mue arrive vers la fin de juillet : telle est la figure
« des beliers. Les chèvres ou femelles sont toujours plus petites; et quoi-
« qu'elles aient pareillement des cornes, ces cornes sont très petites et minces
« en comparaison de celles que je viens de décrire, et même ne grossissent
« guère avec l'âge. Elles sont toujours à peu près droites, n'ont presque point
« de rides, et ont à peu près la forme de celles de nos boucs privés.
« Les parties intérieures, dans ces animaux, sont conformées comme dans
« les autres bêtes qui ruminent : l'estomac est composé de quatre cavités
« particulières, et la vessie du fiel est très considérable. Leur chair est bonne
« à manger, et a à peu près le goût du chevreuil; la graisse surtout a un
« goût délicieux, comme je l'ai déja remarqué ci-dessus, sur le témoignage
« des nations du Kamtschatka. La nourriture de l'animal est de l'herbe. Ils
« s'accouplent en automne et au printemps : ils font un ou deux petits.
« Par le poil, le goût de la chair, la forme et la vivacité, l'animal appar-
« tient à la classe des cerfs et des biches; les cornes permanentes, qui ne
« tombent pas, l'excluent de cette classe : les cornes courbées en cercle lui
« donnent quelque ressemblance avec les moutons; le défaut de laine et la
« vivacité l'en distinguent absolument : le poil, le séjour sur les rochers et
« hauteurs, et les fréquents combats, rapprochent assez cet animal de la
« classe des capricornes; le défaut de barbe et les cornes courbes leur re-
« fusent cette classe. Ne pourroit-on pas plutôt regarder cet animal comme
« formant une classe particulière, et le reconnoître pour le musimon des
« anciens? En effet, il ressemble singulièrement à la description qu'en donne
« Pline, et encore mieux le savant Gesner. »

Ce passage est tiré de la version russe, imprimée à Pétersbourg en 1755, en deux volumes in-4°, de la *Relation d'un voyage par terre au Kamts-chatka*, par MM. Muller, de La Croière et Gmelin, auteur de l'ouvrage, dont l'original est en allemand. La traduction m'a été communiquée par M. de L'isle, de l'académie des Sciences. Il est à désirer qu'il la donne bientôt au public. Cette relation, curieuse par elle-même, est en même temps écrite par un homme de bon sens et très versé dans l'histoire naturelle.

24.

en arrière ; en sorte que, quand on la poursuit, elle cherche toujours à grimper et jamais à descendre. Cette indication, qui nous a été donnée par M. Commerson, est trop succincte pour qu'on puisse dire si cette chèvre est de la même race que celle de Syrie, ou si c'est une race différente qui auroit également les oreilles pendantes.

M. le vicomte de Querhoent nous a communiqué la note suivante :

« Les chèvres et les cabris qu'on a lâchés à l'île de l'Ascension y ont beaucoup multiplié ; mais ils sont fort maigres, surtout dans la saison sèche. Toute l'île est battue des sentiers qu'ils ont faits ; ils se retirent la nuit dans les excavations des montagnes ; ils ne sont pas tout-à-fait aussi grands que les chèvres et les cabris ordinaires ; ils sont si peu vigoureux, qu'on les prend quelquefois à la course ; ils ont presque tous le poil d'un brun foncé. »

LE BELIER ET LA BREBIS
DE VALACHIE.

Nous donnons aussi la figure (*planche* 2) d'un belier et d'une brebis dont le dessin m'a été envoyé par feu M. Collinson, de la Société royale de Londres, sous les noms de *Valachian ram* et *Valachian ewe,* c'est-à-dire belier et brebis de Valachie. Comme cet habile naturaliste est décédé peu de temps après, je n'ai pu savoir si cette race de brebis, dont les cornes sont d'une forme assez différente de celle des autres, est commune en Valachie, ou si ce ne sont que deux individus qui se sont trouvés par hasard différer de l'espèce commune des beliers et des brebis de ce même pays.

LE BELIER DE TUNIS.

Nous donnons aussi la figure (*planche* 4) d'un belier que l'on montroit à la foire Saint-Germain, en 1774, sous le nom de *belier du cap de Bonne-Espérance.* Ce même belier avoit été présenté au public, l'année précédente, sous le nom de *belier du Mogol à grosse queue;* mais nous avons su qu'il avoit été acheté à Tunis, et nous avons jugé que c'étoit en effet un belier de Barbarie, qui ne diffère de celui dont nous avons donné la figure que par la queue, qui est beaucoup plus courte, et en même temps plus plate et plus large à la partie supérieure. La tête est aussi proportionnellement plus grosse, et tient de celle du belier des Indes; le corps est bien couvert de laine, et les jambes sont courtes, même en comparaison de nos moutons; les cornes sont aussi de forme et de grandeur un peu différentes de celles du mouton de Barbarie. Nous l'avons nommé *belier de Tunis,* pour le distinguer de l'autre; mais nous sommes persuadés que tous deux sont du même pays de la Barbarie, et de races très voisines [1].

LE MORVANT DE LA CHINE.

Enfin nous donnons aussi la description d'un belier que l'on montroit de même à la foire Saint-Germain, en 1774, sous le

[1] Le belier de Tunis diffère de ceux de notre pays, non-seulement par sa grosse et large queue, mais encore par ses proportions : il est plus bas des jambes, et sa tête paroît forte et plus arquée que celle de nos beliers; sa lèvre inférieure descend en pointe au bout de la mâchoire, et fait le bec de lièvre. Ses cornes, qui font la volute, vont en arrière; elles ont six pouces mesurées en ligne droite, et dix pouces une ligne de circonvolution, sur deux pouces deux lignes de grosseur à l'origine; elles sont blanches et annelées de rides, comme dans les autres beliers. Les cornes qui passent par-dessus les oreilles les rendent pendantes; elles sont larges, et finissent en pointe. Cet animal domestique est fort laineux, surtout sur le ventre, les cuisses, le cou et la queue. Sa laine a plus de six pouces de long en bien des endroits; elle est blanche en général, à l'exception qu'il y a du fauve foncé sur les oreilles, et que la plus grande partie de la tête et les pieds sont aussi d'un fauve foncé tirant sur le brun. Ce que ce belier a de singulier, c'est la queue, qui lui couvre tout le derrière : elle a onze pouces de large, sur treize pouces neuf lignes de long; son épaisseur est de trois pouces onze lignes; cette partie charnue est ronde, et finit en pointe (par une petite vertèbre, qui a quatre pouces trois lignes de longueur), en passant sous le ventre entre les jambes ou tombant tout droit : pour lors, le floc de laine du bout de la queue semble toucher à terre. Cette queue est comme méplate dessus comme dessous; s'enfonce dans le milieu, et y forme comme une foible gouttière : le dessus de cette queue, et la plus grande partie de son épaisseur, sont

nom de *morvant de la Chine*. Ce belier est singulier en ce qu'il porte sur le cou une espèce de crinière, et qu'il a sur le poitrail et sur le cou de très grands poils, qui pendent et forment une espèce de longue cravate, mêlée de poils roux et de poils gris, longs d'environ dix pouces, et rudes au toucher. Il porte sur le cou une crinière de poils droits, assez peu épaisse, couverts de grande laine blanche; mais le dessous de cette même queue est sans poil et d'une chair fraiche, de sorte que, quand on lève cette queue, on croiroit voir une partie des fesses d'un enfant.

	pieds.	pouc.	lign
La longueur de son corps, mesuré en ligne droite depuis le bout du museau jusqu'à l'anus, est de.	3	9	»
Longueur de la tête depuis le bout du museau jusqu'à l'origine des cornes.	»	7	11
Longueur de l'œil d'un angle à l'autre	»	1	2
Distance entre les angles antérieurs des yeux.	»	3	9
Distance entre l'angle antérieur et le bout des lèvres.	»	5	10
Longueur des oreilles	»	5	1
Largeur de la base.	»	1	5
Distance entre les oreilles et les cornes.	»	1	1
Distance entre les deux oreilles, prise en bas	»	4	6
Longueur du cou.	»	10	»
Circonférence près de la tête.	1	6	4
Hauteur du train de devant.	2	»	»
Hauteur du train de derrière	2	2	1
Circonférence du corps, prise derrière les jambes de devant.	3	2	6
Circonférence à l'endroit le plus gros.	3	8	2
Circonférence devant les jambes de derrière	3	4	4
Longueur du tronçon de la queue.	1	1	9
Sa largeur.	»	11	»
Longueur du bras depuis le coude jusqu'au genou.	»	7	9
Longueur du canon.	»	5	6
Longueur du paturon.	»	1	6
Circonférence de la couronne	»	4	1
Hauteur depuis le bas du pied jusqu'au genou.	1	4	6
Longueur de la cuisse depuis la rotule jusqu'au jarret.	1	»	3
Longueur du canon depuis le jarret jusqu'au boulet.	»	6	8
Longueur des ergots.	»	2	1
Hauteur des sabots.	»	1	8
Longueur depuis la pince jusqu'au talon, dans les pieds de devant.	»	3	2
Longueur dans les pieds de derrière	»	2	5
Longueur des deux sabots pris ensemble dans les pieds de devant.	»	1	10
Largeur dans les pieds de derrière	»	1	8

mais qui s'étend jusque sur le milieu du dos. Ces poils sont de la même couleur et consistance que ceux de la cravate ; seulement ils sont plus courts et mêlés de poils bruns et noirs. La laine dont le corps est couvert est un peu frisée, et douce au toucher à son extrémité; mais elle est droite et rude dans la partie qui avoisine la peau de l'animal : en général elle est longue d'environ trois pouces, et d'un jaune clair. Les jambes sont d'un roux foncé; la tête est tachetée de teintes plus ou moins fauves ; la queue est fauve et blanche en plus grande partie, et, pour la forme, elle ressemble assez à la queue d'une vache, étant bien fournie de poil vers l'extrémité. Ce belier est plus bas de jambes que les autres beliers auxquels on pourroit le comparer. C'est à celui des Indes qu'il ressemble, plus qu'à aucun autre. Son ventre est fort gros et n'est élevé de terre que de quatorze pouces neuf lignes [1]. M. de Sève, qui a pris les

	pieds.	pouc.	lig.
[1] Longueur du corps mesuré en ligne droite du museau à l'anus.	3	7	1
Longueur du corps en ligne superficielle.	4	3	»
Hauteur du train de devant.	2	9	9
Hauteur du train de derrière.	2	8	»
Longueur de la tête depuis le bout du museau jusqu'à l'origine des cornes	»	8	»
Longueur de l'œil d'un angle à l'autre	»	1	3
Distance entre les angles antérieurs des yeux	»	3	10
Distance entre l'angle antérieur et le bout des lèvres	»	6	»
Longueur des oreilles.	»	6	3
Largeur de la base.	»	1	6
Distance entre les oreilles et les cornes	»	»	7
Distance entre les oreilles, prise en bas	»	1	4
Longueur du cou.	»	5	1
Circonférence près de la tête.	1	6	2
Circonférence du corps, prise derrière les jambes de devant.	3	3	8
Circonférence à l'endroit le plus gros.	3	3	9
Circonférence devant les jambes de derrière.	3	2	4
Longueur du tronçon de la queue.	1	2	7
Sa largeur	»	1	3
Longueur du bras depuis le coude jusqu'au genou.	»	9	1
Longueur du canon.	»	7	1
Longueur du paturon.	»	2	6
Circonférence du paturon	»	8	3
Circonférence de la couronne	»	5	10

mesures et donné la description de cet animal, ajoute que la grosseur de son ventre le faisoit prendre pour une brebis pleine. Les cornes sont à peu près comme celles de nos beliers; mais les sabots des pieds ne sont point élevés, et sont plus longs que ceux du belier des Indes.

Nous avons dit, et nous le répétons ici, que le mouflon est la tige unique et primordiale de toutes les autres brebis, et qu'il est d'une nature assez robuste pour subsister dans les climats froids, tempérés et chauds; son poil est seulement plus ou moins épais, plus ou moins long, suivant les différents climats. Les beliers sauvages du Kamtschatka, dit M. Steller, ont l'allure de la chèvre et le poil du renne. Leurs cornes sont si grandes et si grosses, qu'il y en a quelques-unes qui pèsent jusqu'à vingt-cinq à trente livres. On en fait des vases, des cuillers, et d'autres ustensiles. Ils sont aussi vifs et aussi légers que les chevreuils; ils habitent les montagnes les plus escarpées au milieu des précipices. Leur chair est délicate, ainsi que la graisse qu'ils ont sur le dos; mais c'est pour avoir leurs fourrures qu'on se donne la peine de les chasser.

Je crois qu'il reste actuellement très peu, ou plutôt qu'il ne reste point du tout de vrais mouflons dans l'île de Corse; les grands mouvements de guerre qui se sont passés dans cette île auront probablement amené leur destruction : mais on y trouve encore des indices de leur ancienne existence, par la forme

	pieds.	pouc.	lign.
Hauteur depuis le bas du pied jusqu'au genou.	»	9	7
Longueur de la cuisse depuis la rotule jusqu'au jarret.	»	10	10
Longueur du canon depuis le jarret jusqu'au boulet.	»	7	»
Longueur du pied de devant.	»	4	10
Longueur des ergots.	»	2	3
Hauteur des sabots.	»	1	»
Longueur depuis la pince jusqu'au talon dans les pieds de devant.	»	4	9
Longueur dans les pieds de derrière.	»	3	8
Largeur des mêmes pieds	»	1	10
Distance entre les deux sabots.	»	»	3
Circonférence des deux sabots réunis, prise sur les pieds de devant.	»	11	4
Circonférence prise sur les pieds de derrière	»	9	6

même des races de brebis qui y subsistent actuellement. Il y avoit, au mois d'août 1774, un belier de Corse appartenant à M. le duc de La Vrillière. Il n'étoit pas grand, même en comparaison d'une belle brebis de France qu'on lui avoit donnée pour compagne. Ce belier étoit tout blanc, petit et bas de jambes, la laine longue et par flocons. Il portoit quatre cornes larges et fort longues, dont les deux supérieures étoient les plus considérables, et ces cornes avoient des rides comme célles du mouflon.

Dans les pays du nord de l'Europe, comme en Danemarck et en Norwège, les brebis ne sont pas belles; et pour en améliorer l'espèce, on fait de temps en temps venir des beliers d'Angleterre. Dans les îles qui avoisinent la Norwège, on laisse les beliers en pleine campagne pendant toute l'année. Ils deviennent plus grands et plus gros, et ont la laine meilleure et plus belle que ceux qui sont soignés par les hommes. On prétend que ces beliers, qui sont en pleine liberté, passent toujours la nuit au côté de l'île d'où le vent doit venir le lendemain; ce qui sert d'avertissement aux mariniers, qui ont grand soin d'en faire l'observation.

En Islande, les beliers, les brebis et les moutons diffèrent principalement des nôtres, en ce qu'ils ont presque tous les cornes plus grandes et plus grosses. Il s'en trouve plusieurs qui ont trois cornes, et quelques-uns qui en ont quatre, cinq, et même davantage. Cependant il ne faut pas croire que cette particularité soit commune à toute la race des beliers d'Islande, et que tous y aient plus de deux cornes; car, dans un troupeau de quatre ou cinq cents moutons, on en trouve à peine trois ou quatre qui aient quatre ou cinq cornes. On envoie ceux-ci à Copenhague comme une rareté, et on les achète en Islande bien plus cher que les autres; ce qui seul suffit pour prouver qu'ils y sont très rares.

LE BOUC A LONGS SABOTS.

Nous donnons ici la description d'un bouc dont les sabots avoient pris un accroissement extraordinaire; ce défaut, ou plutôt cet excès, est assez commun dans les chèvres qui habitent les plaines et les terrains humides.

Il y a des chèvres beaucoup plus fécondes que les autres, selon leur race et leur climat. M. Secretary, chevalier de Saint-Louis, étant à Lille en Flandre en 1773 et 1774, a vu, chez madame Denizet, six beaux chevreaux, qu'une chèvre avoit produits d'une seule portée; cette même chèvre en avoit produit dix dans deux autres portées, et douze dans trois portées précédentes.

Feu M. de La Nux, mon correspondant à l'île de Bourbon, m'a écrit qu'il y a aussi dans cette île des races subsistantes depuis plus de quinze ans, provenant des chèvres de France et des boucs des Indes; que nouvellement on s'étoit procuré des chèvres de Goa, très petites et très fécondes, qu'on a mêlées avec celles de France, et qu'elles se sont perpétuées et fort multipliées. Je rapporterai dans l'article des *mulets* les essais que j'ai faits sur le mélange des boucs et des brebis; et ces essais démontrent qu'on en obtient aisément des métis, qui ne diffèrent guère des agneaux que par la toison, qui est plutôt de poil que de laine. M. Roume de Saint-Laurent fait à ce sujet une observation qui est peut-être fondée. « Comme l'espèce des chèvres, dit-il, et celle des brebis, produisent ensemble des métis nommés *chabins*, qui se reproduisent, il se pourroit que ce mélange eût influé sur la masse de l'espèce, et fût la cause de l'effet que l'on a attribué au climat des îles, où l'espèce de la chèvre a dominé sur celle de la brebis. »

On sait que les grandes brebis de Flandre produisent communément quatre agneaux chaque année : ces grandes brebis de Flandre viennent originairement des Indes orientales, d'où elles ont été apportées par les Hollandois il y a plus de cent ans; et l'on prétend avoir remarqué qu'en général les animaux ruminants qu'on a amenés des Indes en Europe ont plus de fécondité que les races européennes.

M. le baron de Bock a eu la bonté de m'informer de quelques particularités que j'ignorois sur les variétés de l'espèce de la brebis en Europe. Il m'écrit qu'il y en a trois espèces en Moldavie, celle de montagne, celle de plaine et celle de bois.

«Il est fort difficile de se figurer, dit-il, la quantité innombrable de ces animaux qu'on y rencontre. Les marchands grecs, pourvoyeurs du grand-seigneur, en achetoient, au commencement de ce siècle, plus de seize mille tous les ans, qu'ils menoient à Constantinople, uniquement pour l'usage de la cuisine de sa hautesse. Ces brebis sont préférées à toutes les autres, à cause du bon goût et de la délicatesse de leur chair. Dans les plaines, elles deviennent beaucoup plus grandes que sur les montagnes; mais elles y multiplient moins. Ces deux premières espèces sont réduites en servitude. La troisième, qu'on appelle *brebis des bois*, est entièrement sauvage; elle est aussi très différente de toutes les brebis que nous connoissons : sa lèvre supérieure dépasse l'inférieure de deux pouces, ce qui la force à paître en reculant; le peu de longueur et le défaut de flexibilité dans son cou l'empêchent de tourner la tête de côté et d'autre; d'ailleurs, quoiqu'elle ait les jambes très courtes, elle ne laisse pas de courir fort vite, et ce n'est qu'avec grande peine que les chiens peuvent l'atteindre; elle a l'odorat si fin, qu'elle évente, à la distance d'un mille d'Allemagne, le chasseur ou l'animal qui la poursuit, et prend aussitôt la fuite. Cette espèce se trouve sur les frontières de la Transylvanie, comme dans les forêts de Moldavie : ce sont des animaux très sauvages, et qu'on n'a pas réduits en domesticité; cependant on peut apprivoiser les petits. Les naturels du pays en mangent la chair; et sa laine, mêlée de poil, ressemble à ces fourrures qui nous viennent d'Astracan. »

Il me paroît que cette troisième brebis dont M. le baron de Bock donne ici la description d'après le prince Cantemir est le même animal que j'ai indiqué sous le nom de *saïga*, et qui se trouve par conséquent en Moldavie et en Transylvanie, comme dans la Tartarie et dans la Sibérie.

Et à l'égard des deux premières brebis, savoir celle de plaine et celle de montagne, je soupçonne qu'elles ont beaucoup de rapport avec les brebis valachiennes, dont j'ai donné les figures ; d'autant plus que M. le baron de Bock m'écrit qu'ayant comparé les figures de ces brebis valachiennes avec sa description de la brebis des bois (*saïga*), elles ne lui ont paru avoir aucun rapport ; mais qu'il est très possible que ces brebis valachiennes soient les mêmes que celles qui se trouvent sur les montagnes ou dans les plaines de la Moldavie.

A l'égard des brebis d'Afrique et du cap de Bonne-Espérance, M. Forster a observé les particularités suivantes.

« Les brebis du cap de Bonne-Espérance ressemblent, dit-il, pour la plupart, au belier de Barbarie ; néanmoins les Hottentots avoient des brebis, lorsque les Hollandois s'y établirent : ces brebis ont, pour ainsi dire, une masse de graisse au lieu de queue. Les Hollandois amenèrent au Cap des brebis de Perse, dont la queue est longue et très grosse jusqu'à une certaine distance de l'origine, et ensuite mince jusqu'à l'extrémité. Les brebis que les Hollandois du Cap élèvent à présent sont d'une race moyenne entre les brebis de Perse et celles des Hottentots : on doit présumer que la graisse de la queue de ces animaux vient principalement de la nature ou qualité de la pâture ; après avoir été fondue, elle ne prend jamais de la consistance comme celle de nos brebis d'Europe, et reste au contraire toujours liquide comme l'huile. Les habitants du Cap ne laissent pas néanmoins d'en tirer parti, en ajoutant quatre parties de cette graisse de queue avec une partie de graisse prise aux rognons ; ce qui compose une sorte de matière qui a de la consistance et le goût même du saindoux que l'on tire des cochons : les gens du commun la mangent avec du pain, et l'emploient aussi aux mêmes usages que le saindoux et le beurre. Tous les environs du Cap sont des terres arides et élevées, remplies de particules salines qui, étant entraînées par les eaux des pluies dans des espèces de petits lacs, en rendent les eaux plus ou moins saumâtres. Les habitants n'ont pas d'autre sel que celui qu'ils ramassent dans ces mares et salines naturelles. On sait combien les brebis aiment le sel, et combien il contribue à les engraisser ; le sel excite la soif qu'elles étanchent en mangeant les plantes grasses et succulentes qui sont abondantes dans ces déserts élevés, telles que le *sedum*, l'*euphorbe*, le *cotylédon*, etc., et ce sont apparemment ces plantes grasses qui donnent à leur graisse une qualité différente de celle qu'elle prend par la pâture des plantes ordinaires ; car ces brebis passent tout l'été sur ces montagnes qui sont couvertes de ces plantes succulentes; mais en automne on les ramène dans les plaines basses pour y passer l'hiver et le printemps : ainsi les brebis, étant toujours abondamment nourries, ne perdent rien de leur embonpoint pendant l'hiver. Dans les montagnes, surtout dans celles du canton qu'on appelle *Bockenland*, ou *pays des chèvres*, ce sont des esclaves tirés de Madagascar et des Hottentots, avec quelques grands chiens, qui prennent soin de ces troupeaux, et les défendent contre les hyènes et les lions. Ces troupeaux sont très nombreux ; et les vaisseaux qui vont aux Indes ou en Europe font leurs provisions de ces brebis : on en nourrit aussi les équipages de tous les navires pendant leur séjour au Cap. La graisse de ces animaux est si copieuse, qu'elle occupe tout le croupion et les deux fesses, ainsi que la queue : mais il semble que les plantes grasses, succulentes et salines qu'elles mangent sur les montagnes pendant l'été, et les plantes aromatiques et arides dont elles se nourrissent dans les plaines pendant l'hiver, servent à former deux différentes graisses; ces deux dernières plantes ne doivent donner qu'une graisse solide et ferme, comme celle de nos brebis qui se dépose dans l'*omentum*, le mésentère et le voisinage des rognons, tandis que la nourriture qui provient des plantes grasses forme cette graisse huileuse qui se dépose sur le croupion, les fesses et la queue. Il semble aussi que cette masse de graisse huileuse empêche l'accroissement de la queue, qui, de génération en génération, deviendroit plus courte et plus mince, et se réduiroit peut-être à n'avoir plus que trois ou quatre articulations, comme cela se voit dans les brebis des Calmoucks, des Mongols et des Kirghises, lesquelles n'ont absolument qu'un tronçon de trois ou quatre articulations : mais comme le pays du Cap a beaucoup d'étendue, et que les pâturages ne sont pas tous de la nature de ceux que nous venons de décrire, et que, de plus, les brebis de Perse à queue grosse et courte y ont été autrefois introduites et se sont mêlées avec celles des Hottentots, la race bâtarde a conservé une queue aussi longue que celle des brebis d'Angleterre, avec cette différence que la partie qui est attenante au corps est déja renflée de graisse, tandis que l'extrémité est mince comme dans les brebis ordinaires. Les pâturages, à l'est du Cap, n'étant pas exactement de la nature de ceux qui sont au nord, il est naturel que cela influe sur la constitution des brebis, qui restent dans quelques endroits sans dégénération, et avec la queue longue et une bonne quantité de graisse aux fesses et au croupion, sans cependant atteindre cette monstrueuse masse de graisse par laquelle les brebis des Calmouks sont remarquables ; et comme ces brebis changent souvent de maître, et sont menées d'un pâturage au nord du Cap à un autre à l'est, ou même dans le voisinage de la ville, et que les différentes races se mêlent ensemble, il s'ensuit que les brebis du Cap ont plus ou moins conservé la longueur de leur queue. Dans notre trajet du cap de Bonne-Espérance à la Nouvelle-Zélande, en 1772 et en 1773, nous trouvâmes que ces brebis du Cap ne peuvent guère être transportées vivantes dans des climats très éloignés ; car elles n'aiment pas à manger de l'orge ni du blé, n'y étant pas accoutumées, ni même du foin, qui n'est pas de bonne qualité au Cap : par conséquent ces animaux dépérissoient de jour en jour ; ils furent attaqués du scorbut, leurs dents n'étoient plus fixes, et ne pouvoient plus broyer leur nourriture ; deux beliers et quatre brebis moururent, et il n'échappa que trois moutons du troupeau que nous avions embarqué. Après notre arrivée à la Nouvelle-Zélande, on leur offrit toutes sortes de verdures : mais ils les refusèrent ; et ce ne fut qu'après deux ou trois jours que je proposai d'exa-

miner leurs dents ; je conseillai de les fixer avec du vinaigre,
et de les nourrir de farine et de son trempés d'eau chaude. On
préserva de cette manière les trois moutons qu'on amena à
Taïti, où on en fit présent au roi ; ils reprirent leur graisse dans
ce nouveau climat en moins de sept ou huit mois. Pendant leur
abstinence dans la traversée du Cap à la Nouvelle-Zélande,
leur queue s'étoit non-seulement dégraissée, mais décharnée
et comme desséchée, ainsi que le croupion et les fesses. »

M. de La Nux, habitant de l'île de Bourbon, m'a écrit qu'il
y a dans cette île une race existante de ces brebis du cap de
Bonne-Espérance, qu'on a mêlée avec des brebis venues de Surate, qui ont de grandes oreilles et la queue très courte. Cette
dernière race s'est aussi mêlée avec celle des brebis à grande
queue du sud de Madagascar, dont la laine n'est que foible-
ment ondée. La plupart des caractères de ces races primitives
sont effacés, et on ne reconnoît guère leurs variétés qu'à la
longueur de la queue : mais il est certain que, dans les îles de
France et de Bourbon, toutes les brebis transportées d'Europe,
de l'Inde, de Madagascar et du Cap, s'y sont mêlées et également perpétuées, et qu'il en est de même des bœufs grands et
petits. Tous ces animaux ont été amenés de différentes parties
du monde ; car il n'y avoit dans ces deux îles de France et de
Bourbon, ni hommes, ni aucuns animaux terrestres, quadrupèdes ou reptiles, ni même aucuns oiseaux que ceux de mer :
le bœuf, le cheval, le cerf, le cochon, les singes, les perro-
quets, etc., y ont été apportés. A la vérité, les singes n'ont
pas encore passé (en 1770) à l'île de Bourbon, et l'on a grand
intérêt d'en interdire l'introduction pour se garantir des mêmes
dommages qu'ils causent à l'île de France. Les lièvres, les perdrix et les pintades y ont été apportées de la Chine, de l'Inde,
ou de Madagascar : les pigeons, les ramiers, les tourterelles,
sont pareillement venus de dehors. Les martins, ces oiseaux
utiles, auxquels les deux îles doivent la conservation de leurs
récoltes par la destruction des sauterelles, n'y sont que depuis
vingt ans, quoiqu'il y ait peut-être déja plusieurs centaines de
milliers de ces oiseaux sur les deux îles. Les oiseaux jaunes

sont venus du Cap, et les bengalis de Bengale. On pourroit encore nommer aujourd'hui les personnes auxquelles est due l'importation de la plupart de ces espèces dans l'île de Bourbon, en sorte qu'excepté les oiseaux d'eau qui, comme l'on sait, font des émigrations considérables, on ne reconnoît aucun être vivant qu'on puisse assigner pour ancien habitant des îles de France et de Bourbon. Les rats qui s'y sont prodigieusement multipliés sont des espèces européennes venues dans les vaisseaux.

L'AXIS.

Cervus Axis. L.

Cet animal n'étant connu que sous les noms vagues de *biche de Sardaigne* et de *cerf du Gange*, nous avons cru devoir lui conserver le nom que lui a donné Belon, et qu'il avoit emprunté de Pline, parce qu'en effet les caractères de *l'axis* de Pline peuvent convenir à l'animal dont il est ici question; et que le nom même n'a jamais été appliqué à quelque autre animal. Ainsi nous ne craignons pas de faire confusion ni de tomber dans l'erreur, en adoptant cet ancien nom, et l'appliquant à un animal qui n'en avoit point parmi nous; car une dénomination générique, jointe à l'épithète du climat, n'est point un nom, mais une phrase par laquelle on confond un animal avec ceux de son genre, comme celui-ci avec le cerf, quoique peut-être il en soit réellement distinct tant par l'espèce que par le climat. L'axis est, à la vérité, du petit nombre des animaux ruminants qui portent un bois, comme le cerf; il a la taille et la légèreté du daim : mais ce qui le distingue du cerf et du daim, c'est qu'il a le bois d'un cerf et la forme d'un daim; que tout son corps est marqué de taches blanches, élégamment disposées et séparées les unes des autres, et qu'enfin il habite les climats chauds; au lieu que le cerf et le daim ont ordinairement le pelage d'une couleur uniforme, et se trouvent en plus grand nombre dans les pays froids et dans les régions tempérées que dans les climats chauds.

MM. de l'Académie des Sciences, en nous donnant la figure et la description des parties intérieures de cet animal, ont dit peu de chose de sa forme extérieure, et rien du tout de ce qui a rapport à son histoire; ils l'ont seulement appelé *biche de Sardaigne*, parce que probablement il leur étoit venu sous ce nom de la Ménagerie du Roi : mais rien n'indique que cet animal soit originaire de Sardaigne; aucun auteur n'a dit qu'il existe dans cette île comme animal sauvage, et l'on voit, au contraire, par les passages que nous avons cités, qu'il se trouve dans les contrées les plus chaudes de l'Asie. Ainsi la dénomination de *biche de Sardaigne* avoit été faussement appliquée : celle de *cerf du Gange* lui conviendroit mieux, s'il étoit en effet de la même espèce que le cerf, puisque la partie de l'Inde qu'arrose le Gange paroît être son pays natal. Cependant il paroît aussi qu'il se trouve en Barbarie, et il est probable que le daim moucheté du cap de Bonne-Espérance est encore le même que celui-ci.

Nous avons dit qu'aucune espèce n'est plus voisine d'une autre que celle du daim ne l'est de celle du cerf; cependant l'axis paroît encore faire une nuance intermédiaire entre les deux : il ressemble au daim par la grandeur du corps, par la longueur de la queue, par l'espèce de livrée qu'il porte toute la vie; et il n'en diffère essentiellement que par le bois, qui est sans empaumure, et qui ressemble à celui du cerf. Il se pourroit donc que l'axis ne fût qu'une variété dépendante du climat, et non pas une espèce différente de celle du daim; car, quoiqu'il soit originaire des pays les plus chauds de l'Asie, il subsiste et se multiplie aisément en Europe. Il y en a des troupeaux à la ménagerie de Versailles. Ils produisent entre eux aussi facilement que les daims : néanmoins on n'a jamais remarqué qu'ils se soient mêlés ni avec les daims, ni avec les cerfs, et c'est ce qui nous a fait présumer que ce n'étoit point une variété de l'un ou de l'autre, mais une espèce particulière et moyenne entre les deux. Cependant, comme l'on n'a pas fait des expériences directes et décisives à ce sujet, et que l'on n'a pas employé les moyens nécessaires pour obliger ces animaux à se joindre, nous n'assurerons pas positivement qu'ils soient d'espèces différentes.

L'on a déjà vu, dans les articles du *cerf* et du *daim*, com bien ces animaux éprouvent de variétés, surtout par les couleurs du poil. L'espèce du daim et celle du cerf, sans être très nombreuses en individus, sont fort répandues : toutes deux se trouvent dans l'un et dans l'autre continent ; et toutes deux sont sujettes à un assez grand nombre de variétés, qui paroissent former des races constantes. Les cerfs blancs, dont la race est très ancienne, puisque les Grecs et les Romains en ont fait mention, les petits cerfs bruns, que nous avons appelés *cerfs de Corse*, ne sont pas les seules variétés de cette espèce : il y a en Allemagne une autre race de cerfs qui est connue dans le pays sous le nom de *brandhirtz*, et de nos chasseurs sous celui de *cerf des Ardennes*. Ce cerf est plus grand que le cerf commun, et il diffère des autres cerfs non-seulement par le pelage, qu'il a d'une couleur plus foncée et presque noire, mais encore par un long poil qu'il porte sur les épaules et sous le cou. Cette espèce de crinière et de barbe lui donnant quelque rapport, la première avec le cheval, et la seconde avec le bouc, les anciens ont donné à ce cerf les noms composés d'*hippélaphe* et de *tragélaphe*. Comme ces dénominations ont occasioné de grandes discussions critiques ; que les plus savants naturalistes ne sont pas d'accord à cet égard, et que Gesner, Caïus, et d'autres ont dit que l'hippélaphe étoit l'élan, nous croyons devoir donner ici les raisons qui nous ont fait penser différemment, et qui nous ont portés à croire que l'hippélaphe d'Aristote est le même animal que le tragélaphe de Pline, et que ces deux noms désignent également et uniquement le cerf des Ardennes.

Aristote donne à son hippélaphe une espèce de crinière sur le cou et sur le dessus des épaules, une espèce de barbe sous la gorge, un bois au mâle assez semblable à celui du chevreuil, point de cornes à la femelle. Il dit que l'hippélaphe est de la

25.

grandeur du cerf, et naît chez les Arachotas (aux Indes), où
l'on trouve aussi des bœufs sauvages, dont le corps est robuste,
la peau noire, le mufle relevé, les cornes plus courbées en arrière que celles des bœufs domestiques. Il faut avouer que ces
caractères de l'hippélaphe d'Aristote conviennent à peu près
également à l'élan et au cerf des Ardennes; ils ont tous deux
de longs poils sur le cou et les épaules, et d'autres longs poils
sous la gorge, qui leur font une espèce de barbe au gosier, et
non pas au menton : mais l'hippélaphe, n'étant que de la grandeur du cerf, diffère en cela de l'élan, qui est beaucoup plus
grand; et ce qui me paroît décider la question c'est que l'é-
lan, étant un animal des pays froids, n'a jamais existé chez
les Arachotas. Ce pays des Arachotas est une des provinces
qu'Alexandre parcourut dans son expédition des Indes : il est
situé au-delà du mont Caucase, entre la Perse et l'Inde. Ce
climat chaud n'a jamais produit des élans, puisqu'ils peuvent
à peine subsister dans les contrées tempérées, et qu'on ne les
trouve que dans le nord de l'un ou de l'autre continent. Les
cerfs, au contraire, n'affectent pas particulièrement les terres
du nord; on les trouve en grand nombre dans les climats
tempérés et chauds. Ainsi nous ne pouvons pas douter que
cet hippélaphe d'Aristote, qui se trouve chez les Arachotas, et
dans le même pays où se trouve le buffle, ne soit le cerf des
Ardennes, et non pas l'élan.

Si l'on compare maintenant Pline sur le tragélaphe avec
Aristote sur l'hippélaphe, et tous deux avec la nature, on
verra que le tragélaphe est le même animal que l'hippélaphe, le même que notre cerf des Ardennes. Pline dit que le
tragélaphe est de l'espèce du cerf, et qu'il n'en diffère que par
la barbe, et aussi par le poil qu'il a sur les épaules. Ces caractères sont positifs, et ne peuvent s'appliquer qu'au cerf des
Ardennes; car Pline parle ailleurs de l'élan sous le nom d'*alce*.
Il ajoute que le tragélaphe se trouve auprès du Phase; ce qui
convient encore au cerf, et non pas à l'élan. Nous croyons donc
être fondés à prononcer que le tragélaphe de Pline et l'hippélaphe d'Aristote désignent tous deux le cerf que nous appelons

cerf des Ardennes; et nous croyons aussi que l'*axis* de Pline indique l'animal que l'on appelle vulgairement *cerf du Gange.* Quoique les noms ne fassent rien à la nature, c'est cependant rendre service à ceux qui l'étudient que de les leur interpréter.

* M. le duc de Richmond avoit dans son parc, en 1765, une grande quantité de cette espèce de daims qu'on appelle vulgairement *cerfs du Gange,* et que j'ai nommés *axis.* M. Collinson m'a écrit qu'on lui avoit assuré qu'ils engendroient avec les autres daims.

« Ils vivent volontiers avec eux, dit-il, et ne forment pas des troupes séparées. Il y a plus de soixante ans que l'on a cette espèce en Angleterre : elle y existe avec celle des daims noirs et des daims blancs, et même avant celle du cerf, qui sont plus nouvelles dans l'île de la Grande-Bretagne, et que je crois avoir été envoyées de France; car il n'y avoit auparavant en Angleterre que le daim commun (*fallowdeer*) et le chevreuil en Écosse : mais, indépendamment de cette première espèce de daim, il y a maintenant le daim axis, le daim noir, le daim fauve, et le daim blanc. Le mélange de toutes ces couleurs fait que dans les parcs il se trouve de très belles variétés. »

Il y avoit, en 1764, à la ménagerie de Versailles, deux daims chinois, l'un mâle et l'autre femelle : ils n'avoient que deux pieds trois ou quatre pouces de hauteur; le corps et la queue étoient d'un brun minime; le ventre et les jambes, fauve clair; les jambes courtes; le bois large, étendu et garni d'andouillers. Cette espèce, plus petite que celle des daims ordinaires, et même que celle de l'axis, n'est peut-être néanmoins qu'une variété de celui-ci, quoiqu'il en diffère en ce qu'il n'a pas de taches blanches; mais on a observé qu'au lieu de ces taches blanches, il avoit en plusieurs endroits quelques grands poils fauves qui tranchoient visiblement sur le brun du corps. Au reste la femelle étoit de la même couleur que le mâle, et je présume que la race pourroit non-seulement se perpétuer en France, mais peut-être même se mêler avec celle de l'axis, d'autant que ces animaux sont également originaires de l'orient de l'Asie.

LE ZÈBRE [1].

Equus Zebra. L.

Le zèbre est peut-être de tous les animaux quadrupèdes le mieux fait et le plus élégamment vêtu. Il a la figure et les graces du cheval, la légèreté du cerf et la robe rayée de rubans noirs et blancs, disposés alternativement avec tant de régularité et de symétrie, qu'il semble que la nature ait employé la règle et le compas pour le peindre : ces bandes alternatives de noir et de blanc sont d'autant plus singulières, qu'elles sont étroites, parallèles et très exactement séparées, comme dans une étoffe rayée; que d'ailleurs elles s'étendent non-seulement sur le corps, mais sur la tête, les cuisses et les jambes, et jusque sur les oreilles et la queue; en sorte que de loin cet animal paroît comme s'il étoit environné partout de bandelettes qu'on auroit pris plaisir et employé beaucoup d'art à disposer régulièrement sur toutes les parties de son corps ; elles en suivent les contours et en marquent si avantageusement la forme, qu'elles en dessinent les muscles en s'élargissant plus ou moins sur les parties plus ou moins charnues et plus ou moins arrondies. Dans la femelle, ces bandes sont alternativement noires et blanches; dans le mâle, elles sont noires et jaunes, mais toujours d'une nuance vive et brillante sur un poil court, fin et fourni, dont le lustre augmente encore la beauté des couleurs. Le zèbre est en général plus petit que le cheval et plus grand que l'âne; et quoiqu'on l'ait souvent comparé à ces deux animaux, qu'on l'ait même appelé *cheval sauvage* et *âne rayé*, il n'est la copie ni de l'un ni de l'autre, et seroit plutôt leur modèle, si dans la nature tout n'étoit pas également original, et si chaque espèce n'avoit pas un droit égal à la création.

[1] *Zebra, zevera, sebra*, nom de cet animal au Congo, et que nous lui avons conservé. *Esvre* à Angola, selon Pyrard.

Le zèbre n'est donc ni un cheval ni un âne, il est de son espèce ; car nous n'avons pas appris qu'il se mêle et produise avec l'un ou l'autre, quoique l'on ait souvent essayé de les approcher. On a présenté des ânesses en chaleur à celui qui existoit encore en 1761 à la ménagerie de Versailles ; il les a dédaignées, ou plutôt il n'en a été nullement ému ; du moins le signe extérieur de l'émotion n'a point paru : cependant il jouoit avec elles et les montoit, mais sans érection ni hennissement, et on ne peut guère attribuer cette froideur à une autre cause qu'à la disconvenance de nature ; car ce zèbre, âgé de quatre ans, étoit, à tout autre exercice, fort vif et très léger.

Le zèbre n'est pas l'animal que les anciens ont indiqué sous le nom d'*onagre*. Il existe dans le Levant, dans l'orient de l'Asie, et dans la partie septentrionale de l'Afrique, une très belle race d'ânes qui, comme celle des plus beaux chevaux, est originaire d'Arabie : cette race diffère de la race commune par la grandeur du corps, la légèreté des jambes et le lustre du poil ; ils sont de couleur uniforme, ordinairement d'un beau gris de souris avec une croix noire sur le dos et sur les épaules ; quelquefois ils sont d'un gris plus clair avec une croix blonde. Ces ânes d'Afrique et d'Asie, quoique plus beaux que ceux d'Europe, sortent également des *onagres* ou *ânes sauvages*, qu'on trouve encore en assez grande quantité dans la Tartarie orientale et méridionale, la Perse, la Syrie, les îles de l'Archipel, et toute la Mauritanie. Les onagres ne diffèrent des ânes domestiques que par les attributs de l'indépendance et de la liberté ; ils sont plus forts et plus légers, ils ont plus de courage et de vivacité : mais ils sont les mêmes pour la forme du corps ; ils ont seulement le poil beaucoup plus long, et cette différence tient encore à leur état ; car nos ânes auroient également le poil long, si l'on n'avoit pas soin de les tondre à l'âge de quatre ou cinq mois : les ânons ont, dans les premiers temps, le poil long à peu près comme les jeunes ours. Le cuir des ânes sauvages est aussi plus dur que celui des ânes domestiques : on assure qu'il est chargé partout de petits tubercules, et que c'est avec cette peau des onagres qu'on fait dans le Levant le cuir ferme et grenu qu'on appelle *chagrin*, et que nous employons à différents usages. Mais ni les onagres ni les beaux ânes d'Arabie ne peuvent être regardés comme la souche de l'espèce du zèbre, quoiqu'ils en approchent par la forme du corps et par la légèreté : jamais on n'a vu ni sur les uns ni sur les autres la variété régulière des couleurs du zèbre : cette belle espèce est singulière et unique dans son genre. Elle est aussi d'un climat différent de celui des onagres, et ne se trouve que dans les parties les plus orientales et les plus méridionales de l'Afrique, depuis l'Éthiopie jusqu'au cap de Bonne-Espérance, et de là jusqu'au Congo : elle n'existe ni en Europe, ni en Asie, ni en Amérique, ni même dans toutes les parties septentrionales de l'Afrique. Ceux que quelques voyageurs disent avoir trouvés au Brésil y avoient été transportés d'Afrique; ceux que d'autres racontent avoir vus en Perse et en Turquie y avoient été amenés d'Éthiopie; et enfin ceux que nous avons vus en Europe sont presque tous venus du cap de Bonne-Espérance : cette pointe de l'Afrique est leur vrai climat, leur pays natal, où ils sont en grande quantité, et où les Hollandois ont employé tous leurs soins pour les dompter et pour les rendre domestiques, sans avoir jusqu'ici pleinement réussi. Celui que nous avons vu, et qui a servi de sujet pour notre description, étoit très sauvage lorsqu'il arriva à la Ménagerie du Roi, et il ne s'est jamais entièrement apprivoisé : cependant on est parvenu à le monter; mais il falloit des précautions; deux hommes tenoient la bride pendant qu'un troisième étoit dessus : il avoit la bouche très dure, les oreilles si sensibles, qu'il ruoit dès qu'on vouloit les toucher. Il étoit rétif comme un cheval vicieux, et têtu comme un mulet. Mais peut-être le cheval sauvage et l'onagre sont aussi peu traitables, et il y a toute apparence que si l'on accoutumoit dès le premier âge le zèbre à l'obéissance et à la domesticité, il deviendroit aussi doux que l'âne et le cheval, et pourroit les remplacer tous deux.

*L'âne domestique ou sauvage s'est trouvé dans presque tous

les climats chauds et tempérés de l'ancien continent, et n'existoit pas dans le nouveau lorsqu'on en fit la découverte. Mais maintenant l'espèce y subsiste avec fruit, et s'est même fort multipliée depuis plus de deux siècles qu'elle y a été transportée d'Europe ; en sorte qu'elle est aujourd'hui répandue à peu près également dans les quatre parties du monde. Au contraire le zèbre, qui nous est venu du cap de Bonne-Espérance, semble être une espèce confinée dans les terres méridionales de l'Afrique, et surtout dans celles de la pointe de cette presqu'île, quoique Lopez dise qu'on trouve le zèbre plus souvent en Barbarie qu'au Congo, et que Dapper rapporte qu'on en rencontre des troupes dans les forêts d'Angola.

Ce bel animal qui, tant par la variété de ses couleurs que par l'élégance de sa figure, est si supérieur à l'âne, paroît néanmoins lui tenir d'assez près pour l'espèce, puisque la plupart des voyageurs lui ont donné le nom d'*âne rayé*, parce qu'ils ont été frappés de la ressemblance de sa taille et de sa forme, qui semble au premier coup d'œil avoir plus de rapport avec l'âne qu'avec le cheval : car ce n'est pas avec les petits ânes communs qu'ils ont fait la comparaison du zèbre, mais avec les plus grands et les plus beaux de l'espèce. Cependant je serois porté à croire que le zèbre tient de plus près au cheval qu'à l'âne ; car il est d'une figure si élégante, que, quoiqu'il soit en général plus petit que le cheval, il n'en est pas moins voisin de cette espèce à plusieurs égards ; et ce qui paroît confirmer mon opinion, c'est que, dans les terres du cap de Bonne-Espérance, qui paroissent être le pays naturel et la vraie patrie du zèbre, on a remarqué avec quelque étonnement qu'il y a des chevaux tachetés, sur le dos et sous le ventre, de jaune, de noir, de rouge et d'azur ; et cette raison particulière est encore appuyée sur un fait général, qui est que dans tous les climats les chevaux varient beaucoup plus que les ânes par la couleur du poil. Néanmoins nous ne déciderons pas si le zèbre est plus près de l'espèce du cheval que celle de l'âne ; nous espérons seulement qu'on ne tardera pas à le savoir. Comme les Hollandois ont fait venir dans ces dernières années un assez grand nombre de ces beaux animaux, et qu'ils en ont même fait des attelages pour le prince stathouder, il est probable que nous serons bientôt mieux informés de tout ce qui peut avoir rapport à leur nature. Sans doute on n'aura pas manqué de les unir entre eux, et probablement avec les chevaux et les ânes, pour en tirer une race directe ou des races bâtardes. Il y a en Hollande plusieurs personnes habiles qui cultivent l'histoire naturelle avec succès; ils réussiront peut-être mieux que nous à tirer du produit de ces animaux, sur lesquels on n'a fait qu'un essai à la ménagerie de Versailles en 1761. Le zèbre mâle, âgé de quatre ans, qui y étoit alors, ayant dédaigné toutes les ânesses en chaleur, n'a pas été présenté à des juments; peut-être aussi étoit-il trop jeune; d'ailleurs il lui manquoit d'être habitué avec les femelles qu'on lui présentoit; préliminaire d'autant plus nécessaire pour le succès de l'union des espèces diverses, que la nature semble même l'exiger dans l'union des individus de même espèce.

Le mulet fécond de Tartarie, que l'on y appelle *czigithai*, pourroit bien être un animal de la même espèce, ou tout au moins de l'espèce la plus voisine de celle du zèbre; car il n'en diffère évidemment que par les couleurs du poil. Or l'on sait que la différence de la couleur du poil ou des plumes est de toutes les différences la plus légère et la plus dépendante de l'impression du climat. Le czigithai se trouve dans la Sibérie méridionale, au Thibet, dans la Daourie et en Tartarie. Gerbillon dit qu'on trouve ces animaux dans le pays des Mongols et des Kakas, qu'ils diffèrent des mulets domestiques, et qu'on ne peut les accoutumer à porter des fardeaux. Muller et Gmelin assurent qu'ils se trouvent en grand nombre chez les Tunguses, où on les chasse comme d'autre gibier; qu'en Sibérie, vers Borsja, dans les années sèches, on en voit un grand nombre; et ils ajoutent qu'ils sont comparables, pour la figure, la grosseur et la couleur, à un cheval bai clair, excepté la queue, qui est comme celle d'une vache, et les oreilles, qui sont fort longues. Si ces voyageurs, qui ont observé le czigithai, avoient pu le comparer en même temps au zèbre, ils y auroient peut-être trouvé plus de rapports que nous n'en supposons. Il existe, dans le cabinet de Pétersbourg, des peaux bourrées de czigithai et de zèbre : quelque différentes que paroissent ces deux peaux par les couleurs, elles pourroient appartenir également à des animaux de même espèce, ou du moins d'espèces très voisines ; le temps seul peut sur cela détruire ou confirmer nos doutes. Mais ce qui paroit fonder la présomption que le czigithai et le zèbre pourroient bien être de la même espèce, c'est que tous les autres animaux de l'Afrique se trouvent également en Asie, et qu'il n'y auroit que le zèbre seul qui feroit exception à ce fait général.

Au reste, si le czigithai n'est pas le même que le zèbre, il pourroit être encore le même animal que l'onagre ou âne sauvage de l'Asie. J'ai dit qu'il ne falloit pas confondre l'onagre avec le zèbre : mais je ne sais si l'on peut dire la même chose de l'onagre et du czigithai ; car il paroit, en comparant les relations des voyageurs, qu'il y a différentes sortes d'ânes sauvages, dont l'onagre est la plus remarquable, et il se pourroit bien aussi que le cheval, l'âne, le zèbre et le czigithai constituassent quatre espèces; et, dans le cas où ils n'en feroient que trois, il est encore incertain si le czigithai est plutôt un onagre qu'un zèbre, d'autant que quelques voyageurs parlent de la légèreté de ces onagres, et disent qu'ils courent avec assez de rapidité pour échapper à la poursuite des chasseurs à cheval, ce qu'ils ont également assuré du czigithai. Quoi qu'il en soit, le cheval, l'âne, le zèbre et le czigithai sont tous du même genre, et forment trois ou quatre branches de la même famille, dont les deux premières sont, de temps immémorial, réduites en domesticité; ce qui doit faire espérer qu'on pourra de même y réduire les deux dernières, et en tirer peut-être beaucoup d'utilité.

Sur le Zèbre, le Czigithai et l'Onagre.

* On peut voir dans l'article précédent les doutes qui me restoient encore sur la différence ou sur l'identité d'espèce de ces trois animaux. M. Forster a bien voulu me communiquer quelques éclaircissements qui semblent prouver que ce sont réellement trois animaux différents, et qu'il y a même dans l'espèce du zèbre une variété constante; voici l'extrait de ce qu'il m'a écrit sur ce sujet.

« On trouve dans le pays des Tartares Mongols une grande quantité de chevaux sauvages ou *tarpans*, et un autre animal appelé *czigithai*, ce qui, dans la langue mongole, signifie *longue oreille*. Ces animaux vont par troupes : on en voit quelques-uns dans les déserts voisins de l'empire de Russie et dans le grand désert *Gobée* (ou Cobi); ils sont en troupes de vingt, trente et même cent. La vitesse de cet animal surpasse de beaucoup celle du meilleur coursier parmi les chevaux ; toutes les nations tartares en conviennent : une mauvaise qualité de cet animal, c'est qu'il reste toujours indomptable. Un Cosaque, ayant attrapé un de ces jeunes czigithais, et l'ayant nourri pendant plusieurs mois, ne put le conserver; car il se tua lui-même par les efforts qu'il fit pour s'échapper ou se soustraire à l'obéissance.

« Chaque troupe de czigithais a son chef, comme dans les tarpans ou chevaux sauvages. Si le czigithai chef découvre ou sent de loin quelques chasseurs, il quitte sa troupe, et va seul reconnoître le danger ; et, dès qu'il s'en est assuré, il donne le signal de la fuite, et s'enfuit en effet, suivi de sa troupe : mais si malheureusement ce chef est tué, la troupe, n'étant plus conduite, se disperse, et les chasseurs sont sûrs d'en tuer plusieurs autres.

« Les czigithais se trouvent principalement dans les déserts des Mongols, et dans celui qu'on appelle *Gobée* : c'est une espèce moyenne entre l'âne et le cheval; ce qui a donné occasion au docteur Messerschmidt d'appeler cet animal *mulet fécond de Daourie* [1], parce qu'il a quelque ressemblance avec le mulet, quoique réellement il soit infiniment plus beau. Il est de la grandeur d'un mulet de moyenne taille; la tête est un peu lourde; les oreilles sont droites, plus longues qu'aux

---

[1] La *Daourie* est une province russe en Sibérie, vers les frontières de la Tartarie chinoise. On ne doit pas la confondre avec la *Dorie* des anciens.

chevaux, mais plus courtes qu'aux mulets; le poitrail est grand,
carré en bas et un peu comprimé. La crinière est courte et hérissée, et la queue est entièrement semblable à celle de l'âne;
les cornes des pieds sont petites : ainsi le czigithai ressemble à
l'âne par la crinière, la queue et les sabots. Il a aussi les jambes moins charnues que le cheval, et l'encolure encore plus
légère et plus leste. Les pieds et la partie inférieure des jambes
sont minces et bien faits. L'épine du dos est droite et formée
comme celle d'un âne, mais cependant un peu plate. La couleur dominante dans ces animaux est le brun jaunâtre. La tête,
depuis les yeux jusqu'au mufle, est d'un fauve jaunâtre; l'intérieur des jambes est de cette même couleur; la crinière et la
queue sont presque noires, et il y a le long du dos une bande
de brun noirâtre qui s'élargit sur le train de derrière et se rétrécit vers la queue. En hiver, leur poil devient fort long et
ondoyé; mais en été il est ras et poli. Ces animaux portent la
tête haute, et présentent, en courant, le nez au vent. Les Tunguses et d'autres nations voisines du grand désert regardent
leur chair comme une viande délicieuse.

«Outre les tarpans, ou chevaux sauvages, et les czigithais
ou mulets féconds de Daourie, on trouve dans les grands déserts au-delà du Jaïk, du Yemba, du Sarason et dans le voisinage du lac Aral, une troisième espèce d'animal que les Kirghises et les Calmoucks appellent *koulan* ou *khoulan*, qui
paroît être l'*onager* ou l'*onagre* des auteurs, et qui semble
faire une nuance entre le czigithai et l'âne. Les koulans vivent
en été dans les grands déserts dont nous venons de parler, et
vers les montagnes de *Tamanda*, et ils se retirent, à l'approche de l'hiver, vers les confins de la Perse et des Indes. Ils
courent avec une vitesse incroyable; on n'a jamais pu venir à
bout d'en dompter un seul, et il y en a des troupeaux de plusieurs mille ensemble. Ils sont plus grands que les tarpans,
mais moins que les czigithais. Leur poil est d'un beau gris,
quelquefois avec une nuance légèrement bleuâtre, et d'autres
fois avec un mélange de fauve; ils portent le long du dos une
bande noire, et une autre bande de même couleur traverse le

garrot et descend sur les épaules. Leur queue est parfaitement semblable à celle de l'âne; mais les oreilles sont moins grandes et moins amples.

« A l'égard des zèbres, j'ai eu occasion de les bien examiner dans mes séjours au cap de Bonne-Espérance, et j'ai connu dans cette espèce une variété qui diffère du zèbre ordinaire, en ce qu'au lieu de bandes ou raies brunes et noires dont le fond de son poil blanc est rayé, celui-ci au contraire est d'un brun roussâtre, avec très peu de bandes larges, et d'une teinte foible et blanchâtre; on a même peine à reconnoître et distinguer ces bandes blanchâtres dans quelques individus qui ont une couleur uniforme de brun roussâtre, et dont les bandes ne sont que des nuances peu distinctes d'une teinte un peu pâle; ils ont, comme les autres zèbres, le bout du museau et les pieds blanchâtres, et ils leur ressemblent en tout, à l'exception des belles raies de la robe. On seroit donc fondé à prononcer que ce n'est qu'une variété dans cette espèce du zèbre : cependant ils semblent différer de ce dernier par le naturel, ils sont plus doux et plus obéissants; car on n'a pas d'exemple qu'on ait jamais pu apprivoiser assez le zèbre rayé pour l'atteler à une voiture, tandis que ces zèbres à poil uniforme et brun sont moins revêches, et s'accoutument aisément à la domesticité. J'en ai vu un dans les campagnes du Cap, qui étoit attelé avec des chevaux à une voiture; et on m'assura qu'on élevoit un assez grand nombre de ces animaux pour s'en servir à l'attelage, parce qu'on a trouvé qu'ils sont, à proportion, plus forts qu'un cheval de même taille. »

J'avois dit qu'on avoit fait des attelages de zèbres pour le prince stathouder; ce fait, qui m'avoit été assuré par plus d'une personne, n'est cependant pas vrai. M. Allamand, que j'ai eu si souvent occasion de citer avec reconnoissance et avec des éloges bien mérités, m'a fait savoir que j'avois été mal informé sur ce fait; le prince stathouder n'a eu qu'un seul zèbre: mais M. Allamand ajoute dans sa lettre, au sujet de ces animaux, un fait aussi singulier qu'intéressant. Milord Clive, dit-il, en revenant de l'Inde, a amené avec lui une femelle zèbre dont on lui avoit fait présent au cap de Bonne-Espérance; après l'avoir gardée quelque temps dans son parc en Angleterre, il lui donna un âne pour essayer s'il n'y auroit point d'accouplement entre ces animaux : mais cette femelle zèbre ne voulut point s'en laisser approcher. Milord s'avisa de faire peindre cet âne comme un zèbre : la femelle, dit-il, en fut la dupe, l'accouplement se fit, et il en est né un poulain parfaitement semblable à sa mère, et qui peut-être vit encore. La chose a été rapportée à M. Allamand par le général Carnat, ami particulier de milord Clive, et lui a été confirmée par milord Clive fils. Milord Pitt a eu aussi la bonté de m'en écrire dans les termes suivants :

« Feu milord Clive avoit une très belle femelle de zèbre que j'ai vue à Clennom, l'une de ses maisons de campagne, avec un poulain mâle (*foal*), provenant d'elle, qui n'avoit pas encore un an d'âge, et qui avoit été produit par le stratagème suivant. Lorsque la femelle zèbre fut en chaleur, on essaya de lui présenter un âne, qu'elle refusa constamment d'admettre: milord Clive pensa qu'en faisant peindre cet âne, qui étoit de couleur ordinaire, et en imitant les couleurs du zèbre mâle, on pourroit tromper la femelle ; ce qui réussit si bien, qu'elle produisit le poulain dont on vient de parler.

« J'ai été dernièrement, c'est-à-dire cet été 1778, à Clennom, pour m'informer de ce qu'étoient devenus la femelle zèbre et son poulain, et on m'a dit que la mère étoit morte, et que le poulain avoit été envoyé à une terre assez éloignée de milord Clive, où l'on a souvent essayé de le faire accoupler avec des ânesses, mais qu'il n'en est jamais rien résulté. »

Je ferai cependant sur ces faits une légère observation, c'est que j'ai de la peine à croire que la femelle zèbre ait reçu l'âne uniquement à cause de son bel habit, et qu'il y a toute apparence qu'on le lui a présenté dans un moment où elle étoit en meilleure disposition que les autres fois. Il faudroit d'ailleurs un grand nombre d'expériences, tant avec le cheval qu'avec l'âne, pour décider si le zèbre est plus près de l'un que de l'autre. Sa production avec l'âne indiqueroit qu'il est aussi près que le cheval de l'espèce de l'âne ; car on sait que le cheval produit avec l'ânesse, et que l'âne produit avec la jument : mais il reste à reconnoître, par l'expérience, si le cheval ne produiroit pas aussi bien que l'âne avec la femelle zèbre, et si le zèbre mâle ne produiroit pas avec la jument et avec l'ânesse. C'est au cap de Bonne-Espérance que l'on pourroit tenter ces accouplements avec succès.

LE COUAGGA.

Equus Quagga. Gmel.

Cet animal, dont je n'ai eu aucune connoissance qu'après l'impression des feuilles précédentes où il est question de l'onagre et du zèbre, me paroît être une espèce bâtarde ou intermédiaire entre le cheval et le zèbre, ou peut-être entre le zèbre et l'onagre. Voici ce que M. le professeur Allamand en a publié nouvellement dans un supplément à l'édition de mes ouvrages, imprimée en Hollande.

« Jusqu'à présent, dit ce savant naturaliste, on ne connoissoit que le nom de cet animal, et même encore très imparfaitement, sans savoir quel quadrupède ce nom indiquoit. Dans le journal d'un voyage entrepris dans l'intérieur de l'Afrique par ordre du gouverneur du cap de Bonne-Espérance, il est dit que les voyageurs virent, entre autres animaux, des chevaux sauvages, des ânes et des *quacchas*. La signification de ce dernier mot m'étoit absolument inconnue, lorsque M. Gordon m'a appris que le nom de *quacchas* étoit celui de *kwagga*, que les Hottentots donnent à l'animal dont il s'agit, et que j'ai cru devoir retenir, parce que, n'ayant jamais été décrit ni même connu en Europe, il ne peut être désigné que par le nom qu'il porte dans le pays dont il est originaire. Les raies dont sa peau est ornée le font d'abord regarder comme une variété dans l'espèce du zèbre, dont il diffère cependant à divers égards ; sa couleur est d'un brun foncé, et, comme le zèbre, il est rayé très régulièrement de noir, depuis le bout du museau jusqu'au-dessus des épaules, et cette même couleur des raies passe sur une jolie crinière qu'il porte sur le cou. Depuis les épaules, les raies commencent à perdre de leur longueur, et, allant en diminuant, elles disparoissent à la région du ventre, avant d'avoir atteint les cuisses. L'entre-deux de ces raies est d'un brun plus clair, et il est presque blanc aux oreilles. Le dessous du corps, les cuisses et les jambes sont blanches; sa queue, qui est un peu plate, est aussi garnie de crins ou de poils de la même couleur : la corne des pieds est noire; sa forme ressemble beaucoup plus à celle du pied du cheval qu'à la forme du pied du zèbre. On s'en convaincra en comparant la figure que j'en donne avec celle de ce dernier animal. Ajoutez à cela que le caractère de ces animaux est aussi fort différent; celui des couaggas est plus docile : car il n'a pas encore été possible d'apprivoiser les zèbres assez pour pouvoir les employer à des usages domestiques; au lieu que les paysans de la colonie du Cap attellent les couaggas à leurs charrettes, qu'ils tirent très bien; ils sont robustes et forts : il est vrai qu'ils sont méchants, ils mordent et ruent; quand un chien les approche de trop près, ils le repoussent à grands coups de pied, et quelquefois ils le saisissent avec les dents; les hyènes même, que l'on nomme loups au Cap, n'osent pas les attaquer : ils marchent en troupes, souvent au nombre de plus de cent; mais jamais on ne voit un zèbre parmi eux, quoiqu'ils vivent dans les mêmes endroits.

«Tout cela semble indiquer que ces animaux sont d'espèces différentes; cependant ils ne diffèrent pas plus entre eux que les mulets diffèrent des chevaux ou des ânes. Les couaggas ne seroient-ils point une race bâtarde de zèbres? Il y a en Afrique des chevaux sauvages blancs; Léon l'Africain et Marmol l'assurent positivement; et ce qui est plus authentique encore, c'est le témoignage de ces voyageurs dont j'ai cité le journal : ils ont vu de ces chevaux blancs; ils ont vu aussi des ânes sauvages. Ces animaux ne peuvent-ils pas se mêler avec les zèbres, et produire une race qui participera des deux espèces ? J'ai rapporté ci-devant un fait qui prouve qu'une femelle zèbre, couverte par un âne, a eu un poulain. On ne peut guère douter que l'accouplement d'un cheval avec un zèbre ne fût aussi prolifique. Si celui des chevaux avec des ânesses ne produit, pour l'ordinaire, que des mulets stériles, cela n'est pas constant; on a vu des mules avoir des poulains, et il est fort naturel de supposer que les chevaux, ayant plus d'affinité avec les zèbres qu'avec les ânes, il peut résulter du mélange de ces animaux d'autres animaux féconds capables de faire souche; et ceci est également applicable aux ânes, puisque les zèbres sont une espèce mitoyenne entre les chevaux et les ânes. Ainsi je suis fort porté à croire que les couaggas ne sont qu'une race bâtarde de zèbres, qui, pour la figure et les caractères, tiennent quelque chose des deux espèces dont ils tirent leur origine.

« Quoi qu'il en soit, on a beaucoup d'obligation à M. Gordon de nous les avoir fait connoître; car c'est lui qui m'en a envoyé le dessin et la description. Il en vit un jour deux troupes, l'une d'une dizaine de couaggas adultes, et l'autre composée uniquement de poulains qui couroient après leurs mères : il poussa son cheval entre ces deux troupes; et un des poulains ayant perdu de vue celle qui précédoit, suivit aussitôt de lui-même le cheval, comme s'il eût été sa mère. Les jeunes zèbres en font autant en pareil cas. M. Gordon étoit alors dans le pays des Bosjemants, et fort éloigné de toute habitation : ainsi il fut obligé d'abandonner ce poulain le lendemain, faute de lait pour le nourrir, et il le laissa courir où il voulut. Il en a actuellement un autre qu'il réserve pour la ménagerie de monseigneur le prince d'Orange. N'ayant pas pu se procurer un couagga adulte, il n'a pu m'envoyer que le dessin d'un poulain; mais il me mande qu'il n'y a aucune différence entre un poulain et un couagga qui a fait toute sa crue, si ce n'est dans sa grandeur, qui égale celle d'un zèbre, et dans la tête, qui est, à proportion, un peu plus grosse dans le couagga adulte. La différence qu'il y a entre les mâles et les femelles est aussi très petite.

« Depuis que le Cap est habité, ces animaux en ont quitté

les environs, et ils ne se trouvent plus que fort avant dans l'intérieur du pays. Leur cri est une espèce d'aboiement très précipité, où l'on distingue souvent la répétition de la syllabe *kwah , kwah.* Les Hottentots trouvent leur chair fort bonne; mais elle déplaît aux paysans hollandois par son goût fade.

« Le poulain qui est ici représenté avoit, depuis le bout du museau jusqu'à la queue, trois pieds sept pouces et trois lignes; le train de devant étoit haut de deux pieds et dix pouces, et celui de derrière étoit plus bas d'un pouce; sa queue étoit longue de quatorze pouces. »

Voici tout ce que M. Allamand a pu recueillir sur l'histoire de cet animal; mais je ne puis m'empêcher d'observer qu'il paroît y avoir deux faits contraires dans le récit de M. Gordon : il dit, en premier lieu, que « les paysans des terres du Cap at- « tellent les couaggas à la charrette, et qu'ils tirent très bien, » et ensuite il avoue qu'il n'a pu se procurer un couagga adulte pour en faire le dessin; il paroît donc que ces animaux sont rares dans ces mêmes terres du Cap, puisqu'il n'a pu faire dessiner qu'un poulain: Si l'espèce étoit réduite en domesticité, il lui auroit été facile de se procurer un de ces animaux adultes. Nous espérons que ce naturaliste voyageur voudra bien nous donner de plus amples informations sur cet animal, qui me paroît tenir au zèbre de plus près qu'aucun autre.

FIN DU DOUZIÈME VOLUME.

TABLE DES ANIMAUX

DÉCRITS DANS LE DOUZIÈME VOLUME.

FIN DE LA TABLE.

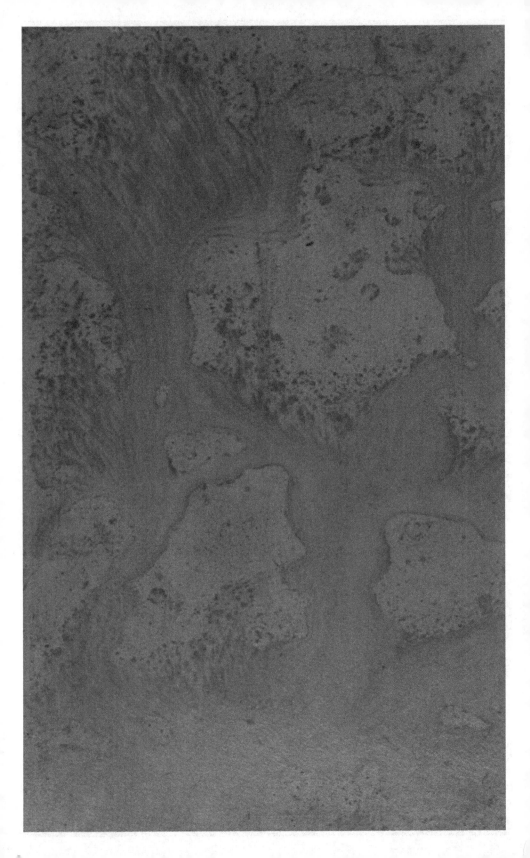

Check Out More Titles From HardPress Classics Series In this collection we are offering thousands of classic and hard to find books. This series spans a vast array of subjects – so you are bound to find something of interest to enjoy reading and learning about.

Subjects:
Architecture
Art
Biography & Autobiography
Body, Mind &Spirit
Children & Young Adult
Dramas
Education
Fiction
History
Language Arts & Disciplines
Law
Literary Collections
Music
Poetry
Psychology
Science
…and many more.

Visit us at www.hardpress.net

CPSIA information can be obtained
at www.ICGtesting.com
Printed in the USA
BVHW081614220819
556561BV00018B/3996/P